KB213922

나자렛 예수

Joachim GNILKA
JESUS VON NAZARET
Botschaft und Geschichte
Durchgesehene und erweiterte Sonderausgabe

© Verlag Herder, Freiburg im Breisgau 1993

Translated by Jeong Hangyo
© Benedict Press, Waegwan, Korea 2002

나자렛 예수
2002년 9월 초판 | 2022년 10월 재쇄
옮긴이 · 정한교 | 펴낸이 · 박현동
펴낸곳 · 성 베네딕도회 왜관수도원 ⓒ 분도출판사
찍은곳 · 분도인쇄소
등록 · 1962년 5월 7일 라15호
04606 서울 중구 장충단로 188(분도출판사 편집부)
39889 경북 칠곡군 왜관읍 관문로 61(분도인쇄소)
분도출판사 · 전화 02-2266-3605 · 팩스 02-2271-3605
분도인쇄소 · 전화 054-970-2400 · 팩스 054-971-0179
www.bundobook.co.kr

ISBN 978-89-419-0220-1 94230
ISBN 978-89-419-0151-8 (세트)

신학 텍스트 총서 1.1

요아힘 그닐카

나자렛 예수

말씀과 역사

정한교 옮김

분도출판사

머 리 말

나자렛 예수에 대한 관심이 근년에 놀랍게 부쩍 늘었습니다. 그것도 그리스도
인만이 아니라 널리 일반인의 여러 계층에 이 관심이 미치고 있습니다. 그러고
보면 나자렛 예수에 대한 관심이 교회의 예수 전파에 대한 관심보다 오히려 크
다고 말할 수 있는데, 그렇다면 무슨 연유로 이런 일이 일어났느냐고 묻지 않
을 수 없습니다. 관심은 또 그리스도인 아닌 이들이 지은 예수책 역시 숱하게
나왔다는 데서도 드러납니다. 유다인은 예수를 자기 동포로 발견하고(벤코린),
철학자는 예수를 표준 인간 가운데 하나로 선언합니다(야스퍼스). 여기서 늘 눈
에 띄다시피 관심의 향방인즉, 이 분야에서 곧잘 쓰이는 용어대로 일컫건대,
역사상 예수에 있습니다. 그러니까 인간 예수, 예수의 삶, 예수의 메시지, 예
수의 역사를 겨냥하는 것이지요.

역사상 예수를 되짚어 묻고 예수의 삶이 걸은 길을 재구성하는 일과 관련해
서 신약성서 주석학은 애써 조심스런 태도를 취해 왔습니다. 난제들이 엄존하
고 보면 옳은 태도이지요. 그런데도 적어도 독일어권에서는 지난 몇 십년 동안
주석학이 불트만의 영향도 확실히 받고 있던 터였는데, 불트만으로 말하면 조
그만 예수책을 하나 쓰기는 했지만 되물음이란 신학적으로는 통하지 아니하는
일이라고 여겼습니다. 이것이 달라졌습니다. 부활후대 교회의 그리스도 선포가
예수와 연속성이 있음을 새삼 발견하는 일이야말로 중요한 것입니다. 불연속성
속의 연속성이지요.

물론 예수의 전기를 쓴다는 것은 불가능한 일입니다. 그러나 예수의 메시지
를 재구성해 보고 예수의 활약을 당대의 정치와 정신·종교 지평에 비추어 밝
혀 볼 수 있습니다. 특히 예수 일생의 마지막 시간, 예수 수난의 시간들에 대
해서만은 그 서술이 흡사 전기 같은 특징을 띠고 있습니다. 이에 대해 우리는

오래된 수난사화가 신학적으로 반성도 하면서일지언정 그때 일어났던 일들을 간직해 놓았다는 것을 알고 있습니다. 독자는 그러므로 이 책에서 예수의 생애사를 기대할 것이 아니라, 우리 그리스도인들에게 모름지기 표준이 되는 그분에 대한 안내서로서 이 책을 읽으실 것입니다.

또 한 마디, 주제의 문제점을 잘 아는 이들에게 특별히 말해 두겠습니다. 알다시피 특수한 세부 문제에 해당하는 문헌이 홍수처럼 흘러넘치고 있습니다. 책의 짐을 덜자니 제한을 꾀할 수밖에 없었습니다. 이 점, 양해를 구합니다.*

1990년 7월, 뮌헨에서
요아힘 그닐카

---

* **옮긴이의 일러두기:** 이 번역서에서는 원서에서 본문의 각 단락 끝에 실린 참고문헌들을 "단락별 참고서"라는 이름 아래 책 끝의 "일반 참고서" 뒤에다 모아 실었습니다(444쪽 이하).

내친 걸음에 옮긴이도 지은이를 흉내내어 양해를 구합니다: 성서 인용문들을 우리말로 옮기면서 신약성서의 경우 주로 분도출판사의 〈200주년 신약성서〉뿐 아니라 이미 나와 있는 숱한 우리말 신·구약 번역문을 들추어 보기도 했지만, 굳이 어느 하나에 글자 그대로 매이지는 않기로 했습니다. 성서 본문의 적잖은 데서 그 풀이가 한결같지는 않은지라 그 번역 또한 한결같기도 어렵게 마련이고 보면, 옮긴이로서는 이 번역서에 실린 인용문들이 우선 지은이의 문맥에 잘 어울리기를, 더욱이 아무쪼록 우리말답게 되기를 바라기 때문입니다. 덧붙여, 고유명사 음기마저 가끔 달리해 본 것도 한 제안으로 보아 주시면 고맙겠습니다.

각주도 원서 내용은 고스란히 살리되 단원별로 번호매김을 재정리했는데, 역시 내친 걸음에 우리말 본문의 번거로움을 덜고자 원서에서 본문에 달려 있던 성서 외의 참조는 되도록 각주로 옮겨놓았습니다. 각주에서는 "참고서"에 실린 책이나 글 이름이 줄여져 있으므로, 상세한 내용이 필요할 때는 거기서 찾아보시면 되겠습니다.

인용 찾기도 성서 인용을 모조리 다룬 "신약성서 인용 찾기"·"구약성서 인용찾기"와 주요한 것만 뽑은 "성서 밖의 주요 인용 찾기"로 나누어 재정리했고, "주요 인명 찾기와 주요 지명 찾기"를 신설했습니다. "주요 사항 찾기"(474쪽 이하)도 원서(100여 개)보다는 훨씬 늘렸습니다. 처음부터 찾아보실 때만이 아니라, 본문을 읽다가 더러 걸리는 개념이나 고유명사가 있어 다른 데 나오는 설명을 찾아보고 싶으실 때에도 도움이 되기 바랍니다.

이렇게 함으로써 본문에서는 로마 자가 너무 자주 보이기를 피했으며, "찾기" 란에서는 되도록 로마 자를 — 신약성서 낱말의 그리스어 글자도 — 곁들이되, 본디 로마 자로 쓰이던 낱말이 아닌 것은 어디서든 한글로 소리만 적었습니다. 다만 각주에서는 오히려 자주 로마 자도, 가끔 그리스어 글자도, 더러 한자도 그냥 露出시켜 각주다운 간략을 꾀했습니다.

끝으로 또 하나만 더 밝혀 둡니다: 처음에 이 책의 번역 대본으로 삼았던 양장본 원서는 위에 보이는 대로 1990년에 나왔는데, 1993년에 나온 그 증보 보급판에 부록으로 실린 지은이의 방송 대담이 손쉽게 읽을 만한 요점 정리로 짭짤하길래 그것도 옮겨 실었습니다(427쪽 이하).

벼 리

1

예수 물음

라이마루스부터 이제까지

예수생애연구는 무척 곡절을 겪었다. 처음에는 역사상 예수를 발견하고자 출발했는데, 예수를 그 모습 그대로 스승과 구세주로서 우리 시대에 들여다놓을 수 있을 줄로 생각했다. 수백 년 전부터 교회의 가르침이라는 바위에 꽁꽁 매여 있던 끈들을 풀어놓게 되었고, 역사상 인간 예수가 다시 살아 움직이는 모습을 띠고 나타나서 다가오는 것을 보자 반가워했다. 그러나 그 예수는 멈추어 있지 않고 우리 시대를 지나 자기 시대로 되돌아갔다. 그래서 지난 수십 년의 신학 역시 낯설음과 무서움을 겪기는 마찬가지였으니, 아무리 온가지로 억지마저 부려 본들 우리 시대에 붙들어놓지는 못하고 떠나보낼 수밖에 없었다. 풀려난 흔들이가 본디 자리로 되돌아 움직이게 마련인 것과 똑같은 이치로 예수는 자기 시대로 되돌아갔다.

한 고전古典이 된 이 문장으로 1913년에 슈바이처는 19세기에 이루어진 이른바 "예수생애연구"라는 노력을 묘사했다.[1] 이 묘사는 동시에 그 실패의 설명이다. 그것은 그릇된 전제 아래 출발했던 것이다.

이어서, 예수에 관해 알려주는 고마운 전거典據인 복음서의 특별한 형태를 궁구하는 시대가 따랐다. 이 시대에 예수에 대한 되물음이 다시 제기되었다. 그러나 복음서의 특별한 형태를 밝히는 데서 이제는 등한시되었던 물음이 새삼 제기될 가능성이 생겨났다. 예수생애연구가 끝난 다음에 연구

---

[1] A. Schweitzer, *Leben-Jesu-Forschung* 631-2.

를 시작한 불트만은 예수책을 하나 쓰기는 했으나 정작 궁극 관심사인즉 예수에 대한 역사상 사실의 되물음이 아니었다. 이 책의 서론에서 그는 자신의 관찰방식에 관해 밝히기를, "예수 자신을 언제나 따옴표로 묶어 두고서 우리가 얻고자 애쓰는 역사 현상의 약호 구실만 하게 하고자 하는 그런 사람에게는 그러라고 내버려 둘 일"이라 했다.[2] 그러나 다른 예수책들에서는 오해의 여지도 없이 예수에 관한 되물음을 붙들어 다룬다. 디벨리우스[3]의 연구에서는 예수의 역사상 현상에 관해 우리가 아는 바를 확립해 보려 한다. 그리고 브라운[4]은 "나자렛 예수란 누구였더냐?"라는 물음으로 논술을 개시하여, 이것이 자기 책에서 대답을 내놓고 싶은 물음이라고 덧붙인다. 이 단계에서 현재의 연구가 움직이고 있다. 여기서 역사상 예수를 향해 새삼 접근할 길들이 다시 발견되어 왔고, 이 접근을 확인하는 데 도움이 될 비평기준들이 모색되고 있으며, 예수에 대한 되물음의 신학적 비중과 신학적 정리도 토론되고 있다. 이 일반적 약술에 대해 이제 좀더 자세히 추적해 보아야겠다.

실마리가 된 것은 예수생애연구였다. 그것은 계몽시대의 소산으로, 처음부터 불길한 운세에 있었다. 거기서 예수와 복음서를 미리 갈라놓고 들어가게 된 것은 복음서란 신앙의 기록이며 그런 것으로 읽히기 위한 것이라는 학문적·방법론적 의식에서가 아니라 복음서에서 묘사되는 대로의 예수가 바로 역사상 예수와 똑같지는 않다는 의혹에서 나온 결과였다. 중요한 것은 이 예수를 교의敎義의 굴레에서 해방시켜 예수의 본디 모습을 그대로 드러내는 일이라고. 이를 두고 슈바이처는 지적하기를,[5] 이 저자들에게는 예수의 일생을 기술하려 하기보다 좀더 예수 자신의 역사상 사실에 접근하려는 그런 노력이 없었으니, 자기 저서에다가 저자 자신의 미움이나 사랑을 능력껏 불어넣었다고 했다. 그래서 의심에서 벗어나 폭넓은 안목들도

---

[2] R. Bultmann, *Jesus* 16.   [3] M. Dibelius, *Jesus* 9.   [4] H. Braun, *Jesus* 10.

[5] A. Schweitzer, *Leben-Jesu-Forschung* 4.

가져온 이 시대는 복음서에 덤벼드는 공격성과 복음서를 두둔하는 호교론이 특징을 이루었다. 아무 전제도 없기를 그처럼 크게들 맹세했던가 하면, 여기서만큼 무전제가 등한시된 예도 드물다. 내놓은 예수상들은 필경 "계몽된 이들"의 그것이 아니라 고도로 주관적인 특징을 띤 것이었다. 예수생애연구에서 나타나는 영성사적 전개, 그 경향과 더 엄밀한 의도에 관련지어 보건대, 어떤 의미로는 그 사로잡힌 안목이야말로 풍부한 시사다.

예수생애연구를 개시한 라이마루스(†1768)에게서 이미 뚜렷이 드러나는 주요 특징의 하나인즉, 복음서에 전승된 이적적이며 초자연적인 선행 사례들에 대한 합리주의적 설명이다. 합리주의적 설명은 이적사화에서 비롯하여 예수의 신자성神子性을 거쳐서 부활기사에까지 미친다. 부활기사에서 라이마루스는 제자들이 예수의 시신을 훔쳐 백성을 속이는 형사사건적 일화를 전개해 낸다. 라이마루스는 거듭 새삼 "이성종교" 또는 "자연종교"의 대변자 구실을 하면서 교회의 신앙과 맞서서 그 권리를 변호하고자 했다.[6] 합리주의적 설명은 해괴한 사건을 풀이하는 특징을 띠었다. 예컨대 하세는 예수의 세례에서 묘사된 하늘의 열림이란 우연히 별똥이 번뜩인 일이라고 설명하고, 혹은 물고기 입에서 발견된 스타테르 이야기(마태 17.24-27)란 물고기를 한 스타테르에 팔 수 있었던 것이라고까지 합리화한다.[7]

비슷한 시도들이 계속되고 있었지만, 예수생애연구는 그 가장 중요한 대표자로 보이는 슈트라우스(†1874)와 더불어 근본적으로 새로운 정황에 이르렀다. 슈트라우스는 복음서의 이야기들이 구약성서와 종교사에 그 병행구가 있는 자료로 채워져 있다는 것을 증시하고자 애쓴다. 복음서의 예수 이야기는 신화라는 것이다. 그래서 슈트라우스의 신화론이 나타나게 되는데, 우선 인상으로 말하면 신화를 전설과 동일시하고 이런 신화론으로 복음서의 역사적 신빙성을 공박하려는 것 같다. 이를테면 현자들의 별에 관해 슈트라우스는 "그처럼 부자연스런 일이 실제로 일어났다고 생각하기"란 불가

---

[6] 참조: *Leben-Jesu-Forschung* 13-26.   [7] 참조: 60.

능하며 그런 이야기는 시적 표현으로 알아들을 일이라 한다.[8] 그러면서도 슈트라우스의 신화 해석은 좀더 깊어진다. 그는 이른바 "철학적 신화" 또는 "복음적 신화"가 대표하는 한 착상으로 역사 안에서 한 사상 또는 한 철학자에게 옷을 입힌다. 이 신화는 진리를 표현하되, 그 진리란 역사에 구현되는 것이 아니라 사상으로 모습을 드러내는 그런 진리라고. 신약성서에서 우리는 신인神人 예수 사상을 만난다고. 예수에게서 신 의식과 인간 의식의 일치가 표출된다고. 예수 자신이 사상으로 화할 수는 없지만, 예수에게 신화적인 이야기들이 밀착되어 있다고. 따라서 중요한 것은 신화의 언어를 꿰뚫어 사상의 언어를 발견해 나가는 것이라고. 인류가 최고의 사상을 의식하기에 이르게 하기 위해 신인이라는 개체가 필요했다고. 이 의식에 이르렀을 때는 예수를 도외시할 수도 있다고. 마지막 장벽이 무너지게 된다면, 그래서 자의식이 절대 존재와의 일치를 예수에다 두지 않고 참으로 인간적인 모든 사고와 행위에서 성취되는 것으로 인식하고 향유하게 된다면, 과연 그런 셈이다. "복음적 신화"라는 이 개념이 생겨난 근원은 한 철학이지 복음서 텍스트의 관찰이 아니다. 복음서의 각 이야기에 들어 있는 역사상 핵심을 적시하는 일에 슈트라우스는 아랑곳하지 않았다.[9]

슈트라우스가 예수를 도외시할 가능성을 말하고 보니 단번에 거의 필연적으로 예수의 역사상 실재가 논란되기에 이를 수밖에 없었다.[10] 이 일은 드렙스의 『그리스도 신화』에 실린 바우어의 글[11]에서, 또 여러 다른 데서도 일어났다. 이제는 논증이 반대방향으로 나타나게 되었다. 슈트라우스에 따

---

[8] D.F. Strauß, *Das Leben Jesu für das deutsche Volk bearbeitet* (Bonn ⁹⁻¹¹1895) 191.

[9] 참조: D.F. Strauß, *Das Leben Jesu kritisch bearbeitet* I (Tübingen ⁴1840) 29; *Die christliche Glaubenslehre in ihrer Entwicklung und im Kampfe mit der modernen Wissenschaft* II (Tübingen - Stuttgart 1840) 220; G. Backhaus, *Kerygma und Mythos bei David Friedrich Strauß und Rudolf Bultmann* (Hamburg-Bergstedt 1956); E. Wolf, Die Verlegenheit der Theologie. D.Fr. Strauß und die Bibelkritik: *Libertas Christiana* (Festschrift F. Delekat) (München 1957) 219-39; K. Barth, *D. Fr. Strauß als Theologe* (Zollikon ²1948); Kümmel, *Testament* 147-55.

[10] 詳論: Schweitzer, *Leben-Jesu-Forschung* 444-564.

[11] B. Bauer: A. Drews, *Christusmythe*, Jena, ¹1909, ³1910.

라 예수는 신화에 의해 변장되었다면, 이 새로운 신화론에 따라서야말로 예수는 정작 비로소 두드러지게 되었다. 드렙스의 글에서는 또 진기한 천체신화론적 관념들도 덧붙여 나왔다. 예수 실재實在의 논란과 더불어 연구 노력들은 어느 모로 일관된 귀결점에 이르렀으나 더러 우쭐하게 사변에 흐르기도 했다. 이들을 두고서는 윌랑이 나폴레옹의 귀에 속삭인 말을 되풀이하는 것으로 넉넉하겠다. 도대체 예수 그리스도라는 사람이 일찍이 살았기나 했던지가 큰 문제가 되고 있다면서 그는 말했다: "폐하, 더러 그걸 의심하는 허튼 수작들이 있었습지요. 하오나 보아하니 율리우스 케사르가 살았더냐 혹은 폐하께서 살아 계시냐를 의심하려 드는 것이나 마찬가지로 어리석은 짓이로군요."[12]

그러나 그런 귀결점에 이르기 전에 또 슈트라우스에서 드렙스에까지의 노선 외에도 예수생애연구에는 복음서에 주어진 내용을 전기로 묶으려는 노력들이 있었다.[13] 많은 상상을 구사했으므로 이들을 "예수 소설"이라 하는 것은 옳은 말이다. 분량도 자못 방대하다. 벤투리니의 『나자렛 대예언자의 자연사』[14]는 네 권에다 도합 2,700쪽인가 하면, 바르트의 『예수전』[15]은 장장 3,000쪽이다. 먼저 작품은 1800-1802년에, 둘째는 1784-1792년에 걸쳐 발간되었다. 두 저자에 대해 주목할 만한 점으로, 내가 아는 한 이들이 처음으로 엣세느 가설을 제창했다. 예수는 한 엣세느 수도회의 일원이었으며 그 사명을 받아 활약했다고. 그 활동 목적인즉 이성종교의 전파였다고. 플라비우스 요세푸스가 엣세느 종파를 묘사한 데서 이 공동체가 합리주의 목적을 띠었다는 추론이 나오기에 이르렀다고 할 수 있겠다. 반면에 우리는 1947년의 쿰란 필사본 발견을 거쳐서 엣세느의 종말론적 성격에 관해 최선의 정보를 얻게 되었다. 예수와 베다니아 마리아 사이에 로

---

[12] Schweitzer, *Leben-Jesu-Forschung* 445-6에서 인용.

[13] 참조: *Leben-Jesu-Forschung* 38-48.

[14] K.H. Venturini, *Natürliche Geschichte des großen Propheten von Nazareth*.

[15] K.F. Bahrdt, *Jesus-Biographie*.

맨스가 펼쳐진 것도 아마 벤투리니의 소설에서 처음 나타난 일일 것이다. 더 근래의 소설화와 영상화에서는 막달라 마리아를 두고 똑같은 노력들이 집중되고 있다.

가장 지성적은 아닐지언정 가장 성공적이었다고 할 만한 예수 소설의 저자는 르낭이다. 슈트라우스의 제자요 천주교인이었다가 교회에서 등을 돌린 사람으로서 그는 석 달 만에 8쇄까지 나온 책으로 로만계 천주교권에 새로운 예수관을 끌어들였다.[16] 무엇보다도 그 감성적인 언어가 독자 대중에게 효과를 발휘했다고 할 수 있겠는데, 호수와 마을과 도시 들의 묘사가 아낌없이 다채롭다. 특기할 만한 것은 예수의 활동을 18개월에만 배치하면서도 시기별로 구분하여 내면적 발전을 추적한다는 점이다. 처음에 르낭은 갈릴래아에서 하느님 나라를 땅 위에 실현하려고 애쓰는 상냥한 예수를 내세운다. 이 예수가 마지막에 예루살렘 체류를 계기로 해서가 아니라 일찍부터 혁명가로 발전하여 이제는 하느님 나라를 묵시문학적으로 해석하고 자기 사상을 위해 죽을 각오까지 하게 되었다는 것이다. 비평가들은 르낭이 극히 값싼 의미로 "그리스도교 예술"을 팔아먹었다고, 그의 등장인물들이란 생쉴피스 광장의 그리스도교 미술상 진열창에서 훔친 것이라고 논평했지만, 어떻든 그의 책을 통해 우리는 예수의 삶에서 하느님 나라란 무엇이냐라는 문제에 마주치게 되며, 하느님 나라라는 그림에 힘입어 예수의 활동에서 보이는 한 단절을 밝히려는 시도를 만나게 된다.

하느님 나라로 예수 활동의 중심개념이 지적되었다. 여기서 우리는 토론들이 극도로 팽팽하게 벌어졌다고 할 요점 앞에 서게 된다. 이 토론들은 예수에게서 하느님 나라란 종말론적인 것으로 보아야 한다는 긍정적 결론으로 나아갔다. 오늘날 우리에게는 이런 안목이 하도 당연해 보이지만, 그렇게 되기까지는 시간이 필요했다. 사실 널리 퍼져 있던 하느님 나라 관념은 그것이 제도적 성격을 띠고 현존한다는 것이었고, 그래서 교회와 동일

---

[16] E. Renan, *La vie de Jésus*, Paris 1863.

시되는 일이 드물지 않았다. 여기서 특별한 공적이 돌아가는 책은 바이스가 쓴 『예수의 하느님 나라 설교』[17]다. 하느님 나라의 종말론적 성격을 인식한다는 것이 얼마나 우러러볼 만한 일이었는지, 아니 얼마나 놀라운 일이었는지는 불트만의 한 적바림에서 뚜렷이 볼 수 있는데, 그의 학생 시절에 카프탄이 신학교에서 했던 말을 그는 이렇게 상기한다: "하느님 나라가 종말론적 현상이라면 교의학을 위해서는 쓸모없는 개념이다." 이런 충격반응보다도 더욱 적중하게 확인될 수 있는 것은 이 새로운 인식으로 말미암아 그리스도교계의 일반화한 이해가 신약성서 선포의 낯설음을 놀라워하며 의식하게 되었다는 사실이다.[18]

예수의 일생을 궁구하면서 하느님 나라의 종말론적 성격을 들여다보는 일은 슈바이처가 종말론 전개로 일관한 데서 나타난다.[19] 슈바이처에게는 종말론이 예수의 활동을 전기적으로 개관하는 기초가 될 뿐 아니라, 그 덕분에 그는 두 시대를 구분할 가능성도 얻는다. 그 막간을 이루는 것이 제자들의 파견이라고. 예수는 메시아로 자처하고 인자 자리에 앉기를 예상하면서 다가오는 하느님 나라에 대한 열렬한 대망에 차 있었다고. 마르코 4.11에서 말하는 하느님 나라 신비는 이 나라가 다가온다는 대망과 관계가 있다고. 나자렛에서 배척당한 것이 동기가 되어 예수는 제자들을 내보내게 되었다고. 마르코 6.1-13 페리코페(단락)들의 순서를 슈바이처는 여기서도 또 다른 데서도 엄연한 역사상 사실로 취급한다. 제자들을 이스라엘 전도에 내보낼 적에 예수는 그들이 이 세대 안에 자기에게 되돌아오지는 않으리라는 생각에 사로잡혀 있었다고. 이렇게 해서 "진실히 말하거니와, 인자가 올 때까지 그대들은 이스라엘의 고을들에 전도를 끝내지 못할 것입니다"라는 마태오 10.23이 핵심적 의미를 얻게 된다. 슈바이처는 분명한 시

---

[17] J. Weiss, *Die Predigt Jesu vom Reiche Gottes.* Göttingen 初版 1892, 改撰 1900.

[18] R. Bultmann의 詳述은 1964년 Göttingen에서 위의 J. Weiss 책이 중판될 때 서문으로 찍혔다. 그 분석: Schweitzer, Gegen die Eschatologie: *Leben-Jesu-Forschung* 236-59.

[19] 참조: *Leben-Jesu-Forschung* 390-443.

기 설정으로 이해되는 이 예고가 이루어지지 않았다고 한다. 제자들은 예수에게로 돌아왔고, 인자의 출현은 일어나지 않았다고. 예수는 그러나 자기 일을 단념하지 않고 실망과 더불어 설정된 둘째 시기를 내다보며 예루살렘으로 가서 죽기로 각오를 했다고. 하느님 나라가 최종적으로 올 수 있으려면 자기 죽음이 필요하다는 통찰을 얻었다고. 그러므로 슈바이처는 이어서 전개되는 사태 전체에 책임이 있는 문제점인즉 이른바 재림지연再臨遲延이라고 본다.

예수생애연구의 다채로운 결과와 관련하여 주관주의적으로 출발한 견지들을 지적하자면 여기서는 차라리 무슨 표제를 나열하는 것처럼쯤으로 그칠 수밖에 없다. 감히 예우禮遇삼는 정도로나마 꼽아 보건대, "자유인 예수"(H.J. 홀츠만, B. 바이스, W. 바이슐라 등: 현존하는 하느님 나라, 영신화한 메시아 나라), "유다인 예수"(드종쥬: 랍비 힐렐의 제자인 예수), "사회주의자 예수"(A. 칼토호프, K.J. 카웃스키), "게르만 예수"(O. 홀츠만) 등의 예수상이 시도되었다. 정신의학적 연구들을 하더니(E. 라스무쎈, H. 셰퍼, H. 베르너), 예수를 심지어 한 병리학적 사례로 설명하기도 했다.

"유다인 예수" 연구로 중요한 측면이 전개되었다. 그 노력의 개시는 쇠퇴하던 예수생애연구 시대에 해당하지만, 그 업적들은 오늘날까지 타당성을 보존해 왔거나 적어도 선구적인 영향을 끼쳤다. 돌먼은 예수의 모국어 재구성에 애썼는데, 예수가 아람어의 갈릴래아 사투리를 썼음에 틀림없다는 것을 찾아냈다. 뷘셰, 슈트락, 클라우스너 들은 예수의 삶을 「탈무드」와 「미드라쉬」에 관련짓는 시도를 했는데, 나중에 빌러벡이 신약성서에 대한 기본 주해로써 「탈무드」와 「미드라쉬」에서 선구적 결론에 이르게 할 그런 연구였다. 클라우스너는 더욱이 저명한 유다인 학자로서 예수생애연구에 들어섰다. 천주교 영역에서는 예수생애연구에 이른 바가 없다. 여기서는 주석학이 새로운 복음서 고찰과 연결되면서 비로소 개시될 것이었다.

새로운 복음서 고찰은 복음서들과 그 안에 들어온 전승들이 발생·형성·고정되는 과정에서 정착된 설화 법칙과 형식 또는 문학유형들의 발견과 연결되어 있다. 이에 관해서는 다음 단원에서 좀 말할 수 있을 것이다. 이 발견은 복음서의 양식·편집·전승에 대한 비평사적 고찰과 관계가 있다. 이것은 복음서에 적절히 접근할 수 있게 할 뿐 아니라, 역사상 예수에게 다가가려면 어떤 난점이 있으며 어떤 길을 걸어야 할지를 의식하게 한다. 그래서 말하자면 위에서 설명한 바 슈바이처와 더불어 근본적으로 완결된 이른바 예수생애연구가 끝나고 학문적 연구에서 새로운 방법이 개발됨에 따라, 그 사이에 이 분야에서 잠시 소강기를 거치고 나서, 예수에 대한 새로운 접근이 뒤따랐다. 이차대전 후대로써 신기원이 개시되었다. 이에 관한 문헌을 낱낱이 소개하기란 약식으로나마라도 전혀 불가능하겠다.[20] 어떻든 이 시대의 문헌 소산을 개관해 보면 확인되는 사실로, 수많은 저자가 새로운 인식과 관련하여 자기 서술을 방법론적으로 논증하고 어느 정도 속내를 열어놓는데(예: H.D. 베츠, G. 보른캄, J. 블랑크, H. 브라운, T. 홀츠, E. 슈바이처, W. 트릴링), 그렇게 하지 않는 이들도 있다. 더러는 복음서의 양식사적 고찰을 거부하는데, 영어권 문헌에서 더 자주 보인다. 더러는 또다시 낡은 예수생애연구의 그 유명한 단순화와 상상과 주관주의 들을 가지고 즐거운 원시상태의 잔치를 벌이기도 한다.

인상적인 저자들의 사례가 수두룩하지만, 독자들에게는 적어도 몇 분이나마 골라서 일별해 드릴 수밖에 없겠다. 사화史話의 테두리로 인정되는 마르코의 이야기 틀에서 — 옛 예수생애연구에서도 이미 그랬던 것처럼 — 출발하는 일련의 저자들이 있다. 테일러 같은 이들이 예수의 활동을 — 갈릴래아에서 활약하고, 북녘으로 물러갔다가, 예루살렘으로 향해 가서, 수난의 파스카에 이르기까지 — 이어지는 과정으로 개관하기에 성공한다. 풀러는 시몬 베드로의 메시아 신앙 고백이 마르코의 서술에 따른 예수 활약에서 전환점을 이룬다고 본다. 바르니콜은 「원原마르코복음서」를 가정하여, 거기서 예수의 삶을 탐지하고자 한다.

---

[20] 참고문헌: W.G. Kümmel, *Dreißig Jahre Jesusforschung (1950-1980)* (BBB 60) Königstein - Bonn 1985.

예수 활동의 서술들이 늘어나면서 "유다인 예수"가 두드러져 나타났다. 벤코린은 예수를 동포로 발견했는데, "유다인 시각으로 본 마리아"에 관한 책까지 썼다. 라피데 같은 이는 원칙적으로 예수를 토라에 충실한 유다인으로 지칭하며, 언제 어디서든 모세와 랍비의 입법에 맞부딪친 일은 없었다고 한다. 그런 노력들이 진행되는 가운데 플룻서는 마르코 2,23 이하에 나오는 안식일에 이삭 자르는 대목을 이차적 가필加筆로 여기는데, 그의 의견에 따르면 이것이 공관복음서 전승에서 율법과 맞부딪치는 유일한 대목이라 한다. 예수를 진정한 카리스마 소유자요 거룩한 이적가라고 여기는 베르메스도 이와 비슷하게, 깨끗한 음식과 더러운 음식의 구별을 양기하는 일(마르 7,15)이 유다교와 뚜렷이 다른 가르침으로 나타난 것을 전승의 오해라고 설명한다. 라피데는 예수의 정치적이며 군사적인 의도를 추정하여 예수를 죽음으로 이끈 갈등을 이와 연결짓는다. 벤코린은 종말론적 광신자상을 예수에게 갖다씌우는데, 이것은 대체로 무방비 상태에서 슈바이처의 일관된 종말론을 넘겨받은 것이다.

새로 나온 예수책들 가운데는 사회비판 또는 사회주의 경향의 해석들도 없지 않다. 이 방면에서 가장 인상적인 저자는 체코 사람 마르크스주의자 마코베치라 하겠다. 그는 무엇보다도 예수의 메시지에 집중하는데, 그 종말론적 성격을 고스란히 살려 두되 삶에 실현되는 미래라는 의미로 해석한다. 예수는 미래를 하늘의 구름 위에서 끌어내려 일상적 현재의 관심사로 삼고 그럼으로써 우리의 일로 삼았다고. 저자의 이런 전제들에 상응하여 인간성과 인간존엄을 위한 예수의 철저한 투신에서는 신神중심적 시각이 제외되며 무신론자들에 대해 공감이 없지 않은 예수가 그럴듯하게 제시된다. 이와 똑같은 관심을 내세우지만 홀과 크라베리의 예수책들은 마코베치에 비해 뒤떨어진다. 크라베리는 아직도 대체로 낡은 예수생애연구의 발자취 위에서 움직이는가 하면, 홀은 "나쁜 동아리와 어울리는 예수"를 과장해서 서술한다. 브랜든은 반면에, 영어권에서 특별히 인기를 끌게 된 책에서, "젤로데(열혈당) 예수" 해석을 새삼 들고나온다. 젤로데들의 기본관점 가운데 어느 것도 예수와 동떨어진 것은 없었다고. 예수의 성전항쟁에는 폭력과 탈취가 수반했으며, 그것은 혁명적 행위로 이해되어야 한다고. 이를 빌미로 당국의 공격이 개시되었고, 따라서 예수의 죽음은 한 젤로데의 죽음이 었다고. 젤로데와 다른 점은 단 하나, 예수는 제관들의 귀족정치야말로 로마 지배를 몰아내는 데 가장 큰 장애라고 여겼으므로 먼저 그것부터 대항했다는 데 있다고. 브랜든이 자기 주장을 위해 치러야 하는 값은 비싸다. 즉, 자기가 출발점으로 삼는 마르코복음서를 그는 젤로데 예수를 일부러 얼버무려 숨기려고 쓴 저술이라고. 티투스가 유다인들을 누르고 승리한 데 감명을 받아 로마인 그리스도인들을 위해 쓴 호교론이라고 해석할 수밖에 없게 되는 것이다.

일찍이 J. 바이스가 하느님 나라란 종말론적인 것이라는 인식을 널리 알리는 데 한몫을 했거니와, 그 당시에는 이런 관견에 대해 수많은 반대자가 있었다면, 하느님 나라의 미래 성격에 관한 이 논란이 새 시대에 새로 두드러지는 대표자를 발견하게 되었으니, 곧 "실현된 종말론"이라는 견해를 주장한 도드가 그 사람이다. 도드에 따르면 하느님 나라에 관한 발설과 비유는 모두 현재와 관련지어 상징적으로 해석해야 한다. 묵시문학적 표상언어는 예수에게 특징적인 것이 아니며, 예수의 미래 발설들은 역사의 피안에 놓인 하느님 나라에 대한 상징 구실을 띠고 있다고. 인자 도래 이야기는 우주 안의 모든 세력에 대해 하느님의 일이 최종적으로 승리하리라는 전망으로 보아야 한다고. 심지어 심리학적 예수 해석도 현대에 다시 살아났는데, 다만 이제 예수 자신의 심리 속으로 파고들려 하지는 않는다. 전거典據상 이유로 이런 노력이란 불가능하다고 여기는 니더비머는 오히려 예수가 불러일으킨 운동의 심리학적 타당성을 묻는다. 예수 운명의 결정적 자료가 원형原型적 특성을 띠게 된다. 다가온 하느님 나라에 대한 설교가 무의식이 직접 변화과정 앞에 서 있다는 신호가 되는 의미를 얻게 된다. 혹은 예수의 수난이 의미의 성취를 위한 투쟁에서 그 바탕에 깔린 인간 실존의 상징이 된다.

끝으로 또 한 무리의 연구자, 곧 당시 유다인들의 종교적 당파들과 예수의 관계를 검토하고 여기서부터 예수의 활약을 조명해 보고자 하는 학자들도 언급되어야 한다. 슈베르트는 확언하기를, 율법에 대해 취한 태도로 말미암아 예수는 바리사이들과 쟁론에 얽혀들었으며, 한편 사두가이들의 성전 귀족정치와 예수의 대결은 수난사화에 속한다고 했다. 예수 자신은 묵시문학적 집단들과 가까운 입장에 있었지만, 그러면서도 그들의 밀교 정신을 배격했다고. 바움바흐도 바리사이와 사두가이에 대한 예수의 처신을 비슷하게 평가하는가 하면, 핍스의 견지에서는 예수를 바리사이 파 유다인으로 보아야 한다는 것이 확정사항이다. 예수와 바리사이의 주요한 차이인즉 여자와 이방인과 무식꾼을 예수는 자기 친교 공동체에 받아들였다는 점에 있다고. 이로 말미암아 고래의 사회적 구조와 관념을 타파하기에 그처럼 대담했던 예언자임이 입증된다고. 르롸도 예수는 당대인으로 우러름받는 훈장인 랍비 힐렐이 대표하던 바와 같은 그런 바리사이 사상에 귀속될 수 있다고 본다.

근년에 출간된 갖가지 예수책에 대한 이 약술만으로도 알 수 있거니와, 아직도 많은 문제에 의견이 분분하며 구구각색의 안내서가 나오고 있다. 확실히 더러 어떤 입장은 예수의 젤로데 사상을 마르코복음서가 벗어던져 버렸다는 브랜든의 그것처럼 고도로 주관주의적이다. 확실히 더러 어떤 견해는 예수 설교의 실현된 종말론이라는 도드의 그것처럼 일반적 연구 현황에 근거하여 견지될 수 없다. 그런데도 여기서 각양각색이고 대부분이 불만스럽기도 한 예수 서술들을 약술해야 하는 까닭인즉, 그럼으로써 문제점이 복잡할 뿐더러 되도록 믿을 만한 길을 닦을 필요도 있다는 사실을 알아보기 위함이다. 이 길을 수고 없이 닦아낼 수는 없다. 위에 거명한 연구자들이 타개해 온 길을 추적하면서 그들의 방법론적 접근을 밝혀내고 나아가 포괄적 예수상을 전달하고자 하는 방향으로 애써야 한다.

또 한마디 미리 해 두어야겠거니와, 역사상 예수에 대한 되물음이란 의미있는 일, 아니 필요한 일이다. 신학적 이유로 그것은 필요하다. 이 문제에 관해 불트만 학파 안에서 토론이 있었는데, 외부 관찰자, 특히 천주교인들에게는 이것이 좀 밀교적 인상을 보였다. 불트만은 예수를 되물음이란 신학적 의미가 없다고 논박하면서 알아듣기 어려운 표현으로 공식화해 놓기를, 자기로서는 그분의 "와 계심"Gekommensein이라는, 필경 십자가에서 극명하게 드러난 그것이면 족하다고 했다. 내용상 연속성과 역사상 연속성을 구분하고 설명하기를, 얻어야 할 연속성으로는 내용상 연속성이면 충분하며, 그것은 그리스도 선포Christus-Kerygma를 믿고 받아들임으로써 이루어지는 그런 새로운 자기이해를 수용하고 적응하는 데 있다고 했다. 캐세만은 내용상 연속성과 역사상 연속성의 구별을 맹렬히 반박하고, 하나가 다른 것 없이 존재할 수는 없다고 옳게 확언했다.[21] 이로써 그는 예수를 되물음이 신학적으로 필요한 일임을 주장했다. 우리는 여기서 그의 관심사를 그 핵심 내용상으로 동의할 수 있는가 하면, 그를 비롯하여 널리 불트만 학파와 그 후계자들이 역사상 예수에 관한 되물음의 가능성과 관련하여 주장하는 급진적인 비평에는 동의할 수 없다.

이제 우리는 아래에서 다룰 역사상 예수 되물음을 자리매김할 차례에 이르렀다. 이 되물음이 신학적으로 의미있고 필요하다는 것을 동의하고 인식했다 하더라도, 그 결론들이 물론 "교의"Dogma의 서열에 속하게 되는 것은 아니다. 주석학자는 사실史實 연구로써 구속력있는 신앙 내용을 내놓는 사람이 아니다. 주석학자의 성과란 근거가 있기는 하지만 필경은 가설이다. 이것은 사실 연구의 결론들이 더러 다르다는 사실에서 이미 드러난다. 우리의 신앙은 신약성서의 신앙 증거를 겨냥한다. 사실 연구의 목표는 예수와 신약성서의 신앙 증거 사이에, 예수의 선포와 부활후대 공동체의 선포 사이에 기존하는 관계를 신약성서, 특히 복음서에 주어진 그대로 캐묻는 일이다. 이렇게 해서 적시할 만한 연속성을 그 발전·전개·긴장 들과 함께

---

21 분석: E. Käsemann, Sackgassen im Streit um den historischen Jesus: *Exegetische Versuche und Besinnungen* II (Göttingen 1964) 31-68; Das Problem des historischen Jesus: *Exegetische Versuche und Besinnungen* I (Göttingen 1960) 187-214.

ㄱ 라이마루스부터 이제까지   25

얻어내기 위해서는 두 가지 일을 하는 것이 좋을 것이다. 즉, 우선 예수를, 예수의 생애와 언행을 서술하는 일이요; 나아가 예수의 말씀과 행적으로써 번져 나가게 된, 적어도 최초의 방향들을, 예수 자신과 예수의 말씀에 연결되어 있는 첫 해석들을 기술하는 일이다.

방 법 론

가. 우선 복음서의 특성에 관해 한마디 해야겠다. 우리는 주로 마태오·마르코·루가의 공관共觀복음서에 집중한다. 이들에서 역사적 관심이 나타난다는 것은 두말할 나위도 없다. 이것은 요한복음서에도 맞는 말이지만, 이 마지막 복음서는 어떤 관련 대목들에서 공관복음서 또는 공관 전승에 의존하면서도 뚜렷이 거리가 있다. 그래서 우리는 특정한 문제들에서만 넷째 복음서를 원용하고자 한다. 공관서 저자들의 역사적 관심은 신약성서의 서한문학, 예컨대 바울로의 편지들과 겉으로만 견주어 보아도 뚜렷이 알 수 있다. 지상 예수의 발설과 지상 예수에 관한 발설이 거기서는 아주 소수의 예를 제쳐놓고 보면 아무 구실도 하지 않는다. 그렇다고 해서 바울로 사도가 공관 전승을 몰랐다고 주장하는 것은 아니다. 이 자리에서는 이 문제를 미지수로 남겨 둘 수 있다. 더러 알았다 하더라도 고려하지 않은 것이나 마찬가지라고 보는 것이 현명하다.

공관서 저자들의 역사적 관심은 그러나 주의를 요하는 한계가 있다. 그 역사적 관심의 특수성인즉 이를테면 이들에게서는 탄생에서 죽음까지 예수의 일생을 기술한 것이 얻어지지 않는다는 데서 읽어낼 수 있다. 공관서 저자들이 주목하는 대상은 세례에서 요한을 거쳐 십자가까지 예수의 공적 활약이다. 마르코에게서는 이 제한이 역력하다. 사도 1,21-22에서는 이것이 당대를 위해 필요한 증언과 연결된다. 마태오와 루가가 복음서에다가 이른바 "유년사화"幼年史話를 먼저 배치하고 그럼으로써 어떤 전기적 관심사가 드러나게 할 때는 탄생이 주목의 대상이 되는데, 이 이야기에는 성서신학적 동기들이 힘차게 새겨져 있다. 예수의 소년기, 교육, 청년기, 직업훈런 등, 이 남자의 초년에 대해 우리가 알게 되는 바는 아무것도 없다. 또한 예수의 외모가 어떠했던지, 머리칼이나 눈동자가 무슨 빛깔이고 몸집이 얼마만하며 혹은 옷차림은 어떠했던지 같은, 전기적 흥미거리로서는 썩 중요하다고 할 만한 점들에 관해서도 우리가 무슨 얘기를 들어 볼 데라고는 없다. 나중에 특히 위경偽經 복음서들에서는 이런 소개들이 풍성히 제공되는데, 이들은 주로 예수의 어린 시절에 특별한 관심을 쏟기도 한다.[1] 이런 소개들이 역사적으로 가치가 없음은 자명하다.

공관복음서를 이해하는 데 중요한 통찰은 이들 안에 개별 전승인 "페리코페"(단락)들이 모여 있다는 사실을 알아보는 데 있다. 한때는 따로 독립해서 전승되어 내려오던 이 페리코페들이 구세 활동, 유다교 각종 집단과의 논쟁, 제자들과의 상종 등 예수 활약의 특별하고 특수한 양상 속에서 저마다 예수를 조명하여 드러낸다. 이 페리코페들이 복음서들 안에서 신학이지 연대기는 아닌 내용의 관점에 따라 여러 모로 조합되는 결과를 낳았다. 이들이 나열된 그대로 예수 활동의 사건발생 순서를 결론지을 수는 없다. 전승하는 공동체에게는 흥미가 없었던, 이스라엘 땅에서 활약한 예수의 여정旅程은 우리에게 전해지지 않고 사라져 버렸다.[2] 더러 장소(갈릴래아 호숫가, 가파르나움 등)가 제시된 페리코페들이 있기는 하나, 다수는 자리매김이 일정하지 않거나 아예 없다. 다만 호반湖畔지방 갈릴래아에 중점을 두고 있는 것이 역력할 뿐이다. 공관서 저자들에 따르면 예수는 공개활동에 나섰던 동안 단 한 번, 수난의 파스카에 즈음하여, 예루살렘으로 향한다. 이것도 우선

---

[1] 참조: W. Bauer, *Das Leben Jesu im Zeitalter der ntl Apokryphen* (Tübingen 1909, 複製 Darmstadt 1967) 311-41. 偽經 복음서들에서는 예수의 외면인 직업과 의복과 음식 관습 들을 전한다. 예수의 외면에 관한 소개는 구약성서 대목들에 의존한다. 예컨대 이사 53,2-3과 관련지어서는 예수의 외양이 아무 두드러진 데가 없었다고, 아니 추한 모습이었다고 주장한다. 탈출 2,2와 관련지어서는 잘생긴 사람이었다고 말하며, 위경 사도행전들은 여러 모로 예수의 미모를 지적한다(요한행전 73-74). 이런 말들이 생겨나게 된 것은 단순히 그리스도인들이 이야기를 꾸며내고 싶었기 때문만이 아니라, 반대자들을 공박하고 싶었기 때문이기도 하다. Origenes는 *Contra Celsum* 6,75에서 그리스도의 외모에 관해 Celsus를 논박한다.

[2] 참조: Schmidt, *Rahmen* 317.

은 인위적인 틀이라고 할 수 있겠다. 요한복음서에서는 예수의 예루살렘 상경이 더 자주 보인다. 그러나 여기서도 무슨 더 나은 여행기를 제시하려는 뜻이 있는 것은 아니다. 성전에서 일어난 항쟁행위를 처음에다가 옮겨 놓는 수도 있는 것처럼(요한 2,13-22), 잣대가 되는 것은 사실적 전승들과 신학적 성찰이다. 공관서 저자들의 서술에 따라 나타나는 예수의 말씀들은 말씀의 집성문들이다. 낱개이거나 뭉뚱그려진 "로기온"(토막말씀)들을 모아 엮은 것으로, 설교와 교리교육에 써먹기 손쉽도록 내용상 관점에 따라 정리되어 있다. 이런 면에서 주목할 만한 예외를 보여주는 것은 예수 수난기受難記다. 수난기에는 특정한 인명(가야파, 빌라도, 키레네의 시몬, 아리마태아의 요셉, 십자가 아래 여자들의 이름)과 장소(겟세마니, 리토스트로톤, 골고타)가 뚜렷이 제시되어 있을 뿐 아니라, 제자들과 함께 행한 최후만찬, 체포, 재판, 죽음에서 빈 무덤의 발견까지 사건발생의 실제 순서가 간직되어 있다.

다량이고 광범한 예수 소재라는 면에서 보면 처음의 선별과정에서부터 꾸준한 수집활동에까지 이르는 발전을 특기할 수 있다. 확실히 한때는 직접적이며 일반적인 성격의 예수에 대한 회상들이 잔뜩 있었다. 그 가운데 많은 것이 전달 또는 기록되지 않았다. 이것은 물론 일차적으로는 인간 기억력의 한계와도 관계가 있다. 사실 자극이 범람하는 현대보다는 당시의 인간 기억력이 나았다. 숙달된 특정한 기교들도 방대한 전승 소재를 입으로 전해 나가는 데 이용되었다. 공관복음서 문맥 속에 더러 알아볼 수 있게 남아 있는 "표제어 조합"[3]은 그 가운데 하나다. 특히 전승의 초기단계에서는 중요하고 본질적이라고 여기는 것을 골라 전달해 나갔다. 이것은 구전口傳 단계에 해당한다. 비유 단원을 끝맺으며 지적하는 마르코 4,33은 선별의 완수를 암시한다: "이런 여러 가지 비유로 예수께서는 사람들이 알아들을 수 있을 만큼 말씀을 들려 주셨다." 요한 20,30-31도, 어느 정도 수사적으로 완결된 표현이기는 하지만, 이런 시초 표현들의 기억을 보존한

---

[3] Stichwortassoziation: 예컨대 마르코 4장에 씨앗 비유 셋이 무리지어 있는 것이 여기 속한다.

것이라고 할 수 있겠다. 70년쯤에 가장 오래된 복음서를 쓴 마르코도 선별을 한다. 그는 말씀 소재를 적게 제시한다. 거꾸로 공관 전승의 「어록출전」 *Logienquelle*(Q)으로서 마태오와 루가에 들어가게 된 예수 어록 전승자들과 저자들의 설화 소재를 마르코는 대폭 버렸다. 마태오와 루가에게서는 그래서 오히려 설화 소재를 상실할 위험이 있는 예수 자료를 모아들이는 경향이 눈에 띄는데, 특히 루가에게서 더욱 뚜렷하다. 루가는 머리말에서 "이 모든 일을 맨 처음부터 꼼꼼히 순서대로 적어 드리고자"(루가 1.3) 했다면서 이 점을 시사한다. 우리는 복음서들 안에 예수의 활동과 말씀 가운데 결정적으로 중요하며 우리의 믿음을 위해 주목할 만한 측면들이 간직되어 남아 있다는 데서 출발할 수 있다.

많지는 않지만 복음서 밖에서도 더러 전승을 만난다는 사실이 소실된 예수 자료를 말해준다. 이른바 "외경"外經, 곧 기록되지 않은agrapha 전승들이다. 가장 이름난 보기는 아마 사도 20.35에 나오는 것으로, 에페소 교회 원로들에게 말하면서 바울로가 인용한 "주는 것이 받는 것보다 복되다"라는 예수 말씀이겠는데,[4] 복음서들에는 보이지 않는 말씀이다. 사도시대 교부(使徒敎父)들한테서는 어느 복음서에서 인용된 것이 아니라 아직 독립된 채 작은 전승으로서 통용되던 것이라고 짐작되는, 「주님 말씀의 소품집」이라 할 만한 것들이 발견된다.[5] 그러나 여기에 나중에는 과장과 왜곡들이 생겨났는데, 일부는 이야기꾼들의 상상력이, 일부는 유설謬說들이 돌출하여 위경 복음서들이 형성되기에 이르렀다. 1947년 이집트 북부에서 발견된 영지주의적인 「토마 복음서」가 이 가운데 특별히 웅변스런 사례다.

다른 것은 정경正經 복음서들의 텍스트에 이차적으로 가필되었다. 간음한 여자와 예수의 만남에 관한 귀중한 페리코페가 이런 예다. 이것은 공관 전승이라고 말할 수 있는데, 요한복음서에서 8.1 이하에 이차적으로 끼어들

---

[4] J. Jermias, *Unbekannte Jesuworte* (AThANT 16) Zürich 1948에 여러 자료를 모아 놓았다.

[5] 참조: H. Köster, *Synoptische Überlieferung bei den Apostolischen Vätern* (TU 65) Berlin 1957.

자리를 얻었다.[6] 안식일에 일하는 사람에 관한, 베자 사본(Codex D)에만 루가 6,5 대신 적힌 짤막한 페리코페도 이에 속한다: "같은 날 예수께서 안식일에 일하는 사람을 보고 말씀하셨다. '이보시오, 그대는 지금 무슨 일을 하고 있는지 안다면 복되지만 모른다면 저주받은 범법자라오.'"

복음서에서 정작 가장 힘찬 구성요소라고 보아야 할 것은 예수께서 죽은 이들 가운데서 부활하셨다는 믿음이다. 하기야 부활사건이 맨 먼저 전승 형성의 바탕이 된 것은 아니다. 짐작건대 전승 형성은 이미 부활전대 예수 활동에서 개시되었으며 예수는 제자들에게 당신 메시지 또는 그 메시지의 실체적 요소들을 명심시켰다고 하겠는데, 이 점은 제자들의 파견과 관련해서 가장 잘 생각할 수 있다.[7] 그리스도 선포에 이른 것은 그러나 부활후대에야 비로소였다. 예수의 메시지가 계속 전달되기에 이른 나머지 이제는 예수 자신이 예수의 설교 속에 포함되고 이리하여 선포하는 분에서 선포되는 분으로 넘어서는 양상이 생겨났다. 이 이월 양상과 더불어 지상 예수를 부활에 비추어 바라보게 되고 들어높여진 주님의 특징들을 나자렛 예수께 넘겨씌우는 결과가 따랐다. 요한복음서의 사상과 화법이야말로 이런 시각에서 가장 극명한 사례라 하겠다. 이런 시각은 인상적인 의미로 공관 복음서들도 규정짓고 있다. 더러 어떤 이적사화는 예수께서 주님으로서 나타나시는 식으로 이루어져 있다. 산 위에서 모습이 달라지셨다는 것(山上變容)과 호수 위를 걸으셨다는 것(水上步行) 같은, 예수의 현세생활에서 일어난다는 이야기 가운데 더러는 부활자 이야기가 아니냐는 의문이 제기되었다. 이것을 부인한다 하더라도 이 이야기들을 부활의 시각이 없이 생각할 수는 없다. 물고기를 많이 잡은 이야기가 루가 5,1 이하에서는 소명사화로, 요한 21,1 이하에서는 부활사화로 제시되는 것처럼, 더러 어떤 사화는 배열의 차이로 말미암아 부활전대와 부활후대 어느 쪽의 이야기로 파악해야 할 것

---

[6] 참조: U. Becker, *Jesus und die Ehebrecherin*, Berlin 1963.

[7] 참조: Schürmann, *Anfänge*.

인지 유동적이다. 현세의 예수가 현양된 그리스도의 광채 속으로 잠겨들 수 있는 거기서, 공동체를 이끌어 가는 믿음은 "십자가에 못박혀 죽은 그리스도께서 부활하여 살아 계시다"는 표현을 얻는다. 복음서들은 그러므로 단순히 있었던 이에 대한 기억만이 아니라 살아 계신 그리스도에 대한 증언이기도 하다. 보도이자 동시에 선포다. "살아 계신 분의 역사"[8]다.

예수의 말씀을 현양되어 하느님 곁에 계신 그리스도께서 공동체를 상대로 하시는 말씀이라고 알아들었다면, 마찬가지로 복음서 이해에 중요한 의미가 있는 다음과 같은 과정도 납득할 수 있다: 부활후대 공동체는 구체적인 삶에서 새로 생겨난 물음과 문제점에 대해 조언을 얻어내려고 예수의 말씀들을 되짚게 되었다. 새로운 문제인데도 예수의 훈시와 연결짓고 싶었으므로 이 훈시를 새로 생겨난 물음 속에 끌어들여 해석했다. 이 과정이 진행된 예는 숱하게 많다. 가장 뚜렷한 경우는 옛 전승에 새 해석도 곁들여져 있는 대목들이겠다. 이를테면 씨뿌리는 사람 비유, 밀 속에 섞인 가라지 비유, 그물 비유 같은, 그 자체의 해석이 마련되어 있는 비유들이 이런 경우다(마태 13.18-23∥36-43.49-50). 그러나 이 과정이 예수의 말씀들을 직접 새로 형성하기까지에 이르기도 한다. 이 과정을 알아보게 되었다면, 바로 그때문에 더욱 예수의 말씀들을 친언親言과 비친언非親言으로 딱지를 달아 분류해서 다루는 데는 조심스러워야겠다.[9] 기록된 성서 말씀이 우리에게 잣대가 되는 영적 말씀이라는 사실은 제쳐놓고라도, 역사상 사실을 재구성再構成하려면 위에 지적된 과정을 되짚어 따라가는 것이 중요하겠다. 비슷하면서도 복음서들이 알려 주는 대로 초대 그리스도교에서 예수의 말씀을 적용한 것과는 다른 과정이 오늘날도 교회의 설교 관례다. 설교에 앞서 예수의 말씀을 먼저 제시해 놓고 그것을 해석하는 것이다. 복음서들은 가장 오래된 그리스도교의 설교 · 교리교육 · 호교론을 들여다보게도 해 준다.

---

[8] "die Geschichte von einem Lebenden": 이는 Edward Schillebeeckx가 애용하는 개념이다.

[9] 참조: Hahn, Überlegungen 23-26.

사실 예수의 말씀과 나란히 방대한 전승을 이루는 복음서 설화 부분에 대해 특별히 고려해야 할 것은 그리스도교 전승자들이 주위세계, 특히 구약성서와 유다교 테두리 안에 이미 주어진 특정한 설화형식들, 문학유형들을 이용했다는 사실이다. 새로운 내용을 옛 설화구조들에다가 부어넣을 수 있었던 것이다. 복음서의 양식사적 관찰방식은 이 구조들을 추적하여 그 규칙들을 우리에게 가르쳐 주었다. 그런 예로 한 격언이 새겨진 설화 전승 단위(아폽테그마)[10]가 있으며, 구조상 유다교에도 존재하는 바와 같은 쟁론과 교설이 있으며, 그밖에도 여러 형식이 있다. 이적사화들도 이에 속한다. 이미 구약성서에서 이적을 이야기한 것과 비슷하게 이야기하는데, 다만 이제는 예수와 관련되어 있고 새로운 내용, 특히 믿음의 동기가 채워져 있다. 더러 어떤 대목은 구약성서의 이적사화들이 직접 공관복음서에 영향을 끼쳤을 수도 있는데, 특히 '엘리야-엘리사 전승에서 유래하는 것들이 그렇다. 마르코 5,21-43∥의 야이로 이야기를 2열왕 4,25-37; 1열왕 17,17-24와, 또는 마르코 6,30-44의 빵을 불린 이야기를 2열왕 4,42-44와 비교해 보면 연관과 구별이 더욱 뚜렷해진다. 말씀 전승도 문학유형에 따라 구분된다(축복·저주·교훈 등). 그러나 예수 자신이 여기서 이미 그런 형식들을 취해 자기 말씀들을 각인시켰다는 점도 당연히 고려할 일이다. 행적 전승과 말씀 전승 사이에 주목할 만한 차이가 있으니, 전자의 경우에는 다른 이가 예수에 관해 이야기하는 반면, 후자의 경우에는 그 알맹이와 그 상당 부분이 예수 자신에게까지 거슬러올라간다.

복음서를 특징짓는 데는 끝으로 또 두 가지 유념할 난점이 있다. 우선 하나는 언어 문제다. 예수는 아람어를 썼다. 돌먼이 가르쳐 준 대로 더 정확히 말하면 아람어의 갈릴래아 사투리를 썼다. 이 사투리를 듣고 예루살렘에서 갈릴래아 사람들을 알아보았는데, 베드로에게 그런 일이 있었던 것

---

[10] Apophthegma(토막이야기): 격언을 목표로 삼아 이야기하는 형식인데, 예컨대 마르 2,23-27이 목표로 삼는 격언인즉, "안식일이 사람을 위해 생겼지, 사람이 안식일을 위해 생기지 않았습니다"라는 문장이다.

과 같다(마태 26,73). 후음喉音의 구분이 정확하지 못한 것이 이 사투리의 표나는 점으로, 특히 "아인"ע과 "알렙"א 두 소리를 혼동했다.[11] 복음서들은 그러나 그리스어로 편찬되었다. 우리에게는 아람어로 된 예수의 말씀이 단 한 마디도 없다.

예수의 말씀들은 복음서가 엮이기 전에 그리스어로 옮겨졌다. 갈릴래아에서도 그리스어를 썼으므로 예수도 때로는 그리스어를 이용했던지 진지하게 물어 볼 만하다. 헹엘[12]은 예수 시대의 유다교 세계가 이미 얼마만큼 헬레니즘화했던지 적시한 바 있다. 예수의 청중 가운데 때로는 확실히 이교도도 있었다. 열두 제자 가운데서는 두 사람이 그리스어 이름을 가졌는데, 안드레아(시몬 베드로의 동기)와 필립보다.[13] 이 문제는 철저한 연구가 필요하겠는데, 여기서는 그럴 수 없다.

둘째로 말할 점은 예수의 말씀을 글로 적은 일에 관해서다. 비유를 제쳐놓고 보면 우리가 가진 예수의 말씀은 로기온logion, 곧 짤막한 낱 문장으로 된 토막말씀뿐이다. 비유도 더러는 비상하게 집약된 것으로 보인다. 이를테면 누룩 비유는 단 한 문장으로 되어 있고(마태 13,33//), 밭에 묻힌 보물 비유는 두 문장이다(마태 13,44). 예수의 말씀들이 감명깊게 전달되고 또 문자화하는 과정에서 압축되었다고 전제할 수 있겠다. 여러 모로 아마도 어떤 연설의 집약문 또는 거기서 예수 자신이 강조했던 결론적 요점일 것이다. 공관복음서에 제시된 연설들이 독립된 낱낱의 로기온들 또는 짤막한 말씀 무리들을 재구성한 것이라는 점은 이미 말한 바이다.

나. 그러면 실증적으로 역사상 예수의 모습을 어떻게 재구성할 수 있을까? 지난 40년간의 연구는 이 길에 더욱 도움이 될 기준과 표지를 찾아내고자

---

[11] 참조: Billerbeck I 157.

[12] M. Hengel, *Judentum,* 특히 108-14 (언어 문제에 관하여); 참조: Schürer, *Geschichte* II 1-26.

[13] 안드레아와 필립보가 요한복음서에서 바로 그리스 사람이 예수께 오는 일과 관련해서도 두드러진다는 것은 주목할 만하다: 1,40.43-48; 6,5-8; 12,21-22; 14,8-9.

애썼다. 여기서 그 성과를 총정리해 볼 만하다. 예수의 일생을 얻어내기란 불가능하더라도, 예수의 활약과 설교 내부에서 특정한 행동방식과 관심사들을 보편적 성격으로 적시해 낼 수 있으며, 이들이 인식을 강화하고 어떤 구분을 가능하게 한다. 그래서 예수 선포의 중심점에 하느님 나라가 있음을 의심없이 전제하고 나아갈 수 있다. 이것을 예수가 선포한 형태대로 파악해야 한다. 예수의 윤리적 요구들과 이적 활약들이 이에 속한다. 예수는 둘레에 제자들을 모았다. 제자의 실존을 이해하는 일과 연결되어 추종 문제가 나타나며, 제자들 속에 열두 제자라는 더 좁은 동아리가 있었느냐라는, 또 예수는 하느님 백성에 대해 어떤 관계와 소임을 띠고 있었느냐라는 물음도 나온다. 확실히 예수는 갈등에 빠져들기도 했다. 여기서 갖가지로 무리지어진 유다인들과 예수와의 관계를 물을 수 있으며, 또한 필경은 예수를 난폭하게 죽이기까지에 이른 이 갈등의 원인들도 탐색할 수 있다. 재판과 죽음은 물론 매우 중요하므로 자세히 살펴볼 필요가 있다. 끝으로 이를테면 모든 것을 포괄하는 문제로서 예수의 파견 말씀이 전개되는 것을 지켜보아야 한다. 혹은 — 신학적으로 표현하자면 — 부활후대에 그리스도론이 전개되는 데 바탕을 줄 수 있는 그런 것이 있는지, 예수의 활동 속에 그런 실마리가 있는지를 물어야 한다. "하느님 나라"·"추종"·"갈등"·"죽음"·"사명권위"가 그러므로 우리가 예수상을 수립하는 데 도움이 되는 큰 복합개념들이다. 이 큰 복합체들 안에는 물론 몇 가지 부분측면이 있어서 우리의 주목을 요구할 것이다.[14]

이제 예수 물음을 다루어 나갈 때 도움으로 삼고자 하는, 연구로 이루어진 비평기준을 하나씩 소개해야겠다. 이 기준들 아래서 공관복음서 자료의 판단을 위한 실제적 규칙들을 이해할 수 있다. 눈에 띄려니와, 이 규칙들은 거의 모든 내용적 관점을 잣대로 삼고 있다.

---

[14] 이 部分側面의 필요성을 Hahn[Überlegungen 40-51]이 강조한다. 비교해 볼 만한 생각들이 Roloff[Jesusbild 561-72]에게서 발견된다. 연구에서 전체의 틀을 얻는 것이 이미 오래 전에 중요한 일로 인식되었다는 사실은 Lehmann[Quellenanalyse 195-9]이 지적한다.

① "남다름 기준": 한 예수 전승이 유다교에서 도출되는 것도 아니요 초대 그리스도교에 귀착되는 것도 아닐 때, 우리는 예수에게 거슬러올라갈 수 있는 전승과 관계하게 된다. 캐세만이 근자에 다시 적용하게 된 이 기준은 슈미델, 히르쉬, 하이트뮐러 들에게 이미 실마리가 있었다. 캐세만은 이것을 유일한 기준으로 적용시키려 한다.[15] 절대적 독창성이 중요하다고 보는 것이다. 기존하는 것과 준별되는 참으로 새로운 것만을 타당하는 기준으로 용인하는 것이다. 이 기준에 내포된 전제들은 성찰된 것이거나 성찰되지 않은 것이거나간에 일정한 그리스도론적 개념에 입각해 있다. 이 기준에 대해 — 유용성을 인정하되 — 제기된 반론은, 유다인에 대한 반감이 숨어 있을 수 있다는 것이요,[16] 종교사적이지 양식사적인 방향이 아니라는 것이다.[17] 이 기준은 많은 도움이 되지만 날카로운 칼이다. 엄격히 적용하다 보면 많은 예수 자료가 잘려나가 버릴 것이 뻔하다. 예수가 언제나 독창적이기만 했다면 마치 중국어를 기피하는 중국 선교사와 한가지인 셈이다. 그러나 출발점으로서는, 이를테면 한 실마리 같은 것으로서는 존중할 만하다.

② "일관성 기준"은 여기서 다음과 같이 알아들어야 한다: 그것은 예수의 언행일치를 뜻한다. 예수의 말씀이 예수의 행위와 부합한다면, 양자가 일관성이 있다면, 그러니까 특별히 요청적인 성격을 띤 말씀 전승들이 있는데 이들이 예수에 대해 보고된 전형적 행동에 해당한다고 부합한다고 할 수 있다면, 우리는 믿을 만한 자취를 따라가고 있는 셈이다. 푹스는 이와 관련하여 말하기를, 예수의 교훈적 선포에서 특별한 점은 자신의 순종을 제자들이 명심할 잣대로 삼았으며 우리가 예수의 말씀과 행위에서 똑같은 방향을 발견하면 족하다는 거기에 있다고 했다.[18] 세리

[15] 토론: Lehmann, Quellenanalyse 174-86.

[16] Mußner, *Methodologie* 132.   [17] Lührmann, Kriterien 64.

[18] 참조: E. Fuchs, *Hermeneutik* (Bad Cannstatt ²1958) 228; *Zur Frage nach dem historischen Jesus* (Tübingen ²1965) 155.

와 죄인들을 사귀는 예수의 행동이 시사적으로 좋은 본보기라 하겠다.

③ 일관성 기준과 아주 가까워서 철저히 비교될 수 있으나 다만 더 형식이 짜이고 폭이 넓어진 것은 다중증언 기준이다.[19] 이것은 예수의 일정한 행위가 여러 모로 갖가지 문학유형(격언·쟁론·비유 등)을 통해 증언되는 그런, 내용상 특정한 전승들을 고려한다. 여기서는 다양한 유형을 통한 전거가 중대한 의미가 있다. 공관복음서 서로의 의존관계가 자동적으로 수많은 전승을 되풀이하는 결과를 낳았으므로, 자주 나온다는 것만으로는 너무 적을 것이다.

④ 가혹하거나 충격적이라서 수정되거나 밀려난 전승들은 그 자체가 우리를 본디 예수의 말씀으로 인도하는 것으로 보인다. 이 기준은 말씀 전승에 적중한다. 마르코 2,27을 보기로 들 수 있겠다: "안식일이 사람을 위해 생겼지, 사람이 안식일을 위해 생기지는 않았습니다." 이 로기온을 마태오와 루가는 그 충격성 때문에 넘겨받지 않은 것으로 짐작된다. 혹은 혼인의 불가해소성을 주장한 예수의 태도표명이나 맹세하지 말라는 예수의 금령이 어려움들을 낳았던 것도 꼽을 수 있겠다.

⑤ 달[20]은 남달리 독자적인 길을 제시했다. 그는 무엇보다도 확실한 기정사실이자 그 자체로는 물론 해석될 필요가 있는 그런 예수의 십자가상 죽음을 출발점으로 삼는다. 예수 선포의 역사상 이해는 십자가 처형과 관련해서만 달성될 수 있다는 것이다: "예수 생애의 결말은 예수가 내세웠음에 틀림없는 도전적인 전권全權주장에 대한 눈길을 날카롭게 하기에 알맞다."[21] 이 전권주장을 달은 비유들과 산상설교에서 감지하고 논리정연하게 분석한다.

⑥ 마지막으로 들 수 있는 기준은 공관 전승의 가장 오래된 층들을 우선적

---

[19] Mußner[*Methodologie* 127]는 Querschnittsbeweis(斷面證據)라는 말을 쓴다. Kriterium der vielfachen Bezeugung(多重證言 기준)으로 바꾸는 것이 낫다.

[20] N.A. Dahl, *Der historische Jesus*; Der gekreuzigte Messias.

[21] *Der historische Jesus* 121-2.

으로 다루어야 한다는 데 있다. 이미 옛 예수생애연구에서 한 구실을 했던 이 기준은 일반적 전승비평 고찰을 도입한다는 점에서 지금까지 말한 기준들에 비해 성격이 다른데, 물론 엄밀히 규명될 필요가 있다. 예수생애연구에서는 여러 모로 마르코에서, 혹은 문학비평적으로 더 세밀하게 연구할 경우에는 「원原마르코」Urmarkus에서 출발했다. 오늘날 우리는 공관 전승층을 더 잘 세분할 줄 알게 되었다. 가장 오래된 것으로 우리는 「원原수난기」Urpassionsbericht와 「어록출전」Logienquelle을 꼽는다. 그러나 이들을 고려하는 것이 단연 매우 중요한 그만큼, 이들을 규정짓기 위해 다른 모든 기준을 도구로 사용하는 것도 중요하다.

위의 비평기준들을 훑어보건대, 이해와 적용이 갖가지인 이들이 함께 적용된다면 확실히 성과가 기약될 수 있다. 그러나 방법상 장비는 또 더 구축될 수 있다. 기준들이 — 마지막 기준까지 — 내용상 규정지어져 있다는 것, 즉 그 잣대를 전승의 내용에서 얻어낸다는 것은 이미 말한 바이다. 그 배후에는 한 설화 유형의 판단이 그 내용을 주로 초기 공동체의 역사 성찰로만 바라보는 결과가 되어서는 안 된다는 적절한 인식이 있다. 그래서 그것은 복음서의 일정한 양식사적 고찰방식에 상응했다. 내용이 유형에 앞서 객관적으로 주어져 있는데, 이는 또한 시간적으로 먼저라는 것을 뜻할 수도 있다.[22] 가령 한 아폽테그마 이야기도 충분히 예수의 활약에서 비롯하는 역사상 기억을 재현하는 것일 수 있고, 아폽테그마 이야기라는 이유만으로 공동체의 성찰로 단계가 매겨질 수는 없을 것이다.

예수 전승을 판단하는 기준 외에 예수가 구사한 화법이라는 표지도 연구되었다. 여기서 첫 자리로 꼽을 수 있는 것은 예수의 비유들이다. 표상자료라는 면에서 보면 유다 전통의 비유들과 비슷하면서도, 그 참신함과 박진함, 그 절박하게 요구하는 선포 성격이 뚜렷이 색다르다. 가위 전무후무

---

[22] 이 점을 Holtz[Kenntnis von Jesus]가 강조한다.

하다. 초기 그리스도인 공동체에서도 이 표상언어의 유일성을 되붙들 수는 없었다. 유다교 권내에 널리 퍼진 비유들이 전승된 교훈적 지혜를 새겨 주던 수단이라면, 예수의 입에서는 비유들이 청중을 사로잡는 메시지가 된다. 사실 대부분의 비유는 전승이 진행되면서 윤색되었고, 더러는 우의화에 힘입어 새로운 이해차원으로 높여졌다. 그런데도 기본형태를 되얻는 것이 정작 언제나 가능하다. 이것은 비유 이야기마다가 독창성이 있을 뿐더러 미학적으로 빼어난 특성이 있음에 근거한다. 문학의 현대어에서 비유를 가리켜 미학적 대상이라 할 때 뚜렷이 드러나는 점인즉 바로, 비유들은 하나하나가 다 한 작은 세계를 의미한다는 것이다. 우리는 그러므로 예수의 비유들을 특별히 되짚어 올라가야 할 것이다.

예수가 선호한 화법[23]으로서 더 세분되어 꼽히는 것은 역설, 대구對句, 신적 수동태passivum divinum, 특정한 음률구조 들인데, 그리스어 문장을 아람어로 되옮겨 보면 두드러져 나타난다. 이들이 부가적인 밑받침들로서 주장될 수 있다. 예수에게 특징적인 것으로서 아람어 두 낱말의 용법이 뽑혀 나왔는데, 그리스어로 옮겨지지 않은 채 예수의 태도에 의해 중요한 의미를 띠는 점이다. 그 하나는 "진실히(아멘) 말하거니와 …"라고 할 때처럼 여느 경우(전례)에서는 힘주어 다짐하는 구실을 하는 "아멘"이라는 말이 반드시 맨 앞에 나온다는 점이요, 다른 하나는 기도 때의 "압바"(마르 14,36)라는 호칭이 주위세계에서 유례가 보이지 않는다는 점이다. 나아가 예수의 여러 로기온에서 특별한 두 마디 구조가 발견되었는데, 이 구조에 힘입어 현재와 (종말론적) 미래가 대치되어 있되 현재가 미래에 의해 규정되어 있음이 필연적으로 두드러지게 된다. 보기를 들자면 루가 12,8이 꼽힌다: "누구든지 사람들 앞에서 나를 인정하면 인자도 하느님의 천사들 앞에서 그를 인정할 것입니다"(참조: 마태 23,12: 마르 10,31: 루가 6,20-21).[24]

---

[23] 참조: Jeremias, *Theologie* 19-45; Hahn, Überlegungen 35-6; Lehmann, Quellenanalyse 189-95.

[24] 참조: Robinson, Kerygma 228-31.

내용상 더욱 강렬하게 감명을 주는 예수 언어의 세분된 특징으로 꼽히는 것은 하느님의 자비에 분개하는 인간의 자기정당화를 지탄하는 로기온들이다. 비교적 부정적이지만[25] 무스너가 주의를 환기하는 것으로는, 미결되고 간접적이며 막연한 그리스도론 또는 구원론이 담긴, 부활후대 동질화의 영향이 없으므로 매우 오래된 것임이 드러나는 말씀들이 있다.[26] 리스너는 문제점에 매우 큰 노력을 기울였으나 여러 군데서 목적을 일탈했다고 할 수 있지만, 예수의 말씀에서 전승 형성의 단서들을 또는 적어도 예수의 말씀이 청중에게 감명을 주는 것을 알아차리게 하는 단서들을 찾는다. 그가 주목하도록 꼽는 것인즉, 예수의 말씀이 권위를 드러낸다는 점, 종종 유심히 듣도록 요구한다는 점("들을 귀 있는 이는 들으시오"), 수수께끼스런 또는 예언스런 성격의 말씀들이 궁리되기를 의도한다는 점, 어떤 화법이 인상을 박아 줄 만큼, 또 예수 자신이 자기 메시지를 약식으로 종합해 주었다고 할 만큼 선택되어 있다는 점 들이다.[27]

예수 전승의 신빙성 연구에 대한 신뢰가 지난 불트만 시대와는 대조적으로 눈에 띄게 자라났다. 우리가 구사할 수 있는 방법론적 도구로서 기준과 표지들이 제공되고 있으며, 이들이 함께 적용되면 성과가 있다는 것이 기약된다. 무엇보다도 비평의 선입견을 물리쳐야 한다. 한 전승이 진짜임을 위해 애쓰는 사람에게는 입증책임이 있다고 한다.[28] 이것은 그러나 가짜임을 원칙으로 삼는 데서 출발한다는 것을 뜻한다. 역사상 사실 연구의 맥락에서 "입증"이란 감당할 수 없는 개념이라는 점은 제쳐두고라도, 이런 입장은 너무 경솔하다. 예수의 전승들은 전달되고 해석되었다는 것을 우리는 — 위에서 설명한 대로 — 알고 있고 또 이런 계속 형성 역시 설득력이 필요하므로, 두 가지 모두를 되도록 잘 들여다보이게 해야 한다. 예수의 것,

---

[25] 참조: Farmer, *Essay* 124-5. [26] F. Mußner, *Methodologie* 133.

[27] R. Riesner, *Lehrer* 423.

[28] 이 점은 Bultmann 이래 더 자주 되풀이되는데, Hahn[Überlegungen 27-8]도 마찬가지이나 제한을 둔다.

본디 예수 자신의 말씀, 본디 예수 자신의 행동도, 부활후대 공동체 안에서 이루어진 재해석과 변형도, 둘다가 함께 밝혀져야 한다. 모름지기 이런 총체관계 속에서라야 전승의 판단이 객관적이며 의미가 있다. 더러 해석자들은 한 전승이 공동체의 형성으로 인식될 수 있게 하는 데 도움이 되는 그런 기준들을 이루어 내기에 공을 세웠다.[29] 퀴멜에 따르면 초대 그리스도교 신앙 발전의 특성이고 따라서 예수 전승에 변화를 주면서 스며들었음에 틀림없는 그런 경향들이 여기에 속한다.[30]

우리는 이 마지막에 든 측면도 감안해 보고자 하며, 적어도 실마리로서나마 어느 방향으로 이 부활후대의 변형과 재해석이 나아가는지를 가리키도록 애쓰고자 한다. 그것을 벗겨내는 데서 예수상이 좀더 또렷이 시야에 들어올 수 있다. 아울러 우리는 소득이 있고 예수 활동의 배경을 밝힐 수 있는 한 거듭 다시 성서 밖의 동시대 출전들을 인용할 것이다. 그러므로 이제 먼저 두 단원을 바쳐, 예수 당시 이스라엘의 정치상 그리고 정신상과 사회상부터 설명하기로 하자.

---

[29] 참조: O. Cullmann, Unzeitgemäße Bemerkungen zum „historischen Jesus" der Bultmannschule: *Vorträge und Aufsätze 1925-1962* (Tübingen - Zürich 1966) 141-58 중 154-7.

[30] W.G. Kümmel, Der persönliche Anspruch Jesu und der Christusglaube der Urgemeinde: *Heilsgeschehen und Geschichte* (MThSt 3) (Marburg 1965) 429-38 중 432.

2

예수 당대 이스라엘의
정치상

로마 황제
아우구스투스와 티베리우스

로마 정치사라는 망루에서 내려다본다면 예수의 생애는 옥타비아누스 아우구스투스(BC 27 - AD 14)와 티베리우스(AD 14-37)라는 두 황제가 다스리던 시대에 해당한다. 둘다 이 제국 동방에 온 적은 없다. 둘다 시리아나 팔래스티나 땅을 밟은 적은 없다. 그래도 그들의 오랜 치세는 정치 세계에 평화와 안정을 확보했다. 내란들을 성공적으로 그치게 하고 영리한 통치로 태평성대를 누릴 수 있었던 황제의 이름에 연결되어 "아우구스투스의 로마 평화" Pax Romana Augustana라는 추모가 이루어졌다. 시인과 사제들이 갈채를 바쳤다. 비르길리우스는 넷째 「목가」Eclogae에서 황금시대를 구가한다. 「백년제가」Carmen saeculare를 지은 호라티우스는 다른 데서 아우구스투스를 역대에 가장 위대한 통치자로 기린다.[1] 로마를 위해서는 사양했지만 황제는 제국 동녘에서 신으로 숭배되기를 허용했다. 특히 이 경신례가 여신 로마Idea Roma와 연결될 때 그랬다. 그 뚜렷한 표지가 황제와 여신 로마에게 헌정된 앙키라(오늘날 앙카라) 신전인데, 16세기에 그 벽들에서 「아우구스투스 신神 행장기」를 새긴 라틴어와 그리스어 명각들이 듬뿍 발견되었다. 나이 일흔여섯에, 그러니까 죽기 한 해쯤 전에 황제 자신이 지은 이 행장기의 마무리에서 그는 원로원과 기사단과 온 로마 백성이 자기에게 "국부"pater patriae라는 이름을 주더라면서 특별히 흐뭇함을 표시해 마지않는다.[2] 아우구스투스가

---

[1] H. Färber 편 Horatius, *Carmina lib* IV 14,6 (München ²1982) 212.

[2] E. Weber 편 *Res gestae divi Augusti* (München ²1975) 35번.

팔래스티나와 직접 접촉한 적은 없지만, 그의 권력은 그 땅에 현존해 있었다. 헤로데 왕이, 또 그 다음에는 그 아들들과 로마인 유다 총독들이 그 대표자였다.

티베리우스도 비슷하다. 그는 사람 사귀기 싫어한다는 평판이 났는데, 나이가 많아지면서 점점 더 자주 캄파냐로 또 카프리-섬으로 물러나 있곤 했다. 20년쯤에는 친위대장 세이아누스의 세도가 치솟기 시작하여,[3] 황제가 로마에 없을 적이면 그가 거의 전권자였다. 유다인의 원수이던 그의 덕분에 폰티우스 필라투스(본티오 빌라도)가 유다 총독으로 지명되었다. 티베리우스 황제 15년에 세례자 요한이 등장한다(루가 3,1). 비텔리우스가 35년에 시리아 총독으로 임명된 일이 티베리우스 때로 거슬러올라가는데, 빌라도가 해직되어 소환된 일이 이 비텔리우스라는 이름과 연결되어 있다.[4]

---

[3] 참조: Tacitus, *Ann.* 1,24,2; 3,29,4.

[4] Seianus는 나중에 역모를 꾸몄다가 31년에 처형당했다.

헤로데 대왕

헤로데 치세에 예수 탄생이 해당하니, 예수의 첫 임금으로 우리 앞에 등장하는 것은 헤로데다. 이두매아 부호 출신으로 — 아버지의 이름은 안티파테르이고 어머니는 키프로스라는 나바태아 여자였는데 — 유다 백성에게는 늘 틈입자요 이방인 찬탈자라고 여겨졌다. 그의 통치는 권력정치라는 개념으로 납득은 될지언정 전에 통치하던 하스모내아 왕조에 속한 이들과의 혈투로 얼룩져 있다. 그의 두번째 아내였던 하스모내아 왕가의 마리암 공주도 정치폭력의 제물이 되었다. 그는 이두매아와 유다와 사마리아와 팔래스티나 북동부의 넓은 지역을 아울러 한 왕국으로 벼리어 거의 30년 동안 평화 속에 이끌어 갔다. 기원전 40년 말에 로마 원로원의 결정을 통해서 또 삼두정치 집정관인 마르쿠스 안토니우스와 옥타비아누스(나중에 아우구스투스)가 밀어주어서 유다 왕으로 지명되었다. 로마 집권자들은 제국 변두리에 자리한 불복하는 유다 백성을 평정하여 로마 권력에 복속시키기에 헤로데가 적임자라고 보았다. 헤로데가 이기적인 권력추구에 급급했다고만 여긴다면 그를 너무 깎아내리는 셈이겠다. 오히려 그는 로마의 정치적 사명에 확신을 가지고 가담하며 특히 아우구스투스의 천하정책 수행을 자임했다. 그리고 아우구스투스는 안토니우스를 제압한 다음에도 전에 그의 한편이었던 헤로데에게 호의적 태도를 취했다.

　로마 세계제국의 권력구조 속에서 헤로데가 차지한 정치적 위상은 "로마 인민의 동맹왕이요 친구"rex socius et amicus populi Romani라는 칭호로 특징이 드러나 있다. 그의 땅에까지 뻗은 로마의 팔 구실을 하던 그에게 내정상으로는 권력에 제약이 부과되지 않았던 한편 외정상으로는 아무 일도 도모할 수

47

없게 되어 있었다. 그의 내정상 권위는 공·사법상 민·형사간의 전권을 포괄하고 있었으며, 공무와 재정을 집행할 권리와 군대를 보유할 권리도 내포하고 있었다. 외정상 구속되어 있었다는 사실은 기원전 9년에 일어난 사건에서 밝혀질 수 있다. 헤로데가 미리 로마에 물어 보지도 않고 아랍 족과 전쟁을 벌였다는 소식을 듣게 되자 아우구스투스 황제가 헤로데에게 오해의 여지도 없는 말로 칙서를 보낸 것이다. 이제까지는 친구로 대접했거니와 이제부터는 신하로 여기겠노라고.[1] 내정상 예외적 권한이 왕의 일신에ad personam 용인되었다. 이것은 특히, 그가 이 권한을 고스란히 아들들에게 상속시킬 수는 없으며 그의 유언이 법적으로 효력을 얻으려면 황제의 인준이 필요하다는 것을 의미했다.

위임받은 권력을 헤로데는 정치인다운 수완을 가지고 일관되게, 그런 가운데 냉혹성과 잔인성도 가지고 행사했다. 그가 설치한 법정들의 관행은 그리스-로마 법제와 닮았다. 그가 올려서 받은 각종 세금을 이제 와서 낱낱이 알아내기는 어렵다. 그러나 자신과 자기 중요한 관심사를 위해 하스모내아 시대보다 높이 인두세를 매기고 황제에게 상납할 조공세도 도입했다는 증언은 더러 있다. 게다가 세금 종류도 인두세와 호구세, 소득세와 재산세와 소금세 등 다양해졌다.[2] 징세 방식도 새로이 조직되어 후대에도 존속했다. 유다교 최고의회인 산헤드린의 권한은 매우 제한되어 있었다. "칼의 권한"potestas gladii이라는, 인간을 처형할 권한을 가진 것은 확실히 아니었다. 심지어 자문기관 구실을 할 권한조차 박탈되어 있었던 것으로 샬리트는 추정한다.[3] 하스모내아 왕조가 아직은 대제관 제도를 더불어 안고 있었다면, 헤로데는 처음으로 자족하는 정권이 되고자 했다. 이두매아 이방인인 그가 대제관직을 스스로 장악하는 모험을 무릅쓸 수는 없었지만 그의 태도는 분명했다. 그나마 명맥을 유지하고 있던 대제관의 직권은 현저

---

[1] 참조: Josephus, *Ant.* 16,290; Schalit, *Herodes* 166.
[2] 참조: Schalit, *Herodes* 262-98.   [3] *Herodes* 302.

히 잘려나갔다. 대제관 신분의 세습도 현직 대제관의 종신직도 폐지되었다. 대제관은 이제 한갓 제례 관리로서 헤로데의 뜻에 종속된 채 남아 있을 뿐이었다.

그러면서도 헤로데는 자기 왕국이 순정치적 권력체제를 넘어서 자기에게 종교적 냄새가 배이게 하려고 애쓰는 것이 역력했다. 그의 이런 행태가 물론 어느 독실한 유다인에게나 모순으로 보이고 깊이 역겨움이 일게 할 수밖에 없었다. 일단 왕은 유다인 정서에 솔깃한 일을 했다. 예루살렘 성전을 새로 번듯하게 단장하여 나라 안팎에 왕도王都의 면모를 높인 것이다. 그렇다면 그가 세운 나라는 그의 위업을 보고 다윗 왕국을 상기해야 할 그런 나라였다. 다윗은 메시아의 원형이었다. 헤로데에게는 그러나 달리, 평화와 복락과 구원의 보장이란 이스라엘과 대망하던 메시아가 아니라 로마와 황제, 특히 아우구스투스였다. 로마의 은혜를 입은 왕으로서 헤로데는 로마의 광채를 대표하노라고 주장했다. 헤로데로서는 로마 속령들에 번지기 시작하던 황제숭배에 가담할 마음이 있었다. 그가 사마리아의 신설 수도를 세바스테*라고 명명한 것은 시사하는 바가 크니, 그것은 황제를 신으로 떠받들기에 맞먹는 일이다. 이런 태도로 헤로데는 결국 하느님 백성 이스라엘의 특수성과 선민성을 의문에 부쳤으므로, 그의 로마제국 메시아 사상이 백성의 의구심을 사게 되고 왕과 백성 사이에 골이 더욱 깊어질 수밖에 없었다.

---

* Σεβαστή: "尊者"라는 뜻으로 Augustus를 神格化하는 존칭.

헤로데의 아들들

헤로데는 유언을 고쳐야 했다. 처음에는 첫 아내인 예루살렘 여자 도리스가 낳은 안티파트로스에게 으뜸 서열을 인정했다. 안티파트로스는 소원대로 온 나라 왕이 되는 한편 하스모내아 가문 마리암의 소생인 알렉산드로스와 아리스토불로스는 특정 지역 왕위만 얻을 것이었다. 그러나 특히 안티파트로스의 이복 형제들에 대한 믿지 못할 모략으로 우선 그들이 처형되고 말았다. 안티파트로스 자신도 모반을 꾀했다가 아버지가 죽기 직전에 권력의 제물이 되었다. 별세 닷새 전인 기원전 4년 3월 말 또는 4월 초에 헤로데는 마지막 힘을 모아 최종조처를 취하여 아르켈라오를 왕으로, 곧 온 나라 으뜸 영주로 결정했다. 안티파스와 필립보는 분봉영주가 되어 하나는 요르단 건너편 유다 지역인 갈릴래아와 베래아를, 다른 하나는 북동 지역인 가울라니티스와 트라코니티스와 바타내아에서 파네아스 도성까지를 다스리도록 했다. 아르켈라오와 안티파스는 헤로데의 네번째 아내인 말타케의 소생이고 따라서 동복 형제간인 반면, 필립보는 예루살렘 여자 클레오파트라와의 다섯번째 혼인으로 얻은 아들로서 다른 둘과는 이복 형제간이었다.[1] 아르켈라오에게 헤로데는 봉인 가락지를 주면서 국정 서류를 봉인하여 로마로 아우구스투스에게 보낼 소임도 맡겼는데, 왕의 모든 처사에 대해 최종 결정권은 황제에게 있었기 때문이다.[2]

---

[1] 헤로데 대왕은 열 여자와 결혼했으니, 예루살렘 여자 도리스, 하스모내아 왕가의 마리암 공주, 제관의 딸 마리암, 사마리아 여자 말타케, 예루살렘 여자 클레오파트라, 그리고 팔라스, 파이다, 엘피스 들인데, 마지막 두 여자의 이름은 알려져 있지 않다.

[2] 참조: Josephus, *Bell.* 1 668-9; *Ant.* 17,188-9.

그러나 왕이 죽자 온 나라 곳곳이 들끓기 시작했다. 아르켈라오는 로마로 떠날 수 있기도 전에 예루살렘에서 폭동부터 진압해야 했다. 아우구스투스는 왕위 계승이 조정될 때까지 예비조처로서 사비누스라는 태수를 이스라엘로 보내어 평온과 질서를 도모하게 했다. 사비누스는 그러나 가차없는 처신으로 백성을 자극했다. 상속자들 사이에 왕위 쟁탈전이 일었다. 아르켈라오 외에 안티파스도 홀대를 느껴 황제를 만나러 떠났다. 하스모내아 가문에 속한 다른 이들도 로마에 있었다. 그러는 사이에 갈릴래아에서는 세포리스 근처에서 유다라는 사람이 봉기자들을 규합하여 그 일대를 불안하게 했다. 베래아에서도 헤로데의 노예였던 시몬이라는 사람이 같은 행동을 했다. 로마 대사 바루스는 시리아의 안티오키아에서 출동한 병력으로 난동자들과 대결하면서 예루살렘까지 진군했는데, 도중에 세포리스를 불살랐다. 여기서 상기하는 것이 좋겠거니와, 세포리스는 예수 어린이가 가족 품안에 자라고 있던 나자렛에서 십리밖에 안 떨어진 곳이다.

아우구스투스 황제는 헤로데의 계승을 다투는 각 대표자들을 아폴로 신전으로 불러들여 청문했다. 황제의 결정은 대체로 왕의 마지막 유언을 인준하는 내용이었다. 아마도 가장 중요하게 달라진 것은 아르켈라오에게 왕의 칭호를 거부한 점이겠다. 아르켈라오는 이제 유다와 사마리아와 이두매아의 족장으로 간주되었다. 안티파스와 필립보는 분봉영주 칭호를 얻었다. 아르켈라오는 가자와 가다라와 힙포스 등 도시들을 시리아 속령으로 양도해야 했다. 그래도 그는 최선의 큰 성과를 얻은 셈이니, 이 영주들에게 자기네 영토에서 흘러든 수입이 이를 입증한다. 아르켈라오는 연간 600달란트인 반면에, 안티파스는 200, 필립보는 100달란트일 뿐이었다.[3]

예수의 생애에 비추어서는 두말할 나위도 없이 헤로데의 아들들 가운데 그의 영주인 헤로데 안티파스(BC 4 - AD 39)가 가장 중요하다. 열여섯 살에 통치에 들어선 그는 명예욕이 강하고 영리하며 호사스럽게 사는 것으로 여

---

[3] 참조: Josephus, *Ant.* 17,318-20.

겨졌으나 활동력은 아버지보다 못했다. 그는 바루스가 파괴한 세포리스를 재건하고 튼튼한 성벽을 둘러 수도로 삼았다. 공설 원형투기장 시설이 이 분봉영주의 그리스-로마적 성향을 증언한다. 이런 성향은 그가 쌓은 베타 람프타 성을 리비아(나중의 율리아) 황후의 이름에 따라 명명한 것으로도 입증된다. 그가 창설한 가장 중요한 도성은 겐네사렛 호수 서쪽의 티베리아인데, 티베리우스 황제를 기려 이름지은 이곳으로 안티파스는 수도를 옮겼다. 도성이 건설된 때를 정확히 매길 수는 없게 되었지만, 기원 20년 이전은 아니라고 할 수 있겠다. 예수의 활약 때에는 이미 건설되어 있었다.[4] 그 건설에는 시끄러운 사연이 얽혀 있다. 새 도시의 터를 마련하려고 수많은 묘비를 치워야 했는데, 레위 정결규정에 따르면 그러고 난 그곳은 불결한 곳으로 여겨졌으므로 독실한 유다인들은 솔깃한 제안들을 받고도 티베리아로 입주하기를 꺼렸다. 안티파스는 온갖 무리의 백성들을 부분적으로는 강제로라도 끌어들일 수밖에 없었다.[5] 이것은 유다인 예수의 실상을 밝혀주는 특별한 예증으로 보이는데, 예수의 활동과 관련하여 복음서에서 티베리아를 활동장소로 말하는 데는 하나도 없다.[6] 짐작건대 예수도 이 도시에는 들어서지 않았을 것이다. 자기 땅에서 안티파스는 가차없이 재판권을 행사했다. 바로 그가 세례자 요한을 붙잡아 죽이게 했다. 이에 관한 우리의 정보는 공관복음서에도 있고 플라비우스 요세푸스에게도 있다. 그러나 이 분봉영주의 개입동기와 처형의 상세한 정황에 관해서는 차이들이 있다. 마르코 6,17-29 // 마태오 14,3-12에서는 앙심 품은 헤로디아의 유명한 이야기가 나오는데, 헤로디아가 안티파스의 의붓 동기와 헤어진 다음 안티파스

---

[4] Josephus[Ant. 18,35-6]는 빌라도가 赴任한 다음에야 티베리아가 건설된 것으로 말하는데, 시간 관계를 시사하는 셈이다.

[5] 참조: Josephus, Ant. 18,36-8.

[6] 요한복음서에는 티베리아가 세 번 나온다. 21,1에는 "티베리아 호수"라는 말이 있고, 6,1에는 "갈릴래아 호수 곧 티베리아 (호수)"라는 더 상세한 표현이 있으며, 6,23에는 — 빵이 늘어난 일 다음에 — 티베리아에서 배들이 왔다는, 내용이 정작 불분명한 문장으로 지적되어 있다. 참조: R. Schnackenburg, *Das Johannesevangelium* II (HThK) (Freiburg 1971) 44-6. 어느 경우에나 티베리아가 예수와 직접 관련되어 있지는 않다. 공관복음서에는 언급되는 일이 없다.

ⓒ 헤로데의 아들들 53

와 결합한 일을 세례자가 질타했으므로 헤로디아가 세례자를 죽일 기회를 노리다가 분봉영주의 생일에 춤추는 자기 딸의 도움을 얻어 목적을 달성한 다고 되어 있다.[7] 그러나 요세푸스의 「유다고사」에 따르면 반면에 안티파스는 정치적 이유로 행동한다.[8] 그는 요한이 매력과 언변으로 백성을 폭동에 까지 몰고갈 수 있다고 두려워했다. 이런 의구심에서 세례자를 고랑에 채 워 사해 동쪽 마캐루스 성으로 데려다가 처형시켰다. 본디 동기를 보존한 것은 요세푸스다. 공관 전승은 사마리아 아합 왕의 이세벨 왕비에게 박해 받은 엘리야 예언자의 선례(1열왕 21.17-26)를 본뜬 것이다.[9] 세례자의 순교는 20년 말로 때매김될 수 있다.[10]

예수에게도 헤로데 안티파스는 아닌게아니라 위험한 존재였다. 루가 13.31에 따르면 예수는 이 영주를 조심하라는 경고를 받는다. 그가 죽이려 고 벼르고 있으니 그의 지역을 떠나라고. 수난사화에서는 루가 23.6-12에 서만 찾아 읽을 수 있는, 빌라도가 체포된 예수를 안티파스에게 넘겨주게 했다는 정황판단은 나중에 생겨난 것임에 틀림없다. 아무튼 분봉영주가 예 루살렘에서 무슨 재판권을 가진 경우라고는 없었다.

안티파스가 땅을 잃게 된 것은 아내 헤로디아의 명예욕 탓이라고 할 수 있다.[11] 헤로디아가 줄곧 다그치는 바람에 안티파스는 로마로 칼리굴라 황

---

[7] 의붓 동기의 이름은 Josephus[Ant. 18,109]에 따르면 아버지와 같은 헤로데였고 제관의 딸 마리암의 소생이었다. 마르 6,17〃에서 말하는 필립보가 혼인한 여자는 실상 헤로디아가 아니라 그의 딸 살로메였다.

[8] Josephus, Ant. 18,116-9.

[9] Josephus, Ant. 18,109-15에서도 안티파스의 혼인 사건이 세례자 이야기에 들어가 어떤 구실을 하고 있으나 간접적일 뿐이다. Josephus에 따르면 이 분봉영주는 헤로디아와 혼인하려고 나바테아 왕 아레타스 4세의 딸인 첫 아내를 소박했다. 이에 아레타스는 안티파스를 전장으로 끌어내어 大敗를 겪게 했다. 백성들은 이것을 안티파스가 세례자를 처형시킨 데 대한 하느님의 징벌로 평가했다. 사건 全貌: J. Gnilka, Das Martyrium Johannes' des Täufers: Orientierung an Jesus (J. Schmid 기념) (Freiburg 1973) 78-92.

[10] W. Schenk[Gefangenschaft und Tod des Täufers: ZNW 29 (1983) 453-83]는 34년 말과 36년 사이로 때매기는 설을 새삼 옹호한다.

[11] 참조: Josephus, Ant. 18,245-56.

제를 찾아가 왕위를 — 필립보의 계승자인 아그립파 2세가 37년에 황제에게서 받은 것처럼 — 받고자 했다. 그러나 아그립파가 칼리굴라에게 여러 과오를 이유로 삼고 중상도 곁들여서 비방했으므로 안티파스는 도리어 폐위되고 갈리아의 룩두눔으로 유배되어 거기서 죽었다. 오만한 헤로디아는 남편을 따라 유배지로 갔다.

안티파스 외에 북동 지역 분봉영주인 필립보(BC 4 - AD 34)도 복음서에 언급된다. 루가 3,1에서 여러 연대를 대조하면서 그를 이두래아와 트라코니티스의 영주로 소개하는 것이 그런 예다. 그의 통치는 온건하고 정의로우며 평화로웠다는 평판을 받는다. 누구든지 법적 지원을 구하면 들어주려고 늘 애썼다고 요세푸스는 전한다.[12] 유다인 주민을 가진 지방에서는 그가 아우구스투스와 티베리우스의 초상을 주화에 새겨넣게 한 유일한 영주였다. 물론 그의 지역 주민은 여러 민족이 섞여 있었는데, 시리아-그리스계가 유다계보다 우세했다. 황실에 대한 필립보의 충성은 요르단 강 원류의 파네아를 완공하고는 황제를 기려 가이사리아라 부르고 요르단 강에서 멀지 않은 겐네사렛 호반의 소읍 벳사이다를 도시로 승격시켜 확장해서는 아우구스투스의 딸 율리아를 기려 이름지은 데서 입증된다. 복음서들에 들어 있는 이름을 보면, 시몬 베드로가 메시아 신앙 고백을 한 마을 근처에 자리한 도시는 영주의 이름도 곁들여 필립보의 가이사리아라고 불리는 반면(마르 8,27∥), 시몬 베드로와 안드레아와 필립보 사도들의 고향인 다른 곳은 언제나 벳사이다라고만 불린다(요한 1,44; 12,21; 마르 6,45; 8,22; 마태 11,21∥; 루가 9,10). 예수 자신도 필립보의 종주권 지역을 밟았고 벳사이다에서 활약했다. 이곳 출신 제자들이 있었다는 사실뿐 아니라 갈릴래아 도시들의 불행을 외치는 대목에서 벳사이다를 들추어 책망했다는 사실도(마태 11,21∥) 이를 말해준다. 안티파스에게 붙잡히는 것을 피하려고 때로 이 지역을 찾아든 적이 있을 가능성도 있다. 벳사이다에 주재하던 필립보 분봉영주는 티베리우스 황제

---

12 Josephus, *Ant.* 18,106-8.

의 통치 20년에 거기서 죽어, 생시에 이미 마련해 두었던 묘지에 호사스럽게 안치되었다.

아버지의 유언에서도 또 아우구스투스에게서도 최선의 배려를 받은 아르켈라오(BC 4 - AD 6)는 헤로데의 가장 못난 아들임이 분명했다. 폭군으로서 변덕을 부리며 백성을 다스렸다. 유다와 이두매아의 영주로 앉혀진 다음에 곧 그는 현임 대제관 요아자르를 자기 동기 엘레아자르로 바꾸어 앉혔고, 이 사람도 곧 요수아 벤 시에라는 사람에게 자리를 비켜야 했다. 의붓 동기 알렉산드로스의 아내와의 두번째 혼인이 백성에게 특별히 역겨움을 일으켰다. 그의 통치 10년째 되던 해에 유다인과 사마리아인 유지들의 사절이 아우구스투스에게 아르켈라오의 폭정을 상소하러 로마로 갔다. 이것은 비상하게 엄중한 고발이었음에 틀림없으니, 아우구스투스의 대응조처가 비상하게 냉혹했다. 아우구스투스는 칙서 한 장도 마련하지 않은 채 사자를 보내어 아르켈라오를 로마로 소환했고, 정식으로 친국 심문을 벌여 재산을 몰수하고 갈리아의 비엔나로 유배하는 처벌을 내렸다.[13] 복음서에서 아르켈라오를 직접 언급하는 유일한 대목은 그의 나쁜 평판을 확인한다(마태 2.22). 돈 관리 비유의 루가 버전에는 아르켈라오에 대한 풍자가 들어 있다고 할 수 있다. 여기 엮여 들어간 일화들에 기원 4년 아르켈라오가 족장에 임명되던 과정이 반영되어 있다고 짐작되는데,[14] 곧 왕세자가 왕위를 인준받으러 먼 나라로 떠난다는 이야기, 국민이 그것을 방해하려고 애를 쓴다는 이야기, 그리고 인준받고 돌아온 새 왕이 잔인하게 보복한다는 이야기 들이다(루가 19.12-27).

[13] 참조: Josephus, *Ant.* 17,339-44.   [14] Jeremias, *Gleichnisse* 56.

로마인 유다 총독

한때 아르켈라오가 대표했다가 임금이 없어진 땅이 기원 6년에는 직접 로
마의 정권 아래 들어갔다. 유다·사마리아·이두매아 지역들과 더불어 예
루살렘, 호숫가 가이사리아, 사마리아/세바스테, 욥바 등 큰 도시들이 이
에 속했다. 이 땅에 오는 총독은 기사단 출신이었다. 그런 총독을 맞게 된
로마 속령은 소수인데, 으레 불안 지역으로서 힘센 손이 필요하다고 로마
에서 생각하던 곳들이다. 총독의 칭호는 당시 문헌에 여러 가지로 나타났
다. 신약성서에는 "헤게몬"ἡγεμών이 주로 나오고, 플라비우스 요세푸스는
"에피트로포스"ἐπίτροπος를 즐겨 쓴다. 가이사리아의 라틴어 명각에서는 빌
라도를 "유다의 프레펙투스"Praefectus Judaeae라 일컫는다.[1] 아우구스투스가 이
"프레펙투스"라는 칭호를 골랐던 모양이다.[2] 총독은 시리아의 대사에게 느
슨한 형태로 복속해 있었다. 이 관계는 긴급사태와 더 높은 권력행사의 경
우에 특별히 적용되었다. 로마 총독부 설치와 관련하여 시리아 총독 술피
치우스 퀴리누스와 첫 유다 총독 코포니우스가 세무를 규제할 목적으로 인
구조사를 실시했다. 헤로데와 그의 아들들은 그래도 웬만큼 유다인 정서를
고려했다면, 로마의 멍에는 더욱 억압적이고 치욕적임이 곧 드러났다. 로
마에 반기를 들고 젤로데 당이 결성된 것은 이 인구조사와 관계가 있다.

　유다 총독은 호숫가 가이사리아에 주재했다. 그러나 특별한 계기, 특히
많은 사람이 모이는 유다교 대축제들 때에는 예루살렘으로 가 있곤 했다.

---

[1] 참조: Y. Israeli, *Highlight of Archeology. The Israel Museum, Jerusalem* (Jerusalem 1984) 92-3.

[2] 참조: Schürer, *Geschichte* I 455.

총독은 병력을 동원할 권한이 있었는데, 그 군인들은 로마 정규군처럼 로마 시민권을 가진 사람들이 아니라 대개는 지역 주민에서 징발된 사람들이었다. 보조부대다. 유다인 주민은 병역을 면제받았으므로 일차적으로는 사마리아인과 아랍인이 복무했을 것이다. 그들과 유다인들의 반목을 로마인들이 이용했다고 할 수 있겠다. 이 군인들 속에 유다인 증오의 사례들이 있다.[3] 총독이 거두어들이는 세금은 국고가 아닌 황제의 출납고로 직접 흘러들어갔다. 아마도 유다를 열한 개 지구로 구분한 것은 좀더 마찰 없이 세금을 징수하려는 목적에 이바지했던 모양이다.

예루살렘 성전은 국가의 보호를 누렸다. 이 보호가 대단했다는 것은 성전 울안 성역에 유다인 아닌 사람이 들어가는 것이 사형의 위협으로 엄금되었다는 데서 입증된다. 로마인들이 그리스어와 라틴어로 경고판을 설치시켰다.[4] 그들은 황제상이 담긴 군기軍旗를 예루살렘에 들여오기도 피할 만큼 유다인 정서를 배려했다. 그러나 대제관 예복은 성전의 안토니아 성 안에 보관했다. 성전에서는 매일 두 번씩 황제와 로마 백성을 위해 제사를 바쳐야 했다. 성전의 재정 관리에 대해서는 총독이 일종의 감사를 시행한 것으로 짐작된다. 대제관의 임명도 로마인이, 시리아 총독 아니면 유다 총독이 결정했다. 6-41년의 사정이 이러했다.

예수 생시의 로마 총독은 다섯인데, 재임기간은 대충만 매겨질 수 있다: ① 코포니우스: 6-9년, ② 마르쿠스 암비불루스: 9-12년, ③ 안니우스 루푸스: 12-15년, ④ 발레리우스 그라투스: 15-26년, ⑤ 폰티우스 필라투스: 26-36년. 인구조사는 코포니우스 때에 해당한다. 둘째와 셋째 총독은 우리에게 별로 알려진 바 없다. 발레리우스 그라투스는 11년간 재임중에 대제관 넷을 임명했는데 모두 한 해씩만 재임했다. 그 마지막이 요셉 가야파인데,[5] 그때 이미 발레리우스 그라투스는 티베리우스의 소환을 받았다. 이 황

---

[3] 44년에 아그립파가 죽자 군인들은 유다인에게 우호적인 이 왕이 숨진 일을 노골적으로 반가워했다. 참조: Josephus, *Ant.* 19,354-66.

[4] 원문: Dittenberger, *OGJS* II 598.   [5] 참조: Josephus, *Ant.* 18,29-35.

제는 총독 임기를 되도록 오래가게 하는 정책을 썼다. 마지막으로 든 두 총독은 10년이 넘게 유다에 머물렀다는 사실이 이와 관계가 있다. 특기할 것은 그러나 이 정책의 근거다. 티베리우스는 총독이란 부상자 몸에 붙은 파리 같다고 생각했다. 일단 실컷 빨아먹고 나면 억압을 완화하리라고.[6]

우리에게 가장 중요한 총독은 물론 필라투스(빌라도)인데, 폰티우스라는 기사 족벌 출신이다. 나자렛 예수의 십자가 처형에 결정적인 한몫을 함으로써 그는 세계에 이름나고 만대에 잊혀지지 않게 되었다. 같은 가문의 또 한 사람인 폰티우스 아퀼리우스는 율리우스 케사르의 살해에 가담한 사람으로서 역사상 기억에 남아 있다. 빌라도의 부인 이름으로는 프로쿨라 클라우디아가 전해져 있다. 우리는 이 여자도 유다에 와서 살았다고 추정할 수 있다(참조: 마태 27,19). 이미 아우구스투스 황제는 로마인 아내들이 총독에 부임하는 남편을 따라 속령으로 가는 것을 금지하는 명령을 폐지했기 때문이다. 알렉산드리아의 필로는 빌라도를 가리켜 태성이 고집불통이며 양보를 모르는 인간이라고 특징짓고, 그의 부패·폭력·강탈·비행·무례 그리고 재판 절차도 밟지 않고 밀고나가는 처형들과 끊임없이 못 견디게 괴롭히는 잔인성을 비난한다. 이 판단이 과장일 수도 있다 하더라도, 방자하고 잔인한 인간이라는 인상은 남는다. 그의 재임시에 일어난 일로 전해지는 몇 가지 사건에서 그의 직무수행과 유다인 백성에 대한 긴장관계가 드러난다. 필로가 이 문맥에서 전하는 바에 따르면 이 로마인은 황금으로 도금한 방패들을 예루살렘으로 가져오게 했는데, 주민들이 격분하여 상소문을 가지고 직접 아우구스투스를 찾아갈 지경이었다고 한다.[7] 또 한 가지 극적 사례를 요세푸스가 이야기한다. 유다교 율법이 우상을 금하는데도 빌라도가 이번에는 황제상이 실린 군기를 시내로 들여오게 했다. 몇 차례 청원이 허사가 되게 한 다음, 빌라도는 가이사리아의 경기장에 군중을 모아놓고 군인들이 에워싸게 하여 당장 몰살해 버리리라며 을렀다. 유다인들이 땅에

---

6 참조: Schürer, *Geschichte* I 488.   7 Philo, *Legatio ad Gajum* 299-305.

엎드려 목을 내놓고는 율법을 거스르는 일이 일어나게 하느니 차라리 죽겠노라는 태도를 밝히자, 빌라도는 기가 꺾여 황제상들을 예루살렘에서 치우게 할 수밖에 없었다. 요세푸스는 또 빌라도가 성전의 돈을 이용하여 예루살렘에서 운하를 건설하려고 했기 때문에 일어났던 폭동도 보고한다. 이 폭동은 유혈로 진압되었다.[8] 루가 13,1에 따르면 총독은 성전 경내에서 제사를 바치던 중인 갈릴래아 사람들을 살육했다. 이 사건에 관해 요세푸스가 들려 주는 바는 없다.

이런 배경에서 더욱 두드러지는 점은 빌라도 총독 십년 동안에 새로 대제관에 불린 사람이 아무도 없다는 사실이다. 발레리우스 그라투스가 임명한 대제관인 요셉 가야파가 비로소 직위를 잃은 것은 빌라도가 해임된 해에 시리아 대사 비텔리우스가 요나탄 벤 아나노스를 대제관으로 삼았을 때다. 빌라도와 가야파가 이처럼 오래 함께 재임하다가 같은 36년에 해임된 사실로 보아, 가야파의 로마인들에 대한 협력태세는 두드러질 만큼 뚜렷했다는 결론이 나온다. 이것은 예수의 처형에서도 중요한 의미가 있는 것으로 보인다. 빌라도의 해임 이유는 그가 티라타바 마을의 사마리아 사람들 속에서 자행시킨 학살이었다. 이 사람들은 가리짐 성산聖山으로 올라가려던 참이었다. 그런데 그들은 무기를 지니고 있었으므로 빌라도는 조처를 취해야 한다고 생각한 것이다. 그후 사마리아 사람들의 항소에 접하게 된 비텔리우스가 빌라도더러 로마로 가서 황제 앞에 책임을 지도록 명했다. 그러나 빌라도가 로마에 당도하기도 전에 이미 티베리우스는 죽었다.[9] 이로써 이 로마인은 역사의 무대에서 사라진다. 빌라도의 자살 또는 네로 황제에 의한 빌라도의 처형에 관한, 나중에 생겨난 뒷이야기들은 그리스도교 전설로 돌릴 수 있다.[10]

---

[8] Josephus, *Ant.* 18,55-62. 　[9] 참조: *Ant.* 18,85-9.

[10] 참조: Schürer, *Geschichte* I 492 주151.

대제관들과 최고의회

예수가 태어날 적에 예루살렘에서 대제관 구실을 하던 사람은 시몬 벤 보에토스(BC 24-5년쯤)인 것 같은데, 알렉산드리아 가문과 비천한 제관족 출신이다. 헤로데 대왕이 그를 대제관에 임명한 일을 살펴보면 유다 나라에서 왕 다음가는 제2인자의 정치적 처지가 어떠했던지 뚜렷이 드러난다. 시몬은 마리암이라는 딸이 있었는데 당대에 으뜸가는 미인으로 여겨졌다. 마리암을 아내로 삼을 욕심이 난 헤로데는 그 아버지를 대제관으로 승진시킴으로써 사회적 격차의 장애를 제거했다.[1] 마리암이 낳은, 역시 헤로데라고 불린 아들에 대해서는 앞에서 보았다. 이 헤로데 안티파스가 나중에 이 헤로디아를 꾀어내어 혼인했고, 이 일을 세례자 요한이 공박했다. 그러나 시몬 대제관도 마지막에는 안티파트로스의 모함과 연루되어 헤로데 대왕의 노여움을 사게 되었다. 얼마 못 가서 그는 왕에게 해임당하고, 그의 자리에 예루살렘 시민인 마티아스 벤 테오필로스가 들어섰다.[2]

마티아스는 1년만 재직했다. 성전에서 소요가 일어 헤로데가 바치게 한 제물이 망가졌을 때 대제관직을 잃었다.[3] 그 다음 대제관들에 관해서는 이름밖에 알려진 것이 별로 없다. 요셉 벤 엘렘, 요아사르 벤 보에토스, 엘레아자르 벤 보에토스 들이다. 헤로데는 보에토스 가문을 우대했던 모양이다. 엘레아자르는 물론 아르켈라오가 대제관으로 임명했다. 기원전 4년의

---

[1] 참조: Josephus, *Ant.* 15,320-2.

[2] 참조: *Ant.* 17,78. 마리암은 소박당하고, 헤로데의 아들은 유언에서 삭제되었다.

[3] 참조: *Ant.* 17,155-67. 마티아스의 재직 때 한 축일만을 위해 대제관이 임명되어야 하는 일이 일어났는데, 마티아스가 꿈 때문에 奉祭祀를 포기했기 때문이다. 그 대리자의 이름이 요셉 벤 엘렘이었다. 참조: *Ant.* 17,164-7.

일이다.[4] 나중에 아르켈라오는 이미 한번 대제관직에 있었고 로마인의 인구조사에 협력했던 요아사르 벤 보에토스를 다시 대제관으로 앉혔다. 그러나 이 요아사르는 기원 6년에 끝내 퀴리누스에 의해 해임되고 말았는데, 백성들과 다툼에 빠졌기 때문이다.[5] 그 대신 안나스 벤 세티가 그 직위를 얻었으니, 이리하여 신약성서에도 자취를 남긴 가장 중요한 대제관 가운데 하나가 등장한다. 루가와 요한의 전승에만 언급되지만 힘차게 무대 앞에 나타난다. 요한 18,13-14.19-24에 따르면 예수는 재판 때 그의 심문을 받는다. 넷째 복음서는 최고의회의 심문에 관해 아무것도 전하지 않는다는 점이 여기서 고려되어야 한다. 루가 3,2에 따르면 세례자 요한이 활약할 적에 안나스와 가야파가 함께 대제관직을 가지고 있었다고 한다. 사도 4,6은 안나스 혼자 대제관이라는 인상마저 전달하는데, 그는 예수 사후 얼마 안되어 베드로를 심문했다. 사실로 당시의 대제관은 요셉 가야파였다. 안나스는 6-15년에 대제관 구실을 했으나, 그 후년에도 큰 영향력을 보존할 수 있었다. 루가는 그 점을 고려한 것일까, 아니면 현직 대제관이 둘이었다고 생각했을까? 플라비우스 요세푸스에 따르면[6] 안나스는 일찍이 유례가 없게 아들 가운데 다섯이 뒤따라 대제관으로서 주님께 봉사했으므로 무척 다복한 사람으로 여겨졌다. 또 다른 데서 요세푸스는 도성 남녘의 안나스 무덤을 지나가는 말로 언급한다.[7]

안나스와 가야파 사이에 세 대제관이 모두 1년씩만 재임했다. 발레리우스 그라투스 총독이 해임한 안나스의 후임은 이스마엘 벤 파비였다. 이어서 이스마엘 벤 안나스[8]와 시몬 벤 카미토스가, 그리고 이들 다음에 마침내 가야프 종족 출신인 (그래서 별명이 가야파인) 요셉이 18-36년에 재임했다. 요한 18,13에 따르면 가야파는 안나스의 사위였고, 그래서 자기 가문의 세도를

---

[4] 참조: Josephus, *Ant.* 17,339-41.   [5] 참조: *Ant.* 18,3; 18,26.

[6] *Ant.* 20,198.   [7] *Bell.* 5,506.

[8] 참조: *Ant.* 18,34-5. 대제관이 된 안나스의 나머지 네 아들은 요나탄 · 테오필로스 · 마티아스 · 안나스인데, 이들은 가야파 後代에 속한다. 안나스 벤 안나스는 석 달만 재임했다. 유다전쟁이 발발하자 Pöbel에게 살해당했다.

굳힐 수 있었다. 공관서 수난사화의 맥락 속에서 가야파는 역사에 더 분명히 등장하여 예수를 제거하려는 노력에 지도자 구실을 한 것으로 나타난다. 이에 해당하는 것이 마르코 14,53-65∥과 요한 11,47-51의 심문 기사다. 플라비우스 요세푸스[9]는 비텔리우스가 그를 해임한 일을 짤막하게 몇 마디로 언급한다. 같은 맥락에서 대제관 예복을 유다인에게 되돌려 주는 일에 대해서도 전한다. 이에 따르면 가야파는 빌라도와 협정을 하고서도 이 일을 달성하지는 못하고 만다. 이 장면은 사후에도 또다시 빌라도의 면모를 밝혀주는 셈인데, 증오에 찰 만큼 유다인에게 반감을 가지고 거리를 두었던 빌라도로서는 당초에 이런 행동을 할 의사조차 없었던 것이다.

돈으로 관직을 사고서는 그것이 자기네 혈통의 소유라고 여기던 대제관 계급은 백성들의 사랑과 존경을 받기는커녕 미움을 사고 있었다. 「탈무드」에 전해지는 일종의 민요에 제관 세도정치에 대한 역겨움이 표현되어 있다는 것은 시사하는 바가 크다:

> 맙소사, 보에토스 집안 앞에 이내 신세,
> 맙소사, 저들의 몽둥이 앞에 이내 신세!
> 맙소사, 안나스 집안 앞에 이내 신세,
> 맙소사, 저들의 고자질 앞에 이내 신세! …
> 무릇 저들은 대제관, 그 아들네는 재벌, 그 사위네는 나리,
> 그 시종들은 백성을 막대기로 두들기는 자로다.[10]

좀더 잘 개관할 수 있도록 예수 당대 팔래스티나의 통치자들을 모아놓아 보면 다음과 같다:

---

[9] *Ant.* 18,90-5. 랍비 문헌에서는 가야파가 한 번만, 그것도 전혀 지나가는 말로 대제관 엘리오나이오스의 아버지라고 언급되어 있다. 참조: Billerbeck I 985 (마태 26,3에서). 사도 4,6에서도 가야파가 또 한번 거명된다.

[10] 바빌로니아 탈무드 *bPes* 57a. 참조: Klausner, *Jesus* 467-8.

헤로데 왕가

헤로데 대왕(BC 37-4)

안티파스: BC 4 - AD 39   필립보: BC 4 - AD 34   아르켈라오: BC 4 - AD 6
(갈릴래아/베래아)   (가울라니티스/트라코니티스/바타내아)   (유다/사마리아/이두매아)

유다/사마리아/이두매아의 총독

코포니우스: AD 6-9

마르쿠스 암비불루스: 9-12쯤

안니우스 루프스: 12-15쯤

발레리우스 그라투스: 15-26

폰티우스 필라투스: 26-36

예루살렘의 대제관

시몬 벤 보에토스: BC 24-5

마티아스 벤 테오필로스: 5-4

요셉 벤 엘렘: 한 축일에만 재임

요아사르 벤 보에토스: BC 4

엘레아자르 벤 보에토스: BC 4 - ?

예수스 벤 시에: 임기 미상

요아사르 벤 보에토스: 재임명, ? - AD 6

안나스 벤 세티: AD 6-15

이스마엘 벤 파비: 15-16쯤

엘레아자르 벤 안나스: 16-17쯤

시몬 벤 카미토스: 17-18쯤

요셉 가야파: 18-36쯤

유다인 최고 행정·사법기관인 최고의회$\sigma\upsilon\nu\acute{\epsilon}\delta\rho\iota o\upsilon$(산헤드린)는 현임 대제관이 언제나 이 71인의 의장인만큼 대제관과 밀접한 관계가 있었다. 제관과 토호 혈족 대표자 모임에서 비롯하여 페르시아 시대에 이미 생겨났던 것으로, 시리아 왕 안티오쿠스 3세(BC 223-187)의 한 칙령에서 처음으로 원로의회 $\gamma\epsilon\rho o\upsilon\sigma\acute{\iota}a$라고 언급된다. 율사들은 처음부터 소수로서라도 그 의원이었을 것이다.[11] 알렉산드라 여왕(BC 76-67) 때 비로소 그들의 영향력이 증대하며, 바리사이 파 율사들이 의회에서 득세한 것 같다.[12] 헤로데 대왕은 최고의회에 대한 세력 과시로 치세를 개시했다. 의회가 감히 자기에게 도전한다 하여 의원 다수를 처형시켰고,[13] 그 자리에 심복들을 앉혔다. 다년간 그의 치세에는 최고의회란 사실상 유명무실했다. 헤로데의 아들 아르켈라오 때에도 사정은 마찬가지였는데, 그때는 의회의 구성이 영토의 분할과 부합하여 유다에 한정되었다.

하필 로마 총독 시대에 최고의회가 다시 옛 권리를 주장할 수 있게 되었는데, 물론 여전히 유다에 한정된 것이었다. 최고의회는 다시 사법기관으로서 민사와 형사 문제를 다룰 수 있었다. 이리하여 최고의회는 로마의 정복지 정책에 부응했다. 물론 최고의회의 권한에 대한 가장 강력한 제약은 로마인들이 점령세력으로서 언제나 고유한 주도권을 쥐고 독자적으로 처사할 권한을 유보하고 있다는 데 있었다. 예수 재판과 관련된 문제로서 우리에게 특별한 관심사는 유다인 의회가 "칼의 권한"potestas gladii, 곧 사형을 선고하고 집행할 권한을 행사했더냐 아니면 이 권한이 총독에게 유보되어 있었더냐는 것이다. 이 문제는 나중에 예수 소송을 거론할 때 다루어야겠다.

---

[11] 참조: Hengel, *Judentum* 49.　　[12] 참조: E. Lohse: *ThWNT* VII 860,16-8.

[13] 참조: Josephus, *Ant.* 14,168-76. 헤로데가 최고의회의 전원을 처형시켰다고 Josephus는 전한다. *Ant.* 15,6 45에는 죽은 이가 45명이라고 되어 있는데, 모두가 몰살된 것은 아니라는 修正이라 할 수 있겠다.

예수 당대 이스라엘의
정신·종교상과
사회상

정신·종교상

정치적으로 보아 예수 당대에 이스라엘이 통일을 잃은 상태였던 것처럼, 정신적으로 또 종교적으로도 이 겨레는 갈라져 있었다. 다음에 찾아들어가 봐야겠지만 크게 일치를 낳는 요인도 실제로 있기는 했다. 이런 요인도 예수의 삶에 의미없는 구실을 하는 것은 아니다. 그러나 좀더 자세히 보면 이런 요인도 더는 이 겨레를 하나로 묶지 못하게 된 상황이 드러난다.

"이스라엘"이란 하느님 백성을 가리키는 말이었다. 이스라엘 사람이라는 것, 이 거룩해진 이름을 지닌다는 것은 이 뽑힌 겨레에 속한 사람이라는 것을 뜻했다. 그러나 민중과 갈라져 스스로 참 이스라엘, 이스라엘 안의 이스라엘이라고 주장하는 무리짓기들이 이루어져 나타났다. 이스라엘이란 이미 사회적으로 크게 포괄하는 존재가 아니라 구원사救援史의 연속성을 결정짓는 핵심분자로 화하여 집단들과 개인들의 종속種屬을 구분지어 한정하는 결과를 낳았다.[1]

성도聖都 예루살렘은 적잖이 헤로데 대왕의 정책을 통해 또 그 전에 이미 하스모내아 왕조의 정책을 통해 세계 유다교의 정신·종교 중심지로 자랐다. 방대한 디아스포라와의 구분은 유동적이었다. 그리스와 로마 시대에 이 도시는 어느 정도 국제적 특색을 띠고 있었다.[2]

이곳에 성전이 있었다. 성전은 이스라엘이 하느님 야훼께 유효한 제물을 바치는 세계 유일의 장소였다. 엣세느를 제외하면 모두가 예루살렘 성소를 야훼 제례의 처소로 존중했다. 엣세느도 당분간 거기서 갈라져 있을 뿐,

---

[1] 참조: Maier, *Judentum* 167; Hengel, *Judentum* 459.　　[2] Hengel, *Judentum* 460.

성전의 본디 거룩함이 되살아나기를 간절히 기다리고 있었다. 대다수 민중에게는 성소가 여전히 속죄 장소였다. 거기서 제관들의 제례를 통해 겨레와 가족, 각자와 나라에게 정화와 성화가 이루어질 것이었다. 성전에 대한 인식의 확산으로 제례를 봉행하는 제관직의 권위가 강해졌다.

성전에서는 전례력典禮曆으로 순서가 규정된 축제들이 거행되었다. 가을에 행한 새해 축제에 대해서는 당시의 신학적 의미부여를 이제 분명히 파악할 수 없다. 야훼의 왕권과 관련된 것이었을까? 더러 시편에서 보여주고자 한 것처럼 야훼의 등극, 야훼 왕의 입성이라는 생각과 관계가 있었을까? 아니면 후대의 표현들이 숭상하듯이 심판 사상이 전면에 등장했을까? 한 랍비 문헌[3]에 따르면 설날에는 하느님이 세상에 태어나는 모든 이 위에 심판하러 앉으신다 한다. 회개의 때로 되어 있는 설날 다음 열흘에는 "욤 킵푸르"(화해의 날)를 거행했는데, 대제관이 흰 예복을 입고 성전 지성소에 들어갔다. 이 날에만 또 대제관만이 둘째 휘장 뒤에 있는 이 성전 밀실에 들어갈 수 있었는데, 짐승들의 피로 자기와 제관들과 백성을 속죄하기 위함이었다. 이 날에는 또 "아자젤"(속죄양) 의례도 있었는데, 백성을 속죄하기 위해 숫양을 광야로 보내어 바위에서 떨어뜨리는 것이었다. 오히려 제관들을 위한 축일인 편인 화해의 날 대축일 다음 엿새째에는 이스라엘이 초막절 축제를 거행했는데, 어느 쪽에서나 좋아하는 것인지라 간단히 축제라고 불렸고 대충 이레 동안 계속되었다. 본디는 포도 수확의 축제였으니, 포도원에서 거행되었던 것이라고 할 수 있겠다. 그래서 초막 안의 살림살이와 축제의 기쁨을 나타내는 풍부한 표현들이 생동한다. 시대가 흐르면서 모세와 땅차지 시절 광야세대에 대한 회상이 끌어들여졌다. 반면에 비교적 새로운 축제는 성전 축성 축제였는데, 안티오쿠스 4세 왕의 치하에서 성전이 황폐해진 다음 유다 마카베오가 성전 재축성이라는 착상을 에피파네스에게 바쳤던 것이다. 이 축일의 민족적 특성은 성전이 신성모독과 황폐화를 겪

---

[3] 페식타 189a.

은 날인 키슬레브(11월/12월) 25일에 축제가 거행되었다는 데서 드러난다. 이미 유다 마카베오가 재축성 날짜를 그렇게 고정한 것이었다. 플라비우스 요세푸스는 이를 "빛 축제"라고 일컬으며, "우리에게 뜻밖에도 그런 자유가 빛을 발했기 때문"[4]이라고 했다. 끝으로 누룩 없는 빵을 먹는 파스카 축제가 있었는데, 니산(춘삼월) 보름에 맞추어 거행하는 큰 순례 축제로서, 제국 각지에서 수많은 유다인이 예루살렘으로 몰려왔다.[5] 이스라엘이 이집트 종살이에서 해방되었던 것을 기념하러 왔는데, 이 기억이 동시에 민족 해방 사상을 강화하는 데 적합했을 것이 틀림없다. 파스카 다음 50일 동안 거행된 오순절은 곡식 거두기를 마침에 즈음한 감사절이었다. 나중에는 시나이 산에서 주어진 율법을 상기하는 것과 연결되었다.

성전에서는 날마다 제사를 바쳤는데, 객관적으로 보면 그것은 겨레의 일치 의지를 표현한다. 해뜨기 직후에 아침 제사, 이른 하오에 저녁 제사가 있었고, 그 사이에 기도 시간들이 구분되어 있었다. 예루살렘 성전에서는 제례 예배에 집중했다면, 온 나라에 산재한 회당에서는 특히 안식일에 신도가 모여 기도하고 성서 말씀과 설교를 들으며 주간 휴일을 지냈다. 이 제례 없는 예배는 확실히 각자가 신심을 자기 내면의 것으로 더욱 가꾸는 데 이바지할 수 있었다. 회당에 등장하는 설교자들은 민중의 의식과 정신에 깊은 영향력을 행사했다. 유다인 종교생활은 가정 축일들과 특히 안식일을 경축하는 집과 가족 안에 확고한 자리를 차지하고 있었다. 안식일 경축은 회당에 예배하러 가는 것에만 한정되지 않고 집집에서 준비되고 진행되었다. 안식일 저녁(전야)의 시작이 예루살렘에서는 나팔불기로, 시골에서는 소리치기로 알려지면, 집에서 안식일 등불을 켜고 일상복을 좋은 옷으로 갈아입고서 상에 둘러앉아 안식일 저녁 음식을 먹었다. 안식일은 이스라엘이 뽑혔다는 표지였고 따라서 일치의 뚜렷한 표지였다. 기쁨 속에 안

---

[4] Josephus, *Ant.* 7,325.

[5] J. Jeremias[*Die Abendmahlsworte Jesu* (Göttingen [4]1967) 36]의 추산에 따르면 파스카 순례자의 수는 85,000 내지 125,000명이다.

식일을 지냈다. 일은 무엇이든 엄금했다. 창조사업 다음 이렛날에 푹 쉬신 창조주의 안식을 본떴다. 밥때에는 곤궁한 이, 지친 떠돌이, 거지를 상기하고 또 초대해야 했다. 「희년서」에 안식일을 위한 엄한 훈시가 있다: "안식일을 경축하여 거룩한 축일을 주신 너희 하느님이신 야훼를 찬양하라! 온 이스라엘에게 영원히 이 날은 거룩한 왕국의 날이니라."[6]

성서는 이스라엘의 공동소유였고, 거기서 모세 율법이 특별한 자리를 차지했다. 그러나 율법 해석은 가장 뜨거운 종교적 문제였다. 어느 해석이 옳은가? 그 참뜻을 알아듣기 위해 추가적 통찰이 필요한가? 야훼의 뜻에 부응하기 위해 해석규정을 계속 도출할 필요가 있는가? 율법은 구원에 이르는 길을 가리키므로 이 물음은 비상하게 신학적인 비중을 띠었다.

이로써 우리는 이 겨레 안의 편짓기와 갈라서기에 이른다. 여러 당파의 발생사를 추적하여 상술하는 일은 여기서 단념할 수 있다. 차이들은 이미 나타나 있다는 말이다. 그러나 역사를 완전히 제쳐놓고서는 이들을 온전히 이해할 수 없다. 이스라엘의 마비[7]는 셀레우코스 왕조 지배로 인해 시리아와 팔래스티나에 일어났던 정치적 전환에 그 뿌리가 있다. 마카베오 가家가 이 외인 지배를 성공적으로 방어했지만, 그 다음에는 왕직과 대제관직을 한 사람에게 결합시키기를 감행한 하스모내아 왕조가 자리잡았다. 이런 세월이 흐르면서 핫시딤이라는 경건자들의 운동이 생겨났다. 처음부터 알아볼 수 있거니와 분열들의 발생원인은 이스라엘 몰락의 시대에 하느님 백성의 순수함과 거룩함을 보존 또는 재생하고 그럼으로써 그 소명에 옳게 부응하려는 노력이었다. 그래서 마카베오의 저항을 지원했던 핫시딤은 다수가 하스모내아의 찬탈을 반대한 것이다. 여기서 그들은 하느님의 일에 대한 배신을 보았으니, 현실정치적 조처가 아니라 하느님의 최종적 개입에서 오는 최종적 구원을 대망하고 있었기 때문이다.

---

[6] 희년서 50,9.
[7] K. Müller[Die jüdische Apokalyptik: *TRE* I 222]가 "이스라엘" 개념의 麻痺를 거론한다.

정치적 변화는 구원 실현 사상의 근본적 변천과 더불어 진행했다. 이 구원의 실현은 핫시딤과 관련해서 보아야 하는 묵시문학이라는 이름과 연결되어 있다. 우리에게 통찰을 주는 묵시문학 기록으로 다니엘서와 「에녹서」를 꼽을 수 있다. 종래에는 하느님의 섭리를 전적으로 세계내적인 것으로서 심판과 구제에서 바라보았다면, 이제는 역사의 마지막을 내다본다. 이 날에는 하느님이 당신 자신을 드러내시고 죽은 이들을 무덤에서 불러내어 새 생명으로 일으키시며 각자를 행실에 따라 심판하시리라고. 이 죽은 이들의 부활이 의인들의 부활에서 모든 죽은 이의 부활로 점점 철저하게 발전되면서 어떻게 개념되었든간에, 여기서 의미심장한 점인즉, 이제는 차안을 통해 피안의 새로운 내세를 꿰뚫어봄으로써 전혀 다른 역사적·종말론적 입장을 취하게 되었다는 사실이다. 이 변화는 외부의 (이란 권에서 온 듯한) 영향 없이는 생각할 수 없고 종래에 해결 못했던 명백히 불의한 현세 상황의 변신론Theodizee 문제가 여기에 이바지했다고 할 수 있거니와.[8] 이로 말미암아 이를테면 다니엘 7장의 네 세상나라 환시에서처럼 과거 역사를 종말에 비추어 포괄적으로 바라볼 수 있게 되었다. 하느님의 주권이 전면에 나타난다는 의미로 옛 성서의 신학적 시각이 관철되었다. 아니, 역사와 구원 사이에 넘나듦이 없을 만큼 궁극적으로 모든 것이 전적으로 이 하느님의 최종 개입에 달렸다. 이 하느님의 개입을 더 가까운 미래의 일로 소망하게 되었으니, 세상에서 치솟는 악으로 말미암아 이 사상의 지평에서 하느님 심판의 손을 더욱 갈망하게 되었기 때문이다. 시간의 지연이 문제가 될 수도 있었으나, 필경은 홀로 모든 것을 안배하시는 하느님의 주권을 고집한 덕택에 시기라는 난제를 떨치고 넘어섰다. 바로 이 변신론적 시각에 상응하여 구원자상 또는 심판자상으로서 인자人子가 등장했다. 이 인자는 숨어 있는 이로서 자신의 계시를 기다리고 있으며 모든 것을 결정하시는 하느님의 구원 주도권을 위축시킬 수는 없는 그런 천상 존재다. 다니엘 7,13에

[8] 참조: Grundmann, *Judentum* 222.

따르면 사람의 아들 모습을 지닌 이가 태고적부터 계신 이(하느님)께 인도되고, 후대의 기록[9]에 따르면 폭풍이 그를 바다 속에서 솟구쳐 올린다.

역사를 포괄하는 묵시문학 시각은 만민을 포괄하는 보편적 전망과 연결되면서 이스라엘을 뒷전으로 물러나게 한다. 그러나 이것은 — 말하자면 역설적으로 — 이스라엘의 "남은 이" 무리들이 구원을 실현하는 계시의 보유자로서 파악되는 그런 식으로 전개된다. 그들은 세말 사건들에, 천상 세계에, 또 그뿐 아니라 창조계와 그 구조들에도 대응하는 특별한 인식과 통찰을 소유하고 있다고 자각한다. 환시와 꿈 속에서 받은 자의식이다. 따로 양력을 사용한 것[10]도 그들의 특성에 속한다. 인간은 율법에 순종할 자유와 책임과 능력이 있다고 말하는데,[11] 그러면서도 동시에 악한 세력들에게서 나온 재앙에 말려들어 있다고 보고 있다.[12]

핫시딤 정신은 계속 영향을 끼쳤다. 예수 당대에는 핫시딤의 묵시문학 공동체 또는 기도회란 이미 없었다.[13] 다만 분명히 그들의 운동은 한 물꼬가 되었으니, 예수 당대에 널리 퍼져 있었고 복음서들에 거의 모두가 언급되어 있던 그런 종교 집단들의 다수가 거기서 나왔다. 이제 이들을 주어진 지면 안에서 간단히 소개해야겠다.

가. 사해 연안 쿰란의 수도원 공동체를 오늘날 우리야말로 1947년의 괄목할 발견으로 그 필사본이 알려진 다음이라 잘 알게 되었다. 우리는 보통 엣세느를 거론한다. 쿰란과 엣세느를 크게 달리 보지는 말아야겠다. 필사본들은 어느 경우에나 엣세느 풍이다. 아무튼 쿰란 공동체말고도 온 나라에 엣세느 공동체들이 퍼져 있었다고 전제해야 한다. 그 차이는 쿰란 공동체가 엄격한 수도원 조직생활을 했다는 데 있다. 「쿰란 공동체 규칙서」(1QS)에서 「다마스쿠스 문서」(CDC)와는 다른 생활형태를 알아볼 수 있다.

---

[9] 에즈라 묵시록 13,3.   [10] 참조: 에녹서 72-82.   [11] 참조: 98,4.
[12] 참조: K. Müller, *TRE* I 202-51.   [13] 참조: Maier, *Judentum* 165.

사해 연안에 쿰란 공동체를 창설한 이는 "의로움의 스승"이라 한다. 필사본들에 이 존칭으로 일컬어져 남아 있다. 본명은 알 길이 없다. 얘기인즉, 예루살렘 성전의 한 제관이 분기하여 성전을 등지고 나와 이사야가 "사막에 길을 내어라. 우리 하느님이 오신다"(40.3)라고 한 말씀에 따라 광야로 나가자고 외쳤다 한다. 성전 제례는 그의 견해에 따르면 하스모내아 시대 제관들 속에서 품위를 잃었다. 기원전 150년쯤에 이 탈출이 성공했을 것이다. 갈라선 목적인즉 작은 공간에서 겨레의 성덕을 보전하고 재건하자는 것이었다. 이 공동체는 이스라엘의 거룩한 "남은 이"로 자처하도록 가르쳤다. 백성 가운데 참 하느님 백성인 그들에게서 하느님이 새로이 구원을 위해 행동하셨다고. 이스라엘과 그 성소 앞에서는 그 불충 때문에 하느님이 얼굴을 감추셨다고. 그들이 그분을 저버리고 칼 쥔 자에게 넘겨주었기 때문이라고. "그러나 그분은 조상들과 맺은 계약을 상기하사 이스라엘을 위해 나머지를 남겨 두셨느니라"[14]고. 하느님은 그들과 새 계약을 맺으셨다고.[15]

갈라서며 구체적으로 겨냥한 목적인즉, 여느 백성과 접촉하여 부정타는 일을 아예 없애자는 것이었다. 이를 보장하려던 규정은 숱하게 많다. 외부인과 경제적으로 거래하고 함께 먹는 것이 허용되지 않는다. 선물도 받아서는 안된다. 쿰란에서 재산을 공유하여 살며 수도회원 각자가 개인 소유를 포기한다면, 일차적으로 그것은 가난이라는 이상의 실현이 아니라 제례적 성결聖潔을 위한 것이다. 새 회원에게는 엄격한 시험기간을 둔다. 2년간 수련기를 통과해야 완전한 회원으로 받아들여질 수 있다. 공동체는 위계가 짜여 있다. 제관들과 레위들이 두드러진 구실을 한다. 그밖에 12인 참사회도 있다. 이것을 평신도 단체로 이해할 수도 있겠는데, 한편 제관으로 3인 지도자단이 구성되어 있어야 한다. 「다마스커스 문서」에 있는 공동체 지도자(메박케르)의 직무 이야기를 듣노라면 그리스도교 주교의 그것이 연상된다.

예루살렘 성전과 갈라져서 쿰란 공동체는 성소를 떠나서도 신학적으로 이 시대를 버티어 나갈 수 있다는 자기이해를 펼친다. 자기네야말로 가치 없는 예루살렘 예배를 당분간 완전히 가치있게 대신하는 그런 영적 성전이라고 자처한다. 이 "성전 영신화" 사상은 뒤에 바울로계 문집에도 나타나

---

[14] *CDC* 1,3-5.　　[15] 참조: *CDC* 8,21; 19,34; 20,12.

는데(1고린 3.16: 에페 2.21-22 참조), 다만 쿰란에서는 성전의 세말 재건을 대망하고 있었다는 점이 다르다. 공동체 규칙서를 읽어 보자: "공동체의 남자들은 따로 아론을 위한 거룩한 집이 되나니, 공동생활 속에서 지성소를 이루기 위함이니라."[16] 성전 제례에 영적 예배를 대치하여 "입술의 봉헌"을 올바른 침묵의 입김으로, "완전한 변화"를 가납될 자발적 제물로 바친다는 것이다. "타락과 비행을 속죄하여 번제의 살코기보다 크고 도살제의 기름보다 크게 나라를 위해 가납되도록 하기 위함이니라."[17]

외적 예식으로는 날마다 목욕례를 준행했는데, 오늘날도 쿰란 폐허에는 내려가는 층계가 있는 욕실들과 물두멍들과 한 줄기 물길의 흔적이 그 실천을 증언하고 있다. 씻고 나서는 모여서 흰 제관복을 입은 다음 빵과 포도즙을 나누어 먹기에 들어갔다. 플라비우스 요세푸스는 이 끼니때에 관해 이렇게 말한다: "떠드는 소리나 시끄러운 잡음으로 집을 속되게 하는 일이 없고 저마다 다른 이가 서열에 맞게 말하게 되어 있다. 바깥 사람들에게는 집 안에 있는 이들의 침묵이 무시무시한 비밀 같은 인상을 준다."[18] 먹을거리가 빵과 포도주라는 점은 그리스도교 성찬례를 연상시킬 수도 있지만, 그 의미인즉 전혀 다르다. 기념이라는 성격은 없고, 침례와 더불어 성전 제관의 먹기와 씻기를 이어 행한다는 것인데, 그러면서도 물론 따로 행한다는 데 더 큰 무게가 있었다. 메시아론적 의미부여가 먹기와 연결되어 있었다고 할 수 있다. 사실 메시아 시대를 내다보는 한 예언에서는 이 회식에 메시아(또는 두 메시아)도 자리하시리라고 묘사한다.[19] 회식을 위해서도 침례를 위해서도 회개를 하고 이 회개의 정신으로 공동체 안에서 살 것이 요구된다. 그러지 않으면 이 예배는 열매가 없으리라는 것이다: "속죄례를 통해 죄가 지워지지 않는다면 정화수를 통해 정화될 수 없느니라. 못물과 냇물 속에서 거룩해질 수는 없으며, 무슨 목욕물 속에서 깨끗해질 수는 없느니라. 하느님의 규정들을 무시하는 한, 공동체 안에서 훈육받고 조언받지 않는 한, 부정하니라, 내내 부정할 따름이니라."[20]

---

[16] *1QS* 9,5-6.　　[17] *1QS* 9,4-5.

[18] 참조: Josephus, *Bell.* 2,129-33. 이것을 Josephus는 그리스 密敎 예식들과 비슷한 사례로 제시하려 했다고 하겠다.

[19] 참조: *1QSa* 2,17-20.　　[20] *1QS* 3,4-6.

이로써 예배는 하느님이 사시는 또는 하느님의 영이 현존하는 영적 성전이 거룩함을 뜻하는 표현이 된다. 필사본에서 자주 일컫듯이 "많은 이의 정결"의 표현이다. 이 정결은 또한 면밀한 처벌 법전에 따라 감시되기도 하는데, 범법하고 처벌받게 된 회원은 일정 기간 혹은 영영 공동체에서 쫓겨날 수도 있었다. 예배의 절정은 해마다 거행하는 "계약 갱신 축일"인데, 이 날 온 공동체가 양떼처럼 검열을 받으며 스스로 셈을 바쳤다. 저마다가 "많은 이", 곧 공동체 총회의 판단에 자신을 맡겨야 했으니, 그러고는 제관들이 모든 "빛의 아들들"을 축복하고 레위들이 모든 "어둠의 아들들"을 저주했다.

특별한 계시 지식이 공동체의 내적 소유로 조심스럽게 간직되었다. 바깥 사람들에게 누설해서는 안될 일종의 밀교密敎인데, 모세 율법과 예언자들을 열심히 연구해서 이 지식을 얻었다. 이 점에서도 선구자는 "의로움의 스승"이니, 그가 성서를 가지고 특별히 비밀들을 벗겨내는 일을 개시했다. 이 공동체의 성서해석이 우리도 그 진전상을 상상할 수 있을 만큼 보존되어 있다. 특히 「하박국 페셔(해설)」라는 쿰란 두루마리(1QpHb)가 그러한데, 여기 적용된 해석법에 따르면 하박국 예언서 구절을 하나씩 활성화하는 방식으로 현재와 관련짓고, 또 그래서 현재(와 미래)의 사건들은 예언자에게 그 선례가 있다고 본다. 그래서 이를테면 "의로움의 스승"에 관해서도 또 그와 그의 공동체가 마주칠 나중의 위상들에 관해서도 하박국의 예고가 있었다는 것이다. 이 성서이해의 출발점인즉, 예언자가 사람들이 짐작하던 세 말을 두고 글을 썼다는 확신이다.

이 지점에서도 엣세느 공동체와 초대 그리스도교가 접촉한다. 모세 율법에 관한 성서해석의 결론들은 이를테면 특별히 엄격하게 나타나는 안식일 계명의 독자적 해석이었다. 안식일에 가축이 새끼낳는 것을 돕거나 구덩이에 빠진 것을 꺼내는 것은 금지되었다.[21] 또한 — 예루살렘 성전과는 반대로 — 음력이 아니라 양력에 따랐는데, 이것은 우리가 이미 「에녹서」에서 관찰할 수 있었던 바이다. 이 독자적 역법 사용이야말로 예루살렘 제관들

---

[21] 참조: *CDC* 11,13-14.

에게는 특별히 개탄스런 일이었다. 짐작건대 이것을 빌미로 현직 대제관이 "의로움의 스승"을 처단했을 것이다. 아무튼 구원에 이르는 길이 율법을 거친 것은 마찬가지인데, 다만 율법의 올바른 이해로 구원에 이르기 위해 특별히 계시된 해석이 필요하다고 했다.

여기서는 인간을 티끌로 이루어져 불법무도의 영역에 처한 약한 존재라고 여기는데, 이를 배경으로 해서 하느님 은총의 활동을 더 깊이 체험할 수 있다고 한다. 여기서 우리에게 더욱 깊은 인상을 주는 표현들은 특히 "호다요트"라는, 공동생활 속에서 생겨났고 적어도 부분적으로는 스승 자신의 체험을 반영하는 시편들이다. 이 가운데 더러는 그의 작품이라고까지 여겨진다. 여기서 인간은 홀로 하느님과 마주해 있는 것이 아니다. 빛의 영과 어둠의 영이라는 초현세적 두 세력이 지배하는 우주질서에 끼여 있다. 다만 이 이원론은 세계를 형이상학적으로 선한 부분과 악한 부분으로 나누지 낳는다. 어디까지나 하느님의 최고권이 보전되어 있다. "인식의 하느님에게서 만유와 만사가 유래하나니, 이들이 존재하게 되기 전에 하느님이 이들의 온 계획을 확정하셨느니라."[22] 하느님이 당신 공동체를 위해 역사를 구원에 충만한 목적지로 인도하신다는 것이다.

특히 엣세느는 세말을 가까운 장래로 헤아리면서 준비 태세를 취한다. 이 종말론적 정향에서 그들은 핫시딤 묵시문학의 영적 후손임이 특별히 입증된다. 그러나 메시아론이라는 중요한 점에서 차이가 있다. 묵시문학에서는 인자가 두드러지게 등장할 것이었다. 엣세느도 묵시문학 관념들을 계속 제시하기는 하지만(쿰란에서 묵시문학 기록들이 발견되었다), 그들은 메시아의 도래를 기다린다. 더 정확히 말하면 메시아인 세 인물이 도래하게 되어 있다. "마침내 예언자가 오고 아론과 이스라엘의 메시아들이 오시리라."[23] 왕인 메시아와 나란히 제관인 메시아도 등장한다. 심지어 제관인 메시아가 두드러진 구실을 하는 것으로 여겨지는데, 메시아 시대에 거행될 공동체 잔치의 묘사에서도 이것이 전제되어 있다.[24] 엣세느의 영향을 받은 「유다 유언」에서 유다가 자기 자신과 레위에 관해 말하는 한 마디를 읽어 보자: "주님이 나

---

[22] *1QS* 3,15 - 4,6.　　[23] *1QS* 9,11.　　[24] 참조: *1QSa* 2,19-20.

에게 왕직을 주시고 그에게 제관직을 주시면서 왕직을 제관직 아래 서열에 두셨다."[25] 이렇게 엄밀한 구별을 지어서 아론 집안 출신인 대제관 메시아를 앞세우는 데서 우리는 하스모내아 왕가의 제관직 찬탈에 대한 반발도 보아야 할 것이다. 예언자, 곧 신명기 18,18-19에 따라 모세와 맞먹는 세말 예언자가 나중에 "의로움의 스승"과 동일시되었다고 할 수 있겠다. 종말론적 메시아 대망 속에서 공동체는 또한 빛의 아들들이 어둠의 아들들과 대결할 전쟁도 준비한다. 거기서 천상 군대의 지원으로 모든 악의 세력이 말살되고 하느님 나라가 최종적으로 이루어지리라고. 이 종말 전쟁이라는 주제에 필사본 두루마리 하나가 고스란히 바쳐져 있다(1QM). 세말에 온 이스라엘 공동체가 새로이 모일 것도 헤아린다. 신체 장애로 말미암아 제례 능력이 없는 자는 물론 모두 거기서 배제되리라고 한다.[26] 깨끗함과 거룩함이라는 생각이 종말론적으로도 일관해서 고수된다.

나. 엣세느가 복음서에 언급된 곳은 없는 반면에(이 문제는 나중에 또 보겠다), 바리사이는 복음서로 말미암아 유명하다. 그런데도 독자적 자료에 근거해서 그들을 알고자 하면 뚜렷한 난제들에 마주친다. 이것은 특히 랍비 문헌에 들어간 전승들의 때매김이라는 문제와 관련되어 있다.[27] 아무튼 다음과 같이 말할 수는 있겠다: 바리사이도 핫시딤 운동에서 자라나왔다. 그들도 하스모내아 가문의 왕직과 제관직 찬탈에 동의하지 않았다. 바리사이 작품으로 여길 수 있는 「솔로몬 시편」 17장에는 — 하스모내아를 빗대어서 — 왕직을 높은 지위(즉, 제관직)에 앉혔으니 이 뻔뻔스런 변화로 말미암아 다윗의 왕좌가 폐허가 되고 말았다는 그런 말이 있다.[28] "바리사이"라는 이름은

[25] 유다 유언 21,2.   [26] 참조: *1QSa* 1,1.3-11.

[27] K. Müller[Zur Datierung rabbinischer Aussagen: *NT und Ethik* (R. Schnackenburg 기념) (Freiburg 1989) 551-87]는 매우 의심스럽다고 판단한다.

[28] 솔로몬 시편 17,4-6. 참조: K.G. Kuhn, *Die älteste Textgestalt der Psalmen Salomos* (BWANT 73) (Gießen 1937) 64-5.

"페루스힘"(분리된 자들)에서 온 말인데, 한 다른 집단(그렇다면 핫시딤)에서 외적으로 갈라선 것과 관계가 있거나, 또는 더 개연성이 크게는 여느 백성에게서 내적으로 갈라졌다는 것과 관련되어 있다. 민중을 업신여기는 "암-하-아레스"(촌놈, 무식꾼)라는 지칭은 이 바리사이 동아리들에서 생겨났다고 할 수 있겠다. 그렇다고 그들이 엣세느처럼 그리 멀리 갈라서기를 일삼은 것은 아니다. 그들은 도시들과 마을들에 머문다. 성전에도 머문다.

그런데도 그들의 간절한 관심사 또한 백성의 성화와 정결이었다. 노이스너[29]에 따르면 바리사이 사상의 주요 특징은 성전 밖에서도 제례적 정결 법규를 준수하는 것이었다. 제례는 중심 은유가 되었다. 이것은 제관의 정결 규정들을 일상생활에서도 준행했다는 것을 뜻한다. 일상생활의 의례화요, 이를 통한 일상생활의 성화다. 이런 형태의 하느님 공경이 수많은 제약과 의무수행에 연결되어 엄숙한 위신을 증언한다. 율법이 성전 제례 관행에 대비하여 중심에 자리하게 되었다. 율법에 말하자면 우주적 의미를 부여함으로써, 율법을 세계 질서를 확립한 하느님의 창조 도구로 바라봄으로써, 구원의 길이라는 율법의 의미가 더욱 제고되었다.[30] 율법 외에 전통도 등장했다. 율법을 위한 노력 속에서 바리사이들은 해석규정들을 만들었다. 나중에 "조상 전통"이라고 불리게 된, 모세의 계명을 일상생활에서 구체적으로 따르는 데 도움이 되자는 해석전통들이다. 그 수는 적지 않았다. 특히 이들은 율법과 마찬가지로 의무적인 것으로 통했다. 수많은 안식일 규정이 여기 속했는데, 예컨대 "안식일 거리"라는, 안식일에 걸어도 안식 계명을 범하지 않을 수 있는 걸음의 수가 확정되어 있었다(참조: 사도 1,12).

바리사이 파 안에도 여러 갈래, 갖가지 학파가 있었는데, 율법 해석 문제에서 다른 입장을 내세우며 서로 다투기도 했다. 힐렐과 샴마이는 당시의 가장 유명한 학파 우두머리였다. 하나는 완화주의자로, 다른 하나는 엄격주의자로 여겨졌다. 슈베르트는 바리사이 율법해석의 민주적 원칙을 거

---

[29] J. Neusner, *Judentum* 43-66. [30] 참조: Schubert, Religionsparteien 66-9.

론한다.[31] 예수 당대에도 바리사이들이 조직된 수도회들을 이루어 살았던지는 논란이 있다. 짐작건대 이미 그렇지는 않았을 것이다.[32]

플라비우스 요세푸스는 바리사이를 묘사할 때면 주로 인간 자유와 하느님 예정의 관계에 대한 그들의 관념들을 거론한다. 이 점에서 그는 헬레니즘계 독자 대중의 관심을 의식한 모양이다. 바리사이 사상을 중도적 입장이라면서, 그들은 운명의 힘과 인간 이성이 함께 작용하도록 하는 것이 하느님 마음에 드는 일이라고 여긴다고 소개한다. 또 인간의 죽음 뒤에 이어지는 삶도 그들은 믿는다고 증언한다.[33] 사도 23,8의 믿을 만한 증언에 따르면 그들은 죽은 이의 부활을 믿었다. 종말론적 대망으로는 다윗 가문에서 메시아 왕이 태어나기를 바라고 있었다. 그를 통해 이스라엘이 모든 곤경과 억압에서 해방되리라고. 「솔로몬 시편」이 이를 확인한다: "굽어보소서, 오 주님, 다윗의 자손인 왕이 하느님 몸소 내다보신 그때에 나타나 당신 종 이스라엘을 다스리게 하소서."[34]

묵시문학과 엣세느가 함께 대망하던 것처럼 메시아 구원의 때가 가깝다는 데 대해 바리사이들은 뜨악하더니, 그 동아리들이 이미 실망에 사로잡힐 수밖에 없는 것을 보고는 의심하기에까지 이르렀다. 이런 동기에서 그들은 역시 한 종말론적 운동인 예수 운동에 대해서도 유보적이었다고 할 수 있겠다. 그런데도 하느님 나라의 마지막 도래에는 열린 자세를 취하고 있었다. 이렇게 볼 때 그들은 "체념 없는 의심자들"[35]이었다. 종말 심판은 인간 각자에 관한 일로서 행업대로 개인 보상이 따르는 것이라고 생각했다. 이를 위해 천상 보화라는 관념을 개발하여 사랑의 행업과 선행을 말하자면 여투어 놓을 수 있다고 했다. 이런 관념을 우리는 복음서에서도 만난다(마태 6,20-21; 19,21∥; 루가 12,33-34). 심판을 기다린다는 면에서 그들의 내면

---

[31] Religionsparteien 62.

[32] 참조: R. Meyer: *ThWNT* IX 16-20; K. Schubert, Religionsparteien 62.

[33] Josephus, *Ant.* 18,11-5; 13,171-3; *Bell.* 2,162-6. 바리사이들이 還生을 주장한다는 인상을 준다.

[34] 솔로몬 시편 17,21 (Blatt X).   [35] Schubert, Religionsparteien 69.

자세에는 "의로움"을 자신하는 마음도 하느님의 자비에 의지하는 마음도 새겨져 있었다고 할 수 있다.

진지한 종교성으로, 성덕의 추구로, 공중과 동떨어지지 않은 생활로 그들은 광범한 민중 속에서 큰 존경을 누리고 있었다. 요세푸스는 지적하기를, 백성에 대한 그들의 영향력이 하도 커서 기도든 제사든 예배행사 일체가 그들의 지시에 따라 이루어졌다고 한다.[36] 게다가 그들은 평신도 운동으로서 모든 이에게 열려 있는 처지였다. 바로 이 점에서 그들은 특별히 매력을 발휘했을 것이 틀림없다. 정치적 입장은 완전히 일치하지 않았다. 여기서는 옛 핫시딤의 견해차가 계속 작용하고 있었다. 한편에서는 종교적 관심사에 개입하지 않는 그런 정치체제인 한 외인 통치라도 용인할 수 있다고 생각했다. 다른 편에서는 야훼의 유일 통치를 하도 대단히 강조해서 외세와의 협력이라면 으레 밉살스럽게 볼 수밖에 없었다. 이런 바리사이 좌익으로 샴마이 일파가 꼽힌다.

"율사들"도 거론하지 않는다면 바리사이의 모습은 완성되지 않을 것이다. 복음서에서 우리는 그들을 여러 가지 이름으로 거듭 다시 만나게 된다: "율법학자(律士)들"$\nu o\mu\iota\kappa o\iota$ (루가 7,30 등), "율법교사(律師)들"$\nu o\mu o\delta\iota\delta\acute{a}\sigma\kappa a\lambda o\iota$ (루가 5,17), "성서학자들"$\gamma\rho a\mu\mu a\tau\epsilon\hat{\iota}s$ (이 칭호가 가장 자주 나온다) 등이다. 여기서 우리의 관심사는 법전이자 종교서인 성서의 이중 기능에 따라 신학적 가르침을 전달하고 법적 발언권을 행사하게 되어 있던 한 직업상 신분이다. 그들은 신학 학교들을 세워 학생들을 자기네와 같은 사람으로 양성했다. 그들이야말로 회당에서 가장 적격인 안식일 설교자들이었다. 여러 모로 그들은 (바울로 사도처럼) 수공업 외에 성서학자 소명을 부업으로 행사했을 것이고, 혹은 재력이 있으면 온전히 가르침에 투신할 수 있었을 것이다. 그러나 이것은 소수만이 할 수 있었을 것이다. 집회서 38,24 - 39,11은 지혜교사들에게 이중직업에 대해 경고한다. 그러므로 더러는 후원과 기부에 의탁했을 것이

---

[36] Josephus, *Ant.* 18,15.

다. 예수 당대에는 성서학자들의 다수가 바리사이 파에 속했다. 이로 인해 바리사이의 영향과 의미가 통틀어 확실히 또 한번 더욱 커졌다. 그러나 사두가이 계열 출신 성서학자들도 있었다.

로마 총독 시대에 바리사이의 정치적 영향력은 사두가이에 비해 작았다. 그러나 기원전 67년에 죽은 살로메 알렉산드라 여왕 이래로 원로원에 바리사이들이 있었다. 사두가이는 유다인 가운데 정치적으로 가장 힘센 부류였지만 바리사이가 백성 속에서 누리는 명망을 고려해야 했다. 이로써 바리사이와 사두가이의 관계가 좀 언급된 셈인가 하면, 엣세느와 바리사이의 관계는 적대적이었다. 쿰란 필사본에 이에 해당하는 표현들이 나온다. 바리사이를 그들은 율법을 기피하고 해체하며 기만과 거짓과 유혹과 오류를 낳는 자들이라고 여겼다.[37] 바리사이와 젤로데의 관계는 달랐다.

다. 독립 당파로서 젤로데(열혈당)는 바리사이 파에서, 그것도 그 좌익 샴마이 파에서 생겨났다. 요세푸스는 말하기를, 그들은 다른 모든 면에서는 바리사이와 일치하는데, 다만 끈질기게 자유에 집착하고 하느님만을 주님과 왕으로 인정했다고 한다.[38] 그들의 등장은 특별한 정치적 사건과 연결되어 있는데, 로마인들이 유다에서 개시한, 첫 총독 코포니우스와 시리아 대사 퀴리누스가 도입한 인구조사가 그것이다. 유다라는 가울라니티스 출신 사나이와 사두크라는 바리사이가 외치고 일어나 이 조처에 대항했고, 또 이로써 한 새로운 집단을 조직했다. 전자는 "갈릴래아 유다"라고도 불렸는데, 이것은 갈릴래아가 이 일에 특별히 민감했음을 가리킨다. 이 유다 역시 바리사이요 성서학자였다고 할 수 있겠다.[39]

그들의 봉기에는 신학적 동기가 있었다. 그들의 관심사도 이스라엘의 거룩함이었다. 그들의 최고 해답은 야훼의 유일 통치였고, 그것은 이스라엘

---

[37] 典據: R. Meyer: *ThWNT* IX 30. [38] Josephus, *Ant.* 18,23.

[39] Josephus[*Bell.* 2,118]는 그를 σοφιστής라고 부른다. 성서학자였음을 가리키는 셈이다.

이 이방인 세력에 종살이하는 처지를 용납하지 않았다. 이런 의미로 그들은 십계의 첫째 계명을 해석했으며, 이로써 이스라엘 사람마다가 나날이 바치게 되어 있던 「셔마 이스라엘」, 곧 "들어라, 이스라엘아! 우리 하느님은 오로지 야훼시다"(신명 6.4)라는 기도에도 구체적 해석을 부여했다. 그들에게는 옛 광야세대의 비느하스(민수 25장)가 우상이 되었는데, 그도 거룩한 열성으로 폭력을 행사하며 하느님의 영광을 위해 나섰던 인물이다. 자칭일 것으로 보이는 "젤로데"(열혈당)라는 이름은 그들의 심지를 특징지을 뿐더러 그들의 행위도 설명한다. 이것은 자고로 하느님과 율법을 위한 열성을 가리키는 명망높던 이름이다. 그들의 사고와 행동 방식을 이해하려면, 그들에게 하느님과 백성, 야훼의 영광과 백성의 자유란 불가분이었고 그래서 백성의 비하는 야훼의 비하를 내포했다는 사실을 알아보아야 한다.

이리하여 곧장 두드러지는 것은 폭력의 행사였는데, 그들은 이로써 하느님 나라를 위해 길을 닦아야 한다고 생각했다. 필경은 하느님만이 구원을 이루실 수 있다고 확신하되 일종의 신인神人협력론을 모델로 삼았다. 여기에 토라 실천의 강화도, 그들에게는 하느님 나라가 가까움을 가리키는 것인 순교의 각오도, 성전聖戰이라는 관념도 수반했다.[40] 그들의 운동은 또 사회혁명적 특징도 띠었다. 가난하고 억눌린 이들에게 그들은 하느님 나라의 도래와 더불어 권리가 복원되고 하느님에 의한 새 질서가 수립될 것을 약속했다. 그들의 토라 엄수는 필요하다면 소유의 포기와 짝지었다.[41]

백성에 대한 그들의 영향은 특히 널리 사회적 곤경 속에 살던 농민에게서 점점 커 가던 공감으로 묘사될 수 있을 것이다. 그러나 결국 그들은 백성을 로마와의 전쟁으로 몰고갔는데, 예수 사후 35년 만에 시작된 이 전쟁은 이스라엘에게 파국을 의미했다.[42] 엣세느와 젤로데를 잇는 것은 종말 성

---

[40] 참조: Hengel, *Zeloten* 151-234.   [41] 312-8.

[42] Josephus에 따르면 피살된 메나헴의 추종자로서 마사다로 도망간 鬪士들을 가리켜 "Sicarii"라 한다. "칼잡이들"이라는 뜻인데(sica = 단도), 본디 Felix 총독 때 蜂起者들에게 그들의 특별한 투쟁방식 때문에 로마인들이 붙였던 이름이다. 참조: Hengel, *Zeloten* 76.

전 사상이었다. 그러나 결속이 처음 눈에 띄게 나타난 것은 전쟁의 날들이었다. 쿰란 근처에 자리한 마사다는 맹세와 몰락의 상징이다. 젤로데도 복음서에서 집단으로 언급되지는 않는다. 그러나 그 영향은 예수의 제자단 안에까지 미친다. 열혈당원 시몬이 그 안에 있다(루가 6.15; 사도 1.13).

라. 지금까지 거명된 당파와 특별히 구별되는 넷째 집단이 있으니, 곧 사두가이다. 이들은 복음서에서 우리에게 알려져 있다. 여기서 때로는 바리사이와 함께 소개되는 수도 있지만(마태 3.7; 16.1.6.11-12; 22.34), 당연히 다른 사람들임을 주목하는 것은 중요하다. 이미 하스모내아 시대에 그들은 달리 처신했다. 핫시딤·엣세느·바리사이 들과는 반대로 정치적 여당 성향이 뚜렷했다. 명사와 부자, 대제관 가족과 귀족 들이 서로 전혀 동질성이 없으면서도 이에 속했다. 유다 국가의 마지막 70년간 정규적으로 권력의 최고 대표자인 현직 대제관이 그들 가운데서 나왔다. 헤로데 대왕 때는 그의 로마 천하정책을 받아들이지 않기 때문에 위축되었던 그들의 권력 위상이 로마 총독 치하에서는 협력할 태세가 되어 있었으므로 확고해졌다. 그들에게도 이스라엘은 거룩한 개념이었다. 그들은 이스라엘의 거룩함이 백성과 국토를 속죄하는 유효한 제사가 바쳐지는 성전을 통해 보전된다고 보았다. 한때 다윗 왕이 점유했던 바와 같은 국경선 안에 민족 특유의 성전 국가를 이룩하는 것이 그들에게는 종말 구원 대망의 성취였다.[43]

그래서 그들의 신학 사상은 모든 혁신을 거부하고 되도록 오경만을 구속력이 있다고 인정한다는 의미에서 보수적임이 드러났다.[44] "조상 전통"이라는 바리사이 해석전통을 그들은 받아들이지 않았다. 묵시문학 종말론적 희망에도 동참하지 않았다. 사후에 이어지는 삶도 죽은이들의 부활도 없다고. 구원은 역사 안에서 실현된다고. 천사의 존재도 거부한다. 말하자면 그들은 옛 상태의 "구약성서"와 완전히 일치해 있었다.

---

[43] 참조: R. Meyer: *ThWNT* VII 45.   [44] 참조: Schürer, *Geschichte* II 481.

요세푸스는 사두가이에 관해 전하기를, 그들은 인간의 운명을 자기 뜻에 달려 있게 하며 하느님이 결정한 것이 아니라고 본다고 한다.[45] 헬레니즘 문화권의 자기 독자들에게 사두가이를 마치 에피쿠로스 학파와 비길 만하다고 소개하는 그런 인상이다. 그들은 실행으로 보면 현실정치가들이었고, 사상으로 보면 경건자들에게 "계몽적"으로 보였다고 할 수 있다. 형사 문제에서는 엄격한 준법관행을 따랐다. 엣세느와의 관계는 분명했다. 사실 성전에서 또 따라서 그들에게서 기세등등하게 갈라져 나갔던 엣세느. 쿰란에서는 그들을 눈면 "어둠의 자식들"로 꼽았다. 바리사이와의 관계는 묘사하기 어렵다. 바리사이와 사두가이 양파는 여러 모로 상종할 수밖에 없었다. 사두가이는 권력을 쥐고 있었고, 바리사이는 백성에게 영향력이 있었다. 그래서 서로 고려해 줄 필요가 있었다. "사두가이"라는 이름은 일찍이 다윗 측근의 권위있는 제관이며(참조: 2사무 15,24 등) 사독 족이라는 제관족을 낳게 되었던 사독에게서 유래한다고 할 수 있다.[46] 아마도 자칭은 아니고 시비조를 띤 타칭일 것이다.[47]

---

[45] Josephus, *Bell.* 2,164-6; *Ant.* 13,173.

[46] 후대의 한 랍비 전통은 "사두가이"라는 이름을 소코 출신 안티고노스(BC 2세기 초)의 제자인 사독과 연결짓기도 한다. 참조: Billerbeck, IV 343-4.

[47] 참조: R. Meyer: *ThWNT* VII 43.

사 회 상

겐네사렛 호반에 같은 이름의 고장이 놀라운 자연의 아름다운 풍경을 띠고 있다. 땅이 기름져서 갖가지 초목이 절로 자란다. 주민들은 온갖 농사를 짓는다. 골고루 갖춘 기후가 갖가지 농작에도 알맞다. 여느 식물에 비해 특별히 서늘한 날씨가 필요한 호두나무가 무성한가 하면, 그 옆에 열기가 필요한 종려나무도 서 있으며, 또 바로 그 옆에 온대 기후에 적합한 무화과나무와 올리브나무도 있다. 가위 온갖 대립을 한자리에 모아들이려는 자연의 힘찬 경쟁 또는 저마다 질세라 이 지대를 차지하려는 계절의 고상한 싸움이라 하겠다. 이 땅은 좀처럼 함께는 상상도 못할 만큼 가지가지 풋과일도 더러 오래 익은 열매도 낳는다. 그 가운데 가장 귀중한 포도와 무화과는 열 달 동안 끊임없이 이발을 한다. 그밖의 열매들은 일년 내내 시나브로 익는다. 사실 온화한 날씨말고도 이 지대의 다산성에 한몫을 하는 것인즉, 가파르나움 주민들 말마따나 매우 힘찬 샘을 통한 물대기다.[1] … 풍경은 길이 30에 너비 20 스타디온으로 뻗어 있다.[2]

이렇게 거의 과장스런 찬사로 요세푸스는 가파르나움과 막달라 사이 지역인 겐네사르 평야를 묘사한다. 갈릴래아의 비옥한 중심지다. 그러나 다수 주민의 사회적이며 경제적인 사정은 다른 모습이었다.

---

[1] 가파르나움 지대는 물이 많다. Josephus[*Vit.* 403]는 거기서 멀지 않은 데서 늪에 빠져 말에서 떨어졌던 경험을 이야기한다.

[2] Josephus, *Bell.* 3,516-21. 스타디온은 걸어서 2분 거리로 여겨진다(177-185m). 참조: O.W. Reinmuth: *KP* V 336-7.

총인구가 약 백만인 팔래스티나의 이런 사정을 일별하자면, 갈릴래아(와 사마리아) 그리고 유다와 예루살렘 양쪽을 구분해야 한다. 경제적으로 보면 이 땅에서는 농경과 축산, 수공과 상업이 특징이었다. 그리고 당연히 갈릴 래아에서는 농업이 호반의 어업과 함께 주업인 반면에, 남부와 예루살렘에 서는 수공업과 상업이 두드러졌다. 그러나 유다에도 목장이 있고 들과 밭 이 있는 것처럼, 갈릴래아에도 특정한 수공업들이 없을 수는 없었다. 그런 직업인으로는 마름장이, 신발장이, 목수 — 나자렛의 요셉은 장인$TEKT\omega\nu$(마태 13,55)으로서 이 부류에 속했다 —, 백정, 마전장이(참조: 마르 9,3), 빵장이, 대 장장이, 옹기장이 들이 꼽혔다. 예루살렘에는 직조기술자들이 있었다. 거 기 성전 구역 서쪽 치즈장이 골짜기가 낙농업 단지를 시사한다. 나아가 우 리는 실업자가 적지 않았음을 헤아려야 한다. 그러나 여기서 정확한 숫자 를 제시하기란 전혀 불가능하다.

주민의 사회적 계층은 중대한 격차를 보였다. 위에는 대지주의 엷은 층 이 자리잡았고, 그들은 예루살렘 성내 주택에 살 수도 있었다. 아래에는 소작농과 날품꾼 대중이 있었다. 후자는 최악의 처지에 있었다. 수시로 짧 은 시간이나 하루만 일을 얻어 밥벌이를 하고는 또 누군가가 일꾼을 찾기 를 나날이 기다려야 했다. 예컨대 포도원 일꾼들 비유에서 묘사하는 것처 럼 장터에서 빈둥거리며 일거리를 기다렸다(참조: 마태 20,1-16). 농사만이 아니 라 고기잡이와 그밖의 일에도 품을 팔 수 있었다. 우리는 야고보와 요한의 아버지 제베대오가 고기잡이 삯꾼이었다는 이야기를 듣는다(마르 1,20). 정식 으로 하루 품삯은 한 데나리온이었다.

그러나 사회적 중간층도 있었다. 수공업자와 소상인이 이에 속했다. 보 통 제관(과 레위)들도 그랬는데 7천 명이 있었다고 한다.[3] 그들은 주간週間 봉 직을 배당받았다. 수가 많은지라 봉직 기회가 드물어 성전에 기대서만 살 수는 없고 다른 생업도 가질 수밖에 없었다. 대부분이 수도 예루살렘에 집

---

[3] 참조: Foerster, *Zeitgeschichte* 96-7.

을 가질 형편은 못 되었다. 예리고가 제관 도시로 통했다. 이 중산층이 사회 구조를 안정시키는 한 요인이었다고 할 수 있겠다.

고대세계 어디서나처럼 이스라엘에도 노예가 있었다. 노예신분의 조건은 더없이 가혹했다. 노예란 다른 사람의 소유라는 것을 뜻했다. 이스라엘에 노예가 있었다는 것 역시 공관복음서의 비유들에서 우리에게 간접적으로 확인된다. 은연중에 후대의 사회적 조건들을 예수 당대로 옮겨다 놓지 않으려면 해당 그리스어 낱말 "둘로스"^{δοῦλος}를 되도록 "종"이 아니라 "노예"로 번역해야 할 것이다. 다만 유다인 집안의 노예 처지는 그리스인이나 로마인 집안에서보다는 덜 가혹했다. 적어도 유다인 노예는 그랬다. 전국적으로 그 수도 또한 그리스나 심지어 로마에 비해서는 그리 많지 않았다. 유다인 노예는 율법의 보호 아래 있다고 자각하고 있었고, 품팔이 일꾼처럼 대우받도록 되어 있었다. 그래서 약소하나마 재산을 이룰 수도 있었다. 무엇보다도 안식년에는 자유로 풀려날 수 있었다. 여기서 율법의 한 숭고한 인도적 특징이 드러난다. 그러나 이교도 노예의 처지는 달랐다. 유다인의 특혜를 누리지 못했다. 그래서 개종자로 회당에 받아들여지려고 애쓰는 일이 드물지 않았다.

토지 분배의 극심한 불균등으로 말미암아, 그 소유가 무더기로 소수의 손에 집중됨으로 말미암아, 사회적 모순 사태가 증폭되었다. 헤로데 대왕 당시의 최대 지주는 왕 자신이었다. 그의 아들들도 다르지 않았다. 짐작건대 그들은 가장 소출이 많은 지역들을 확보했을 것이다. 헤로데 안티파스로 말하면 우리는 그가 갈릴래아와 베래아에서 해마다 200 달란트를 공출시켰다는 것을 알고 있다.[4] 아르켈라오의 재산은 추방 후에 매각되었다. 그 매입자들을 우리는 모르지만, 아무튼 문제라도 된 것은 재력있는 사람들뿐이었다.[5] 게다가 — 더욱이 이미 셀레우코스 왕조 때에 — 왕이 측근의 문무 공신들에게 자기 영지를 봉토로 주는 일이 일어날 수도 있었다.

---

[4] 참조: Josephus, *Ant.* 17,318-20.   [5] 참조: Theißen, *Studien* 137.

제논 파피루스들에서 이런 재산관리를 흥미있게 일별할 수 있다. 제논은 이집트 왕의 재무상이던 아폴로니오스의 수임자다. 아폴로니오스는 갈릴래아 벳-아낫에 토지가 있었는데, 그것을 제논이 기원전 260/259년에 그리스인의 당당한 위세로 감시하면서 수많은 다른 사업도 벌였다.[6] 포도주를 담은 큰 통과 항아리 공출목록들이 우리에게 남아 있다. 아폴로니오스는 영지를 갈릴래아 농부들에게 임대하여 경작시켰다고 추정할 수 있다. 한 파피루스는 공출 때 양보를 얻어내려고 난처한 일들을 벌인 소작인 농부들에 관해 전한다.[7] 이로써 반항적인 포도원 소작인 비유(마르 12,1-9//)가 전제하는 사정과 널리 부합하는 모습이 나타난다. 여기서도 외국인 지주의 포도원을 임대받은 갈릴래아 소작인이 소출을 바칠 때 난동을 일으킨 이야기가 나온다. 임대계약은 두 형태가 있었다. 부분임대의 경우에는 지주가 경작지 또는 포도원을 도지로 주고 자기 수임자를 시켜 수확을 감시한다. 도지는 수확의 일정 비율 부분을 바치는 것으로 이루어지는데, 물론 해에 따라 차이가 나게 매겨진다. 그래서 수확 때면 주인이 와 있거나 아니면 위에 말한 비유의 경우처럼 통제하게 해야 한다. 둘째 형태에서는 한 땅뙈기에 대한 임차료가 처음부터 확정되어 있다. 그밖에 청지기 일Oikoswirtschaft도 있다. 이 경우에는 외지에 나가 있거나 외국에 사는 집주인을 청지기가 대리한다. 그는 일꾼과 노예들을 돌보아야 하며 당연히 주인에게 계산할 책임이 있다.[8] 청지기도 더러 비유에 반영된다(루가 12,42-43; 16,1-8; 마르 13,34-35).

대지주의 확장과 더불어 수출도 성하게 되는데,[9] 일차적으로 기름 · 포도 · 올리브 · 곡식 같은 자연산물이 이에 해당했다. 로마인들이 촉진한 도

---

[6] Rostovtzeff, *Die hellenistische Welt* I 277.

[7] 참조: M. Hengel, Das Gleichnis von den Weingärtnern Mk 12,1-12 im Lichte der Zenonpapyri und der rabbinischen Gleichnisse: *ZNW* 59 (1968) 1-39 중 12-4.

[8] 참조: Kippenberg, *Klassenbildung* 146-52. 저자는 원로원이나 최고의회에 대의원이 있던 古來 귀족과, 공직자 귀족 사이의 알력도 고려하는데, 후자가 유리해 보였기 때문이다. 그들은 新興 富豪로도 행세했는데, 태생 귀족들에게는 밉살스럽기 십상이었을 것이다(133-4).

[9] 참조: Theißen, *Studien* 137; Herz: *PJ* 24 (1928) 98-113.

로망이 비교적 잘 짜여 있었다. 그래서 해변 가이사리아에서 갈릴래아를 거쳐(Via Maris) 다마스커스로 가는 길이 있었고, 예루살렘도 이 항도와 도로 연결이 있었다. 상업의 흥성은 헤로데 대왕이 전에 군대 사령탑으로 일컬어졌던 가이사리아 항구를 증축하게 한 사실에서도 볼 수 있다. 새 도시의 건설은 기원전 10년에 해당한다. 대지주들은 외국 관계를 잘 처리했다. 로마 제국Imperium Romanum과 로마 평화Pax Romana가 국제교역에 이로웠다. 사도 12,20에는 왕국의 수출사업이 지나가는 말로 언급되어 있는데, 헤로데 아그립파 땅의 해안도시 띠로와 시돈이 식량을 공급받고 있었다. 예루살렘에는 정기적으로 시장이 열렸는데, 곡식장·가축장·과일장·목재장 들이다. 남녀 노예들을 전시해 놓고 팔던 경매장도 있었다. 복음서에서 잘 알려져 있는 것은 해마다 성전 바깥뜰에서 열린 장으로, 파스카 축제와 관련되어 있는데, 그 약 3주간 전에 시작되었다. 상거래의 소득은 확실히 누구보다도 가진 자들에게 유리했다. 그들에게야말로 "가진 사람에게는 더 주어 넘치게 하실 것"(마태 13,12)이라는 말은 참말이었다.

그러나 이어지는 "갖지 못한 사람한테서는 가진 것마저 빼앗으실 것"이라는 말도 참말이되 소농과 날품꾼들에게 적중했다. 소농들은 근소한 땅을 가지고 가족과 함께 농사를 지었다. 정치나 그밖의 정세로 말미암아 나타나는 경제사정의 불규칙성은 누구보다도 그들에게 먼저 적중했다. 기원전 25년의 대기근 때 헤로데는 자기 재산을 팔아 최악의 사태를 막을 수 있었다.[10] 그 뒤에는 우리가 참조할 만한 국가 원호사업을 알 길이 없다. 이 가련한 인생살이에 기쁜 날이라고는 드물게만 나타났다. 종교적 축제, 며칠씩의 혼인잔치, 서로 초청하는 손님 대접 들이 있어서 그나마 암담함 삶에 빛을 좀 던져 주고 있었다. 상속권도 후손의 처지를 악화하는 데 한몫을 했다. 으레 장자만이 집과 농장을 고스란히 상속했다. 다른 아들들은 동산動產의 일부로 만족해야 했다. 이로써 또 "디아스포라"라는 현상도 설명되

---

[10] 참조: Josephus, *Ant.* 15,299-316.

는데, 많은 이들이 차라리 궁색한 고향 땅을 버리고 외국으로 나가기로 한 것이다. 걸인들이 적지 않았음이 복음서에서 확인된다. 걸인 가운데는 특히 병자와 맹인이나 앉은뱅이 같은 일할 능력이 없는 사람들이 있었다. 순례지 길들과 예루살렘에는 구걸하기 좋은 곳으로 꼽히는 곳들이 있었는데, 이를테면 성전 문 같은 곳이다(사도 3.2). 바르티매오라는 소경 걸인은 예리고에서 길섶에 앉아 있다(마르 10.46). 이런 비참한 민중 속에서 예수는 눈여겨볼 만한 청중을 발견했다고 할 수 있다.

예루살렘에서 헤로데가 착공시켜 수십 년이 걸린 성전 건축은 수많은 사람에게 일과 빵을 제공했다.[11] 석수·목공·공예가 들이 여기서 일거리를 찾았다. 그 공사에 1만 8천 일꾼이 종사했다 한다. 기원전 62년과 64년 사이에 완공되고 나서는 그 1만 8천 일꾼이 굶게 되었다고 전해진다. 당시에 아그립파 2세는 사회적 이유에서 또 민중의 강박으로 사람들에게 일을 주기 위해 예루살렘을 흰 돌로 포장시켰다. 그 돈은 자기가 관장하던 성전 금고에서 취했다.[12] 성전 금고에는 때가 흐르면서 거금이 모여 있었다.

각종 세금이 특별히 무거운 짐으로 느껴졌다. 종교적으로 생각하는 사람은 성전세 두 드락메를 당연한 일로 여겼고, 더욱이 자원해서 성전세를 거두어들이는 사람은 이 봉사를 영예로 보았다(참조: 마태 17.24-27). 세리가 징수하던 세금은 부정기 간접세로서, 특히 국경을 넘어가는 물품에 대한 관세가 있고, 시장세·통행세 같은 것도 있었다. 세리는 징세권을 도급받아 있었고 그래서 세액을 높이 요구하여 돈을 자기 주머니로 가로챌 가능성이 있었다. 그때문에 상종하기 싫은 사람이요 공공연한 죄인과 한가지였다.

가장 짐스런 것은 정기세들이었다. 로마인들은 정복된 속령들을 로마의 소유로 보았다.[13] 점유권만 가진 속령 주민은 그래서 납세를 해야 했다. 주로 농지세와 인두세tributum agri et capitis였다. 그 액수에 관해 우리에게 확실한

---

11 참조: Jeremias, *Jerusalem* I 23-9.   12 참조: Josephus, *Ant.* 20,9.
13 참조: T. Pekary: *KP* V 952-4.

정보는 없다. 시칠리아에서는 농지세가 소출의 십분의 일이었다. 인두세는 사회적 지위에 따라 층별이 있었다. 이를 확인하기 위해 유다 속령을 설치할 때 인구조사가 실시되었다. 예수 때 유다에서는 직접세 징수권이 도급되어 있지 않았다. 짐작건대 총독 아래 징세관이 있었을 것이다.[14] 로마인들은 전에 비해 세액을 높였던 모양이다.[15] 갈릴래아에는 또 다른 조세 상황이 있었다.[16] 갈릴래아 분봉영주 헤로데 안티파스는 독자적 재정과 조세행정을 가지고서 도급제를 이용하여 세금을 거두어들이게 했다. 징세권을 도급받은 세리들publicani이 그를 위해 세금을 거두어들였다. 갈릴래아의 "세리들"τελῶναι이란 그러므로 세관원 이상의 징세관들이었다.[17] 레위가 앉아 있는 "세관"τελώνιον(마르 2,14)이란 돈을 내고 영수증을 받던 간단한 경리대라고 상상하면 된다.

사람들의 주거도 사회상을 엿보기에 시사하는 바가 많다. 시골집은 흔히 단칸방이고 그 안에서 온 가족이 먹고 자며 살았다. 갖가지 비유가 이런 집을 한눈에 보여준다: 등경 위에 놓인 등불이 온 집 안을 비춘다(마태 5,15). 돈 한 닢을 잃어버린 아낙이 이런 등불을 켜고 집을 샅샅이 뒤져 찾아낸다(루가 15,8). 밤중에 빵을 꾸러 온 벗에게 집 안에서 문 달아 걸고 아이들과 함께 자던 사내가 성가시다고 핀잔을 주는 멋진 비유도 있다(루가 11,5-7). 무슨 가축이 있다면 그것마저 집 안에서 기를 수 있었다. 그런 경우에는 사람의 주거공간을 좀 돋우어 놓았다. 지붕은 갈대와 마른풀과 나뭇가지로 덮었고, 그걸 벗겨서 구멍을 낼 수도 있었다(마르 2,4: ἐξορύξαντες). 벽은 진흙

---

[14] Philo[*Leg. Gaj.* 199]는 유다에 Capito라는 로마인 徵稅官이 있었다고 전한다. O. Michel [*ThWNT* VIII 97,9-11]은 산헤드린이 총독의 감시 아래 징세했다고 추정한다.

[15] Tacitus[*Ann.* 2,42]는 유다가 稅源이 고갈하여 Tiberius 황제에게 세금 인하를 청원했다고 분명히 전한다. 이 청원이 응락되었던지 우리는 모른다.

[16] 참조: O. Michel: *ThWNT* VIII 96,31-3.

[17] 참조: Rostovtzeff[*Die hellenistische Welt* I 276]는 유다에 대해서도 분명히 都給徵稅를 고려한다. 그러나 유다에서는 모든 매각과 도급에 대한 세금인 portorium(관세) 같은 간접세만이 도급되어 있었다. 예리고의 세관장 자캐오처럼(루가 19,1-2) 주로 현지인들이 도급인으로 나서 있었다. 참조: Schürer, *Geschichte* I 477; O. Michel: *ThWNT* 97,18-20.

이나 덤불로 만들어 놓았다고 상상할 수밖에 없다.[18] 예루살렘의 도시집은 반면에 이층집이었다. 이층에는 집의 평면 전체에 걸친 넓은 다락방ύπερῷον 이 있는데, 바깥 층계로 해서 올라갈 수 있었다. 사도 1,13에 따르면 그런 공간에 사도들이 모인다. 아마 예수가 열두 제자와 함께 만찬을 거행하러 모인 곳도 그런 데일 것이다(마르 14,14). 궁궐식 저택들은 큰 뜰과 문간채가 갖추어져 있었다(마르 14,68).

그런데 집 안에서 이루어지는 삶의 모습은 어떠했던가? 사회는 가부장 구조를 이루고 있었다. 남편이 주인이고 집의 소유자였다. 법적으로 보아 아내는 여러 모로 불리했다. 남편의 소유로 여겨졌다. 소유권에 뿌리박은 이 부부관계가 십계에 나타나는데, "이웃의 집을 탐내지 말라. 이웃의 아내나 남종이나 여종이나 소나 나귀 할것없이 이웃의 소유는 무엇이든지 탐내지 말라"(탈출 20,17)는 두 계명이 나란히 있다. 이런 관점에서 달라진 것이란 조금도 없었다. 오히려 반대로 혼인법상 남편이 범할 수 있는 것이란 으레 자신의 혼인은 아닌 남의 혼인일 뿐이라고 보는 데까지 이르러 있었다. 아내는 그러나 독신자를 받아들일 때라도 간음녀로 여겨졌다. 이혼은 비교적 쉬웠다. 구체적으로는 으레 남편이 아내를 소박하는 경우였다. 아내가 혼인을 풀 가능성이란 없었다.

예수 당대에 이혼 관행이 어느 정도였던지는 어렵게만 말할 수 있다. 바리사이는 이혼을 허용했다. 그러나 여러 학파가 제시하는 엄격도가 서로 달랐다. 힐렐파는 아내가 죽을 태웠을 경우에 이혼을 허용했다고 한다. 엣세느는 이혼이 엄금되어 있었다. 사회적 입지로 보아 아내는 집을 돌보도록 되어 있었다. 남편은 좋은 주부를 소중히 여겼다. 지혜문학에 그 예찬이 나온다: "누가 어진 아내를 얻을까? 그 값은 진주보다 더하다. 남편은 넉넉히 벌어들이는 아내를 믿고 마음이 든든하다. 백 년을 한결같이 속 썩이지 않고 잘해준다. 양털과 모시를 구해다가 손을 놀리니 … 가난한 사람

---

[18] 마태 24,43에 따르면 도둑이 壁을 (칼로) 뚫고 들어올 수 있다.

에게 손을 뻗친다. 온 식구를 두둑히 입혀 눈이 와도 걱정이 없다. …"(잠언 31,10-31). 딸들의 결혼은 아버지의 소관사였고 보면 연애결혼이라는 것이 있을 수나 있었는지 의문이다. 아무튼 우리에게는 성서의 아가가 있는데, 거기서는 청춘의 사랑이 지고하게 힘찬 언어로 칭송된다.

교육에서도 소녀는 불리했다. 토라를 배우는 것은 소년의 일이었다. 교육은 — 어린아이말고는 — 아버지의 손 안에 있었다. 여자는 상속권이 없고, 법정에서 증인으로 인정되지 않았다. 잔치 자리에 들어설 수 없으며 그 손님으로 초대받을 수 없었다. 안식일과 파스카 잔치 때만 나타날 수 있었다. 남자들이 상받은 곳에 여자가 나타난다는 것은 심상찮게 별난 일이었다(참조: 마르 14,3//; 루가 7,36-50). 남자들을 춤으로 즐겁게 한다는 것은 창부에게 제격이었다(참조: 마르 6,22//).

존경과 애호에 관련된 사회계층이 특정 직업 종사에 의해서도 생겨났다. 세관원과 징세리를 별로 좋아하지 않는 것은 거의 당연했다. 피장이처럼 때와 냄새에 찌든 일이라서 멸시받는 직업들도 있었다. 목동과 마부처럼 불결하다는 평판을 받는 처지들도 있었다.[19] 또 하나의 기준은 이스라엘 민족 혈통의 완전성이었다. 에즈라기와 느헤미야기와 역대기의 족보들을 보면 민족 혈통에 얼마나 큰 가치를 두었던지가 드러난다. 제관들에게는 자기네 계보의 지식이 중요했다. 공동체 대표자, 자선사업가, 최고의회 의원 같은 특정한 명예직을 위해서는 먼저 순수한 혈통의 이스라엘인이냐가 문제가 되었다. 마태오와 루가 복음사가는 애써 예수의 족보를 제시한다.

---

[19] Jeremias[*Jerusalem* II 174-84]가 멸시받는 직업을 열거한 것은 정도가 지나치다. 사도 10,6에 따르면 베드로는 욥바에서 피장이 시몬의 집에 묵는다.

공개활동 전의 예수

나자렛에 살던 예수

예수는 다른 어디서보다 훨씬 오래 일생의 가장 긴 시간을 나자렛에서 보냈다.[1] 그래서 "나자렛 사람"$Na\zeta\alpha\rho\eta\nu\acute{o}s$이라는 이름을 지니게 되었거니와(마르 1.24 등),[2] 이 나자렛에 관해 한마디 할 법하다. 구약성서에는 이 장소가 언급되는 곳이 아무데도 없고, 플라비우스 요세푸스도 마찬가지다. 대수롭잖은 곳인 까닭이었다고 할 수밖에 없다. 그러나 어떻든 나자렛이 틀림없이 적어도 이미 헬레니즘 시대에 존재했다는 것은 바위무덤들이 입증하는 바이다. 주어진 자료에 따르면 스물이 넘는 이 무덤 가운데 하나는 기원전 200년으로 때매김된다.[3] 알트는 나자렛의 건설이 남서쪽으로 3km 떨어진 야비아에서 비롯했다고 추정하는데,[4] 야비아는 일찍이 여호수아 19.10-16에서 즈불룬 후손 촌락을 열거하는 데에 나타나는 도시다. 나자렛도 즈불룬 지역에 있다. 언덕들에 둘러싸여 있는데, 북쪽 네비 사인에는 아직도 샘들이 남아 있어 과연 옛 사람들이 살던 데서 가까운 곳임을 말해주고 있

---

[1] 베들레헴에서의 예수 탄생: Schürmann, *Lukasevangelium* I 103; 처녀에게서의 탄생에 대한 신학적 판단과 역사적 판단: Gnilka, *Matthäusevangelium* I 28-32.

[2] "나조라이오스"($Na\zeta\omega\rho\alpha\hat{\iota}os$: 마태 2,23 등) 역시 나자렛과 관련된 칭호인데, 덧붙여 메시아라는 의미도 예언자가 고지한 (메시아를 가리키는) "네제르"(새싹)에서 이끌어낼 수 있다. 참조: Gnilka, *Matthäusevangelium* I 55-7.

[3] 이 무덤 가운데 열여덟은 코킴(開閉式)에 속한다. 두 무덤은 아직 손대지 않은 채였고, 넷은 굴림돌로 닫혀 있었다. 후자는 유다 영역에서 로마 시대에 처음 실행되었으므로, 이 시대에 나자렛은 인구가 좀더 조밀했다고 추측할 수 있다. 이 말은 물론 상대적으로 알아들을 일이다. 참조: Kopp, *Stätten* 87.

[4] A. Alt, *Kleine Schriften zur Gemeinde des Volkes Israel* II (München 1953) 443. — "나자라" ($Na\zeta\alpha\rho\alpha$: 루가 4,16; 마태 4,13)는 그리스어 지명이라고 할 수 있다. 참조: Abel, *Géographie* I 395. Hieronymus도 Eusebius의 *Onomastikon*을 라틴말로 옮기면서 이 이름을 이어받아 Nazara라고 표기한다(E. Klostermann 편 *GCS* 11/1, 14).

다. 남동쪽으로는 간헐천wadi 골짜기가 가파르게 내리달아 바다보다 550m 낮게 자리한 겐네사렛 호수에 이른다. 나자렛은 그러니까 해발 340m쯤에 있었다고 할 수 있다. 그 골짜기가 그곳 주민들이 세상과 이어지는 험한 길이었다. 동쪽으로 10km쯤에 다마스커스를 남부 이스라엘과 또 이집트와 잇는 해로Via Maris가 뻗어 있었다.

복음서에서는 나자렛을 "폴리스"πόλις(도시)로 일컫는다(마태 2.23: 루가 1.26 등). 그 크기에 관해서는 아무 말도 없다. 사실 그리스어 성서(LXX)도 모든 독립 취락을 크기와는 상관없이 가리키는 히브리어 "이르"를 "폴리스"로 옮긴다. 마르코 6.1-2∥에 따르면 나자렛에 회당이 있었다. 회당 공동체 자격을 갖추려면 적어도 남자 열 사람이 필요했다. 또 그만하면 충분했다. 이런 조그만 땅에서 예수는 가족 속에 함께 살았다. 첫아들이었다(루가 2.7).

일반 관례communiter contingentia를 전제해도 좋다면 어머니 마리아는 나이가 예수보다 열다섯 내지 열일곱 살 많고 요셉은 스물다섯 살쯤 많았을 것이다. 복음서에서 유년사화에만 언급되는 요셉은 일찍 죽었으리라고 더러들 추정한다. 그렇다면 마리아는 아들과 함께 더 큰 혈족 문중에 거두어들여졌을 수도 있겠다. 예수와 형제간인 야고보·요세·유다·시몬이라는 네 이름은(마르 6.3) 모두 특별히 유다인 족장들의 이름으로서 유다교 신앙에 뿌리박힌 혈족에 연결된다.[5] 예수의 자매 이름들에 관해서는 우리에게 전해지는 바가 없다. 본디 예수는 "예슈아", 예수의 어머니는 "미리암"이라고 불렸다. 예수·마리아는 나중에 채택된 그리스어화한 이름인데, 마르 6.3에서 예수와 형제간인 요셉이 요세라는 그리스어화한 이름으로 제시된 것과 마찬가지다(참조: 마태 13.55). 외딴 곳인 나자렛에서는 큰 세상 헬레니즘의 유입을 많이 느끼지는 않았을 것이다. 그러나 나자렛에서 북쪽으로 4km 되는 곳에 사치 좋아하는 헤로데 안티파스의 주재지인 세포리스가 있었는데, 여기서 그는 20년쯤까지 주재했고 헬레니즘의 유입에 개방적이었다.

---

[5] 예수의 형제 문제: Gnilka, *Markus* I 234-5.

그가 짓게 했던 원형극장이 그것을 증언한다. 세포리스의 주민들도 헬레니즘에 대해 우호적으로 생각했다고 여겨진다. 나중에 유다전쟁 때 그들은 로마군대를 마중나가서 항복했다.[6] 나자렛의 주민은 가담하지 않았다. 대부분이 전사했다고 할 수 있을 것이다.[7]

예수의 오랜 나자렛 시절에 관해 우리는 아무것도 자세한 것을 모른다. 복음서는 침묵하고 만다. 어린 예수를 마리아가 길렀고, 그 다음 요셉이 토라로 안내해야 했다. 회당에서 예수는 성서 봉독과 그 해석 설교를 들었다. 평소에는 직업을 구사했다. 예수의 직업과 요셉의 직업에 "장인" τέκτων 이라는 ─ 흔히들 "목수"라고 번역하는 ─ 같은 낱말이 쓰인다. 둘다 복음서의 같은 자리에 나오는데, 예수가 나자렛 고향 회당에 나타났을 때 동향인들이 분개해서 말하는 대목이다. 마르코 6,3에 따르면 "이 사람은 장인이 아닌가?" 하고, 마태오 13,55에 따르면 "이 사람은 장인의 아들이 아닌가?" 하며, 루가 4,22는 직업 지칭을 피한다. 마르코에 나오는 것이 제일 오래된 표현이다. 예수의 직업을 지칭하는 데서 멀어져 가는 것이 뚜렷한 추세다. 아무튼 우리는 아버지와 아들이 한가지 장인 직업을 구사했다는 것을 출발점으로 삼을 수 있다. 후대 랍비 유다교계에서 입증될 수 있는 것처럼 예수는 요셉의 이 직업을 배웠다. 아버지는 아들에게 한 수공업을 가르칠 의무가 있었다. 랍비 격언에 이런 말이 있다: "수공 일을 가르치지 않는 자는 도둑질을 가르치는 자다."[8]

물론 장인을 목수라고 표현하는 것은 그가 하는 일을 너무 좁혀 놓는 것이다. 장인은 나무만이 아니라 돌도 다룰 줄 알았고 따라서 석수이기도 했다(참조: LXX 2열왕 5,11). 파피루스 문서의 그리스어에 장인들 τέκτονες 은 다음과

---

[6] Josephus[Bell. 3,29-31]는 세포리스가 이 지역에서 和平을 도모한 유일한 도시라 한다.

[7] Josephus[Bell. 3,289-92]에 따르면 야비아는 로마인들에게 처절하게 대항했다. 나자렛 주민들이 이 要塞 도시로 도망갔다가 그 함락 다음에 야비아 주민과 함께 무더기로 목숨을 잃었다는 것은 충분히 있을 수 있는 일이다. 그러나 예수의 가족은 살아남았다. Eusebius[Hist. Eccl. 3,20]는 예수의 친척들이 Domitianus 황제 앞에 불려간 일을 이야기한다.

[8] 바빌로니아 탈무드 bQid 30b. 참조: Riesner, Lehrer 116-8.

같은 일을 하도록 되어 있다: 수문 건설, 양수차 정비, 문 짜고 집 짓기, 안장 수선 등.[9] 그들의 활동분야는 다방면을 아우른다. 더욱이 이미 호메로스의 「일리아스」에서도 이것이 확인되는데, 한 장인을 두고 "그 손이 온갖 예술작품을 이루더라"는 말이 나온다.[10] 아무리 다재다능하더라도 한 장인이 나자렛에서 일거리가 충분했을지는 문제라 할 만하다. 슐라터[11]는 기원전 4년에 바루스가 파괴했던 세포리스의 재건 때에 요셉이 참가했을 가능성을 고려했다. 재건에 여러 해가 걸렸는데 — 그러므로 예수도 이 일에 참여했다고 해야 할까? 짐작에서 넘어서지는 말자.

왜 예수는 그처럼 오래 나자렛에 머물러 있었던가? 몇 년을 거기서 보냈던가? 그리고 결국 무슨 계기로 고향을 떠나게 되었던가? 외적 계기는 세례자 요한의 유다 등장이었다. 남녘 요르단 강변에 위대한 참회설교자가 나타났다는 소식이 나자렛까지 밀어닥쳤고, 예수는 갈릴래아의 나자렛에서 요르단으로 요한한테 세례를 받으러 갔다(참조: 마르 1,9). 이리하여 예수는 공중 속에 등장했다. 그러나 아직은 먼저 예수가 고향에서 보낸 시간의 길이부터 물어 보자. 이것은 동시에 예수의 나이에 대한 물음이다.

여기서 복음서는 두 요점을 제시해 준다. 하나는 무척 막연한 반면에 다른 하나는 짜장 면밀해 보인다. 이것은 다음과 같은 것을 뜻한다: 루가 1,5; 마태오 2장에 따르면 예수(와 세례자 요한)의 탄생은 헤로데 치세에 해당한다. 루가 3,1에 따르면 세례자 요한은 티베리우스 15년에 등장한다.[12] 나아가 루가 3,23에서 우리에게 알리는 것인즉, 예수는 등장할 때 서른 살쯤이었다고 한다. 이 나이매김은 신학적 동기도 있으니, 2사무엘 5,4를 시사한다고 할 수 있다. 메시아의 원형인 다윗도 왕이 될 적에 서른 살이었다. 그런데도 "서른 살쯤"이라고 대충 나이를 매긴 것이 루가의 연대사적 관심

---

[9] Preisigke - Kießling II 585.   [10] Homeros, *Ilias* 5,60-61

[11] A. Schlatter, *Der Evangelist Matthäus* (Stuttgart 1929) 455.

[12] 루가 3,1-2에서 다른 통치자, 곧 본티오 빌라도, 헤로데 안티파스, 필립보, 리사니아, 안나스와 가야파를 거명하는 것은 치세 연도를 제시하는 것이 아니므로 별 도움이 되지 않는다.

을 시사한다. 이 관심이 보증이 되어 "헤로데 때"라는 일반적인 제시도 예수 탄생 때로서 적중한다고 믿을 만하게 된다.

헤로데는 그러나 기원전 4년에 죽었다. 수도승 디오니시우스 엑시구우스가 525년에 요한 1세 교종의 분부를 받들어 부활절 시기를 확정하고 처음으로 그리스도 기원을 계산했는데 착오가 있었다.[13] 티베리우스 치세 15년은 27년 10월 1일에서 28년 10월 1일까지를 포함한다. 여기에는 루가가 채택한 시리아 역법 계산이 전제되어 있다. 이 계산에 따르면 티베리우스의 등극(14년 8월 19일)에서 새로운 시민 연도의 시작(14년 10월 1일)까지의 시간을 6주간뿐인데도 치세 원년으로 헤아린다.[14] 물론 여전히 측정할 수 없는 것들이 남아 있다. 헤로데 대왕의 죽음이 예수 탄생의 가능한 최종 시점이라면, 더 이른 시점의 가능성이 열려 있다. 요르단 강으로 요한에게 올 때 예수는 삼십대 초였을 것이다.

연대 계산에서 또 하나 고려할 점은 티베리우스 15년과 관련되어 있는 사건(루가 3.1)이란 세례자 요한의 활동 시작이지 예수의 활약 개시는 아니라는 사실이다.[15]

---

[13] 참조: J. Lenzenweger: *LThK* ²III 406.

[14] Cichorius: *ZNW* 22 (1923) 18-9. 또 다른 계산법으로 Schürmann[*Lukasevangelium* I 150]이 덧붙여 고찰한 바에 따르면 Tiberius 원년은 14년 8월 19일에서 15년 8월 18일까지요 Tiberius 15년은 28년 8월 19일에서 29년 8월 18일까지가 된다. 이것은 글자 그대로의 계산이라 하겠다. 시리아 역법 계산과는 열 달 반이나 차이가 난다.

[15] 참조: Meyer, *Ursprung* I 50. 여기서는 Josephus가 지적하듯이 유다교 전승에서도 세례자 요한이 거론된다는 사실을 상기시킨다.

ⓛ

세례자 요한과 예수

예수가 만난 세례자 요한은 누구였던가? 요한은 앞에서 묘사한 유다 종파의 어느 계열에도 속하지 않았다. 바리사이도 젤로데도 엣세느도 아니었다. 흔히들 새삼 그를 정신적으로 쿰란에 가깝다고 밀어붙였다. 공간적으로 그 가까이서 활동했으니 그 존재를 알았을 것은 틀림없다. 더러는 심지어 쿰란에서 교육받은 것으로 보려고들 했다. 그러나 무엇보다도 모든 이스라엘 사람을 상대로 활동하는 공개성이 쿰란과는 다르다. 다만 막연하게나마 당시에 있었다고 할 세례운동과 연결될 수 있을 뿐이다.[1] 요한의 특징인즉 가차없는 심판을 설교한다는 것이요 그것이 세례를 베푸는 일로 이어진다는 것이다. 그는 옛 예언자들을 상기시키되 그에 관해 전승된 바에서 그의 면모가 얻어지는 그런 독자적으로 중대한 의미가 있는 인물이다. 애석하게도 전승이 아주 많은 것은 아니다.[2]

요한의 심판설교 중심에는 기다리던 역사의 종말이 있다. 그의 종말 근접近接대망Naherwartung은 마치 묵시문학과 엣세느의 종말론적 정향을 무색하게 하는 듯 절박하고 지체없어서 가위 임박臨迫대망Nächsterwartung이라고 특징지을 수 있다. 인상적인 표상들로 심판의 지체없는 돌입이 눈앞에 다가온다: "도끼가 이미 나무 뿌리에 닿았으니 좋은 열매를 맺지 않는 나무는 모조리 찍혀 불 속에 던져질 것이오"(마태 3,10∥). 벌목꾼이 나무를 쓰러뜨리려

---

[1] 참조: J. Thomas, *Le mouvement baptiste en Palestine et Syrie* (Gembloux 1935).

[2] Josephus[*Ant.* 18,117-9]의 간단한 보고는 요한을 자기 민족의 철학적 교육자로 서술한다. 세례는 언급하지만 결정적인 종말론적 요소는 전혀 도외시한다. 주로 관심이 세례자의 죽음과 그 소상한 정황에 쏠려 있다. 참조: Schütz, *Johannes* 13-27.

105

고 마지막으로 도끼를 내리치기 전에 나무의 뿌리를 드러내어 놓듯이, 청중의 상황이 그처럼 위급해져 있다. 기다리던 심판자가 이미 키를 손에 들고 있으니 타작마당을 깨끗이할 참이다(마태 3,12∥). 목표를 향해 달리는 역사에서 더 기다릴 것이란 아무것도 없다. 묵시문학에서 유행하던 것 같은 종말의 계산 따위란 부질없는 짓으로 드러난다. 종래의 모든 것을 한계짓는 기다리던 미래는 전적으로 하느님의 행위다.

기다리던 마지막과 더불어 하느님의 진노가 당신 백성 위에 덮치리라고. 아무도 닥쳐올 진노를 피할 수 있다고 믿지 말라고(마태 3,7∥). 열매맺지 못하는 나무를 던져넣는 불은 가차없는 하느님 진노의 표현이다(자고로: 아모 7,4; 스바 3,8; 예레 21,12; 에제 22,31; 시편 89,47 등). 그러나 불세례라는 말에서 그것은 있던 것을 없애 버리는 진짜 불, 북더기를, 열매맺지 못하는 처지에 있던 그런 인간들을 던져넣는 꺼지지 않는 불이 된다(마태 3,11-12∥). 필경 그것은 이 날에 타오를 게헨나의 불을 두고 말한 것이다(참조: 욥기 20,26; 이사 34,10; 66,24; 다니 12,2).[3] 모면할 길이란 없다. 하느님의 진노는 과연 의로운 진노다. 요한은 이스라엘이 끝장에 이르렀다고 본다. 민족 혈통이란 의미없다고. 아브라함의 자손이래야 부질없다고. 거의 빈정거리듯 광야에 흩어진 돌들을 가리키며 그는 천명한다: 하느님은 그 돌들에서라도 아브라함 자손을 일으키실 수 있다고(마태 3,9). 말살적 판단이라는 점에서 세례자는 쿰란 "의로움의 스승"과 일치한다. 다만 이스라엘의 거룩한 "남은 이"로서 자기 둘레에 한 공동체를 모으려 하지 않는다. 그러기에는 때가 너무 늦다. 단지 제자들을 자기 추종자 동아리에 받아들일 뿐이다(참조: 마르 2,18∥).

다가오는 심판을 바라보며 요한은 저마다의 회개를 요망한다. 그러나 덧붙여 요르단 강물 속에서 자기 세례를 받기도 촉구한다. 이 세례 의식이 요한의 활동을 특징짓는 새로운 점이었고, 그래서 "세례자"라는 별명이 붙게 되었다. 영세자들은 세례자 앞에서 죄를 고백했는데, 유다교 속죄축일

---

[3] Becker[*Johannes* 28-9]는 이 불이 땅에서 죄인들을 없애는 정화의 불이라고 추정한다.

이나 쿰란 계약갱신축일의 죄 고백과 비슷하게 일반적으로 털어놓는 방식
이었을 것이다(마르 1,5).[4] 요한이 베푸는 세례는 단 한 번만 받을 수 있었다.
그것은 마지막 때가 왔다는 데서 연유했다. 일회성으로 의무적 특성이 뚜
렷이 드러났다. 그것을 마르코 1,4에서는 죄 사함을 위한 회개세례라고 부
른다. 앞을 내다보며 제시되는 사죄가 영세자의 진정한 회개자세를 전제로
삼는다. 이것은 세례가 단지 사죄를 보증할 뿐 아니라 마치 고백한 회개의
각오에 도장을 찍는 셈이라는 것을 뜻한다. 그러면서도 여기서 알아보아야
할 중요한 점인즉, 요한은 세례 거행자로서 인간을 받아들이는 과정에 들
어갔다는 것이다. 따라서 결국 가리키는 것은 하느님께로 향한다. 이때 우
리가 받아들일 수 있는 것인즉, 이것이 — 명시되어 있지는 않다 하더라도
— 율법 속에 구사되는 하느님의 뜻으로 향하기를 내포한다는 것이다. 루
가의 편집 덕택에 생겨났다고 할 수 있는 루가 3,10-14의 이른바 "신분설
교"가 우리에게 세례자 자신의 의도에 관해 깨우쳐 줄 힘은 없다. 회개에
합당한 열매라는 말(마태 3,8)[5]은 회개자세를 실천생활에 구현하는 일을 개인
각자에게 맡기는 것으로 보인다. 그래도 열매를 맺지 못하고 만다면 세례
는 의미를 잃어버린다고. 이로써 각자에게 책임을 지우는 회개호소의 개인
주의화 성격이 완전히 유효하게 된다.

그러나 요르단에서 베푼 세례는 그 자체를 넘어서 더 나아간다. 종말론
과 관련하여 그것은 임박한 미래에 예상되는 심판날을 위해 베풀어질 또
모두가 승복해야 할 세례를 가리킨다. 그러나 요한이 고지한 이 세례란 성
령과 불로 베푸는 세례인지(마태 3,11 ∥ 루가 3,16 = Q처럼) 아니면 다만 성령으
로(마르 1,8처럼) 혹은 단지 불로 베푸는 것인지는 논란이 있다. 여러 모로들
성령이란 나중에 그리스도인 공동체가 경험한 성령체험으로 이끌고자 세례
설교에 끌어들인 그리스도교 요소라고 여긴다. 그러나 알고 보면 오로지

---

[4] 참조: *1QS* 1,22 - 2,1.
[5] 루가 3,8은 복수로 "열매들"이라 하여 기대되는 각 행위를 더 중시한다.

세례자만이 불세례를 고지했다고 할 수는 없다. 그는 순 불운의 예언자로 낙인이 찍혀 버렸다. 오히려 그가 예상한 것보다 큰 구원을 중개하는 의미가 그에게 귀속될 수 있다고도 생각해 보아야 할 것이다.[6] 따라서 그가 성령세례와 불세례를 나란히 말했을 때, 우리는 그런 병렬이 쿰란 공동체 규칙서에서도 발견된다는 사실을 상기할 수 있다. 거기서도 암담한 불 속의 말살과 병행하여 성령에 의한 정화가 미래를 위해 고지된다(참조: 요엘 3,1-3).[7] 성령세례와 불세례가 서로 다른 부류와 관련된 것은 명백하다: 한 부류는 불 속의 말살을, 다른 부류는 성령에 의한 정화를 받도록 되어 있다.[8]

세례자가 누구를 고지했던가, 즉 "선구자"로 자각한 요한이 성령과 불로 세례를 베푸시리라던 그분은 누구인가라는 물음에 대답하자면 더욱 큰 어려움에 부딪친다. 어느 모로나 요한이 예수의 제자는 아니다. 요한의 설교에서 장차 성령과 불로 세례를 베풀러 올 이가 아주 불분명해 보인다 하더라도, 그런만큼 그의 염두에서는 영과 불의 세례야말로 그것을 베풀 이가 누군지보다 크게 부각되어 있었다는 것은 옳은 말일 수 있겠고, 그런데도 세말에 등장하리라고 대망되던 이가 그의 상상에서는 천상세계에 속하는 존재라는 것도 알 만하다. 성령세례와 불세례란 이미 지상의 인간에게는 귀속될 수 없는 종말론적 구실들이기 때문이다. 결국 진정으로 물음이 되는 것은 두 가능성뿐이다: 하느님 당신이냐, 아니면 인자人子냐? 인자라면 본디 묵시문학에 등장하던 심판자이자 구원자인 인물, 하늘에 숨어 있고 마지막에 드러나기를 기다리고 있는 그 인물을 뜻하겠다. 세례자를 인자 그리스도론 가까이로 밀고들어간다 해서 그를 묵시문학자로 선언한다는 뜻이 되는 것은 아니다. 또 그의 설교에 묵시문학적 요소가 작용했다는 것도 널리 확산된 묵시문학의 영향사로 보면 놀라운 일은 아니다.

---

[6] 참조: Schürmann, *Lukasevangelium* I 176.   [7] 참조: *1QS* 4,13.21.

[8] πνεῦμα(靈)를 폭풍이라는 의미로 알아듣는 해답이 있는데, 이 경우에는 불의 동반자, 곧 불길 같은 바람결로 파악된다. 예: Pesch, *Markusevangelium* I 85. 언어상 가능하지만 내용상 곤란한 해답이라고 해야겠다.

하느님과 인자 사이에서 결정을 내리기는 어렵다. 인자 쪽을 택한다면, 예수의 설교에 인자 대망이 계속 작용하고 있는 것은 예수가 물론 변함없이 그대로는 아니라도 세례자의 설교에서 이어받은 요소였다고 말할 수도 있겠다. 성령과 불의 세례자를 인자와 관련짓는 데 대한 가장 중요한 반론인즉, 종말론적 성령세례는 언제나 하느님에 관해 발설된다는 것이다. 이에 대해서는 그러나 당시 유다교의 종말론적 대망 속에 하느님과 세말에 구원을 가져다주는 이가 지밀하게 협력한다는 상상들이 얼마든지 있다고, 실로 양자의 활동이 함께 흐르고 있다고 응수할 수 있다.[9] 인자를 두고 에티오피아어 「에녹서」 49장에서는 그분께 성령의 은혜가 충만하며 지혜가 물처럼 그분 앞에 쏟아졌다고 말한다.[10]

마르코 1,7//에는 큰 겸사謙辭가 전승되어 있다: "나보다 굳센 분이 내 뒤에 오십니다. 나는 허리 굽혀 그분 신발끈을 풀어 드릴 자격조차 없습니다". 마태오 3,11에서는 "… 신발을 들고 다닐 …"로 변한다. 이 말이야말로 인자나 메시아와 관련된다. 누가 하느님의 신발끈을 운운하랴?[11] 그러나 짐작건대 이것은 나중에 생겨난 말일 것이다.[12] 사실 천상 인물로 상상되던 인자에게 적용하기도 어렵기는 마찬가지다. 나중에 요한을 예수의 선구자로 인식하고 또 그렇게 주장하게 되었을 적에 생겨났을 것이다.

세례자의 외적 생활양태는 그의 심판설교와 부합한다. 그는 광야를 활동 장소로 택했는데, 이것이 종말론적 새출발의 장소로 여겨지고 있었기 때문이다. 이를 위해 그가 이사야 40,3의 "주님의 길을 닦고 그분의 길을 고르게 하여라"(참조: 마르 1,3)를 원용했다는 것은 의심스럽다. 쿰란 공동체도 이사야 40,3에 거슬러올라가서 광야에 머무는 근거를 찾기는 했지만,[13] 세례

---

[9] 참조: Volz, *Eschatologie* 224-5.

[10] 유다 유언 24,3에서는 메시아를 두고 그분이 성령을 쏟으시리라고 일컫는다. 이 대목은 그리스도교적 삽입이라는 혐의가 있다. 참조: J. Becker, *Untersuchungen zur Entstehungsgeschichte der Testamente der zwölf Patriarchen* (AGAJU 8) (Leiden 1970) 320-3.

[11] 참조: Becker, *Johannes* 34.   [12] 참조: Gnilka, *Markus* I 41.

[13] 참조: *1QS* 8,13-14.

자 자신도 이런 성서학적 성찰을 했다고 입증할 수는 없다. 그는 낙타털옷을 걸치고 가죽띠를 허리에 둘렀다. 메뚜기와 산꿀을 먹을거리로 삼았다. 옷차림만으로는 그가 되돌아온 엘리야로 자처했다거나 그의 활동이 이 옛 예언자를 본떴다는 주장을 받아들이기에 넉넉지 않다. 낙타털옷은 광야 주민의 입성이다. 큰 가난의 표현으로 평가될 수도 있다. 가죽띠는 농부와 유랑민의 보통차림에 속한다. 세례자가 제이 엘리야라는 해석은 그리스도인 공동체에서 비롯된 결과다. 산꿀과 메뚜기는 광야가 제공하는 검소한 양식이었다. 메뚜기는 소금물에 끓이고 숯불에 구워서 먹었다. 산꿀은 야생 벌의 꿀이다. 이것이 이른바 「에비온 복음서」에 거슬러올라간다는 그런 양봉 꿀일 리는 좀처럼 없다. 다른 음식을 들먹이지는 않으므로 이로써 세례자가 엄격한 금욕생활을 수행했음을 묘사한 셈이다.

예수는 사람들 무리에 줄지어 요한의 세례를 받았다. 세례자의 활동을 인정했다. 나중에 이 인정을 말로 확인하는데, 자기 특유의 의미로 말한다: "무엇을 구경하러들 광야로 나갔습니까? 바람에 흔들리는 갈대? 아니면 무엇을 보러? 고운 옷 입은 사람? 알다시피 고운 옷 걸친 사람들은 왕궁에 있습니다. 아니면 무엇을? 예언자? 그렇습니다. 나는 말하거니와, 요한은 예언자보다 훌륭한 사람입니다. … . 진실히 말하거니와, 여자 몸에서 태어난 사람 가운데 세례자 요한보다 큰 인물은 없습니다"(마태 11.7b-9.11a). 이 말씀은 요한을 예언자들 위에 세우되 메시아론적 술어는 피한다. 예수는 세례자에 대해 한계를 짓기도 삼간다.[14]

예수가 요한의 세례를 받았다는 사실을 진정으로 부인할 수는 없다. 주지하다시피 이 사실이 그리스도인 공동체에게는 어려운 문제였다. 마태오 3.14-15는 예수께 세례란 적절치 않다는 대화가 세례 때 있었다고 일부러

---

[14] 한계를 짓는 결과는 인용된 문장에 다음 로기온이 삽입됨으로써 나타난다: "그러나 하늘 나라에서는 가장 작은 이라도 그보다 큽니다"(마태 11.11b). 그리고 이른바 "잡아챔말씀"(Stürmerspruch: 마태 11.12 // 루가 16.16)도 그런데, 그 본디 문장은 아마 이랬을 것이다: "율법과 예언자들은 요한까지입니다. 그때부터는 하느님 나라가 힘에 시달리며, 힘쓰는 자들이 그것을 잡아챕니다." 참조: Gnilka, *Matthäusevangelium* I 412-3.

전한다. 루가 3,21은 예수의 세례를 한 종속절로만 언급하고, 요한 1,29-34는 아예 세례 이야기라고는 꺼내지도 않는다. 근자에 핸헨[15]은 예수의 세례를 의문시하는 근거로 특히 예수의 선포에서 바탕이 되어 있는 하느님 모습(神像)이 세례자의 선포에서와 다르다는 점을 지적했다. 예수도 심판에 관해 말은 하되, 예수에게는 하느님의 은총 제시가 힘차게 전면에 등장한다. 세례자도 예수 설교의 중심사항인 하느님 나라에 관해 말하지는 않았다.[16] 세례자가 이적을 행하거나 병자를 치유했다는 말도 우리는 듣는 바 없다. 다만 이런 관찰들이 사실에 적중한다 해서 예수 세례의 역사적 사실성이 문제가 될 수 있는 것은 아니다.

더 나아가서는 이런 점들도 진지하게 고려할 필요가 있다: 예수는 한동안 세례자의 제자 동아리에 속했다는 주장이 있다.[17] 요한 1,35-51에서는 적어도 개별적으로 예수의 제자 가운데 몇이 전에 요한의 제자였음이 확인된다. 시몬 베드로의 동기 안드레아가 이런 이로 꼽히는데, 짐작건대 시몬도 그럴 것이다. 예수의 제자가 되는 더 소상한 근거로, 이미 언급한 "나보다 굳센 분이 내 뒤에 오십니다. …"(마르 1,7//)라는 로기온이 주장된다.[18] "누구 뒤를 따라온다"란 제자가 됨을 표현하는 말이다. 예수는 같은 용어를 예컨대 마르코 8,34에서 사용한다: "누구든지 내 뒤를 따르려면ὀπίσω μου ἀκολουθεῖν 자기 자신을 버리고 …." 그러나 이것을 시간적으로 알아들을 수도 있다.[19] 그렇다면 위의 말은 다름아니라, 시간적으로 세례자 뒤에 더 강한 분이 나타나리라고 말한 것일 따름이다.

예수가 요한의 제자였다는 주장이 예수도 세례를 베풀었다는 요한복음서의 두 지적에 의해 강화될 수도 있겠다. 예수가 세례자의 제자였다는 것을 찬성하는 논자들은 그러니까 그것이 요한의 세례였으며 예수가 세례자의 제자로서 그것을 베풀었다고 전제한다. 요한 3,22-23을 읽어 보자: "그 뒤

---

[15] E. Haenchen, *Weg* 58-63.

[16] 마태 3,2는 이차적으로 마태 4,17과 같게 맞춘 것이며 복음사가의 편집 덕택이다.

[17] 예: Becker, *Johannes* 12-5.　　[18] 참조: Hoffmann, *Studien* 24.　　[19] 例證: Passow II/1,497.

예수와 제자들은 유다 땅으로 갔다. 예수께서는 그들과 함께 거기 머물며 세례를 베푸셨다. 한편 요한도 살렘 가까운 애논에서 세례를 베풀고 있었다." 이 발설이 4,1-3에서는 수정된다: "예수께서는 당신이 요한보다 더 많은 제자를 얻고 세례를 베푼다는 소문을 바리사이들이 들었다는 것을 아시고는 — 비록 몸소 세례를 베푸신 것은 아니고 제자들이 베풀었지만 — 유다를 떠나 다시 갈릴래아로 물러가셨다." 삽입구 수정문은 나중에 편집하면서 달아넣은 주석으로 보인다.[20] 이로써 넷째 복음서에는 오래된 역사상 사실이 보존되어 있다고 미루어 헤아릴 수 있다.[21] 그렇다고 물론 예수가 세례자의 제자로서 세례를 베풀었다는 말이 되는 것은 아니고, 예수 자신도 이미 제자들을 보유하고 있었다. 가령 몸소 세례를 베풀었다 하더라도, 덮어놓고 예수의 세례를 요한의 세례와 동일시할 수는 없다. 예수가 무슨 의미를 세례와 연결지었던지는 분명하지 않다. 특별한 비중을 둘 것까지는 없다. 예수의 외침을 들을 태세라는 의미에서 예비적인 성격을 띠었다고나 할까?[22]

예수가 한동안 세례자의 제자였다고 인정하는 데서 더욱 강력하게 발생하는 문제인즉, 이미 위에서 언급한 대로 예수의 나중 활동이 세례자의 활동과 적지않이 다르다는 사실이다. 만일 그랬다면 예수는 요한과 관계를 끊어 버렸거나 아니면 그에게서 어떤 특별한 하느님의 수임 또는 소명에 마주치게 되었다는 것을 고려해야 할 것이다.[23] 두 경우 다 그러나 그런 점을 가리키는 대목은 없다. 마르코 1,10-11∥도 후자의 근거로 끌어들일 수는 없다. 확실히 예수도 심판을 고지했다.[24] 그러나 예수의 심판설교는 독

---

[20] 4,2에서 *καίτοιγε*(비록)가 단수 형태인 것과 예수 이름에 관사가 없는 것이 눈에 띈다. 참조: Schnackenburg, *Johannesevangelium* I 458².

[21] Bultmann[*Johannes* 122]은 요한 3,22-26을 오히려 복음사가가 지은 것으로 여긴다.

[22] 그런 견해: Schnackenburg, *Johannesevangelium* I 449.

[23] U. Wilckens[Das Offenbarungsverständnis in der Geschichte des Urchristentums: W. Pannenberg 편 *Offenbarung als Geschichte* (Göttingen 1961) 52-4]는 그런 일신상 경험을 고려한다.

[24] 참조: Becker[*Johannes* 86-104]는 심판설교 면에서 예수를 세례자와 크게 근접시키려 한다.

자적인 함축이 있고 하느님 나라 설교와 떨어질 수 없다. 시간적으로 앞선다는 의미로도 분리될 수 없다. 우리가 도달하는 결론인즉 그러므로. 예수는 요한한테 세례를 받되 그의 제자가 되지는 않고서 세례자 운동을 수용하고 그와 관계를 맺었다는 것이다.

그러고 나서 예수는 다시 갈릴래아로 돌아갔다. 나자렛으로 간 것은 아니고. 자신의 활동을 시작하러 겐네사렛 호수의 서쪽과 북쪽 호반지역으로 갔다. 예수는 광야가 아니라 농부와 어부들의 정답고 기름진 땅을 택했다. 가령 이미 세례자의 동아리 속에서 활동을 했고 거기서 첫 제자들을 얻었다 하더라도. 이것은 일종의 서막이라고 보아야겠다.

내다보기

복음서에서 세례자 전승사를 좇아 들어가노라면 주류를 이루어 나타나는 것인즉. 요한을 예수의 선구자로 특징짓는다는 것이다. 장차 오실 분을 고지하는 데서 불특정적이던 것이 이런 의미에서 명시되었다. 그리스도 신앙의 빛으로 세례자는 예수의 앞과 아래에 자리잡혔다. 결정적인 진보를 우리는 「어록출전」에서 알아보게 되는데, 거기서는 세례자의 선포를 받아들여 예수 앞에 배열해 놓았다. 마르코도 비슷한 일을 하는데, 가장 오래된 복음서 저자인 그는 세례자의 활동을 묘사하는 것으로 복음서를 시작하고 그리하여 다른 복음사가들의 선례가 된다. 「어록」에서는 아직 세례자를 심판하러 오실 인자 예수의 선구자로 보는 경향이 오히려 강했고. 이로써 강렬한 근접대망에 의해 성취된 세례자 설교와의 조합 자체도 이루어져 있었다고 할 수 있다면. 감옥에서 요한이 보내는 질문은 밝혀져 나오는 발전 속에서 연결 대목 성격을 띠고 있다: "오실 그분이 당신이십니까? 아니면 우리가 다른 분을 기다려야 합니까?"(마태 11.3∥). 당연히 이 질문은 긍정하는 답변을 받는다. 세례자가 예수에 의해 선구자라는 의미로 한계지어지는 것이 점점 분명한 형태를 취하면서 마침내 시간적으로 분리되기에 이르는데, 예수는 요한이 감옥에 갇힌 다음에 비로소 공개활동을 시작할 수 있게 된다는 것이다(참조: 마르 1.14).

5

하느님 나라의 선포

예수의 선포에서 "바실레이아 투 테우" *βασιλεία τοῦ θεοῦ*(하느님의 나라)가 중심에 자리했다는 데 반론이란 없다. 예수는 거듭 새삼 하느님 나라를 말했다. 비유를 들어 설파했다. 하느님 나라는 글자 그대로 예수 활동의 핵심이다. 다른 모든 것은 이 중심점 둘레에 배열된다. 예수의 메시지만이 아니라 치유와 이적 활동도 윤리적 명령도 그렇다. 또 예수의 사명주장을 캐물어야 할 때도 이 선포가 방향설정에 도움이 될 수 있다.

하느님 나라 설교가 예수의 인격에 연결됨은 그것이 공관복음서에서 두드러지게 주류를 이루고 있다는 데서 역력하다. 요한복음서에서는 이미 거의 완전히 뒤로 물러나 있다(3.3.5에만 남아 있다). 상대적으로 가장 강력하게 영향력이 계속되는 곳은 사도행전이다. 여기서는 "바실레이아 투 테우"라는 말이 여섯 번 나온다(1,3: 8,12: 14,22: 19,8: 28,23,31). 이것은 루가의 쌍벽 작품이라는 총체개념으로 설명될 수 있다. 바울로계 문집에는 열 번 들어 있다(로마 14,17: 1고린 4,20: 골로 4,11: 2데살 1,5 등). 다른 신약성서들에서 아직도 만나게 되는 곳은 묵시록이다(12,10). 이 실태는 시사하는 바가 크니, 공관서들이 예수와 연결되어 있다는 사실도, 신약성서의 여러 가지 기록에서 신학적 언어가 구별된다는 사실도 지적해 주기 때문이다.

용어에 주목할 점이 있다. 마태오는 "하느님 나라" 대신에 "하늘 나라" *βασιλεία τῶν οὐρανῶν*라는 말을 쓴다. 그러나 몇 군데 "하느님 나라"라는 말이 살아 있기도 하다(12.28; 19.24[1]; 21.31.43). 여기서 절로 나오는 물음인즉, 그러면 예수는 어떻게 말했던가, 예수에게는 어느 표현이 우선했던가 하는 것이다. "하늘 나라"가 더 유다인 말답게 들린다. "하늘"은 하느님 이름을 대신하는 말로 파악될 수 있다. 랍비 문헌에도 "하늘 나라"라는 개념이 나오는데,[2] 물론 "하느님 나라"라는 개념 역시 있다. 그러나 랍비들에게는 하느님 이름을 자주 써서 속되게 하지 않으려고 에둘러 표현하는 경향이 있다.[3] 랍비 전거들이 일부는 후대의 것일 수도 있지만, 아무튼 여기서 마태오 전통은 유다인 관례와 맺어져 있다. 첫째 복음사가는 하느님 이름 앞에서 주저하지 않고 "하늘 나라"라는 말을 복음서에 끌어들였는데, 네 번은 옛 형태를 고치지 않고 그대로 놓아 두었다. 신학적으로 궁리해서 그렇게 한 것이다. "하늘 나라"는 기다리던 하느님 나라의 계시가 온 세상에 힘을 떨치는 보편성을 둘러 표현하기에 잘 어울리는 말로 보였다.[4] 우리는 그러므로 "하늘 나라"란 그 유다인다운 취향에도 불구하고 이차적 표현이라고 본다. 예수는 "하느님 나라"를 말했다.

"바실레이아"βασιλεία라는 낱말의 독일어 번역으로는 "헤르샤프트"Herr-schaft(다스림, 통치), "라이히"Reich(나라, 영토), "쾨니히툼"Königtum(왕국) 등 여러 가지 제안이 있다. "헤르샤프트"로 옮기기가 낫다 할 수 있다. 해당 대목에 모두 맞는 번역이다. 바실레이아로 들어감을 말하는 이른바 "들임말씀"Einlaßspruch들과 그밖의 구상具象적인 용례에서는 "라이히"라는 번역이 바람직하다.[5]* 오늘날 "헤르샤프트"라는 말은 사람들의 오용으로 말미암아 미덥지 못해졌다고 할 수도 있다. 그러나 하느님께 적용하면 타당성이 그대로 남

---

[1] 이 대목에서는 "하늘 나라"로 읽는 텍스트 증거들도 있다.

[2] 典據: Billerbeck I 172-84.

[3] 그래서 하늘의 이름, 하늘의 열매, 하늘들에 대한 몰두 등을 말하기도 했다. "하늘"이 종종 하느님을 대신하는 말이다.

[4] 참조: Kretzer, *Herrschaft* 24-5.   [5] 참조: Schnackenburg, *Herrschaft* 247.

* 우리 말로는 오히려 "나라"라는 낱말이 익어 있을 뿐더러 위의 여러 뜻을 다 아우른다고 해도 무방하겠으므로, 이 책에서는 내처 "나라"로만 옮기기로 한다 ― 옮긴이.

아 있다. 하느님 나라는 인간이 다스려 온 나라와는 다르다. 예수는 하느님 나라를 설교의 중심점으로 삼을 때 필경 하느님이 중심이심을 명시했다. 아래에서는 예수의 설교에 나타나는 하느님 나라를 여러 차원에서 펼쳐 볼 것이다.

비유로 이야기하는 예수

예수는 하느님 나라를 선포했다. 거듭 새삼 비유로 이야기했다. 이 갈릴래
아의 아들은 자기 생각들에 "고향 옷을 입히고 손을 꼭 잡아 충복들을 알
던 데서 모르던 데로, 감각 세계에서 하늘 나라로 이끌었다".[1] 다들 알고
있던 일상사인 것을 묘사함으로써 비유들은 예수 시대 소박한 인간들의 삶
을 우리네 정신의 눈 앞에 되살려 놓는다. 농부가 밭에 씨를 뿌리고, 어부
가 그물을 쳐서 당기는가 하면, 예루살렘 도시 사람이 손님 대접을 하거나
성전에 가서 기도하기도 한다. 청중을 사로잡던 생생한 이야기, 오늘도 자
기를 열어 놓는 독자를 매혹할 수 있는 그림 같은 묘사가 거기서 더 나아
가 하느님 나라를 가리키고 납득시키며 그 현존을 느끼게 한다.

근년에 학자들이 열심히 예수의 비유를 연구했다. 비중은 갖가지로 다를
지언정 거의 으레 비유 이야기꾼 예수를 함께 고려하며 비유를 예수의 말
씀으로 진지하게 받아들였으므로, 이들을 이용하여 우리의 관심사인 문제
제기로 들어가 보자. 비유 해석의 갖가지 방식, 우리의 관심에 따라 여러
가지로 예수의 말씀을 파악할 수 있는 방식을 제시해야겠다. 그러므로 독
자가 접근하기 쉽도록 따로 한 비유의 예를 선택하여 그 해석방식들을 요
약해서 드러내어 보자. 동시에 각 저자의 해석 실마리를 설명할 뿐더러 골
라낸 비유의 구체적인 해석도 제시해야겠다. 해석 실마리가 그러니까 구체
적인 해석을 통해 웬만큼 밝혀져야 하는 것이다. 본보기로 마태오 20,1-16
의 포도원 일꾼 비유를 골라 보면, 그 본문은 이렇다:

---

[1] A. Jülicher, *Gleichnisreden* I 145.

하늘 나라는 이와 비슷합니다. 어떤 포도원 주인이 이른 새벽에 일꾼들을 구하러 나와서, 하루 한 데나리온씩 주기로 합의하고 포도원으로 보냈는데, 또 아홉시쯤에 나와 보니 다른 사람들이 하는 일 없이 장터에 서 있어서 "당신들도 포도원으로 가시오. 정당한 삯을 주겠소" 하니 그들도 갔습니다. 다시 열두시와, 오후 세시쯤에 나가서도 그렇게 했습니다. 그리고 오후 다섯시쯤 나와 보니 또 다른 사람들이 서 있었습니다. "왜들 종일 하는 일 없이 여기 서 있소?" 하고 물으니 그들이 주인에게 "아무도 우리를 고용하지 않아서요" 하자 "당신들도 포도원으로 가시오" 하였습니다. 저녁이 되자 포도원 주인이 청지기에게 일렀습니다. "일꾼들을 불러, 맨 나중 온 이부터 시작하여 맨 먼저 온 이까지 품삯을 치러 주게." 오후 다섯시쯤 고용된 이들이 와서 한 데나리온씩 받았습니다. 그런데 맨 먼저 온 이들은 더 받으려니 생각했지만 그들도 한 데나리온씩 받았습니다. 그들이 주인에게 투덜거렸습니다. "맨 나중 온 이들은 겨우 한 시간 일했는데도 종일 노고와 무더위를 견딘 우리와 같이 다루시는 겁니까?" 그러자 주인이 그들 가운데 한 사람에게 말했습니다. "내가 당신에게 불의한 일을 하는 것이 아니오. 당신은 나와 한 데나리온으로 합의하지 않았소? 당신 품삯이나 가지고 가시오. 나는 맨 나중 온 이에게도 당신과 같이 주고 싶소. 내 것을 가지고 내 마음대로 해서는 안 된다는 말이오? 아니면 내가 선하다고 해서 당신 눈길이 사나워지는 거요?" 이와같이 말째가 첫째가 되고 첫째가 말째가 될 것입니다.

가. 현대 비유연구의 창시자인 율리허는 예수의 말씀으로서의 비유들을 어떻게 이해했고 위의 비유를 예수의 말씀으로서 어떻게 해석했는가? 율리허

는 복음서와 예수의 간격을 의식했다. 복음사가가 한 비유에서 얻어내는 의미와 예수가 거기 연결시킨 의미가 똑같은 것은 아니니, 복음사가는 예수가 한 비유를 언제 어떤 청중 앞에서 이야기했던지 밝히지 않았다고. 그래서 우리는 비유들이 복음서에서 여러 다른 맥락에 들어가 있음을 발견하게 되며, 그런데도 본래 비유의미를 재발견하기는 가능하다고. 율리허의 기본 안목인즉, 복음사가는 비유를 알아듣기 어려운 그윽한 이야기로 엮어 해석을 지시해 놓았다는 것이다. 이것은 헬레니즘계 유다교의 기존 비유관과 관련이 있었으리라고. 비유가 수수께끼와 자매간이 된다고. 한 옹근 생각이 담겨 있는데, 견주어 이야기하면서 더 깊은 뜻을 벗긴다고. 비유로써 복음사가에게 주어져 있던 수수께끼 성격을 율리허는 우의寓意. Allegorie가 전승 속에 스며들었다는 데서 본다. 그 우의가 비유 이야기를 본격적 비유는 아닌, 어느 정도 옮겨놓을 필요가 있는 이야기로 만들었다고.[2]

본래 비유의미를 발견하려면 스며든 우의를 떼어내어야 한다. 재구성의 기본법칙은 이러하다. 율리허는 여기서 아리스토텔레스가 명심시켰던 비유 이해의 인도를 받는다. 이로써 예수의 비유는 논증적 이야기에 속하게 되고 입증수단으로 파악된다. 당연히 자명한, 곧장 이해되는 이야기 형식으로 통한다. 비유의 도움으로 이야기의 가닥이 마치 두 겹이 되는 셈이다. 내용과 나란히 표상도 나온다. 내용절반Sachhälfte(비유의 내용)과 표상절반 Bildhälfte(비유 이야기 자체)이 병행한다. 청중이 기꺼이 동의하는 표상을 이용하여 예수는 반론이 있을 수 있는 내용도 동의하도록 청중을 자극한다. 비유는 이미 인정되는 것에서 아직 인정되지 않는 비슷한 것으로 가는 논증이다. 추상적이기보다 구상적인 형식 속에서 진리가 더 힘이 있다. 표상과 내용 사이에 있는 제삼 비교점tertium comparationis을 찾아냈으면 비유를 입증수단으로서 충분히 파악한 것이다. 이렇게 비교점을 정립해 내는 데에 우화의 다층성에 대비되는 비유 이야기의 명료성이 있다는 것이다.[3]

---

[2] 참조: A. Jülicher, *Gleichnisreden* I 1-2.39-42.49.   [3] I 69-72.

해석법칙의 명료성 또는 간소성이 위에 인용한 비유의 해석에서 다시 나타난다. 그 표상으로는 포도원 주인이 맨 먼저 온 일꾼에게나 맨 나중 일에 가담한 이들에게나 모두 같은 품삯을 치른다는 이야기가 나온다. 한 편은 옳은 대우를 받고 다른 편은 주인의 은혜를 입는다. "선"*ἀγαθόν*은 "의"*δίκαιον*에 병립할 수 있다. 무릇 은혜란 요구할 수 있는 것이 아니다. 그러므로 옳은 몫을 받은 자가 자기도 은혜를 못 받았다 해서 투덜거려서는 안된다. 은혜에 항변하는 것은 시샘일 뿐 떳떳한 정의감이 아니다. 비교점은 다른 일에 대한 같은 삯이다. 이 이름을 율리혀는 비유에다 달기도 한다. 다루는 내용은 하느님 나라다. 그 문은 의인이나 죄인이나 모두에게 열려 있다. 의인들이 신심 공로의 보답으로서 의무적으로 받게 되어 있는 바로 그것을 하느님은 참회한 죄인들에게 마음대로 은총을 베풀어 선사하신다. 예수는 이런 의미로 비유가 이해되기를 바랐다. 율리혀는 유다인 산술, 곧 예수가 모든 이에게 하느님 나라를 허용하는 것을 "으뜸 거짓"*πρῶτον ψεῦδος*이라고 보던 바리사이의 공로 자만심을 거론하면서 조심스럽게 한 가능한 수화자권受話者圈을 시사한다.[4]

본디 비유와 그 의미의 재구성이 율리혀에게는 어려워 보이지 않는데, 마태오 복음사가 또는 전승은 이것을 단 두 가지 면에서만 다루었기 때문이다. 하나는 문맥을 통해서, 다른 하나는 16절의 격언 추가를 통해서: "이와같이 말째가 첫째가 되고 첫째가 말째가 될 것입니다"(19.30에서는 순서가 거꾸로).[5] 이 작은 개입이 비유의미를 크게 바꾸어 놓았다. 이제는 삯치르기가 최후심판을 가리키는 우화로 화한다. 마지막 사람들한테서부터 시작되는 청산이 주인의 자애표시라기보다는 가치전도라는 생각 쪽으로 의미를 잃게 된다. "당신 품삯이나 받아 가시오"(14절)라는 재촉이 어떤 위협적인 의미를 띠게 된다. 동시에 은연중 포도원 주인은 하느님의 은유로, 포도원

---

[4] II 465-7.
[5] 나아가 Jülicher[II 463]는 8절의 본디 문장이 "… **같은** 품삯을 치르시오"였다고 헤아린다.

122   5 하느님 나라의 선포

은 이스라엘 또는 교회의 은유로 화했다. 마태오에게 이미 새겨져 있던 우의화가 교회 전통에서는 더욱더 나아가 그것만 가리키게 된다. 일꾼들이 얻게 된 여러 다른 시간이란 아담부터 그리스도까지 온 인류역사를 표상한다고 보고, 품삯 데나리온이란 하느님 자녀가 됨을, 청지기란 그리스도를 가리킨다는 등등.[6]

율리혀의 해석 실마리에 대해 비판적으로 지적할 것은 주된 잘못이 아리스토텔레스를 원용하는 데 있다는 점이다. 그가 비유연구에 이바지한 공적은 두말할 나위도 없이 크다. 그러나 예수는 아리스토텔레스와 무척 거리가 멀다. 예수의 비유들이 특정 문장들의 논리적 판단관계라는 의미로 두 가지 유사성을 통해 구성되어 있다는 것은 매우 의문스럽다. 은유의 여지는 있다.[7] 예수는 의심에 대해 반론하지 않으며, 비유로써 먼저 청중의 인식을 풍부하게 하려 하지 않는다.[8] 예수의 관심사는 더 큰 데 있다.

나. 율리혀의 연구를 바탕으로 해서 또 다른 해석방향이 본격적으로 비유들에서 예수에게 접근하려고 애쓰는데, 특기할 이름은 예레미아스와 리네만이다. 이 방향은 엄밀한 사실史實성을 명념한다. 일찍이 한 비유가 발설되었던 역사상 상황을 재구성하기에 성공할 때라야 본래 비유의미를 전달할 수 있다고. 각 비유는 온전히 상황에 사로잡힌 것이며 그 시각에서 그 시각을 위해 태어난 것이라고. 예레미아스[9]는 수행되어야 할 과제를 예수의 삶에서 비유의 역사상 소재를 되찾아 내는 일로서 설명하는데, 리네만도 당연히 그래야 한다고 찬동한다. 해석자는 본디 상황을 성찰하여 거기서 영속하는 비유의미가 영원한 진리로서 해체되어 버리지 않도록 해야 한다고. 이 과제가 어떻게 해결될 수 있는지를 알고 싶으면 리네만에게서 좀더 많은 것을 얻을 수 있다. 풍부한 영감을 가진 이 여학자는 예수의 비유

---

6 II 468-71.   7 참조: Klauck, *Allegorie* 4-12.   8 참조: Jüngel, *Paulus und Jesus* 95-6.
9 J. Jeremias, *Gleichnisse* 18.

들이 대다수가 반대자들을 상대로 했다고 생각할 뿐 아니라 이들을 — 율리허의 한 유산이거니와 — 입증수단이라고도 여긴다. 표상절반과 내용절반으로 가르는 것도 찬성한다. 그러나 그녀는 표상절반이 그 자체로 보면 미완성이라고 상상하는 것은 잘못이라는 생각을 제시한다. 오히려 예수의 상황에서는 비유 이야기가 전부였는데, 그 상황에서 직접 이해될 수 있었으므로 아무도 그 해석이 필요없었다고. 이 상황을 모르는 나중 독자와 해석자를 위해 비로소 비유의 의미가, 그러니까 내용절반이 둘째 부분으로서 비유 이야기에 추가되어 나타난다고. 상황의 재구성을 위해서는 교차Verschränkung라는 모델을 주목할 일이다. 이것이 말해주는 것인즉, 한 성공한 비유 이야기에는 청중의 — 대개는 대항하는 — 견해가 끌어들여져 있고 그래서 이것이 비유 안에서 간접적으로 발언까지도 하게 된다는 것이다. 비유 안에서는 그러니까 문제스런 상황에 관해 화자의 판단이 청중의 판단과 교차한다. 화자가 청중을 받아들여 진정한 공간을 마련해 주되 자기 판단으로 우세를 유지한다. 교차를 주목하는 과정을 거쳐서라야 예수가 참으로 말한 것에 이르게 된다. 그러므로 유일한 비교점만을 목표로 삼는 그런 해석은 충분한 것이 못 된다.[10]

마태오 20,1 이하의 비유를 해석함에서 예레미아스[11]와 리네만[12]은 예수가 세리와 죄인하고 더불어 먹고 이에 율사와 바리사이가 대항했다는 사실을 배경으로 해서 그것을 읽어야 한다는 것에 의견이 일치한다. 예레미아스는 예수가 비유로써 비판자들을 상대로 복음을 정당화하고자 했다고 말하는 것으로 만족하는 한편, 리네만은 더 깊이 파고들어간다. 그녀는 비유 이야기에서 예수의 대응표상을 본다. 그것은 예수의 적수들이 하느님 세계의 법과 질서에 관해 가진 고정된 표상에 예수가 대응시켜 놓는 그런 표상이다. 그들은 예수의 처신으로 말미암아 자기들이 지키는 질서, 종교 영역에서도 업적과 보답에 의해 규정되어 있는 질서가 막심하게 공격당한다는

---

[10] E. Linnemann, *Gleichnisse* 27-41.   [11] *Gleichnisse* 33-5.   [12] *Gleichnisse* 92-4.

124   5 하느님 나라의 선포

인상을 받고 있다. 비유는 그들에게 법질서의 파괴처럼 보이는 그런 처신이 실상은 책망할 수 없는 자비와 사랑의 발로임을 밝힌다. 반대자들과 예수의 판단 교차가 리네만에게는 특히 "그들을 우리와 같이 다루었다"며 분개하는 말과 "내가 선하다고 해서 눈길이 사나워지느냐"며 대꾸하는 말에서 두드러지게 나타난다. 더 나아가 그녀는 이야기의 그리스도론적 중요성도 인식한다. 예수의 죄인 사랑에 하느님의 자비가 나타났음을 알아뵙는 계기를 주는 것이며, 그래서 청중으로 하여금 합당한 이해와 처신에 이르도록 하려는 것이라고.

　의심할 나위 없이 이 해석방향도 비유이해의 진보에 이바지했다. 그러나 한 비유가 이야기된 역사상 상황의 재구성에 이 의미가 실릴 수 있는지 비판적으로 물을 수도 있을 것이다. 이미 쉬르만은 예수의 삶에서 그 구체적인 상황을 물으면 예수의 비유를 오인한다고 지적했다.[13] 리네만도 다른 데서 비유의 의미를 하이데거와 관련지어 "언어발생"Sprachgeschehen이라고 부르는 것으로 옮겨놓고, 그것을 인용도 한다: "말이 말한다. 말? 사람이 아니고? … 사람은 말에 응하는 그만큼 말한다. 응하는 것은 들음이다."[14] 이로써 다음 단계로 넘어갈 수 있게 된 셈이다.

다. 피아는 비유를 미학적 대상으로 표방했다. 말하자면 비유는 — 다른 문학 예술작품처럼 — 자율적인, 그 자체로 존립하는 현상으로 취급되어야 한다는 것이다. 그 자립성, 그 내향성이 이야기의 각 요소가 단단히 연결되어 있다는 데서 드러난다(pattern of connection). 형식과 내용의 구성단위에 의미가 깃들어 있다. 더 자세히는 비유의 여러 요소가 그 연결도식 속에서 한 전체를 이루어 전달하고자 하는 한 실존이해를 담고 있다. 언어의 신화적 실체화Hypostasierung("말이 말한다")가 진실로 받아들여지는 것으로 보인다. 그

---

[13] H. Schürmann, Die vorösterlichen Anfänge der Logientradition: H. Ristow - K. Matthiae, *Der historische Jesus und der kerygmatische Christus* (Berlin ²1964) 342-70 중 352.

[14] *Gleichnisse* 38-41. 참조: M. Heidegger, *Unterwegs zur Sprache* (Pfullingen 1959) 33.

미학적인 힘으로 비유는 청중의 주의를 사로잡아 놓을 수 있다. 청중을 이야기에서 산출되는 실존이해의 도식에 온전히 향해 있도록 묶어 놓고는 결단을 촉구하는 그런 방식이다. "비교점"에 해석을 집중하는 것도, 리네만이 노력한 것처럼 예수의 삶으로 재구성될 수 있는 상황 속에서 비유 화자와 그 청중의 판단들을 교차시키는 것도 피아는 원용한다. 심지어 문학작품은 자율적인 것으로서 그 작자와 독립해 있다는, 작자의 삶에 잇닿은 것들이 있기는 하나 그 작품이 그의 전기나 그의 환경에 귀착될 수는 없다는 말도 한다. 피아는 리네만이 청중의 주의가 움직여 간다는 방향을 비난한다. 그것은 비유에서 그 자체의 새로운 이해로, 새로이 얻을 실존으로 향하는 대신에, 역사상 상황의 인식에서 비유로 향한다고.[15]

비유 메시지의 전달을 목표로 삼는 주목할 만한 해석학적 상론들을 우리가 더 추적해 나갈 필요는 없다. 위에 말한 바에 따르면 피아는 역사상 예수의 활동에서 비유가 어떤 구실을 했는지를 규정하는 일에는 전혀 흥미가 없다는 양으로 인상을 받았을 수도 있겠다. 그러나 그런 것은 아니다. 한번은 **예수**야말로 비유들 속에서 하느님의 현존과 일상생활의 관계를 종합해 놓았다는 말도 나온다.[16] 또 다른 데서는 예수가 비유로써 청중의 주의를 거기에 초점처럼 집중시켰고 자기 삶의 측면과 관련하여 가리키는 의미는 종속적이었다는 것을 설명한다. 더 나아가서는 비유들을 예수의 상황 전체에 관련지어 놓을 것을 지적한다.[17]

이것이 무슨 말인지는 "비유와 예수의 자기이해"라는 제목이 붙은 장章에서 설명한다.[18] "예수가 비유들에서 청중에게 그네들 생활권 안에 제시하는 새로운 실존이해는 예수 자신이 이미 그렇게 살기로 결단을 내린 그것이다. 예수는 비유에 등장하는 비극적 인물들이 달성하지 못하고 잃은 아들이 죽음에서 삶으로 가는 길을 통해 부분적으로만 실현하는 그 실존을 실

---

[15] D.O. Via, *Gleichnisse* 33-4.58-9.77-80.   [16] 56.

[17] 88.31. 마지막 표현으로 Via는 C.H. Dodd의 견해를 이어받는다.

[18] "Die Gleichnisse und Jesu Selbstverständnis": *Gleichnisse* 189-95.

제로 살았다. 자기안전을 지향하는 수동성도, 또 이와 관련하여 자기자신을 보장하는 행동도 포기하기를 단호히 감행했다. 스스로 자기 보호를 꾀할 기회를 번번이 팽개쳐 버렸고, 자애로운 그러나 숨어 계신 하느님의 보호력에 온전히 의존했다 …." 그래서 비유들이 피아에게는 예수 자기이해의 열쇠, 함축적 그리스도론의 표현이 된다. 예수와의 관계가 필요한 까닭인즉, 진정한 실존이 생겨나서 완전히 실현되기도 했고 그저 제시되기만한 것이 아닐 때라야 구원이 이루어지고 우리에게 그 진정성이 참으로 가능한 것이 될 수 있기 때문이다. 비유들은 하느님의 개입을 알리고 있고또 이것은 특별히 뜻밖이고도 그럴 법하지 않은 특징을 띠고 있으므로, 예수는 스스로 자기 행동이 하느님의 행위임을 주장했다. 그래서 하느님 나라의 도래가 인간에게 믿음이 도래할 가능성으로서 발생했다. 이때 예수는 믿음의 모델이 되었다.

포도원 일꾼 비유에 적용하여 이 이해가 의미하는 것인즉, 하느님의 차원이 특히 품삯을 치를 때의 주인의 놀라운 행동에서 간취될 수 있다는 것이다. 하느님의 차원이 우리네 일상 현실과 엇갈릴 때, 그것은 정상적인것 한가운데서 마지막 중요한 것의 위기를 야기할 수 있다. 우리의 실존은우리가 하느님의 자비로운 행위를 받아들이는 데 달려 있는데, 그것은 세상의 사물들이 어떻게 질서지어져야 하는가에 관해 우리네 계산을 깨뜨려버린다. 하느님은 갈 곳이 없는 인간들에게 은혜를 베푸신다. 하느님의 은혜로운 행동을 삶의 의미로 받아들이지 않는 자는 자기자신을 잃어버릴 수있다. 또는 피아의 말대로, 실존의 비극적 상실을 겪을 수 있다. 여기서 주목할 점인즉, 피아는 14절의 "당신 품삯이나 받아 가시오"를 하느님 은혜의 거절로 이해한다는 것이다. 비유를 자율적 언어발생으로 해석하는 테두리를 넘어서 피아는 — 해석의 내부에 종속된다 하더라도 — 예수와의 관계들을 되살려 놓는다. 예수는 아마 반대자들을 상대로 비유를 이야기하여자기가 죄인들과 함께하는 것을 옹호하고자 했을 것이라고. 비유 자체도포도원 주인이라는 인물 속에 우의적 경향을 지니고 있는데, 그는 주인공이기는 하지만 이야기 연속의 끊임없는 변전에 끌려들어가지는 않는다고, 이것은 예수와 그의 행위를 가리키려는 것이라 할 수 있다고.[19]

우리에게 중요하기로 말하면, 이 비유해석에서는 선포와 선포자, 곧 비유와 예수의 연결이 확립되어 있다는 것이 중요한 의미가 있다. 비판적으로 말하자면, 비유란 한 실존이해를 전달하는 것이라는 의미가 있고 따라서 믿음이란 이 새로운 실존이해를 얻는 것이라는 성격이 있다고 규정하는 것이 사실에 부응하는지 물을 수 있다. 주석학적으로는 14절의 해석이 의문스러운데, 이것은 한 현대철학에 매여 있다는 것과도 관계가 있다.

라. 하르니쉬한테서는 비유라는 말이 더욱 강력하게 예수의 인격에서 독립되고 해체되어 나타난다.[20] 그는 시적 상상의 성격을 띤 언어형식으로서 비유Parabel를 예수 설교의 특징적 현상이라고 생각하는데, 우리가 선포와 선포자의 관계를 묻는다면 예수의 종말론적 선포로 말미암아 이 예수 자신이 독특하게 종말론적 인물이 된다는 대답을 얻기에 이르기는 한다.[21] 그러나 비유에 맞는 해석은 오로지 비유가 자율적 현상으로 받아들이는 그런 것뿐이라고 한다. 예수의 비유는 하느님을 인지시킨다. 사랑의 언어를 말함으로써 그렇게 한다. 청중이 이 사랑을 만나게 되고 이 사랑이 자기 삶에서 꼴지어지게 할 때 하느님 나라가 생겨난다. 하르니쉬는 비유들에 담긴 메시지를 함께 취하여 각 이야기들이 서로 어우러지는 일종의 화음으로 이해할 필요가 있다고 하는데, 이것은 아마도 이미 위에서 표출된, 비유들을 예수의 상황 전체에 관련지어 놓아야 한다는 생각에 가깝다 하겠다.

우리에게 중요한 도움이 되는 관찰인즉, 비유들이 복음서의 지평에서 의미전환을, 그 언어적 특성의 두드러진 변화를 겪는다는 것이다. 비유들은 미리 존재의 새로운 차원을 전면에 드러내어 놓고서 모든 실상을 변화시킬

---

[19] 140-6.　　[20] W. Harnisch, *Gleichniserzählungen* 305-12.

[21] 309. 후자는 Jüngel의 표현이다. 참조: *Paulus und Jesus* 190.

수 있는 그런 언어를 말했다. 복음서에 매몰되면 한 논증적 목적을 수행하고, 한 인식을 전달하려 하며, 한 전거의 증거력을 위해 위축된다. 복음서에서는 메시지의 설득력이 중요한 구실을 하므로 비유의 이런 변화가 필연이라는 말이다. 이 점을 확인하는 덕택에 알게 되는 것인즉, 복음서 이전에 있던 비유의미를 찾아내는 것이 가능하다는 것이다.

포도원 일꾼 비유를 이용하여 위에 말한 것을 밝힐 수 있다.[22] 14절을 하르니쉬는 피아와 반대로 거절이 아니라 찬동 가능성의 개방으로 이해한다. 공로지향적 사고라는 기정사실의 규범을 침해하는 일이 되는 엄청난 도발이 끝에서는 뒤집힌 방향으로 변하여 오로지 자비에 시선을 두게 된다: "혹은 내가 선하다고 해서 눈길이 사나워집니까?"(15절). 이 맺음말은 성난 첫째들 구실을 하는 그들의 찬동을 얻으려는 말이다. 사랑의 빛 속에서 변한 이런 세계가 청중에게 끊임없이 다그치는 가능성으로서 요구된다.

마태오한테서 이 비유는 하늘 나라에 관해 가르치는 일로 변형되어 버렸다. 본디 한 부가문인 첫째와 말째의 자리바꿈이 복음사가에게는 귀결점이 되고 종말심판을 묘사할 가능성이 된다. 더 나아가 이것은 공동체 안에서 "작은 이들"을 차별대우하는 데 반대하고 나서는 것이라고 한다.

하르니쉬도 우리에게 예수에게로 가는 길을 결코 가로막지는 않았다. 예수의 비유말씀이 전달의 동시성 때문에 본래상황에서 해체되었다고 하더라도, 그것은 어디까지나 예수의 말씀이다. 만일 말씀의 실체화한 독립이라는 것을 말씀이 속박을 벗어난 새로운 사랑의 존재를 통해 예수의 사랑에서 분리되었고 분리될 수 있는 것으로서 파악될 수 있다는 그런 정도로까지 알아들어야 한다면, 그것은 깊이 생각해야 할 문제라 하겠다. 그러나 내가 보기에 하르니쉬한테 이런 분리가 나타나지는 않는다. 특히 십자가를 그는 하느님 사랑의 자리로서 중요시한다. 존재를 변화시키는 하느님의 사랑이라는, 비유들이 제시하는 메시지는 필경 이 사랑을 실현한 곳인 예수

---

[22] 177-200.

의 삶이라는 맥락 속에서라야 납득되고 실현될 수 있다. 언젠가 하느님 나라가 생겨났다면, 예수야말로 생겨나게 한 분이다.

구원의 제시

가. 포도원 일꾼 비유로 겨냥한 예수 선포의 기본 관심사인즉 납득하기 어려운 하느님의 자애를 전달하자는 것이다. 하느님의 자애란 무슨 환심을 사는 것이 아니라 인간이 거기서 힘을 얻어 삶과 죽음을 뜻있게 가꿀 수 있는 그런 것이므로, 그것은 단연 최종적으로 중요한 데 닿아 있다. 하느님의 자애는 하느님 나라와 관련되어 있으며, 하늘 나라를 가리키는 비유의 도입형식이 본래 것이냐 아니냐와는 상관이 없다. 그 형태는 심지어 마태오가 처음 만든 것이라고 볼 수 있을 것이다. 더 중요한 것은 하느님 나라와의 내용적 관계를 인식하는 일이다.

우리는 이 비유를 일찍이 예수가 이야기한 것이 확실하다는 데서 출발할 수 있다. 마태오의 테두리에서 그것을 풀어내면 예수의 의도에 마주치게 된다. 어디까지나 마태오도 이 비유가 변화하는 하느님의 행동을 말한다는 것은 알고 있다. 이 행동을 종말 심판으로 옮겨놓으면서도, 하느님의 자애를 하느님의 심판에 비해 뒤로 물러나게 하면서 심판에 따르는 가치전환을 내세우면서도. 예수한테서는 비유가 그 자애를 가리키는 말로 끝맺었다: "혹은 내가 선하다고 해서 당신 눈길이 사나워집니까?"(마태 20,15).

권고되는 일이요 새로운 비유연구의 테두리 안에서 심지어 요청되는 일인즉 비유를 우선 그 자체로 발언시키는 것이다. 비유는 그 자체로 완결된 문장, 그 자체 안에 머무는 세계, 미학적 대상이다. 이때 우리는 비유의 세계에 특히 거래의 양 당사자가 살아 있음을 알아보게 된다. 하나는 포도원 주인인데, 최고 주권자로서 거래 일체를 진행시켜 놓고 끝까지 규정짓는다. 일꾼을 구하기 시작하여 하루의 여러 시각에 그렇게 하다가 품삯을 치러 보내기까지 모든 것을 결정짓는다. 다른 하나는 아침에 불려온 일꾼들인데, 마지막 차례로 삯을 치러 받게 되어 다른 모든 일꾼의 청산을 목격하게 된다. 이때 첫째와 말째의 대비가 중요하다. 이야기가 가리키는 방향이 이 대립의 극적 절정으로 향한다. 더 나아가 관찰할 것인즉, 오로지 첫째가 말째와 맺는 관계가 중요하다는 점이다. 말째가 첫째와 맺는 관계는 아무 구실도 하지 않는다.

이것은 거래 주권자의 주도행위가 새로운 질서를 수립한다는 것을 의미한다. 이 질서에는 어떤 흔들릴 수 없는 것이 있다. 불만자들의 투덜거림은 이미 끝난 결산에 반대하여 나온다. 포도원 주인은 그들과 거래하지 않는다. 이미 한 데나리온으로 합의했다. 그는 자기 행동에 대한 찬동을 얻고자 한다. 그 논거인즉 자기는 정의를 침해한 것이 아니고(13절: "당신은 나와 한 데나리온으로 합의하지 않았소?") 자애를 베풀었다는 것이다. 이때 정의는 자애보다 분명히 아래 서열에 있다. 자애가 새로운 질서를, 또 따라서 정의의 새로운 사고도 세우는 바탕이 된다. 신학적 명문明文으로 이를 일컬어, 모든 사람이 하느님의 자애를 향해 있다는 것이요, 혹은 더 정확히 말하면 ― 교시되기만 하는 것이 아니라 동시에 보장되기도 하므로 ― 모든 사람이 하느님의 자애를 입고 있다는 것이다. 여기서 사람들 서로의 새로운 관계가 생겨난다. 받은 하느님의 자애를 알게 된 사람은 하느님 앞에서 다른 사람에 대해 판단자로 나설 수 없는 것이다.

새로운 정의의 새로움이 더욱 아름답게 돋보이게 하는 것으로, 시간적으로는 나중에 생겼으나 내용적으로는 대립되는 구실을 할 수 있는 한 랍비 비유가 있다. 여기서도 서로 다른 노동시간에 대해 같은 노임이 치러진다. 두 시간만 일한 사람이 완전한 품삯을 받는 것은 그러나 그가 두 시간 만에 여느 사람들이 종일 일한 것보다 더 많은 일을 했기 때문이다.[1] 아무튼 그 정신은 일상으로 일어나는 것에 불만인 자들에게 상응한다. 꼬집어 지

---

[1] 이 비유가 랍비 문헌의 여러 대목에 전승되어 있다: *jBer* 2,3c; *Prd r* 5,11; *Hl r* 6,2. 소상한 내용 재현: Jeremias, *Gleichnisse* 137-8.

탄받는 일상 정신과 맞서 있다는 바로 그 점에서 예수한테서는 자애의 새로운 질서가 백일하에 나타난다.

새로운 질서의 약속이 효력을 얻게 되는 것은 그것을 약속하는 이가 예수라는 사실을 통해서다. 말씀을 그 인격과 갈라놓는다면, 비유를 "절대" 현상으로 독립시켜 그 효과에서 해체시킨다면, 아무것도 말해주는 것이 없는 은유로 만들어 버린다. 그 인격과 연결시킨 나머지 어쩔 수 없는 결과로, 비유의 각 흐름이 은유적인 의미에 이르러, 가령 첫째가 바리사이를, 혹은 말째가 시골 가난뱅이를 대표하게 된 것은 아니다. 실상 이야기의 전체 구조가 예수의 삶에까지 되돌아가는 경험에 상응한다. 사실 자애에 반항하는 주인공Protagonist의 정신은 말하자면 초시대적이다. 그러나 예수의 말씀이 알리는 자애는 예수의 활동에서 체험할 수 있는 것이 되었다. 그렇다고 해서 그 말씀이 단지 예수 활동의 예화例話만이 되는 것은 아니다. 그러나 만일 예수를 통해 사실에 부합하는 것이 아니었던들 그 말씀은 지속적인 구원을 이루는 힘을 잃어버렸을 것이다. 예수의 말씀에서 또 예수의 활동에서 구원은 현존 사건이 된다. 그것은 예수가 세우고자 하는 최종 질서다. 예수가 약속하는 최종 구원이다.

거듭 새삼 비유 그 안에서야말로 우리에게 예수를 통해 구원이 현재화한다. 이것이 무자비한 종 비유(마태 18.23-35)에서는 좀 다른 빛을 받고 나타난다. 여기서도 먼저 이야기를 마태오의 문맥에 얽혀든 데서 풀어내어야 한다. 마태오는 여기서도 — 포도원 일꾼 비유에서와 아주 비슷하게 — 심판 사상을 또 따라서 처벌을 강조했다. 그러나 이것은 반론이 있다. 그에게서는 그 전체가 제자들을 향해 있으며 제자들을 거쳐 부활후대 교회를 향해 있다는 데는 널리 반론이 없다. 복음사가는 이 새 질서에 도달하면서 이에 상응하는 테두리를 만들었다. "주님, 교우가 죄를 지으면 몇 번이나 용서할까요? 일곱 번까지?"라는 제자의 질문으로 도입되는, 베드로와 예수의 대화가 선행한다(18.21-22).[2] 맺음말에서는 이런 의미에서 이야기가 다음 문장으로 요약된다: "그대들이 교우를 진심으로 용서하지 않으면 하늘에 계신 내 아버지께서도 그대들에게 그와같이 하실 것입니다"(18.35). 이 테두리를 벗어나서 보면 비유는 본래의 열린 청중을 얻게 된다. 더 나아가 빚진 것을 다 갚을 때까지 빚진 자를 형리들에게 넘겨주었다는 34절도 이야기의 기본요소로 꼽아서는 안될 것이다. 이 구절을 곁들여 비극적 실존을 시사해 놓음으로써, 용서하는 마음을 잃는 자는 자기 실존을 잃는다는 의미로 화자의 관심사로 삼고자 한 것이다.[3] 옛 맺음말은 그러나 33절에서 찾을 수 있다. 예수의 주장 형태가 자주 그렇듯이 끝은 한 열린 물음이다: "내가 너를 불쌍히 여긴 것처럼 너도 동료를 불쌍히 여겨야 할 줄 몰랐더냐?" 또 보려니와, 34절은 주장을 거의 뒤집어놓기까지 한다. 이 구절로써 심판을 내다보는 시각이 결정적 동기가 된다.

아마 만 달란트라는 거액을 끌어들인 것도 마태오일 것이다. 그에게 이런 생각이 들 수도 있다는 것을 돈 관리 비유가 말해준다(마태 25.14-30 // 루가 19.12-27). 그러니 그 전에 무자비한 종 비유에서 말한 것은 헤아릴 수 없을 만큼 큰돈이라는 말이었다고 할 수 있겠다.[4] 예수의 청중, 예수가 그네들 정황에 맞추어 설교를 한 사람들은 주로 가난한 사람들이었다. 우리가 미루어보건대 이야기의 기본형태는 다음과 같다:

> 주인이 종들과 셈을 밝히고자 했습니다. 셈을 밝히기 시작하자 (큰돈을) 빚진 종 하나가 주인 앞에 나오게 되었습니다. 그러나 그가 갚을 것이 없었으므로 주인은 아내도 자녀도 팔고 가진 것을 모두 처분하여 갚으라고 명했습니다. 그러자 종

---

[2] 이 대화에는 Q에서 온 주님의 로기온이 바탕에 깔려 있다: "형제가 죄를 짓거든 꾸짖고 회개하거든 용서하시오. 하루에 일곱 번 죄를 짓고 일곱 번 돌아와서 '회개합니다' 하여도 용서하시오" (루가 17,3-4).

[3] 참조: Via, *Gleichnisse* 133-6.

[4] 만 달란트와 더불어 王이 이야기에 들어왔는데, 前에는 주인(참조: 마태 18,27.31-32)과 그의 종에 관한 이야기였겠다. 마태 18,26의 προσεκύνει도 이차적이며 παρεκάλει(참조: 29절)를 置換한 것이겠다.

이 엎드려 간청했습니다. "사정을 봐주십시오. 모두 갚겠습니다." 주인은 그 종을 측은히 여겨 풀어주었습니다. 빚도 삭쳐주었습니다. 그런데 그 종은 나가다가 자기에게 백 데나리온 빚진 동료 종 하나를 만나자 붙잡고 목을 조르며 "빚진 것을 갚아라" 했습니다. 그러자 동료가 엎드려 간청했습니다. "사정을 봐주게. 갚겠네." 그러나 그는 그러고 싶지 않아 물러가서는, 빚을 다 갚을 때까지 동료를 감옥에 집어넣었습니다. 다른 종들이 그 벌어진 일을 보고 몹시 민망한 나머지 주인에게 가서 그 일을 모두 일러바쳤습니다. 이에 주인이 그를 불러들여 말했습니다. "악한 종아, 네가 간청하기에 나는 빚을 모두 삭쳐주었다. 내가 너를 불쌍히 여긴 것처럼 너도 동료를 불쌍히 여겨야 할 줄 몰랐더냐?"

우선 지적할 것은 이야기가 구조상 포도원 일꾼 비유와 닮은 데가 있다는 점이다. 여기서도 주인이 거래 주권자다. 이야기의 가닥이 처음부터 끝까지, 가운데 대목에서는 아슬아슬 벗어나는 듯하면서도, 주인의 손 안에 있다. 주인공의 구실도 마찬가지로 상황의 역전을 통해 드러나 있다. 첫 부분에서는 가련한 채무자로 나타나던 그가 둘째 부분에서는 권력을 행사하는 채권자로 행세한다. 세련된 화술이 배역 교체 다음 장면에 나오는 말의 되풀이에서 드러난다. 해명을 요구받을 때마다 채무자가 채권자 앞에 엎드려 말미를 주면 갚을 터이니 다 갚도록 보장하려고 옥살이를 시키지는 말아 달라고 애걸한다. 다만 둘째 경우에는 갚을 돈이 소액인 것으로 보아 갚겠다는 약속이 훨씬 믿을 만한 데 비해, 첫째 경우에는 고액이라서 장차 언제까지라도 다 갚아 낼 가망이 없어 보인다.

이리하여 두 부분은 각각 채무면제의 허용과 거절을 이야기한다. 그러나 채권자로 화하는 채무자라는 인물을 통해 두 부분이 조합되면서 이야기가 책략을 띤다. 이야기를 양면에서 접근하는 것이 좋다. 우선 둘째 장면을 살펴보면 아주 예사스런 일상사가 진행된다. 채권자가 채무자에게 해명과 변제를 요구하고 변제 불능의 경우에 대해 위협한다. 경제적 권리주장보다 더 납득할 만한 일이란 — 돈이 판치는 세상에서는 — 좀처럼 없다. 채무자에게 있을 수 있는 결과란 들먹일 바 아니요 정상참작이란 물을 나위 없다. 그러나 납득하기 어렵게 관대한 채무면제 이야기가 먼저 나와 있음으로 해서 장면이 전혀 다른 빛 속에 드러난다. 채권자 겸 채무자는 간청한 것보다 많은 것을 허용받았다. 변제기간의 연기를 청했는데 전혀 뜻밖에도 모든 요구의 면제를 얻었다. 이 앞 이야기로 말미암아, 예사스런 조건에서라면 정상적인 일로 판단되었을 채무자 대우가 하늘까지 원성이 미치는 잔인성으로 화한다. 단역으로 이야기에 등장시켜 놓은, 주인에게 자초지종을 일러바치는 동료 종들은 일반적인 판단을 구상화한다.

이야기를 갈라놓고서 둘째 부분을 시작하노라면 파렴치한 뻔뻔함이 보이게 된다. 우선 그러나 첫 부분에 머물러 아직 결과로 말미암아 흥분하지 않는다면, 정상적 인간행동의 모든 범주를 깨뜨리는 불가해하고 무제한한 자애가 이야기된다. 이 자애는 선사하도록 요청받은 바 없이 선사를 한다. 포도원 일꾼 비유와 달리 여기서는 자애가 처음에 있다. 거기서도 자애가 행동을 규정짓는 원칙이기는 하나, 숨어서 작용하는 자애이며 마지막에야 비로소 드러난다. 그러므로 무자비한 종 비유에서 더욱 힘차게 이 자애가 인간을 바꾸어 놓고자 한다는 것이 선명해질 수 있다. 그러나 이 자애는 흐뭇한 창작 이야기만이 아니다 — 누가 그것을 진정으로 받아들일 수 있으랴. 그것은 예수의 활동 속에 일어난 사건이었다. 예수 안에서 구원이 현존하게 되었다. 예수 안에서 하느님 나라가 생겨났다.

이 자리에서 주의를 환기해 두어야겠거니와, 무자비한 종 비유는 루가 7,41-42의 두 돈놀이꾼 비유와 먼 친척뻘인 셈인데, 이 구절은 죄녀 이야기 단락에 끼어들어 있고 짐작건대 그 구성요소로 파악될 수 있다.[5] 그저 한 비교일 뿐 소상한 비유 이야기는 아니라 하더라도, 여기서 돈놀이꾼은 마찬가지로 지극히 관대하게 빚을 탕감해 주는데, 한꺼번

---

[5] Schürmann, *Lukasevangelium* I 434.

에 두 사람에게 그렇게 한다. 그러나 무자비한 종 비유에 특유한, 채무자가 채권자로 구실이 바뀐다는 이야기는 없다. 아무튼 두 경우 다 일치하여 빚을 두고 이야기한다.[6] 크고 작은 두 이야기가 어떤 의존관계가 있을 수 있느냐는 물음을 여기서 더 좇아 나아갈 수는 없지만, 어떻든 우리가 여기서 두 돈놀이꾼 비유를 언급하는 까닭인즉, 그 문맥이 죄인을 받아들이는 데서 예수의 한량없는 자애를 알아보게 될 수 있던 본보기를 보여주기 때문이다. 거기가 되돌아갈 곳이다.

"구원의 제시"라는 주제를 다루면서 인용될 수 있는 제삼의 소상한 비유 이야기가 또 하나 있으니, 루가 15,11-32다. 그 명칭은 갖가지인데, 근자에는 주로 "자비로운 아버지" 비유 또는 "두 아들" 비유로 불리게 되었지만, 오히려 "잃었던 아들" 비유라는 옛 명칭을 그대로 두는 것이 좋겠다. 비유의 구조가 앞에 거론한 두 비유와 비슷하기 때문이다. 거기서 포도원 주인, 종의 주인처럼 여기서는 아버지가 거래 주권자다. 주인공은 처음에 등장하는 작은아들이다. 그의 사정에 어느 정도 참견하면서 큰아들은 나중에 등장한다. 다른 비유들에서 명칭으로 삼는 것이 그 주인공이며("포도원 일꾼", "무자비한 종") 거래 주권자는 아닌 것처럼, 여기서도 그래야 한다.

잃었던 아들 비유는 예수 말씀이 아니라는 견해가 더러 있었다. 그 완성도를 문제삼기도 했다. 이런 견해를 우리는 간단히 분석해 보아야겠다. 이 비유는 루가 복음사가의 구원사상과 완전히 부합하므로 그가 지은 것이라고들 보았다. 잘 알려진 대로 루가의 기록에서는 예수의 죽음을 속죄 죽음으로 이해하는 경향이 강력하게 뒤로 물러난다. 그 가장 두드러진 예는 아마 마르코 10,45의 속죄 로기온을 빼어 버린 것이겠다. 루가에 따르면 예수는 수난하는 의인의 죽음을 겪어서 공동체에 귀감으로 이바지하게 되고 하느님이 그분을 영광으로 보답하시게 된다. 비유에서 우리는 죄를 용서하시는 하느님의 부성애를 만나게 되는데, 여기에는 아직 예수의 희생제사 죽음의 그림자가 드리워 있지 않다고. 이 난제를 미처 감지하지 못한 사람

---

[6] 루가 7,41: δανιστῇ; 마태 18,27: δάνειον.

은 비유의 내용에 아직 충분히 깊이 파고들지 못한 사람이라고.[7] 그러나 루가는 비유를 다루면서 예수의 구원 이해를 계속 지니고 있다. 전승의 친언성이 앞에서 설명한 비유들과 실질적으로 부합함으로써 강화된다. 예수의 죽음 이해에 관해서는 나중에 거론할 것이다.

한 널리 퍼진 견해는 심지어 큰아들을 다루는, 비유의 둘째 부분을 추가 부분이라고 한다. 예수의 비유는 잃었던 아들이 돌아오는 24절로 끝났다는 것이다. 이 주장의 논거인즉 양태가 다르다는 것인데, 둘째 부분은 비유의 의미를 바꿔 놓는다는 것, 이제는 우의화하는 방식으로 바리사이가 핵심으로 취급되어 그 특징이 큰아들의 모습으로 드러나게 된다는 것 등이다.[8] 그러나 이 견해도 임의적인 속단으로 배척되어야 한다. 병행하는 두 부분은 특히 아버지가 아들들을 만나는 데서 연결된다. 이 병행이야말로 비유 이야기 자체의 요소다. 아버지와 두 아들의 삼각관계가 또다시 이미 거론한 비유들과 상응하는 데가 있다. 둘째 주인공으로 등장하는 인물인즉 여기서는 큰아들인데 거기서는 마지막 시간에 포도원으로 불려왔던 일꾼이요 채권자로 행세하게 된 채무자의 채무자다. 큰아들의 등장으로 말미암아 비유의 의미가 옮아가는 것을 우리가 보게 되는 것은 결코 아니다.

루가의 문맥에서는 비유가 잃었던 양과 잃었던 은전 이야기 뒤에 나와 있어서 "잃었던"이라는 표제어를 통해 조합되어 있다. 이 문맥에서는 잃었던 아들의 귀가가 회개하는 죄인의 빛 속으로 밀려간다. 앞선 두 비유 이야기의 결말에서는 그때마다 후렴처럼 죄인에 관해 말한다(15.7.10). 루가는 인간의 회개행위 참여를, 또 따라서 훈계적 관심사를 강조한다. 비유는 그러나 아버지의 자비에서 막강한 힘을 끌어낸다. 더러 해석자들은 첫 부분

---

[7] 참조: Kögel, *Gleichnis* 4; K. Bornhäuser, *Studien zum Sondergut des Lukas* (Gütersloh 1934) 103-37; Schottroff: *ZThK* 68 (1971) 27-52.

[8] A. Loisy[*L'évangiles selon Luc* (Paris 1924)]는 나아가, 둘째 부분을 추가라고 추정함으로써 이 비유를 이방인과 유다인의 관계를 가리키는 寓話로 보기에 이른다. 참조: J. Wellhausen, *Das Evangelium Lucae* (Berlin 1904); Schweitzer: *ThZ* 4 (1948) 469-71. 이 주장에 J. Kremer[*Lukasevangelium* (Neue Echter-Bibel 3) (Würzburg 1988) 160]도 공감한다.

과 둘째 부분의 결말에서 그때마다 이유를 말하는 구절(ὅτι라는 접속사로 시작되는 24절과 32절)을 루가의 편집이라고 보고자 한다.[9] 그러나 그렇게 볼 수밖에 없는 것은 아니다. 이유를 말하는 문장이 아버지의 주도권을 조금이라도 앗아가지는 않는다. "나의 이 아들"(24절)과 "너의 이 아우"(32절)라는 인상적인 관계 교체도 주목할 일이다. 우리는 그러므로 루가가 비유를 근본적으로 손상시키지 않았다고 인정하고자 한다:

어떤 사람에게 아들 둘이 있었는데, 작은아들이 "아버지, 재산 가운데 제게 돌아올 몫을 주십시오" 해서 아버지가 살림을 나누어 주었습니다. 며칠 후 작은아들은 제 몫을 다 거두어 먼 고장으로 떠났는데, 방탕한 생활을 하여 재산을 낭비했습니다. 모두 탕진했을 즈음 그 고장에 심한 기근이 들어 그는 궁하게 되었습니다. 그래서 그 고장에 사는 어떤 이에게 가서 더부살이를 하게 되었는데, 그 사람은 그를 자기 농장으로 보내어 돼지를 치게 했습니다. 그는 돼지가 먹는 가룹 깍지로라도 배를 채워 보려 했지만 아무도 주지 않았습니다. 그제서야 그는 제 정신이 들어 이렇게 말했습니다. "내 아버지의 그 많은 품꾼들은 빵이 남아도는데 나는 여기서 굶어죽게 되었구나. 일어나 아버지에게로 돌아가서 말씀드려야지. 아버지, 제가 하늘과 아버지께 죄를 지었습니다. 이제 저는 아버지의 아들이라고 할 자격이 없으니 저를 아버지 품꾼 가운데 하나로써 주십시오." 그러고는 일어나 아버지에게로 돌아갔습니다. 그가 아직 멀리 있는데, 아버지는 그를 알아보고 측은히 여겨 달려가서 목을 끌어안고 입을 맞추었습니다. 그러자 아들이

---

[9] Harnisch[*Gleichniserzählung* 200]와 Bovon[*La parabole* 48]과 Weder[*Gleichnisse* 252²²]는 물음을 열어 둔다. Heininger[*Metaphorik* 157]는 둘째 부분 외에 18-19.21.24ab절도 루가의 편집에 귀속시키고자 한다. 직접화법 대목들은 회개를 강조한다.

말했습니다. "아버지, 제가 하늘과 아버지께 죄를 지었습니다. 이제 저는 아버지의 아들이라고 할 자격이 없습니다." 그러나 아버지는 종들에게 일렀습니다. "어서 제일 좋은 옷을 가져다 입히고 손에는 가락지를 끼워 주고 발에 신을 신겨 주어라. 그리고 살진 송아지를 끌어내다 잡아라. 먹고 즐기자. 나의 이 아들은 죽었다가 다시 살아났고 내가 잃었다가 되찾았다." 그래서 즐거운 잔치를 벌이기 시작했습니다.

그런데 큰아들이 들에서 돌아오다가 집 가까이에 이르렀을 때 노래하며 춤추는 소리를 듣고 하인 하나를 불러 이게 무슨 일이냐고 묻자 하인이 대답했습니다. "아우님이 돌아와서 아버님께서 살진 송아지를 잡으셨습니다. 아드님을 성한 몸으로 맞이했기 때문이지요." 큰아들은 화가 나서 들어가려 하지 않았습니다. 그러자 아버지가 나와서 달랬지만 그는 대들었습니다. "보십시오, 저는 여러 해를 두고 아버지를 섬기며 아버지의 명을 어긴 적이 없습니다. 그런데도 제게는 벗들과 함께 즐기라고 염소새끼 한 마리 주신 적이 없더니 아버지의 살림을 창녀들과 함께 삼켜 버린 아들이 돌아오니까 살진 송아지를 잡아 주시는군요." 그러자 아버지가 말했습니다. "얘야, 너는 늘 나와 함께 있으며 내 것이 모두 네 것이다. 너의 이 아우는 죽었다가 살아났고 내가 잃었다가 찾았으니 즐기고 기뻐해야지."

아버지 – 작은아들 – 큰아들의 삼각관계에서 주축은 처음 두 인물의 관계에 있다. 큰아들은 대조인물로 추가되어 등장한다.[10] 그를 주축에서 떼어 놓을 수는 없지만, 그의 구실은 아버지와 아우의 관계를 판단하는, 세상의

---

[10] Harnisch, *Gleichniserzählungen* 216.

판단을 드러내는 데 있다. 그의 판단은 아버지의 사랑과 대조를 이루며 아우성친다. 그의 역할이 안고 있는 문제는 그가 큰아들로서 아버지 재산의 주상속자라는 것도 덧붙여 생각할 때 그의 판단이 일견 합리적이라는 데서 드러난다. 그는 그러나 이야기 전모를 바라보는 데 물론 필요한 판단이되 오래된 질서, 세상의 질서만을 발설해야 하므로, 비중을 띠는 것은 첫 부분임이 분명해진다. 비유에 이중의 정점이 있다거나 심지어 둘째 부분에 더 큰 의미가 있다고 해서는 안되겠다.[11]

작은아들의 행동에 대해서는 재산권 관계를 밝혀내기에 매우 노력들을 했다. 확실히 이것은 중요한데, 가산 탕진에 대한 그의 책임이 — 특히 첫 청중에게야말로 — 더없이 날카롭게 인식되고, 법률적인 의미로 무슨 반박이란 제시되지 않는다는 것이 전제될 수 있기 때문이다. 법률 영역은 그러나 테두리일 뿐, 그때문에 인격관계를 통해 이루어지는 핵심이 감추어져서는 안된다. 가장 설득력있는 해답을 강설한 이는 프욀만이다.[12] 아버지가 작은아들에게 소청대로 상속재산에서 그의 몫을 넘겨줄 때, 프욀만에 따르면 거기에는 분배의 권리 형태가 기존해 있다. 그것은 한 집의 자식이 재산권상 독립하게 된다는 것, 이를 계기로 분가하여 자기 자신의 집을 이루게 된다는 것을 말한다. 결정적인 점인즉, 이 상속인은 종생토록 피상속인과 갈라진다는 것이요 따라서 분가해 나가는 아들은 장차 더는 어떤 권리 주장도 상실한다는 것이다.[13] 작은아들이 재산의 자기 몫을 돈으로 바꾸어 외국으로 가져갈 때, 그것은 어디까지나 정당한 권리다. 여기서 동시에 지

---

[11] 참조: Jeremias, *Gleichnisse* 131.

[12] W. Pöhlmann: *ZNW* 70 (1979) 194-213. 참조: D. Daube, Inheritance in two Lukan Pericopes: *ZSRG. R* 72 (1955) 326-34.

[13] Pöhlmann: *ZNW* 70 (1979) 198-201에 유다교계의 財産分配에 관한 典據들이 제시되어 있다. 가장 오래된 전거는 집회 33,20-24일 것이다. 여기서는 분배에 대해 경고한다! Pöhlmann의 해답보다는 설득력이 적은 것으로, K.H. Rengstorf[Die Re-Investitur des Verlorenen Sohnes in der Gleichniserzählung Jesu Lk 15,11-32: *Arbeitsgemeinschaft für Forschung des Landes Nordrhein-Westfalen, Geisteswissenschaften* H. 137 (1967)]는 유다교의 케샤샤 제도를 참고로 삼는데, 곧 작은아들은 가족에서 쫓겨났다는 것이다.

적할 수 있는 점인즉, 당시에 수많은 젊은 사람들이 더 나은 삶을 기약한다 하여 고향땅에 머물기보다는 이민을 선호했다는 사실이다. 큰아들은 아버지의 권능 아래 머문다.[14]

작은아들은 방탕한 생활을 시작하여 소액으로 평가할 수 없는 돈을 분명히 삽시간에 탕진해 버리자 죄책감에 빠진다. 그의 내면에 자리했던 객관적인 자신감이 밑바닥까지 무너져 버렸다. "방탕한 생활"ζῶν ἀσώτως(13절 끝)은 그의 불행한 생태를 지탄하는 비상하게 날카로운 표현이다.[15]

큰아들의 아우에 대한 판단은 — 여기서도 낱말 선택이 얌전하지 않거니와 — 터무니없는 것이 아니다. 재산을 창녀들과 함께 "삼켜 버렸다"고(30절).[16] 그가 궁지로 몰락한 것은 전환을 예비하는 것이며 벌이라고 파악할 수 없다. 여기서 간과하지 말아야 할 점인즉, 비참상이 온전히 유다인다운 감각으로 묘사되어 있다는 것이다. 돼지치기로서 더부살이를 해야 하는 처지, 그로 말미암아 그는 불결한 자가 되고 쫓겨난 자가 된다. 굶주려서 돼지 먹이로 배를 채우려는 소망, 그것은 국면의 급전이다. 정확히 표기된 돼지 먹이인즉 가룹 깍지인데(16절: ἐκ τῶν κερατίων), 이것이 더러 해석자들에게는 랍비 격언을 인용하는 계기가 되었다: "이스라엘 사람들이 가룹 깍지를 먹을 지경에까지 몰락하면 참회를 하리라."[17] 물론 우리의 경우에서 극도로 궁지에 몰린 아들이 아버지에게 돌아가기로 결심하게 된 것은 참회를 생각해서가 아니라, 우선은 번쩍 정신이 들어 그래야만 살아남을 수 있다고 알아차렸기 때문이다. 아버지의 집에서 더는 권리주장을 할 수 없다는 것을 그는 알고 있다. 날품팔이 처지만이 가능한 타협으로 보인다.

---

[14] 12b절은 큰아들에게도 재산 지분이 양도되었다는 뜻이 아니고. 그때 그의 몫도 확정되었다는 뜻일 뿐이다. 29절은 그가 父權 아래 머물렀음을 확인한다. 그렇지 않다면 아우를 다시 받아들이는 데 대한 그의 동의도 법적 요건이었으리라.

[15] Passow[I/1,429]가 지적한 대로 이 형용의 의미인즉, 구원이 없다. 구제될 길을 잃었다. 특히 환락에 빠졌다. 고도로 낭비적이다. 등이다.

[16] Harnisch[Gleichniserzählungen 207]는 이것을 비방이라고 여기는데 옳지 않다.

[17] Via, Gleichnisse 154. — 가룹 깍지는 거의 먹을 수 없는 것이었다. Dalman[Arbeit und Sitte I/1,58]은 "가룹 깍지 같은 자, 깨물리지도 씹히지도 않는 자"라는 아랍 속담을 지적한다.

이 묘사는 일부러 줄곧 모든 주의를 아버지의 태도로 향하게 한다. 아버지가 아들이 돌아오고 또 마침내 참회도 할 수 있게 한다. 아버지의 태도에 온 이야기가 머물러 있다. 아버지가 맨 먼저 아들이 돌아오는 것을 보고 마주 달려가서 목을 끌어안고 잔치를 벌이게 하며 아들 자격을 되살려 놓는다. 이 목적에 이바지하는 것이 옷과 반지와 신발을 주는 것이다. 천만 뜻밖인 아버지의 태도로 말미암아 아들에게 변화가 일어난다. 아들이 볼 수 있던 아버지는 낯선 남일 뿐이었다. 아버지가 감싸며 용서해 주고 다시 받아들여 줌으로 해서 아들은 아버지의 가까움을 체험한다. 다 잃어버렸던 삶에 새로운 시작이 열린다. 이야기가 제시하는, 리쾨르와 더불어 "과분한 해결"이라고 지칭할 수 있는 그것은 구체적인 인간생활에서 아직도 가능하다고 볼 수 있는 그것의 한계선상에 있다. 이야기가 알리는, 실존을 변화시키는 자애는 그 이야기가 못 믿을 동화가 되지 않기 위해 상응하는 체험을 요구한다. 예수의 활동에 이것이 있었다고 말할 때 우리는 비유를 우화로 바꾸어 놓는 것이 아니라 예수와 하느님 나라의 관계를 올바르게 묘사하려고 노력하는 것이다. 제시된 자애가 예수의 활동에서 체험될 수 있었던 것은 예수 안에서 하느님 나라가 이미 사건이 되었기 때문이다. 하느님 나라는 새 질서를 열어 놓는다.

이것은 그러나 오로지 수고스럽게 또 큰 장애들을 극복하면서 세상에서 관철된다. 비유의 둘째 부분에서는 큰아들의 등장으로 옛 질서가 발언을 한다. 죄인을 받아들이는 잔치에 참여하기를 거부하는데, 정의라고 여겨온 잣대에 따라 재어서 자애란 불의라고 여기기 때문이다. 새 질서와 옛 질서를 맞세워 놓는 데에 이 뒷말의 의미가 있다. 물론 작은아들도 낯선 곳에서 자기 처지를 옛 질서의 잣대에 따라 재었다. 그러나 아버지의 자애로 말미암아 달라졌다. 큰아들 역시 달라지게 하려고 애쓰면서 아버지는 자애에 동의하도록 타이른다. 큰아들 자신은 평생 아무것도 체험하지 못했던 양, 자기에게는 아버지 쪽에서 아무 자애도 베풀어 주지 않았던 양이지만 실은 그런 것이 아니다. 그는 자애를 몰라보았고 그래서 아직 자애를 베풀 능력이 없으므로 그가 지금껏 아버지께 복종한 것은 오해에 근거해 있었다는 사실을 그는 알아차릴 수 있을 것이다.

내다보기: 설명은 소상히 했으므로, 여기서는 거론된 비유들이 복음서에서 제시하고자 하는 가장 중요한 의도를 다시 한번 상기하는 것으로 만족할 수 있다. 근본적으로 두 가지에 귀착된다: 우선 한 가지는 부활후대에 주어진 교회 공동체의 테두리 안에 자리잡았다는 것이다. 메시지가 새로운 청중을 얻게 되는데, 이 편성된 구조 속에서 부활전대에는 없었던 청중이다. 특별히 아름다운 예를 무자비한 종 비유에서 볼 수 있었거니와, 마태오에서는 그것이 공동체 내의 화해, 교우와의 화해를 촉구하는 간절한 호소로 확장된다. 그 다음 둘째로는 첫째와 밀접하게 연결된 훈계적 관심사가 덧붙여져 나타난다. 필경 마태오는 포도원 일꾼 비유(마태 20.1-15)에서 훈계적인 관심으로 심판동기를 부각시킨다. 루가에 관해서도, 잃었던 아들 비유에서 인간의 회개자세에 주목시킬 때 비슷하게 말할 수 있다. 예수의 선포라고 볼 수 있는 말씀에 담긴 실제 사건다운 생생함은 논증양식에 자리를 내어주도록 말씀을 문장화하는 데서 뒤로 물러난다.

나. 우리가 거론한 비유들은 들어 보지 못한 자애의 본보기들을 말로 옮겨놓는다. 이들이 이상향처럼 보이는 그런 힘을 띠는데, 그것은 예수의 활동에서 눈에 띠게 된 체험에서 온다. 이 체험을 신학언어로 표현하여 죄의 용서라고 부르자. 그렇다고 지금 여기서 예수의 이해에 따르면 죄란 무엇인지를 전개하자는 것은 아니다. 그것은 예수가 하느님에 관해 어떤 생각을 전했던지를 우리가 알고 있을 때에 할 일이다. 비유들에 예수 신상神像의 특징이 이미 알아볼 수 있게 드러났다는 것은 확실하다. 예수의 하느님은 한없이 깊은 자애로 가득 차 있음을 우리는 짐작한다. 그러나 죄란 무엇이냐라는 추상적 정의定義로 시작한다면 특별히 미묘한 의미와 생생한 활력을 띤 예수의 죄 해석에 접근하는 길을 막는 셈이다.

공관복음서에 따르면 예수가 죄에 관해 말한 바가 조금밖에 없다는 것은 시사적이다. 죄를 들먹일 때면 으레 용서를 말한다는 것은 아마도 더욱 특기할 일이겠다. 중풍병자를 고쳐 줄 때도(마르 2,5-10//), 바리사이 시몬의 집에 죄녀가 나타날 때도(루가 7,47-49), 「주님의 기도」와 그 부록에서도(마태 6,12.14-15; 루가 11,4; 마르 11,25) 그렇다.[18] 이 구절들에서는 그러나 바로 구체적인 사죄선언과 관련지어서야말로 공동체 신학의 발전을 고려할 일이다.[19] 예수를 체험한 것과 연관해서 공동체는 사죄선언의 관행을 행사했다. 죄인이라는 낱말이 복음서에 더 자주 나온다. 루가가 그렇다.[20]

한없이 깊은 자애가 예수의 활동에서 체험할 수 있게 되었다. 예수가 사람들과 상종하는 데서, 죄인들을 대하는 태도에서. 죄인들의 국외자 노릇은 당시 유다교계 같은 종교적으로 특징지어진 사회에서는 주어진 사실이었다. 자기네 사회와 이웃들 속에서 죄인으로 여겨지던 그런 사람들을 특별히 받아들였다는 것은 예수 활동의 의미심장한 표지가 아닐 수 없다. 세리와의 관계로 이를 예시할 수 있다.

고대에 세리는 몹시 나쁜 평판을 받았다. 이것은 우선 썩 인간적인 이유가 있었다. 세리가 국가권력의 수임으로 치부하며 거두어들이는 세금 바치기를 누가 좋아하랴? 징세 도급체제로 말미암아 사기꾼이라는, 사실 흔히 터무니없지 않은 평판에까지 이르렀다. 희극작가 아리스토파네스는 세리를 가리켜 죄다 처먹고도 배부르지 않는 아가리(카립디스)라 한다.[21] 플루타르코스는 삶의 절반을 앗아가는 잠(睡眠)이라 부른다.[22] 디오 크리소스토모스는 뚜쟁이와 동렬에 둔다.[23] 유다교계에서는 같은 식 대우가 종교적 판단과 맺어지면서 한술 더 떠서 세리를 이방인과 한가지로 불결한 자라고 여긴다.

---

[18] 루가 24,47에서는 부활자 그리스도의 赦罪 선포가 언급된다. 그리스어 문장에서는 여러 가지 낱말이 사용된다: *άμαρτία*, *παράπτωμα*, *όφείλημα*.

[19] 참조: 아래 152-4쪽.   [20] 루가에 열여덟 번, 마르코에 여섯 번, 마태오에 다섯 번.

[21] Aristophanes, *Equites* 248.

[22] Plutarchos, *Aquane an ignis utilior* 12. 인용된 곳: O. Michel: *ThWNT* VIII 100,31-3.

[23] Dio Chrysostomos, *Orationes* 14,14.

세리와 상종하는 자도 불결한 자가 된다. 주목할 만하거니와, 마태오복음서에는 세리에 관한 유다인 견해가 계승된다: "이방인과 세리처럼 여기시오"(18.17); "세리도 … 이방인도 그만큼은 하지 않습니까?"(5.46.48)[24] 심리적으로 섬세하게 감지되면서 세리의 국외자 의식이 비유에 모사된다. 하느님 앞에 서서 그는 감히 눈을 치켜뜨지도 못하고 가슴을 친다(루가 18.13). 여기서는 우리에게 자기 자신을 의심하는 한 인간이 소개된다.

세리를 대하는 예수의 태도는 유난히 눈에 띈다. 일반 의식과는 전혀 반대다. 한심한 행태로까지 느껴졌을 것이 틀림없다. 예수는 세리에게 가기도 하고 세리에 대해 이야기도 한다. 세리를 대하는 언행이 일치한다. 세리는 의롭게 되는 반면에 바리사이는 의롭게 되지 못한다고 대립시켜 놓는, 바리사이와 세리 비유(루가 18.9-14)는 앞에서 언급했다. 루가 19.1-10에 따르면 예수는 예리고에서 세관장 자캐오의 집에 들어간다. 우리의 관심을 끌자는 것은 그러나 예수가 세리들과 함께한 회식친교Tischgemeinschaft다.

이 회식친교의 전거는 두 군데가 있는데, 마르코 2.13-17//의 세리 회식 페리코페와 한 인자 로기온(마태 11.19//)이다. 두 텍스트가 다 캐물어야 할 주석 문제를 제기한다. 가장 오래된 마르코 버전 세리 회식을 살펴보자. 실은 이것도 이미 손질된 것이다. 세리 회식 앞에 세관에 앉아 있던 알패오의 아들인 세리 레위의 부름이 있어서 레위가 접대자라는 인상을 준다. 예수는 제자들을 대동한다. "바리사이 파 율사들"이 분개한다. 예수는 두 로기온으로 사귐을 정당화한다: "의사란 건강한 이가 아니라 앓는 이에게 필요합니다"; "나는 의인이 아니라 죄인을 부르러 왔습니다". 레위의 부름과 회식의 전승사적 관계를 규정할 때는 두 전승이 먼저 독립해 있다가 마르코에 의해 비로소 조합되었다고 해야 할 것이다.[25] 따라서 회식이 레위의

---

[24] 루가 6.32-34는 유다風인 이 문장들을 변형시켰다. 죄인들에 관해서만 말한다.

[25] 이와 다른 두 반대방향의 해석: 하나는 Dibelius, *Formgeschichte* 51¹인데, 稅吏會食이 레위의 부름에서 생겨났다고 주장하고; 다른 하나는 Pesch, Das Zöllnergastmahl 63-87 중 71인데, 거꾸로 레위의 부름이 세리 회식에서 나온 결과라고 상상한다.

집에서 이루어졌던지는 확실히 말할 수 없다. 부름 장면은 구체적 개별사건에 착안하는 반면에, 회식 기사는 전형적 사례에 속하는 인상을 띤다. 많은 세리와 **죄인**들이 예수와 그 제자들과 함께 상에 자리잡았더라는 말(마르 2.15)이 이 인상을 강화한다. 그렇다면 그것은 회식의 한 개별사례라기보다 오히려 더 크게 예수의 활동을 특징짓는 어떤 표지가 되는 일을 묘사한 것이라고 해야 한다. 자기 행동의 정당화도 원칙적인 의미가 있다. 두번째 정당화 문장은 그런 정도가 더욱 강하다. 이것은 — 주석학 용어로 — "왔노라 문장"Ich-bin-gekommen-Satz에 해당하는데, 공관복음서에 더러 있는 이런 문장에는 으레 예수의 활동 전체를 일정한 측면에서 종합하려는 의도가 따른다. 더 오래된 말씀은 의사에 관한 말씀이다.[26] 예수는 도움이 필요한 사람들과 멸시받는 사람들에게 온 정성을 쏟는다는 것을 표현한다. 이 문장에서 주어는 (예수가 아니고) 병자들이며 이들이 완전히 중심에 있다는 미묘한 점에 주의해야겠다. 이 경우에 병자란 영혼 의사인 예수한테서 도움과 건짐을 체험하는 죄인이다.

예수가 한 멸시받는 세리를 제자 동아리에 불러들인다는 것은 어떤 사람에게도 닫히지 않는 자비의 표현이다.[27] 세리들과의 회식친교는 마태오 11.19∥에서 또 한번 일반적 의미로 발설된다: "인자가 와서는 먹고 마시니까 '먹보요 술꾼이로구나' 라고들 하는구려." 이 말씀은 놀이를 하면서 춤추기도 슬퍼하기도 마다하며 아웅다웅하는 아이들이라는 짧은 비유와 연결되어 있다. 비유는 애도자인 세례자 요한과 즐거운 무도자인 예수에게 적용된다. 둘다 "이 세대"에게 거부당한다는 관점 아래 둘이 나란히 놓일 수 있다. 이 말씀에는 "암-하-아레스"라는 멸시받는 상민常民과 함께하는 예수의 회식친교 때문에 발끈했던 반대자들의 욕설이 간직되어 있다.

---

[26] 참조: Gnilka, *Markus* I 104-5.

[27] ∥ 마태 9,9는 레위라는 이름을 마태오라는, 세리였음을 아는 사람(10,3)의 이름으로 바꾼다. 레위를 마태오와 동일시해서는 안될 것이다. 이름을 바꾼 데는 마태오系 내부의 이유가 있다. 참조: Gnilka, *Matthäusevangelium* I 330-1.

예수가 세리와 죄인들과 한상에 앉아 함께 먹었다는 전승의 역사상 신빙성은 보증되어 있다고 볼 수 있다. 이 태도는 사회계층을 평가하며 갈라놓던 기존질서를 허문다. 나중에 유다계 그리스도인 공동체마저 열린 상을 관행으로 삼기가 미처 어려웠다는 것은 이른바 "안티오키아 사건"이 가르쳐 주는 바이다(참조: 갈라 2.11-14). 또 고린토 공동체에도 회식 때 몰인정한 행태와 애로들이 있었다(참조: 1고린 11.17-22). 어울려 먹는 일은 예수의 생활양태에도 딱 맞아들어간다. 활동하는 동안 예수는 끊임없는 방랑생활을 했다. 아마 가파르나움에는 시몬 베드로 가족의 집이 있어서 임시로 머물 만한 데가 있었던 모양이거니와, 이집저집 사람들 사는 데로 들어갔다.

예수가 회식친교를 나누며 말해준 의미를 묻는다면, 확실히 예수는 멸시받는 집단의 사회적 인정에서 더 나아간다. 의사에 관한 말씀은 시사적이다. 구원을 가리킨다. 그러나 예수가 받아들인 이들은 드러난 죄인이거나 죄인시되는 사람들이었으므로, 예수 활동 전체의 테두리 안에서 회식친교는 상징적 표현으로서, 이를테면 예수가 베푼 사죄의 예언자적 표지로서 파악될 수밖에 없다. 용서는 말씀을 통해서라기보다 뚜렷한 인격적 수용을 통해서, 전달된 친교 속에 새로운 시작이 실제로 회복되고 보증됨으로써 이루어진다. 여기서 예수의 태도에도 예수의 비유에도 타당하는 것은 용서가 새출발을, 또 따라서 회개를 가능하게 한다는 것이다. 용서가, 구원의 제시가 먼저 있다. 회개요구가 앞서는 것이 아니다. 예수에게는 이런 의미에서 비로소 회개가 실현가능한 것이 된다. 이미 거듭 지적했거니와, 이 점에서 예수는 세례자 요한과 크게 다르다. 요한에게는 회개요구가 처음에 있다.[28] 요한에 따르면 회개가 심판에서 건져준다. 물론 예수도 회개를 호소했다. 그러나 순서가 다르며 본질적이고 적극적인 바탕이 주어진다.

게다가 고대 유다교계에서 회식친교는 바쁘게 살아가는 오늘날 우리네 시대와는 전혀 다른 비중이 있었다. 회식은 과연 친교를 이루어 놓았다.

---

[28] 참조: Bornkamm, *Jesus* 74-7.

함께 빵을 나누어 즐기며 모여 있는 이들을 실제로 맺어 주었다. 더 나아가 이 이해의 종말론적 차원도 물을 수 있을 것이다. 종말 구원은 유다교 계에서 — 그리고 예수의 비유들에서도(참조: 루가 14.16-24) — 잔치와 비교될 수 있었다. 그렇다면 예수의 회식친교는 하느님 나라 종말 잔치를 미리 본 뜬 모습이 되는 셈이다.

예수의 활동에서 사죄의 구체적인 한 사례가 고유한 역사를 가진 한 페리코페와 연결되어 있다. 먼저는 따로 떨어져 전승된 것인데, 복음서에 채택될 때 여러 다른 곳에 자리잡았다. 오늘날 우리는 보통 요한복음서에서 만나게 되고 요한 7.53 - 8.11이라는 페리코페로 꼽는 것이지만, 분명히 요한계가 아니라 공관계 문장이며 대부분이 루가 전승과 닮아 있다. 그 페리코페인즉 예수와 간음녀의 만남인데, "율사들과 바리사이들"이 그녀를 현장에서 붙잡아 예수에게 보라고 데려다놓는다. 더 정확히 말하면 간음녀를 돌로 치라는 율법의 처벌규정에 대한 예수의 의견을 묻는다. 처음에 예수는 말려들고 싶지 않다는 인상을 주는가 하면(8절: "손가락으로 땅에 무엇인가 쓰셨다"), 마침내 주권자적인 반응으로 장면을 바꾸어, 고발자들이 피고발자가 되도록 한다. 죄없는 자가 맨 먼저 돌을 던지라는 요구에 그들은 응하지 못한다. 모두들 떠나고 나서 혼자 남은 여자를 예수도 단죄하지 않고 더는 죄짓지 말라고 명하며 놓아준다.

이 이야기가 역사상 예수상을 주장할 수 있을까? 그 문장은 썩 자유롭게 전승되어 있다. 나아가 의미해석들도 구색을 갖추었으나, 핵심에서는 으레 방금 말한 똑같은 기본구조를 보여 준다.[29] 무대가 성전 경내인 것은 유다계 그리스도교 전승이라는 증거라 할 수 있다.[30] 텍스트 전문가들은 이것이

---

[29] 다음과 같은 아름답게 장식된 의미해석들을 언급할 만하다: 전달하려는 뜻인즉, 예수는 "그들 각자의 죄"를 손가락으로 땅에 썼다는 것이다(6절과 8절). 9절에는 그들이 **양심에 이끌려** 하나씩 떠나갔다고 추가된 문장이 있다. 몇몇 텍스트 증거에 따르면 10절에서 예수는 여자에게 "당신 고발자들이 어디 있소?"라고 묻는다. 텍스트 전승: K. Aland, *Glosse, Interpolation, Redaktion und Komposition in der Sicht der ntl Textkritik: Studien zur Überlieferung des NT und seines Textes* (ANTT 2) (Berlin 1967) 35-57 중 39-46; Becker, *Ehebrecherin* 8-43.

[30] 참조: Schnackenburg, *Johannesevangelium* II 234.

수용과정에 적잖은 애로가 있었으면서도 이미 2세기에 복음서에 들어왔다고 보는 경향이 있다.[31] 그 친언성의 반대자들은 중죄의, 여기서는 간음의 사죄가능성에 대한 공동체의 논쟁에서 생겨났다고 하지만,[32] 설득력은 없다. 이 페리코페에 원칙 결정의 성격은 없다. 고발자들의 범인인도도 그런 규정과 모순된다. 문학유형상 분류로는 논쟁이 아니라 전기적 아폼테그마 biographisches Apophthegma라고 할 수 있다.[33] 특히 그 내용이 실증적으로 말해주는 것인즉, 예수의 활동에서 유래하는 기억이 보존되어 있다는 점이다. 여기 주어진 예수의 태도는 지금까지 알게 된 것들과 일치한다. 한 구체적 사례에서 예수는 따돌려진 죄인을 한없는 자비로 옹호하며 동시에 낡은 질서의 수호자들을 거칠게 대한다. 예수의 태도는 율법에 반대하자는 것이 아니다. 율법을 해체시킬 의도라고 볼 수는 더욱 없다. 모름지기 예수의 처신을 결정짓는 것은 구원이 주어져야 할 인간에 대한 애정이다. 이로써 율법의 한 개별규정이 무시되고 마는 것은 거기서 나오는 결과다. 역사상으로 되돌아보기 위해서는 필경 이 페리코페의 운명도 의식적으로 고려해야 한다. 한 복음서의 본래 구성부분이던 적은 없고, 이 복음서에서 떨어져나간 적도 없으며, 외경 예수 전승이라고 볼 수 있다. 그러나 그 수용을 문제삼았던 반대입장의 저항이 그 목적과 관계가 있다. 이것이 더러들에게 개탄스런 것으로 보였다. 한 죄녀에 대한 예수의 자애가 추문스런 일로 느껴졌다. 이 실상을 또 달리 설명할 길은 좀처럼 발견되지 않는다. 전승에 대한 저항 또한 비평연구에서 역사상 신빙성의 기준으로 통한다.

이제 전승의 세부사항으로 몇 가지 말할 수 있다: 유다교 관점에 따르면 약혼녀란 아직 시집에 데려오지 않았을 뿐이지 법적 의미에서 이미 약혼자

---

[31] 참조: Aland (각주 29) 40. 이 페리코페가 그리스어 본문에 수용된 때를 Becker[*Ehebrecherin* 38-9]는 한 세기 더 뒤로 매긴다. 또 시리아어 *Didascalia Apostolorum*(使徒들의 教訓)에 알려져 있는 사실도 입증하고(124-45), *Protoevangelium Jacobi*(야고보의 原福音書)와 Origenes가 알았을 가능성도 고려한다(117-24).

[32] 예: H. Köster, Die außerkanonischen Herrenworte: *ZNW* 48 (1957) 220-37 중 233.

[33] Schnackenburg, *Johannesevangelium* II 233.

의 아내로 여겨졌으므로(참조: 신명 22,23-24), 예수와 마주한 여자를 부정한 약혼녀로 볼 것이냐 기혼녀로 볼 것이냐라는 물음이 생겨났다. 블린츨러[34]는 후자만이 인정될 수 있다는 설득력있는 논증을 펼쳤다. 레위 20,10; 신명 22,22에 따라 간음은 죽음으로 처벌되어야 했다. 간음녀 이야기가 돌질을 특별한 처형방식으로 전제한다면(5절: "율법에서 모세는 이런 여자를 돌로 치라고 했는데"), 율법에 일반적으로 규정된 죽임이 돌질의 의미로 해석되었다고 생각할 수 있다.[35] 여자를 바로 법정으로 끌고 갔는지 아니면 이미 단죄된 자로서 도중에 돌로 쳤는지를 생각해 보고 단정할 길은 거의 없다. 불확실성이 엄존하는 까닭인즉 전승은 우리에게 흥미있는 이런 세부사항의 전달에 가치를 두지 않기 때문이다. 여자가 이미 유다교 법정의 판결을 받아 집행되러 가던 길이라는 견해의 논증으로서 특별히 지적된 점은, 정작 그랬어야 비로소 예수가 참으로 당혹할 지경으로 시험을 받았으리라는 것이다. 사실인즉 판결을 긍정한다면 스스로 혁명가임을 인정하는 셈인데, 당시에 "칼의 법" ius gladii은 로마인에게 있었기 때문이다. 그 외세에 부동한다면 스스로 민족 반역자가 되는 셈이었다.[36] 그러나 여자가 예수의 물음에 대답하면서 아무도 단죄하지 않았다고 확인하는 것을 아직 판결은 없었다는 증빙으로 평가할 수 있을 것이다. 또 그렇다 하더라도 예수로서는 시험당하는 노릇이었다. 사형권한은 점령세력이 장악하고 있어도 처형은 유다인 쪽에서 수행한 사례들이 당시에 나타나 있다.[37]

---

[34] J. Blinzler[Die Strafe für Ehebruch in Bibel und Halacha. Zur Auslegung von Joh 8,5: *NTS* 4 (1957/58) 32-47 중 34-8 등]는 이 페리코페에 나오는 γυνή와 μοιχευομένη라는 개념을 지적하면서 논증한다. 다른 견해: Billerbeck II 520; J. Jeremias, Zur Geschichtlichkeit des Verhörs Jesu vor dem Hohen Rat: *ZNW* 43 (1950/51) 145-50 중 148-9.

[35] 참조: 에제 16,38-41; 23,45-48; 희년서 30,8-9. Blinzler[(각주 34) 42]는 돌질을 명문으로 규정하는 레위 20,27이 "죽여야 한다"라는 일반 규정을 더 자세히 밝히는 것이라고 옳게 평가한다. 즉, 投石刑이 사형 방식의 總則에 대한 細則으로서 제시된다는 것이다.

[36] 참조: Jeremias (각주 34).

[37] 스데파노를 돌로 쳐죽인 이야기 참조. 로마인들의 경우에는 Augustus의 lex Julia de adulteriis 에 의해 간음한 아내를 모욕당한 남편이 죽일 수 있는 옛 권리가 폐지되고 소박과 재산지분 轉入으로 대치되었다. 그러나 나중에 사형으로 되돌아갔다.

이야기에 여자만 나오고 함께 간통한 남자는 안 나오는 정황에 주목할 수도 있겠다. 이 점에서도 당시의 완고한 가부장구조 사회에서 여자가 불리하고 먼저 공격당하던 경향이 나타난다고 볼 수 있겠다.[38] 이 배경은 만일 나이 차례대로 고발자들이 상기하는 죄가 여자의 죄와 동렬에 있다면 특별히 고약한 그림자를 드리운 셈이다. 그러나 확실하지는 않다.[39] 아무튼 예수의 반응은 상황을 뒤엎는다. 요청받은 판단이 예상과 전혀 달리 내려져 고발자들에게도 여자에게도 충격이 된다. 고발자들은 양심에 충격을 받는다. 여자에 대한 판단을, 바야흐로 가장 약한 부분으로 건들여진 그 판단을 석방으로 응수하는 것이다. 잘못을 문제삼지 않되, 새출발을 다짐해 주는 것이다. 여기서도 실제로 베푸는 용서에 죄를 떠나 돌아오는 회개 가능성을 연결시킨다. 구체적인 한 인간을 타락과 그 타락이 낳은 큰 수치의 처지에서 붙들어다가 새로운 길에 올려놓은 것이다. 이때 예수는 그 사람이 또한 이 길을 가기도 할지, 그것이 모험인 것은 아랑곳하지도 않는 듯, 오히려 그처럼 실제로 베풀어진 용서야말로 쇄신된 행동의 자유공간을 열어준다는 것을 믿고 있는 것으로 보인다.

예수가 간음녀와 마주한 일과 견줄 만한 이야기가 루가 7,36-50에 숨어 있다: 시몬이라는 바리사이의 집에서 회식 때 뜻밖에 한 여자가 등장한다. 죄인으로 소문난 여자인데, 그러므로 하찮은 직업이나마 가진 한 남편의 아내라기보다 창녀라고 볼 수 있다. 동방인 기질의 깊은 감동을 꾸밈없이 드러내면서 예수께 감사의 정을 알린다. 예수 뒤켠에서 울며 예수의 발을 눈물로 적시고, 머리카락으로 훔치면서 예수의 발에 입을 맞춘다.

이 사건의 재구성에는 짐스런 어려움이 많은데, 이 대목이 전승되면서 특별히 이야기 진행방식들이 확대되었기 때문이다. 무엇보다 난처한 것은 향유 바르는 이야기다. 이 기름부음 이야기(塗油史話)는 으레 방주傍註에도 나

---

[38] 에제 16,38-41; 희년서 30,8-9도 비슷한 것을 말해준다.

[39] Schnackenburg[*Johannesevangelium* II 230]는 죄를 아주 일반적으로 생각하면서 마태 7,1을 인용한다.

타나는 대로 수난사화에 확고하게 근거해 있다(마르 14.3-9). 요한 12.3-8에서는 기름붓는 여자가 라자로의 누이인 마리아와 동일시된다. 본디는 독립되어 있었으되 서로 닮아 보이던 전승들이 이야기되면서 서로 같아질 수 있었다는 점을 감안해야 한다. 그래서 루가 7.36 이하의 기름부음은 추가된 주제라고 할 수 있겠다.[40] 본래는 여자의 등장이 위에서 제시된 그런 식으로 전해지고 있었다고 추정할 수 있다. 왜 여자가 바리사이의 집에서 상받고 앉은 예수께 달려갔는지, 이야기에서 직접동기를 알 수는 없다. 그러나 삽입된 두 돈놀이꾼 비유가 한없이 깊은 용서를 다루고 있어서 그것을 시사한다(41-42절). 예수의 사죄발언(48절)은 끝에 나오는데, 이야기의 논리라는 의미에서는 너무 늦다. 이것은 이 자리에서 다른 구실을 한다. 공동체를 겨냥한 것으로, 사후에 명문화한 이 사죄선언이 이해시켜 주는 것인즉, 공동체 안에서 예수의 권한에 호소하면서 사죄가 — 아마도 틀림없이 공동체 모임에서 — 실천되고 있었다는 점이다. 죄녀에게 어울리는 동기는 예수를 통해 체험한 용서와 수용인데, 짐작건대 역시 예수 몸소 그녀를 친교에 받아들이는 행동 또는 그런 비슷한 태도를 통해 표현되었을 것이다.

예수 자신도 분명히 죄를 용서했다는 것이 입증되거나 추정될 수 있을까? 루가 7.48이 사후 가필로 이루어졌다고 할 수 있다면, 이런 가능성은 중풍병자 치유 페리코페(마르 2.1-12//)에도 남아 있다. 이것도 방금 말한 의미에서 공동체 자체의 사죄 관행으로 주장되었다. 이야기는 아폽테그마 설화 형태를 띠었다. 즉, 공동체에 적용될 수 있도록 거기 새겨진 한 아폽테그마(격언)에서 절정에 이른다: "인자가 땅에서 죄를 용서하는 권한이 있다는 것을 알려 주겠습니다"(10절). 치유이적이 공동체 안에 계속되는 사죄권의 논증으로 화한다. 그러나 예수는 분명히 격언 문장과는 대조적인 방식으로

---

[40] Schürmann[*Lukasevangelium* I 441]의 추정이다. 시몬이라는 집주인 이름도 추가되었다고 할 수 있겠다. 마르 14.3-5에 따르면 예수는 예루살렘 上京 때 베다니아에서 나병환자 시몬의 집에 묵은 일이 있다. 신약성서 뒤의 전승들에서는 竝行관계가 더욱 더 나아간다. 香油 바르는 여자가 막달라 마리아와 동일시되고, 이 여자가 또 罪女로 화한다. 이 錯誤가 특별히 끈질기게 堅持되어 왔다.

먼저 중풍병자에게 죄를 용서했다는 것을 주목해야 한다. 들것에 실려서 예수 앞에 놓인 병자가 선언을 받는다: "그대 죄가 용서받았습니다"(5절). 수동태가 하느님의 일하심을 에둘러 표현한다. 하느님이 베푸시는 용서가 예수를 통해 전달된다. 충분히 예수가 그렇게 말했다고 할 수 있겠다. 꾸밈없이 사건의 생생한 면모가 보존되어 있으므로 이 전승의 역사상 신빙성을 돋보이게 하는 것으로 주목할 만한 점이 또 하나 있다: 병자를 네 사람이 예수께 데려온다. 예수는 그러나 집(가파르나움의 시몬 베드로네 집?) 안에 있는데, 수많은 사람들이 들어와 예수를 에워싸고 있어서 비집고 들어갈 틈이 없다. 그래서 그들은 지붕으로 올라가서 구멍을 내고 병자를 들것에 실린 채로 내려보낸다(4절). 지붕 벗기기는 미개 주거의 한 특징이다. 갈대와 건초와 나뭇가지를 대들보 사이에 엮어넣어 진흙 층으로 입혀서 덮은 팔래스티나 초가집을 가리킨다. 루가 5,19는 이 특징을 이어받지 않고 탈바꿈시켜 독자에게 친숙한 그리스인 기와집으로 전승해 놓았다: "기와를 헤치고는 침상에 누인 병자를 한가운데로 예수 앞에 내려보냈다".[41]

예수는 인간들에게로 향함으로써, 그들을 받아들임으로써, 친교에 맞아들임으로써, 죄의 용서를 선언해 줌으로써 구원을 체험할 수 있게 했다. 예수의 선언이 지닌 힘은 구체적인 개인을 향하여, 바로 멸시받는 자·상처입은 자·죄인 각자를 향하여 배려하되 또한 온전히 자기 자신의 방식으로, 거의 흉내낼 수 없는 방식으로 이 인간들과 관계를 맺고 자기 자신을 선사하는 거기에 있다.

내다보기

죄인들을 향한 배려는 예수의 권위와 모범에 호소하면서 계속되었다. 그러나 공동체 안에서 파악되면서 이 선언과 면죄는 — 필연적으로 — 다른 형

---

[41] 지붕을 열어 놓는 것은 본디 熱帶病 퇴치에 목적이 있었던 것으로, 病魔를 속이자는 것이었던 모양이다. 집의 正門을 숨겨 두면 병마가 되돌아오기 어려우리라고.

식들을 취하면서 공동체의 공동생활 속에 정착하여 제도화하고 의례화했다. 여기서 우리가 더 자세히 들여다볼 처지는 아니지만, 아무튼 이 대목에서야말로 예수 행위의 생동성을 되살릴 필요성은 역력해진다.

치유와 이적

예수는 말씀을 선포하기에만 전념하지 않았다. 설교, 용서 선언, 사람들을 해방시키는 친교와 나란히 도움과 치유가 있다. 우리는 이적을 거론한다. 예수의 공개활약에서 이 부분을 빼놓을 수는 없다. 그러나 도움과 치유를 올바르게 평가하고 배열하는 데에 많은 것이 달려 있다. 쉬운 과제가 아니다. 수많은 예수책에서 이 문제를 제쳐놓는다.[1]

예수의 치유활동을 제쳐놓는다는 것은 해당 자료가 방대하다는 점만 보아도 이미 금물이다. 마르코복음서에서는 이적이 비교적 넓은 공간을 차지한다. 요한복음서에 대해서는 복음사가가 이적이 주로 담긴 「표징출전」 Semeia-Quelle이라는 기존자료를 원용했다는 점이 여러 모로 고려된다. 그러나 각 복음서의 이적 해석을 다루기가 예수 자신이 이 활동에 대해 말하고자 한 바를 이해하기에까지 나아가기보다는 훨씬 먼저 가능하다. 마르코복음서에서는 이적이 메시아요 하느님 아들인 예수가 사탄과 악의 세력들에 대결하여 벌이는 싸움의 표지가 되어 있다. 이 신화론적으로 각인된 이야기 표상의 내부에서는 예수의 구마활동이 강하게 부각된다고 해서 놀라울 것이 없다. 마태오복음서에서는 예수의 말씀이, 산상설교를 비롯한 어록 집성이 주종이다. 이적은 요약하여 확인하는 식으로 말씀에 부속되고 종속되어 있다: "예수께서는 온 갈릴래아를 돌아다니며 회당에서 가르치고 하늘 나라 복음을 선포하며 백성 가운데서 온갖 질병과 온갖 허약함을 고쳐 주셨다"(4.23: 참조: 9.35). 루가복음서에서는 예수가 도움과 치유를 통해

---

[1] 이것은 Dibelius가 아니라 Bornkamm, Braun, Bultmann의 예수책에 해당한다. 참조: Dibelius, Die Zeichen des Reiches: *Jesus* 67-79.

겨레의 큰 은인이요 종말 예언자로 나타나는데, 이를 사도 10,38에서는 이렇게 요약한다: "그분은 두루 다니며 좋은 일 $\varepsilon \dot{v} \varepsilon \rho \gamma \varepsilon \tau \tilde{\omega} \nu$ 을 행하고 악마에게 짓눌린 이를 모두 고쳐주셨습니다." 끝으로 요한복음서에서 관심사는 예수의 이적을 표징으로 파악하여 하느님의 계시인 그리스도께 이르는 길을 가리키는 표지판으로 믿으며 받아들이는 것이다. 그래서 이런 단호한 책망이 나올 수 있다: "여러분이 나를 찾는 것은 표징들을 보았기 때문이 아니라 빵을 먹고 배가 불렀기 때문이오"(6,26). 따라서 이적 비판도 나타난다: "표징과 이적을 보지 않고는 결코 믿지 않겠지요"(4,48). 넷째 복음서에는 구마 이야기가 없다는 점도 언급할 만하다. 그러나 한편 여기서야말로 놀랄 만큼 힘있는 이적들이 들린다.

이 점에서 역사상 예수에게 이르자면 이적 기사와 해석하는 로기온을 구별하는 것이 좋다. 전자는 예수의 치유활동을 이야기하는 다른 사람들의 보고를 제시한다. 로기온은 그 의도를 알아볼 기회를 열어 준다. 의심할 나위 없이 로기온이 ― 그 가운데 더러가 ― 더 오래되었다.「어록」에 담긴 ― 우리가 재구성할 수 있는 한 ― 상세한 치유사화는 단 하나뿐이라는 사실이 이 인식을 확인하는데, 가파르나움의 백부장 종을 치유한 이야기가 그것이다(마태 8,5-13//). 덧붙여 벙어리에게 베푼 이적의 간단한 보고가 나타난다(루가 11,14//).[2] 아무튼 이제 이적사화들의 설명을 시작해 보자. 우리의 의도는 예수의 특별한 자취를 찾아내자는 것이다.

가. 이해하기에 이르는 길이 그리 간단히 열리지는 않는 그런 자료가 문제이므로 계속 알아낼 필요가 있다. 우선 예수의 청중인 갈릴래아 사람들이 이적을 대하는 전혀 다른 태도를 현재화하는 것이 좋겠다. 일찍이 디벨리우스는 바로 이 점에서 옛 사람들과 오늘날 사람들에게 있는 차이를 적절히 기술했다:

---

[2] 마태 12,22에 따르면 병자는 눈먼 벙어리다. 마태오는 맹인 치유를 좋아한다. 참조: Gnilka, *Matthäusevangelium* I 457.

정작 헬레니즘의 비판적 철학에 진지하게 접해 본 사람들조차 없던 예수의 청중은 설명될 수 없는 것에서야말로 하느님의 활동을 보아야 한다고 생각했다. 오늘날 세계에서 우리네 눈에 무엇인가 불가사의한 일이 일어난다면, 누군가가 죽어 드러누워 있던 누군가를 건강한 사람으로 벌떡 일으켜 놓는다면 …, 그런 때에 대담한 사람이라면 과정 자체를 살펴보려 할 것이고, 겁많은 사람이라면 꽁무니를 뺄 것이며, 불쾌해진 사람이라면 경찰을, 신이 난 사람이라면 기자를 부르려 할지언정 — 아무도 경배하며 무릎을 꿇지는 않으리라! 그러나 이러는 것이야말로 예수의 청중에게는 놀라운 일을 볼 때 당연한 것이었다. 그 순간 설명될 수 없는 것이 곧 놀라운 것이다. 자연법칙을 따지지 않는다. 설명해 볼 엄두조차 없다. 무릇 불가해한 것에서 느끼는 그것이 초자연적인 것이다. 경배 아니면 저주, 그 일을 두고 하느님 아니면 악마를 믿기 — 또 다른 가능성이란 그들에게는 없다. 우리는 그러나 먼저 그 비상한 점을 설명하고 나서 판단을 내리려 한다.[3]

아울러 공관서 이적사화들이 그 시대에 적용되었다는 점도 고려할 일이다. 당시에 예수의 이적 이야기를 듣던 사람은 다른 데도 치유와 영험 행위로 소문난 이적가들이 있다는 것을 알고 있었다. 기원 첫 세기는 이적가가 부쩍 많이 나타나던 시대였다. 이것은 약 3세기 동안 망각에 빠지거나 뒷전으로 물러났던 영험과 능력들의 부흥을 의미했다. 타이센은 직설적으로 "이적신앙의 르네상스"라 한다.[4] 헬레니즘에서는 피타고라스와 관련지어 이적들이 전승되었다. 이런 예로는 특히 이적가로서 편력하던 탸나의 아폴로니오스(3-97년쯤)가 있었다. 유다교계에서는 엘리야와 엘리사가 힘찬 이적가로서 백성의 기억에 남아 있었다. 그밖에도 아폴로니오스를 도중에 만난

---

[3] M. Dibelius, *Jesus* 71.   [4] G. Theißen, *Wundergeschichten* 262-73 중 271.

인도 현자 자르카[5]와 사마리아의 마술사 시몬이 우리에게 알려져 있다. 이스라엘에서 우러름받는 두 랍비로는 하니나 벤 도사(70-100년쯤)와 엘리에세르 벤 히르카노스(90-130년쯤)가 이적가로 소문이 났다. 여러 세기 존속한 치유기관을 에피다우로스가 소개하는데, 제도화한 사제단이 아스클레피오스 신전에서 치유를 체험할 수 있도록 돌보는 일을 맡고 있었다. 카리스마로 부각된 치유는 그런 신전기관에서 수행된 것과 구별될 수도 있으려니와, 아무튼 여기서 우리에게 흥미있는 것은 전해져 있는 그 보고들이다. 이적 치유자에 대한 흥미가 되살아나 자라나는 이유란 별로 없다. 아마도 커 가는 일반적 참상이 한몫을 할 것이다. 예수 당대의 이스라엘은 정치적으로 정복된 땅이었다.[6] 엣세느들은 일종의 "보감의술"Büchermedizin을 행했다는 것을 잊지 말 일이다. 요세푸스는 엣세느들이 약효 있는 뿌리와 돌의 치병 속성을 배우려고 옛 문서를 연구했다고 보고한다.[7] 묵시문학계 공동체들도 비슷한 경우라고 할 수 있다.[8]

복음서에는 치유와 구마 사화가 스무 번쯤 나온다.[9] 소경 치유는 중복을 고려해야겠거니와, 그밖의 경우에도 때때로 변형되고 다듬어지면서 되풀이가 나타났을 수 있겠다.[10] 집단 치유의 인상을 일으키는 방식으로 예수의 치유활동도 요약해서 지적하는 이른바 "종합기사"Sammelberichte는 가산되지 않았다(예: 마르 1,32-34∥; 3,7-12∥; 6,53-56∥). 이 경우에도 다수화 경향이 있는데, 이 경향을 확인하면서 마침내 예수가 제자들 앞에서 행한 이적 표징들

---

[5] 참조: Philostratus, *Vita Apolloni* 3,40 등.   [6] 참조: G. Theißen, *Wundergeschichten* 271.

[7] Josephus, *Bell.* 2,136. O. Michel - O. Bauernfeind[*Flavius Josephus: De Bello Judaico* I (Darmstadt 1959) 434⁵¹]는 아람어 "아시아"(의사)에서 "엣세느"라는 이름을 도출하려는 시도가 있었음을 상기시킨다.

[8] 참조: 에녹서 7,1; 8,3; 희년서 10,12-13.

[9] 참조: 마르 1,23-28∥; 1,29-31∥; 1,40-45∥; 2,1-12∥; 3,1-6∥; 마태 8,5-13∥; 마르 5,1-20∥; 5,25-34∥; 요한 5,1-9; 마태 9,27-31; 9,32-34∥; 마르 7,24-30∥; 7,31-37∥; 8,22-26; 9,14-29∥; 루가 13,10-17; 14,1-6; 17,11-19; 요한 9,1-12; 11,38-44; 마르 10,46-52∥; 루가 22,51.

[10] 예컨대 요한 5,1-9는 마르 2,1-12∥와 傳承史上 어떤 관계가 있을까? 여기서는 물음을 던질 수 있을 뿐이다.

은 다 기록될 수 없을 만큼 많다고 확언하기에까지 이른다(요한 20.30; 참조: 21.25). 그러고 보면 예수 이적치유의 범위를 정확히 그려 보기란 불가능하다. 백성에게 이적가로 소문이 났음을 짐짓 단언하는 곳도 있다(예: 마르 6.2; 루가 4.23). 그런데도 참으로 일어난 일을 보자면 드러나는 과정이 고려되어야 할 것이다. 어떻든 예수의 카리스마적 치유가 마치 무슨 제도화한 사업처럼 언제라도 이적적 치유를 기대할 수 있는 그런 것이 된 적은 없다. 카리스마적 특정성이 또 따라서 의외성이 언제나 보존되어 있었다.

예수의 이적을 판단하기가 비상하게 어려워지는 것은 민속 화법에 따라 전달되었다는 사실 때문이다. 민화民話는 특정 규칙에 매여 있었는데, 이적 사화도 그랬다. 이 규칙에 따라 이야기가 기존 도식에 짜여 들어가고 늘 되돌아오면서 변형될 수 있는 동기로 채워졌다. 타이센은 복음서의 이적사화에 있는 서른세 가지 동기를 찾아냈는데, 도움이 필요한 자나 한 대표자 또는 심부름꾼의 등장에서 비롯하여, 권위있는 말씀이나 만짐이나 치료조치에 의해 일어나는 이적의 묘사를 거쳐서, 치유 결과의 증거 제시에까지 이른다.[11] 세부에 관해서는 흔히 창백하게 정형화한 인상을 주는 설화들이 때로는 궁지를 특징짓는 묘사를 통해(하혈하는 부인은 이미 수많은 의사를 찾아다니며 온 재산을 탕진했다: 마르 5.26) 혹은 도움을 구하는 이를 저지하는 동기를 통해(자비를 구하며 소리치는 소경은 군중에게 역겨움을 일으킨다: 마르 10.48) 다채로움을 띤다. 도식화하고 정형화한 이적사화는 구체적으로 묘사된 개별사건의 인상을 주기보다는 이적가 예수라는 일반지식을 전달한다. 이런 사화가 사후에 예수의 활약에 부가되었다고 말하는 것은 옳지 않다. 그 일반성 속에 예수 활동의 중요한 특징이 고수되어 있다. 각 이적사화, 특히 성과를 기약하는 그런 이적의 사후 검증이 구체적으로 묘사될 필요가 있었다.

우리네 근대 관념으로 생각하면 치유되는 갖가지 병에 관한 제시는 부정확하고 모호하다. 두어 가지 실례를 간단히 살펴보자. 루가 14.2-4에 따르

---

11 G. Theißen, *Wundergeschichten* 57-89. 참조: Bultmann, *Geschichte* 236-41.

면 예수는 "수종병자"ὑδρωπικός를 치유한다. 이 "의학" 개념이 신약성서에서 셋째 복음서에만 나타나므로, 일찍이 종종 이것을 루가가 의사라는 증거로 평가했다. 우리가 이것을 고대의 진정한 병명이라고 여기게 되는 것은 플리니우스도 이 말(hydropicus)을 사용했다는 데서 연유한다.[12] 루가는 아무 증상이나 특별한 병세도 지적하지 않는다. 고대 문헌에서 이 병명이 나오는 곳을 살펴보노라면 전혀 일정하지 않은 그림이 생겨난다. 수종의 증상으로 보이는 것은 지나친 갈증[13], 몸의 떨림[14]이다. 핑크호프[15]는 혈우병을 상기하고, 페너[16]는 임파선 관절 피부에 분비가 일어난 열대 신경증일 것이라고 한다. 엄밀한 진단에 의한 수종의 성격규정이라고 할 수 있는 것은 없다. 수종이란 수많은 병을 아우르는 집합명칭이다.[17]

비슷하게 "중풍병자"παραλυτικός도 집합개념으로 파악될 수 있다. 마르코 2,1-12 // (루가 5,18에서는 παραλελυμένος)[18]의 중풍병자 치유 묘사에서는 이 사람이 전혀 걸을 수 없다는 것이 분명하다. 네 사람이 침상에 누인 채 들고 온다. 백부장의 종도 마태오 8,6에 따르면 중풍병자다.[19] 큰 고통을 말할 때 더 자세히 병세를 규정하는 말은 없다. 고대 문헌의 다른 데서도 나오는[20] 이 중풍이란 의료상 의미로 마비의 특수사례에 한정할 것이 아니라 온갖 두드

---

[12] Plinius, *Hist. Nat.* 28,232.

[13] Polybios 13,2. Philostratus, *Vit. Apoll.* 1,9에 따르면 Apollonios는 水腫병자를 脫濕으로 고친다. 랍비들의 생각에 따르면 水分代謝의 障碍가 수종의 病因이다. 참조: Billerbeck II 203.

[14] Aristoteles, *Problemata* 3,5.　　[15] H. Pinkhof: van der Loos, *Miracles* 506⁵.

[16] F. Fenner, *Krankheit* 66. H.J. Cadbury[Lexical Notes on Luke-Acts: *JBL* 52 (1933) 55-65 중 62-3]는 수종(dropsical)을 赤痢(dysentery)와 가까운 병으로 설정한다.

[17] 16 또는 17세기의 교구 사망록을 들추어 보면 그때에도 아직 死因이 몇 가지 소수의 병이나 사고에 귀착되었음이 확인된다. Josephus[*Ant.* 17,168-72]가 기술하는 헤로데의 병을 더러들 그러듯이 수종과 관련지어서는 안될 것이다. 이 왕은 性病 때문에 죽은 모양이다.

[18] 루가는 의학적으로 좀더 정확히 표현하려고 한다. 뇌일혈로 인한 반신불수를 생각하고 있는 것일까?

[19] 여기서도 루가 7,2는 παραλυτικός라는 낱말을 피한다. 곧 죽게 된 중환자라고 간단히 말할 뿐이다. 참조: Pape-Sengebusch, παραλύω.

[20] 참조: Plinius, *Hist. Nat.* 28,127. 이 낱말을 의사인 Moschion과 Dioscorides도 사용한다. 참조: H.J. Cadbury, Lexical Notes on Luke-Acts: *JBL* 45 (1926) 190-209 중 204-5⁴⁵.

러진 운동장애로 확장해야 할 것이다. 손이 오그라든(직역: 마른) 사람의 치유
도 부분마비를 전제한다(마르 3,1-6//). 열왕기에도 굳은 손 이야기가 나온
다.[21] 심리적 원인에 의한 신체장애를 생각하는 경향이 거듭 있었다.[22] 그러
나 설명이 약소하여 귀납적 추론이 용인되지 않는다.

마르코 1,40-45//의 나병환자λεπρός[23]는 구약성서와 유다교계에서 매우 많
이 이야기되던 병에 걸려 있었다. 레위기에서는 13-14장이 나병에 할당되
어 있다. 여기 적힌 것을 「미슈나」 논문 「느가임」에서 계속 다룬다. 병의
묘사가 광범하다. 살갗에 부스럼이나 뾰루지나 어루러기가 나타나서 나병
의 표지로 발전하는 경우, 곪았다가 나은 자리가 다시 희게 부어 오르거나
불그스름한 어루러기가 생기는 경우, 불에 덴 자리가 부어 올라 그런 어루
러기로 번지는 경우 등등을 이야기한다(레위 13,2.18-19.24.29-30). 「미슈나」에서
는 나병을 스물네 가지로 구별한다. 특별히 위험한 형태를 잘 알고 있는
데, 그러나 우리네가 기대를 걸기에는 역시나 너무 부정확한 묘사다.[24] 필
로는 나병, 악성 부스럼, 무사마귀 들을 나열하거나 여러 형태의 나병을
말한다.[25] 때로는 고대의 나병lepra이 오늘날 우리가 그렇게 부르는 병과 일
치한다는 주장도 있었지만,[26] 이 역시 집합개념임은 좀처럼 의심할 나위가
없겠다. 나병을 불치병으로 여긴다고 보기는 어렵다. 예컨대 레위 13-14장
에서는 치유가능성이 고려되고 있고, 병이 진척된 단계에서 정작 나병의
특징을 드러내는 증상이야말로 소개되지 않는다. 분명히 악성과 비악성의
갖가지 피부병이 등장하는 이 대목의 관심사인즉 이들 때문에 인간이 제례
적으로 불결해진다는 것이었으며, 우리네 의학언어로 거론하자면 좀더 자

---

[21] 참조: LXX 3열왕 13,4.   [22] 참조: Seng, *Heilungen* 17; Ebstein, *Medizin* 101.

[23] 참조: 루가 17,11-19; 4,27. 베다니아에서 예수는 나병환자 시몬의 집에 묵는다(마르 14,3//).
이 사람에 관해 우리가 더 자세히 아는 것은 없다. 함께 먹었다는 말도 없다. 예수에 의해 치유되
었던지에 관한 思辨도 부질없는 일이다.

[24] 참조: Billerbeck IV 745-6.

[25] Philo, *Spec. Leg.* 1,80; *Som.* 1,202; *Poster.* C. 47. Plinius, *Hist. Nat.* 28,127.

[26] 상세한 문헌소개: W. Michaelis: *ThWNT* IV 240³.

세히 정의될 수는 있을지언정 주어진 자료가 충분한 것은 아니다.[27]

비교적 정확히 특정한 병을 가리키는 대목에 이르기는 마르코 9,14-27∥에서가 가장 손쉽다. 복음사가는 예수에게 인도되는 소년의 병을 썩 소상히 기술한다. 걸핏하면 땅에 쓰러져 입에 거품을 뿜고 이를 갈며 뻣뻣해진다. 마태오 17,15는 자주 불이나 물 속에 뛰어든다는 말로 증상을 요약한다. 마태오 자신의 진단인즉 그러나 몽유병이었다σεληνιάζεται고 한다.[28] 우리가 말하는 소년은 간질병자다.[29] 간질의 가장 뚜렷한 표지로 여겨진 것이 마르코가 적절히 묘사한 발작들이다. 발작 모습이 무서움을 일으킬 수 있던 그 병은 여러 이름을 지녔다. 마법과 요술에 연결짓고 거룩한 병이라고들 불렀다. 로마인들은 간질병자의 발작을 홍조로 평가했다.[30] 특히 병과 달을 연결짓는 요술이 생겨났다. 갈레노스는 이것을 자연요법으로 설명했거니와, 아무튼 몽유병자라는 지칭은 거기서 비롯한다. 때로는 소아병παίδειον πάθος이라고도 하는데, 어린 나이에 자주 나타난다는 것을 말해준다. 특별히 중병이라고, 진척된 단계에서는 불치병이라고 여겼다.

우리가 예수의 치유활동에 접근하는 길을 특별히 막고 있는 것은 시대에 매인 인간론과 우주론의 상상들이다. 이에 따르면 악한 폭군인 귀신들이 인간을 지배하며 몸과 마음의 고통을 일으킨다. 귀신신앙을 공관복음서는 고대세계의 대부분과 함께 공유한다. 구약성서에 비해서도 이 점이 오히려 한결 두드러진다.[31] 이 현상은 당시 갈릴래아 주민 속에 귀신에 대한 두려움이 깊이 뿌리내려 있었기 때문이라고 할 수 있겠다.[32] 명칭은 퍽 단순하다. 귀신δαιμόνιον, δαίμων[33], 귀신들린 자δαιμονιζόμενος (특히 마태오/마르코의 경우) 외

---

[27] 참조: M. Noth, *Das dritte Buch Mose* (ATD 6) (Göttingen 1962) 90.

[28] 루가 9,39에는 더 자세한 소개가 없다.　　　[29] 참조: E. Lesky - A. Waszink: *RAC* V 819-31.

[30] Plinius, *Hist. Nat.* 28,35에서는 痲疾병자를 보면 不淨탈세라 침들을 뱉게 된다고 말한다.

[31] 구약성서에서 귀신은 야훼 신앙이 멸시한 異邦神들이다. 참조: G. Gloege: *RGG*³ II 2.

[32] 요한복음서에서는 귀신 이야기가 후퇴하는 것도 확실히 受話者圈과 관계가 있다.

[33] 신약성서에서는 마태 8,31에만 δαίμων이라는 개념이 나온다.

에, 민중신앙이 선명히 드러나는 "더러운 영"이라는 말도 자주 쓰인다. 악령을 말하는 경우는 오히려 드물다(루가 7.21: 8.2).

기본 이해를 위해 식별에 유념할 점은 다음과 같다: 우선 단적으로, 한(혹은 여러) 귀신이 인간 안에 깃들어 살면서 그를 완전히 사로잡을 수 있다고들 상상한다. "귀신들린 자"는 자신의 주인이 아니라 그를 지배하는 영의 거의 속절없는 도구로 보인다. 구마사화는 귀신들린 자가 귀신한테서 해방됨을 알리는데, 퇴거령Apopompe에서 절정에 이른다. 역시 종합기사를 제외하면 복음서의 중요한 구마사화는 둘인데(마르 1.23-28∥: 5.1-20∥), 그 가운데 후자는 귀신들을 돼지떼 안에 임시로 들어가게 하는 입주령Epipompe으로 괴기성이 선명해진다. 구마 외에도 주목할 것은 병도 귀신이 일으키는 줄로들 상상했다는 점이다. 이로써 치유사화에도 구마적 특징이 거듭 나타나는 것이 설명될 수 있다. "귀신들린 벙어리"(마태 9.32)나 병들게 하는 영에 사로잡힌 곱사등이 여자(루가 13.11) 들이 병을 일으키는 귀신을 생각할 수 있는 경우다(참조: 마르 7.24-30∥: 9.17∥). 병마에 대한 치유자의 권능은 읽다가 놓칠 수도 있는 바를 여러 모로 시사한다. 군대를 거느리고 하인도 부리는 이방인 백부장이 명령권을 두고 말할 때(마태 8.9)는 병마가 무조건 복종해야 하는 예수의 전권이 암시된다. 혹은 루가 4.39에 따르면 예수는 열을 **꾸짖는데**, 이때도 같은 상상이 깔려 있다. 끝으로, 공관서에 따르면 귀신의 활동이 죄와 연결되지 않는다는 점도 짚어두어야겠다. 귀신은 인간의 건강과 정신을 해치는 자들이다.[34] 공관 자료의 특성을 고려하면서 구마의 특징으로 구마와 치료를 식별하면 다음과 같은 사실이 확인된다: 치료자는 귀신으로 인한 결과와 관계하고, 구마자는 귀신의 현존과 관계한다.[35]

---

[34] 이것이 예컨대 다음과 같은 誤解까지 낳았다: 루가 8,2에서 예수가 막달라 마리아한테서 일곱 귀신을 몰아냈다고 들먹인 것이 빌미가 되어, 이 여자를 큰 罪女라고 여기게 된 것이다. 그녀가 "귀신들렸다"는 것이란 그러나 죄와 상관없고 고약한 병의 표현이다. 고대 귀신신앙의 분류: K. Thraede: *RAC* VII 44-117; O. Böcher, *Dämonenfurcht und Dämonenabwehr* (BWANT V/10) (Stuttgart 1970). 한 바빌로니아 텍스트에 따르면 귀신들이 풀처럼 땅을 덮고 있다.

[35] 참조: Theißen, *Wundergeschichten* 94.

세상을 귀신들이 차지하고 있다고 보던 묵은 세계상으로 예수의 치유 문제가 해결된 것은 아니다. 복음서의 치유사화는 그 수화자의 이해지평에 완전히 동화한다. 예수의 구마를 판단하기는 더욱 어렵다. 예수가 구마자 구실도 했다는 것은 우리에게 아무리 낯설고 가당찮게 보일지언정 좀처럼 부인될 수 없다. 이에 해당하는 예수 말씀들이 전승되어 있다. 예수가 귀신 두목 베엘제불을 통해 귀신들을 몰아낸다는 반대자들의 비난도 전승되어 있다(마태 12,24: 참조: 9,34). 이와 관련하여 예수 외에 다른 구마자들의 활동도 지적되어 있다: "내가 베엘제불의 힘을 빌려 귀신을 쫓아낸다면 당신네 아들들은 누구의 힘을 빌려 쫓아낸단 말이오?"(12,27) 구마자들의 활동은 따라서 민중에게 친숙한 일이었다.

오늘날도 "원시"민족에게 존재하는 이런 활동이 우리에게 좀더 자세한 설명이 될 수 있을까? 귀신들린 자를 두고 정신과적으로 생각한 것인즉 유난히 섬뜩한 비정상 행태들이다. 그런 예로 특히 정신병, 극도의 신경증, 신경쇠약 들이 있고, 정체성 상실 현상도 있다.[36] 전쟁·억압·곤경 들이 단순한 사람들에게 귀신에 대한 두려움을 더하거나 일으키기 십상이라는 생각들도 했다. 이때 귀신신앙이란 두려움과 외로움, 공포감과 소외감으로 인해 꿈·자연현상·질병·광기·탈혼의 형태로 생겨나는 것이라고 파악된다.[37] 이로써 수행되는 삶의 설계는 비상하게 억압받는 처지, 좀처럼 스스로 거기서 해방되지 못하는 처지에 있는 인간에게 적중한다. 예수는 이런 처지를 만들어낸 것이 아니라 찾아내었다. 예수의 구마활동은 이런 옹색한 처지의 인간을 향해 해방하며 들어간다.

설화의 동기 연구에 나타나는 세계상·진단법·도식화는 복음서 이적사화를 환경적으로 근사한 성서 바깥 이적설화와 한데 묶는다. 비교해 보면 아마 전자를 정형화하는 요소를 발견할 수 있을 것이다. 접합점으로서 가

---

[36] 참조: Böcher, *Christus Exorcista* 166; Klausner, *Jesus* 363; Oesterreich, *Besessenheit* 19; van der Loos, *Miracles* 374. 후자는 dedoublement de la personnalité(인격의 이중성) 사례를 거론한다.

[37] 참조: G. van der Leeuw, *Phänomenologie der Religion* (Tübingen 1933) 117-9.

파르나움 백부장 종의 치유를 골라 보자. 이야기는 「어록」 전승에 속하지만(마태 8,5-13 // 루가 7,1-10), 요한 4,46b-54에 구체적 진행을 다듬은 표가 나는 나중 증언이 있다. 가장 오래된 텍스트 형태를 재구성하는 데는 이것이 문제가 되지 않는다. 대체로 이러했다고 상상할 수 있다:

> 예수께서 가파르나움에 들어가시자 백부장이 다가와 간청했다. "주님, 제 하인이 중풍으로 집에 누워 몹시 앓고 있습니다." 예수께서 "나더러 가서 고쳐 주라고요?" 하시니 백부장이 대답했다. "주님, 저는 주님을 집에 모실 자격이 없습니다. 그저 한 말씀만 하시면 하인이 낫겠지요. 저 역시 상관에게 매인 사람입니다만, 제 아래에도 가라 하면 가고 오라 하면 오는 병졸들이 있고 또 하라는 대로 하는 종도 있습니다." 예수께서 듣고 놀라워하며 따라오던 사람들에게 말씀하셨다. "진실히 말하거니와, 이스라엘에서는 누구한테서도 이만한 믿음을 본 적이 없습니다." 그리고 백부장이 집으로 돌아가 보니 종은 나아 있었다.[38]

백부장이 직접 예수와 만나는 이야기로 되어 있다. 백부장이 대신 간청해 주는 하인은 직접 등장하지 않는다. 기본은 백부장이 알리는 믿음이다. 그것이 예수의 칭찬을 받으며 예수를 감동시켜 도움을 베풀게 한다. 이 이적

---

[38] 再構成에 대하여: 병이 죽을 지경으로 악화됐다는 루가 7,2 (참조: 요한 4,47)의 묘사는 확실히 二次的이다. 두 차례, 먼저 유다인 원로들, 다음 친구들을 보냈다는 것도 루가의 加筆로 볼 것이다. 여기서 친구들이 전하는 謙辭는 필경 百夫長의 입에만 제격이다. 유다인들의 代辯은 루가의 "救援史的 視角"과 잘 어울릴 수 있다. 반면에 많은 사람의 흥망에 관한 마태 8,11-12 로기온은 마태오가 이 페리코페에다 갖다넣었다. 루가는 이것을 전혀 다른 자리에 갖다놓는다(13,28-29). 結句의 原形을 재구성하기는 좀 확실하지 않다. 마태 8,13은 15,28b와 일치하는 것에서 쉽게 알 수 있듯이 마태오식 문장이다. 아마도 "그리고 '당신 종은 나았습니다' 하고 말씀하셨다" 같은 문장도 있었을 것이다. 7절은 의문문으로 읽을 수 있다. 참조: Gnilka, *Matthäusevangelium* I 299-300; Theißen, *Wundergeschichten* 183; Busse, *Wunder* 141-60.

사화에서는 베풀어지는 치유가 예상될 수 있는데도, 이 믿음을 근거로 이 이야기가 놀라운 선물의 성질을 얻게 되거나 지니고 있다.

복음서 전승, 특히 요한계 전승에 놀랄 만큼 가까운 「탈무드」의 한 치유 사화가 하나 벤 도사라는 이름과 연결되어 나타난다:

> 랍반 가말리엘의 아들이 병든 일이 있었다. 그가 두 율사를 랍비 하니나 벤 도사에게 보내어 자비를 간구해 주십사고 하였다. 랍비는 율사들을 보자 곧장 지붕으로 올라가 자비를 간구했다. 그리고 내려와서 말했다. "가시오, 열이 물러갔소." 이에 율사들이 "혹시 예언자이십니까?" 하니 랍비가 말했다. "예언자도 예언자의 아들도 아니오. 그보다는 이런 전통이 있다오. 즉, 기도가 입에서 쉽게 술술 나오면 청허되었다는 것을 알고, 그렇지 않으면 배척되었다는 것을 알지요." 그러자 그들이 앉아서 그 시각을 정확히 적바림해 두었다. 그리고 랍반 가말리엘에게로 왔는데, 그는 이렇게 말했다. "성전에 맹세코, 자네들은 빼지도 보태지도 않았네그려. 똑 그대로일세. 그 시각에 열이 떠났고, 그애가 우리에게 마실 물을 청했지."[39]

복음서 전승에서와 마찬가지로 "원격 치유"다. 루가 전승과는 대리 동기를 공유하는 점에서, 요한 전승과는 시각을 확인하고 청원자와 병자가 부자 관계이며 열을 진단하는 점에서 같다. 요한 4장과 일치점이 하도 많아서 피비히는 문학적 의존관계의 가능성을 상론하기도 했다.[40] 만일 이 가능성을 되짚는 것이 옳기도 하다면 도식화하는 화법의 상호작용이 있었다는 인상조차 남는다. 그러나 어떻든 두 가지 특기할 만한 차이가 있다. 우선, 치유가 한 경우에는 하나나의 기도를 통해서 일어나고, 다른 경우에는 백부

---

[39] 바빌로니아 탈무드 *bBer* 34b.

[40] P. Fiebig, *Jüdische Wundergeschichten des ntl Zeitalters* (Tübingen 1911) 21-2.

장이 명령권의 묘사로 정곡을 찌른 예수의 전권을 통해 일어난다. 또, 복음서의 이야기에서는 결정적인 신앙 동기가 랍비 이야기에는 없다.

한 셋째 보기로 우리는 그리스-로마 세계에 안내된다. 베스파시아누스 황제가 이집트에서 행한 두 치유를 타키투스가 전한다:

> 실명으로 소문난 알렉산드리아의 한 평민이 베스파시아누스 앞에 무릎꿇고 하소연하며 고쳐 주십사고 빌었다. 세라피스 신을 기리며 그렇게 했는데, 종교적 광신이 한창이던 백성이 그 신을 특별히 받들던 터였다. 그래서 그가 군주에게 성은을 베풀어 뺨과 눈두덩에 침을 발라 주십사고 간청한 것이다. 손이 아픈 또 한 사람도 같은 신을 일컬으며 군주에게 발바닥으로 제 손을 만져 주십사고 했다. 처음에 베스파시아누스는 가소롭다 싶어 거절했다. 그러나 병자들이 줄곧 졸라대자 어정쩡해지더니 … 마침내 의원들의 자문을 구했는데 … 좀 애매하게들 설왕설래했다. 전자는 시력이 아주 사라진 것이 아니니 장애를 제거하면 되돌아올 법도 하다고. 후자는 손목이 삐인 모양인데, 효험있는 약을 쓰면 탈없는 상태로 되돌릴 수도 있겠다고. 물론 신들에게 달린 일이겠지만, 군주는 신들의 도구로 뽑히신 것 같다고. 아무튼 처방이 성공한다면 필경 군주께는 명성을 얻는 결과가 될 것이요, 설사 효험이 없더라도 조롱은 불행한 두 피조물에게나 돌아가리라고. 이리하여 베스파시아누스는 자기에게 불가능한 일이란 없다고들 여기게 될 다행한 기회라고 생각하기에 이르렀으니, 기대감으로 긴장해 있던 군중의 눈앞에서 인자한 표정을 지으며 그 과업을 수행했다. 손은 곧 다시 쓸 수 있게 되었고, 맹인에게는 대낮이 새삼 밝아 왔다. 지금도 목격자들이 이 두 사람 이야기를 하고 있거니와, 거기 거짓부리란 있을 리 없단다.[41]

---

[41] Tacitus, *Hist.* 4,81.

이 이적사화에 다른 요소가 새겨져 있다는 것은 분명하다. 의심없이 종교적 요소도 있다. 이것은 도움을 구하는 이들에게 한정되어 있다. 세라피스 신을 가리키며 그들은 황제에게 호소한다. 황제는 적잖이 역력한 의심을 극복한 다음 신들의 도구 구실로 형식상 몰려간다. 행동은 공공연한 연극으로 이어진다. 이야기는 황제의 영광을 향해ad gloriam Caesaris 풀려 간다.

믿음이 복음서 이적기사의 특성이라고 볼 수 있겠다. 대부분의 경우 명문으로 표현된다: "그러자 예수께서 그들의 믿음을 보시고"(마르 2.5); "이스라엘에서는 누구한테서도 이런 믿음을 본 적이 없습니다"(마태 8.10); "믿음이 당신을 구했습니다"(마르 5.34; 10.52); "믿음이 장합니다"(마태 15.28). 부정적 표현형태도 있다: "아, 믿음 없는 세대, 내가 언제까지 함께 있어야 한단 말이오?"(마르 9.19). 또한 "하고자 하시면 저를 깨끗이하실 수 있습니다"(마르 1.40) 같은 표현이나 자비를 구하는 외침(마태 9.27; 참조: 28절)도 이런 맥락에서 손색없는 믿음의 표현이라 할 만하다. 요한복음서의 치유사화에서는 신앙 주제를 신학적으로 더욱 캐어들어가거나(9.35-38) 불신과 계속 대결시키기도 한다(5.10-12.24). 성서 바깥의 헬레니즘계 이적설화에서 신앙 문제가 등장할 때는 상황이 다르다.[42]

믿음이 복음서 치유사화를 특징짓는 표지라면, 더 나아가 되물어 볼 수 있을 것이다: 예수한테서는 어떠했던가? 치유를 베푸는 일이 역사상 예수의 활동에서 믿음과 연결되어 있었다는 것은 이제 또 검토해야 할 두 전승을 통해 밑받침을 얻게 되는데, 드러난 불신을 보고 이적을 거절하는 이야기를 전하는 대목이다.

---

[42] Lucianus, *Pseudolog* 에서는 異蹟과 믿음의 연결이 잦다(13.15.28-9). 그러나 여기서 믿음은 신학적 성질이 없다. Lucianus가 겨냥하는 것은 이런 놀라운 일들이 있을 수 있다는 것이요, 呪文들이 많은 이에게 유용하다는 것이며, 귀신과 靈들이 존재한다는 것이다. Theißen[*Wundergeschichten* 133-6]은 여기서 믿음이란 Jamblichos, Plutarch, Strabo 들에게서도 그런 것처럼 이적에 따르는 결과라고 지적했다. "믿음"이 이적에 先行하는 곳에서는 — 典據가 드물고 Epidauros에 한정되거니와 — πίστις라는 말이 쓰이지 않는다. 가장 근접하는 경우는 아마 Aischines, *Anthol. Palat.* 6,330일 것이다: "죽어가는 자는 束手無策인 채 神的 手段에 온 희망을 걸어 놓았다." Weinreich, *Heilungswunder* 195에도 이 문장이 있다.

마르코 6.1-6a에서 우리는 고향 나자렛에 나타난 예수의 실패담을 듣는다. 예수가 안식일에 회당에서 가르치자 동향사람들은 분개하는데, 자기네가 잘 아는 소시민 가정 출신이요 여러 해 동안 자기네 한가운데서 일하던 수공업자라는 사실이 지혜와 이적 능력을 인정하기에는 어울리지 않는 모순으로 보이기 때문이다. 이 실패한 고향 등장이 활동 시작 때 일어난 일일 리는 없다. 루가는 4.14-30에서 예수가 나자렛에서 활동을 개시하여 마치 등장설교를 하는 것처럼 극적 장면을 연출해 놓았는데, 여기에는 루가 자신의 신학적 이유가 있다. 예수의 이적 소문은 고향사람들도 이미 들었다. 큰 인물이 된 그 마을 출신에게 이제 상당한 기대를 품고서 몽매한 재주로 천재의 껍질을 살피듯 했기 십상이다(H.J. 홀츠만). 예언자가 고향 밖에서는 푸대접받지 않는다는, 납득 안되는 배척에 대한 설명 삼아 인용되는 격언으로 상황이 다 밝혀지는 것은 결코 아니며, 짐작건대 이 말씀은 나중에야 이 페리코페에 조합되었을 것이다. 본래 반응으로 보아야 할 것인즉, 나자렛 사람들은 "그분을 인정하지 않았다"(3절 끝)는 것이요, 예수는 "그들이 믿지 않는 데 놀라워하셨다"(6a절)는 것이다.[43] 모가 나는, 또 그래서 오래된 전승으로 볼 수 있는 지적은 예수가 거기서 아무 이적도 행할 수 없었다는 말이다(5a절). 마르코는 이 모난 데를 누그러뜨리려고 애를 썼다(5b절; ∥ 마태 13.58도 마찬가지; 루가 4.23은 오히려 더 강경하다). 여기서 나올 수 있는 역사상 결론인즉, 예수는 고향사람들 앞에서 이적을 유보했다는 것이다. 그 이유인즉 나자렛에서는 전혀 믿음을 만나지 못했기 때문이다.

이적 거절과 불신의 관계가 못지않게 강렬히 부각되는 사례가 복음서 여러 군데 나타난다. 어떤 사람들(마르 8.11: 바리사이; 마태 12.38: 몇몇 율사와 바리사이; 마태 16.1: 바리사이와 사두가이; 루가 16.11: 불특정한 다른 사람들)이 예수한테 표징을 요구한

---

[43] 再構成: Gnilka, *Markus* I 227-9. 이 페리코페의 가장 오래된 상태로 꼽을 수 있는 것인즉, 확실히 재구성될 수는 없는, 예수의 나자렛 會堂 등장을 이야기하는 도입부와, 나아가 2b.3.5a.6a절이다. 엇갈리는 분석들: Bultmann, *Geschichte* 30-1; Koch, *Bedeutung* 147-53; E. Gräßer, Jesus in Nazareth: *Jesus in Nazareth* (BZNW 40) (Berlin 1972) 13.

다. 마르코도 「어록출전」도 이 장면을 전했다. 그래서 마태오는 두 번 인용한다는 것이 설명된다.[44] 그들은 정당화 문제를 제기하고, 예언자들에 의해 믿음을 낳는 이적들이 전승된 것처럼(1사무 10.1-3; 1열왕 13.3; 2열왕 19.29; 비판적으로 신명 13.1-3) 예수가 스스로 입증하기를 기대한다. 하늘에서 오는 표징을 보고 싶어한다. 공관서 용어에 따르면 표징이란 "권능행적"δυνάμεις(이것이 마태 11.20-21.23; 14.2 등에서 예수의 "이적" 또는 "기적"으로 번역되는 말이다)과 구별하여 어떤 의심도 말끔히 없애주는 그런 이적이다. 어떤 의심도 떨쳐내는 표징을 요구하는 기대는 그것이 하늘에서 오는 표징이라야 한다는 것으로 더욱 강조된다. 직접 하느님이 일으켜서 믿게 하는 표징이라야 한다는 것이다. 이 무리한 요구의 준엄한 거절은 신앙 문제와 관련된다. 마르코 8.12-13에 따르면 예수는 표징 요구자들을 버리고 떠난다. 예수의 거절은 맹세 형식을 취하는데, 풀어 놓자면 이런 말씀이다: "이 세대에게 표징이 주어진다면 내가 저주받겠소!"[45] 예수에게는 표징 요구란 완고한 불신의 표출이다. 예수는 믿음에만 자기를 연다. 믿음만이 예수의 구원에 다가갈 수 있다.

다만 우리는 고려할 수 있거니와, 예수는 자기 입장을 바꿈이 없이 표징 요구자들에게 한 내다보는 표징을 제시했는데, 일컬어 "요나의 표징"이라 했다(루가 11.29). 그 풀이는 갖가지다. 복음서 안에서도 마태오 12.40은 예수의 부활에 관련짓는다. 이 해석은 분명히 이차적이다. 루가 11.30은 이미 「어록」에서 읽을 수 있던 해설을 제공한다고 할 수 있겠다: "요나가 니느웨 사람들에게 표징이 된 것처럼 인자도 이 세대에게 그렇게 될 것입니다." 여기서 가장 그럴법하게 생각할 수 있는 것은 「어록」의 특별한 대망 내용이었던 인자 재림이다. 마르코 8.12에 따르면 예수는 요나 표징을 들먹이지 않는데, 이것은 가장 오래된 전승이라서가 아니라, 마르코가 요나

---

[44] 요한 2.18; 6.30은 表徵 요구를 구체적 상황에 둔다. 예수더러 표징을 통해 성전 장사꾼들을 몰아낼 권한이 있다는 것을 입증하라는 상황이다. 그리고 광야에서 백성에게 만나를 먹여 준 모세의 방식에 따라 입증하라는 것이다.

[45] 마르 8.12에 대한 참조: Blass-Debr § 372,4; J. Doudna, *The Greek of the Gospel of Mark* (JBL MS 12) (Philadelphia 1961) 110-1.

표징의 자세한 내용을 몰랐거나 예수의 대답을 되도록 엄하게 꼴짓고자 했다는 사실을 드러내는 것이라고 볼 수 있다. 요나 표징의 말씀으로 어려움들이 있었다는 것은 그 친언성의 증빙으로 평가될 수 있다. 짐작건대 예수는 참회와 회개 설교를 상기하면서 그 점에서 자신이 요나와 인연이 있다고 보았을 것이다. 이 문제를 여기서 더 추궁할 필요는 없다. 중요한 점인즉, 이렇게 약속되는 표징이 완강히 믿음을 요구해 마지않으며 혹시 너무 늦을 가능성도 고려하고 있다는 것이다.[46]

예수의 치유가 믿음을 내포한다는 것은 그 이해에 이르는 길을 가리켜준다. 믿음은 치유가 일어날 가능성에만 한정될 수 없다. 예수에 대한 신뢰는 구체적으로 받는 도움 너머로 뻗어나가서 예수를 구원을 가져다 주는 분, 구제할 능력이 있는 분이라고 알아보게 된다. 곧 더 자세히 다루려니와, 이적과 말씀의 관계는 치유사화의 묘사에 따르면 예수가 주로 말을 통해 도움을 베푼다는 사실로도 시사된다고 할 수 있겠다. 물론 만짐(마태 8.3.15: 9.29: 20.34 등), 침뱉음(마르 7.33: 8.23), 그밖의 처치(요한 9.6-7)도 있고, 그래서 예수는 큰 이적가로 나타나게 되었다. 여기에 나중의 헬레니즘 영향도 실제로 작용했을 것이다.[47] 본디는 그러나 말씀에 집중하여, 하느님 나라를 선포하는 말씀과 연결짓고, 이 선포에 이적을 종속시킨다. 치유는 하느님 나라 복음의 맥락 속에서 바라볼 때라야 올바르게 그 진가가 인식될 수 있다.

우리의 관심사는 역사상 사실이므로, 구체적 기억을 보존했을 치유사화의 개별 세부사항에 주목하여 점검해 보자: 예리고의 소경 거지(마르 10.46), 가파르나움에서 시몬 베드로의 집에 있던 그의 장모(마르 1.29-31)처럼 행동 장소와 이름이 아울러 제시되는 것은 증빙이라 할 수 있겠다. 가파르나움 백부장의 경우에는 기본적인 특징이 추가되어 있는데, 예수는 유다인으로

[46] G. Schmitt[Das Zeichen des Jona: ZNW 69 (1978) 123-9]는 예고된 요나 표징이란 예루살렘 파괴라고 추정한다. 이때 Vita Prophetarum을 증거로 삼는데, 이 점에서도 이 제안은 문제스럽다.

[47] 참조: Dibelius, Jesus 73-4.

서 이방인의 집에 들어오라는 무리한 요구를 우선 물리친다(의문문으로 본 마태 8.7). 중풍병자 치유의 경우에는 지붕을 열었던 일이 기억에 오래 남게 되었던 모양이다(마르 2.4).

하늘에서 오는 표징의 요구를 거절하는 데서 예수가 베푼 이적의 성질에 대한 통찰이 뒤따라 생겨난다. 예수의 이적은 무슨 — 글자 그대로의 뜻으로 — 압도하는 "기적"이 아니었다. 불신자에게는 흡족하지 못했다. 믿음으로 예수에게 자기를 열어 놓는 사람에게만 "권능행적"으로 나타났다. 이리하여 표징 요구의 거절 사건은 예수의 이적 전부를 싸잡아 판단하는 데 대한 비판론 구실을 띠게 된다.

나. 이적 치유활동을 가리킨다기에는 의심스러워 보이는 그런 예수 로기온의 수는 눈에 띄게 적다. 이 점도 예수 활동의 이 난(欄)을 올바르게 짜넣는 데에 교정수단으로 사용될 수 있겠다. 믿음이라는 주제와 연결지어 보자. 믿음이 이 영역에서 예수의 특색이라고 할 수 있다면, 더 나아가는 표현도 발견된다는 것은 능히 짐작할 수 있는 일이다.

이 모든 점에 안성맞춤인, 믿음에 관한 한 로기온이 있다. 약간 꾸짖는 그 어조는 일찍이 제자들이 그 본디 수화자였음을 시사한다고 할 수 있겠다. 복음서에서 사용되는 양태도 이 점을 확인해 주는데, 다만 우리가 만나게 되는 자리는 여러 곳이다: 마르코 11.23 // 마태오 21.21은 무화과나무의 저주와 관련지어 제자교육으로 제시한다. 마태오 17.20은 또다시 간단한 제자교육으로 몽유병자 어린이의 치유와 관련지어 인용하는데, 제자들은 불신 때문에 치유할 수 없는 처지였다. 루가 17.6만이 상황과 무관한, 사도들을 향한 훈시에 넣는다. 우리는 마태오와 마르코의 경우에 문맥 속으로 끼워넣은 것이 이차적인 결과였다고 전제하고 나아갈 수 있다. 물론 그 말씀은 오래된 것이다. 근본적으로 두 가지 변형이 기존한다(한 편으로는 마르 11.23//: 마태 17.20, 다른 편으로는 루가 17.6). 재구성을 위해 마태오 17.20과 루가 17.6을 원용하자:

진실히 말하거니와, 겨자씨만한 믿음이라도 있다면, 이 산더러 "여기서 저기로 옮겨가라" 하더라도 옮겨갈 것입니다.

겨자씨만한 믿음이라도 있다면, 이 뽕나무더러 "뿌리째 뽑혀 바다에 심어져라" 하더라도 복종할 것입니다.

여기서 우리에게 의문의 중심이 되는 것은 본디 표상자료가 산이냐 뽕나무냐일 뿐이다. 나무가 먼저라고 할 수 있다. 이 표상이 본디 것인데, 심지어 겐네사렛 호숫가에서 뽕나무를 바라보며 말한 것으로 보인다. 본디 표상을 더욱 밀어붙여 산을 옮겨놓는 믿음에 이른 것은 한 격언을 취한 것으로 보인다(참조: 1코린 13,2).[48] 이 로기온으로 제시된 가르침은 인상적인 대조에 의해 규정지어져 있다. 작은 것과 큰 것의 대립이다. 겨자씨는 눈으로 볼 수 있는 사물 가운데 제일 작은 것으로 여겨졌다. 뽕나무는 특별히 뿌리 힘이 센 것으로 일컬어졌다.[49] 그러므로 보잘것없는 것에서 커다란 효과가 솟아난다는 것이다. 이 표상은 글자 그대로 이해하여 마치 무슨 마술에 의해 나무를 호수에 들어다 넣는 양으로 알아들을 것이 아니며, 믿음을 측정하자는 것도 아니다. 참 믿음은 그 효과와 관련해서 큰 것인데, 그러나 인간이 믿음으로 하느님께 자신을 열고 따라서 내맡겨 드릴 때에만 주어지는 것이다. 하느님은 그때 그 인간을 통해 활동하게 되실 수 있다. 우리는 예수의 나자렛 등장 페리코페에서 이미 비슷한 관계를 만나보았거니와, 거기서는 인간의 불신이 하느님을 무력해지게 한다는 것이 밝혀졌다. 이 로기

---

[48] 토마 복음서 48도 참조. 이와 달리 Hahn[ZNW 76 (1985) 156-8]은 이 표상을 산과 바다로 규정짓는다. 마르 11,23도 그렇다. 그러나 마르코가 格를 끌어들였을 것이다. 마르코의 로기온 전승으로 말하면 무척 잘게 토막나서 나타나는 일이 드물지 않다는 점이 뚜렷이 눈에 띈다. 마태 21,21은 마르코에 의존해 있다. 마태오는 이 로기온을 두 번 전승하는데, Q에서와 마르코한테서 미리 발견했기 때문이다. 분석: Gnilka, *Matthäusevangelium* II 105-6.110; *Markus* II 133. 산을 옮겨놓는 믿음에 관한 말씀은 랍비 문헌도 알고 있다. 참조: Billerbeck I 759.

[49] 원문에서 사용하는 "뽕나무"의 그리스어는 *συκάμινος*이며, *συκομορέα*(루가 19,4)가 아니다. 참조: V. Reichmann: *RAC* 683-8.

온은 거꾸로 긍정적인 위상을 밝혀, 인간의 믿음이란 하느님이 활동하러 나아오시는만큼 하느님의 능력이라고 풀이한다. 하느님이 의도하시는 효과는 여러 가지이지만, 이 문맥에서는 치유와 이적에도 연결되어야 한다. 예수의 말씀으로서 이것은 예수 자신의 믿음에 관한 발언이라고밖에 좀처럼 달리 해석될 수 없다.

이로써 우리는 도움받게 된 이의 믿음만이 아니라 예수의 믿음도 이적치유에서 중요하다는 것을 알아보기에 이르렀다. 이것은 또다시 하느님 나라와 관계가 있다.[50] 예수는 독특하게 하느님을 향해 열려 있음으로 해서 독특한 믿음을 보여주었다.[51] 모든 것을 할 수 있는 이 믿음에 관해 다른 자리에서 더욱 성찰된다. 마르코 9,23에 따르면 예수는 간질병자 소년의 아버지에게 "믿는 사람에게는 모든 것이 가능합니다" 하고 말하는데, 이것은 자기 믿음에 참여하라는 권유다. 마르코는 그런 요청에 대한 반응을 그 아버지가 자신의 불신을 깨달음으로 묘사하는데, 아주 옳게 보았다.

이적을 하느님 나라에 직결시키는 말씀이 이미 「어록출전」에 주어져 있다. 예수는 귀신 두목 베엘제불의 힘을 빌려 귀신들을 쫓아낸다고 반대자들이 모함하는 문맥에 들어 있는 말씀이다. 우리가 헤아리건대 더 오래된 전승에서 이 모함에 대한 응수가 이러했다: "내가 베엘제불의 힘을 빌려 귀신들을 쫓아낸다면 당신네 아들들은 누구의 힘을 빌려 쫓아낸단 말이오? 바로 그들이 당신네 심판관이 될 것이오"(마태 12,24.27 ∥ 루가 11,15.19).[52] 지금 우리가 살펴볼 로기온은 논쟁적이 아니며 따로 전해졌다. 루가와 마태오 사이에 견주어 나타나 있는 차이는 하나뿐이다: "내가 하느님의 손가락(마태오: 영)으로 귀신들을 쫓아내고 있으니, 과연 하느님 나라가 여러분에게 와 있습니다"(마태 12,28 ∥ 루가 11,20). 여기서는 어느 모로 보나 루가의 "하느님의

---

[50] Hahn[ZNW 76 (1985) 156-8]은 이 로기온의 종말론적 履行을 관찰했다.

[51] 참조: G. Ebeling, Jesus und Glaube: ZThK 55 (1958) 64-110.

[52] 참조: Gnilka, Matthäusevangelium I 461. 루가 11,19를 Lührmann[Redaktion 33]은 Q 編輯에 귀속된다는 견해를 Merklein[Gottesherrschaft 158]에게서 이어받는데, 설득력이 없다.

손가락"을 우대할 일이다. 이것이 더 본디 모양의 문장이며 더 가까이 이
해로 이끌기도 한다. 예수가 권능행적에서 하느님의 손가락을 이용하고 있
을진대 — 아마도 예수가 하느님의 손가락이라고까지 말할 수도 있을진대
—. 그렇다면 하느님이 예수를 통해 활동하신다. 하느님이 당신 손가락으
로 활동하고 창조하신다는 것은 이미 구약성서에 익히 알려져 있던 생각이
다. 하느님이 율법판을 손가락으로 쓰셨다고(LXX 탈출 31.18; 신명 9.10); 하늘은
하느님 손가락의 작품이라고(LXX 시편 8.4).

예수의 구마에서 기록화하는 하느님의 힘이 이제 하느님 나라가 이미 사
람들에게 이르렀다는 전거다. 그리스어 원문에 사용된 동사(ἔφθασεν)는 바실
레이아의 현존이라는 의미로 파악될 수밖에 없다.[53] 주목할 만하고 따라서
내세워져 마땅한 것은 최종적 구원으로서의 하느님 나라가 예수의 인격과
맺어져 있다는 것이다. 쿰란의 필사본들에서 우리가 알다시피, 이 유다인
공동체도 구원의 현존을 상상할 줄은 알고 있었다. 그러나 거기에 연상되
어 있는 것은 한 전달하는 인격이 아니라 하느님의 공동체 안으로 들어서
는 일이었다. 현존하는 구원에 관한 표현에서 하느님 나라도 나타나지는
않는다.[54] 예수에게는 그의 권능행적으로 하느님 나라가 최종적 구원으로서
그러나 아직은 그 구원이 최종적인 것은 아닌 것으로서 경험할 수 있는 것
이 된다. 바실레이아가 현존의 체험가능성을 띠고 예수와 맺어져 있으므로
예수는 언제나 그 최종적인 완성된 계시를 위한 보증이다.

예수의 권능행적을 장래 바실레이아의 표징으로만 바라본다면 과소평가
일 것이다.[55] 그 안에는 이미 실제로 구원을 이루는 힘이 작용하고 있다.
그래서 역동적 현존dynamischer Präsenz이라 했다.[56] 아마도 이 표현이야말로 실

---

[53] 충분한 분석: Kümmel, *Verheißung* 99-101; Kuhn, *Enderwartung* 191-3.

[54] 참조: Kuhn, *Enderwartung*. 쿰란에서는 救援의 現存이 天使들과의 親交, 새 創造, 昇天의 先
參, 地獄의 豫防으로 개념되어 있다. 靈的 聖殿이라는 이 공동체의 自己理解가 이 관념의 형성에
도 강력하게 작용했다.

[55] 예: Dibelius, *Jesus* 66.   [56] Schnackenburg, *Herrschaft* 87.

상에 특별히 근접할 것이다. 이 로기온에 기본원칙의 의미가 있다고 할 수 있는 점도 고려해야 한다. 예수는 시대와 관련된 구마자 맥락 속에 있던 자기 구마와 이적치유를 선취하는 계시로, 자기 활동에서 이루어지는 하느님 나라의 계시로 보았고, 이로써 그것들을 바실레이아의 해석으로 삼았다. 이해의 참신성이 해석의 진정성을 보증한다.

아주 비슷한 실상이 강자의 극복 비유에서 예증된다. 이 짤막한 비유를 엮은 두 가지 가운데 마르코의 것을 분명히 더 오래된 것으로 본다: "먼저 힘센 자를 묶어 놓지 않고서는 아무도 힘센 자의 집에 들어가서 세간을 털 수 없습니다"(마르 3.27; 참조: 마태 12.27). 구마의 맥락 속에서 발설된 이 말씀도 하느님 나라와 관계가 있고 원대한 의미가 있다.[57] 이 비유는 강자의 극복을 겨냥하는 움직임으로 차 있다. 위에서 거론한 구마 말씀에 비해 새로운 생각도 내포하고 있는 사무치는 투쟁동기가 해로운 귀신들이 사는 조직된 나라로 상상할 수 있는 사탄의 나라를 향해 드러난다. 표상자료는 이사야 49,24-25에 예비되어 있다: "적군에게서 전리품을 빼앗을까? 힘센 자한테서 사로잡힌 이들이 빠져나올까? 야훼께서 말씀하신다. '사로잡힌 이들이 적군에서 빠져나오고 힘센 자의 전리품이 빼앗기게 되고말고. 너와 싸우는 자들과 내가 싸우고 네 아들들을 내가 돕느니라.'"

물론 직접 의존관계가 있는지는 확실하지 않다. 사탄의 나라를 거꾸러뜨리는 일은 인간의 몸과 마음에 있는 — 귀신들이 원인이라고 여겨지는 — 참상을 극복하는 데 있는데, 이것이 하느님 나라가 촉구하는 것이다. 사탄 나라와 하느님 나라가 서로 전쟁중이라는 이원론적 특징이 새겨진 표현은 한 틀에 갇힌 관념 모델에 상응한다. 궁극적으로 싸움은 결판이 나 있으니, 힘센 자가 이미 묶여 있기 때문이다. 그런만큼 이 말씀은 낙관적이며 승리를 확신한다. 실현되어 가는 하느님 나라는 인간의 온전한 구원과 온전한 해방을 원하며 내면의 영적 영역에만 한정될 수 없다는 의미심장한

---

[57] Jeremias[*Gleichnisse* 122-3]는 이 말씀을 예수의 유혹(마태 4,1-11∥)과 짐짓 관련짓는데, 거기서 強者의 극복이 성공했다는 것이다. 이 관련을 납득할 만한 근거는 없다.

인식도 강화한다. 부활후대 텍스트들, 특히 전례에서 사용하게 된 찬가들에서는 "권세들"의 극복이 예수의 십자가와 부활과 현양에 맺어져 있는 반면에 여기서는 그것이 예수의 현세 활동에 달려 있다는 점도 이 로기온의 친언성을 알려준다.

병행문 루가 11,21-22는 비유를 우의화하는데, 무장한 힘센 자 위에 더 힘센 이가 덮쳐 와서 그가 의지했던 무장 *τὴν πανοπλίαν*을 빼앗고 소유를 나누어준다고 말한다. 힘센 자와 더 힘센 이란 사탄과 예수에 직결되는 한편 무장은 귀신나라를, 소유는 해방된 인간들을 가리킨다고 추정할 수 있다.[58] 이사야 53,12를 반영하는지는 결코 확실치 않다.[59]

"나는 사탄이 번갯불처럼 하늘에서 떨어지는 것을 보았습니다"(루가 10,18)는 거론한 실상에 안성맞춤인 문장이다. 루가는 이 문장을 일흔 제자가 돌아와서 예수께 구마 성공담으로 신나게 보고한 일과 맺어 놓았다. 따로 있던 말씀 또는 본래 문맥이 상실된 말씀이라고 보아야겠다. 물론 이 문맥이란 예수의 구마활동이었을 수밖에 없다. 예수의 환시 경험을 반영하는지 아니면 상징적 말씀인지는 접어두어야 한다.[60] 아무튼 이로써 악의 최종적 제압에 대한 확신이 시사되어 있다. 사탄의 추락은 사탄 나라의 몰락이 개시되었음을 뜻한다. 추락을 일으키는 이는 하느님이다. 하느님이 예수가 능동적으로 동참해 있는 당신 나라의 승리를 알리신다. 율리혀[61]는 사탄이 하늘에서 떨어진다는 말과 반대자들이 하늘에서 오는 표징을 요구한다는

---

[58] 참조: Jülicher, *Gleichnisreden* II 226-8.

[59] Jeremias, *Gleichnisse* 122-3; Merklein, *Gottesherrschaft* 161[563].

[60] Bultmann[*Geschichte* 174]에 따르면 루가 10,18은 한 斷片이라는 인상을 준다. 확실히 이 말씀은 예수의 驅魔활동에 속하며 제자들의 그것에 속하지는 않는다. 하늘에서 고발자 구실을 하는 사탄의 끝장은 욥기 1,6-12; 2,1-7에 근거해서만 납득된다. 그렇게 보는 곳: W. Foerster: *ThWNT* VII 157. 종말론적 動機로서의 사탄의 墜落: P. von der Osten-Sacken, *Gott und Belial* (StUNT 6) (Göttingen 1969) 210-1. M. van Rhijn[*Een blik in het onderwijs van Jezus* (Amsterdam ²1927)은 이 로기온을 逆說로 (Jeremias, *Gleichnisse* 122⁶에 따라) 이해하려 했다. 역설이 암시되어 있지는 않다. Müller [*ZThK* 74 (1977) 416-48]는 이 로기온을 遠大한 결과가 따르는 예수의 展望에 관련짓고자 한다. 發說의 獨特性 때문에 삼가는 것이 낫다고 보인다.

[61] Jülicher, *Gleichnisreden* II 216.

말의 언어상 접촉에 주의를 환기시켰다. 확실히 직접 관계는 없지만, 일단 비교해 놓고 보면 하느님이 예수께 확신을 보증하신다는 결론이 나온다.

세례자 요한이 감옥에서 당신이 오실 그분이냐고 물어 온 데 대한 답으로 예수는 이사야서의 여러 군데(35.5-6: 26.19: 61.1)를 원용하면서 자신이 맹인·불구자·나병환자·벙어리를 치유하고 죽은 이를 살리며 가난한 이들에게 복음을 선포한다는 것을 지적한다(마태 11.2-6//). 이 예수 행적들의 열거가 상향선을 그리며 메시지에서 절정에 이르는 그만큼 이 자기 활동의 해석은 자기 의도와 완전히 부합한다. 이적들은 말씀을 지향해 있다. 메시지와 더불어서만 바르게 받아들여질 수 있다. 그러나 이 성서학스런 반성을 발산하는 텍스트는 나중의 상황에 귀속시키는 것이 바람직하다.[62]

예수 치유이적의 의미를 재구성하는 노력에서 나온 인식들을 종합하자면 다음과 같이 말할 수 있다: 이적치유는 하느님 나라 설교의 일부이며 이 테두리 안에서 말씀에 종속되고 부속되어 있다. 종말론적 전환을 지시하며 하느님 나라의 역동적 현존을 그 치유하고 도와주며 구제하는 힘으로 경험할 수 있게 만든다. 바실레이아의 선취적 계시가 끼어드는 과정에서, 세상에 아직도 강력하게 계속 작용하고 있으나 원칙으로는 이미 극복되어 있는 나쁜 것과 악한 것에 대한 싸움에 참여한다. 하느님 나라와 사탄 나라가 대립해 있는 이원론적 세계상 속에서 사람들은 하느님의 일에 확신을 가질 수 있다. 이적치유는 그러나 필경 믿음으로만 경험할 수 있는 것이 된다. 이 믿음이 예수의 존재를 각인한다. 도움을 받는 사람들에게는 믿음이 예수께로 가는 길이다. 물론 예수의 믿음은 독특한 믿음이다. 사람들이 예수의 믿음에 참여하도록 초대받을 수 있으려면 예수 안에서 만나는 하느님의 행동으로, 예수의 활동 안에 현존하는 바실레이아로 가는 길을 얻어야 한

---

[62] 다르게는 Kuhn, *Enderwartung* 195-7. 참조: Gnilka, *Matthäusevangelium* I 405-10; A. Vögtle, Wunder und Wort in urchristlicher Glaubenswerbung (Mt 11,2-5 / Lk 7,18-23): *Das Evangelium und die Evangelien* (Düsseldorf 1971) 219-42; W.G. Kümmel, *Jesu Antwort an Johannes den Täufer* (Wiesbaden 1974).

다. 그러므로 믿음은 예수의 치유력에 대한 신뢰보다 크다. 믿음은 최종적 구제를 가져다주는 예수의 말씀에 긍정하는 응답이다. 치유가 말씀에 집중되는 데서 우리는 이 시각이 확인되는 것을 보았다. 결국 이적은 그것이 실행될 때마다 각기 하느님 나라의 뜻밖에 놀랍고 뜻밖에 새로움을 표현하는 카리스마적 사건이다. 이적을 통해 인간 절망의 소리가 진정된다. 제례적으로 부정한 자가 하느님 앞에 세워지며 인간 품위가 재생된다. 예수의 구마는 귀신에 대한 불안에 대항하며 그것을 이겨내도록 돕고자 한다. 미래 하느님 나라의 경험으로서 온 사람(全人)의 구원을 지향하는 하느님의 뜻을 선명히 드러낸다.

내다보기

이적 전승들은 특히 부활의 소용돌이 속에 빠졌다. 다시 말해, 예수가 죽은 이들 가운데서 부활했다고 믿는 부활신앙에 비추어 새로 읽히고 더 발전해 나갔으며 새로운 이야기도 생겨났다. 공동체 안에 계속 현존하는 현양된 그리스도가 당신 사람들을 향해 도와 주고 계시며 청원에 응답하신다는 것이 바로 이적사화 덕분에 전달될 수 있었고 또 그래야 했다. 분명히 이 새로 생겨난 사화의 대부분은 재구성하기란 가능하지도 않고 의미도 없을 만큼 부활신앙과 맺어져 있다. 그 기본 진리는 현세의 예수가 이제 현양된 분이라는 데 있다. 일찍이 무엇을 했고 누구더냐가 아니라 지금도 무엇을 하시며 누구시냐를 물어야 할 것이다.

이런 전제 아래 각 전승에 대해 간단히 좀 말해 두자. 폭풍을 잠재우심 (暴風鎭壓: 마르 4,35-41∥)과 물 위를 걸으심(水上步行: 마르 6,45-52∥)과 산 위에서 모습이 변하심(山上變容: 마르 9,2-10∥)이라는 이야기들은 예수의 높으심을 나타나게 한다. 공현이적Epiphaniewunder이다. 호수사화에는 구제이적의 요소도 들어 있다. 특히 폭풍진압이 그렇다. 공현이적은 부활자 그리스도의 발현과 가까이 있다. 이를 두고 종종 또 거듭 새삼, 본디 부활자 발현을 이야기하는 것이 아닐까, 그리고 복음사가가 비로소 현세 예수의 활약에 소급시킨 것이 아닐까 하는 물음을 토론했다. 공동체에게는 현세 예수와 현양된 분이 같은 분이므로 원칙적으로 그런 과정이 가능하겠다. 부활자 발현사화에 나타나는 또 다른 동기도 가리키는 수상보행 전승에 대해서는 이 물음이 진지하게 검토되어야겠다.[63] 폭풍진압과 산상변용에 대해서는 이 물음이 덜 타당하다. 그러나 모습이 변한 그리스도가 완성된 분, 등극된 분, 인간을 완성으로 이끌 수 있는 분이시라는 것은 의심할 나위도 없다.[64] 폭풍진압에서는 혼돈세력의 제압자인 현양顯揚된 그리스도를 보아야 한다. 여기서 주목할 만한 점으로, 폭풍에게 내리는 잠잠해지라는 명령(마르 4,49)은 구마사화를 본뜬 형태로 되어 있으며, 해치는 자연폭력 속에 귀신들이 활동한다는 것을 전제한다. 그렇다면 이 페리코페는 마치 예수가 구마행위로 귀신세력들과 대결한 승전기勝戰記의 종합인 셈이라고 볼 수 있다.

빵과 물고기 몇으로 큰 무리를 먹인 이적적 회식의 전승(마르 6,32-44//; 8,1-10//)은 예수가 사람들과 어울려 먹으며 회식친교를 보증해 주던 일들과 관련지어서 보아야 한다. 엘리사 예언자가 백 사람을 먹인 일(2열왕 4,42-44)이 이 이야기의 원형 구실을 했다. 예수의 자비심에 감명을 받아 서로들 기꺼이 나누게 되었다는 합리주의적 설명으로 말하면, 확실히 예수 윤리의 의도이기는 하지만,[65] 이 이야기 자체의 의도인 것은 아니다. 하느님 나라를 기다리며 즐겁게 나눈 회식이 배경에 있다고 해야 할까?[66] 공동체에게는 주님 만찬례에 연결짓자는 뜻도 있었을 터이다.[67]

---

[63] 비교할 만한 말씀들: 제자들이 幽靈을 본 줄로 생각하다(마르 6,49; 참조: 루가 24,37); 예수께서 호숫가에 서 계시다(마르 6,47; 참조: 요한 21,4). 베드로의 장면들도 비교할 만하다(마태 14,28-30; 요한 21,7).

[64] 참조: Gnilka, *Markus* II 21-9; *Matthäusevangelium* II 98.

[65] 참조: A. de Tocqueville, *Die Demokratie in Amerika* (複製 1956) 206.

[66] 이 가능성에서 젤로데식 예수 해석의 誤解도 생겨났다. 참조: H. Montefiore, Revolt in der Desert?: *NTS* 8 (1961/62) 135-41.

[67] 텍스트의 影響史에서는 晩餐禮 차원이 뜻밖에도 별로 나타나지 않는다. 참조: Gnilka, *Markus* I 263-4.

소생사화는 통틀어 셋이 있는데(마르 5,21-43∥: 야이로의 딸: 루가 7,11-17: 나인의 소
년: 요한 11,17-44: 라자로) 부활을 참작하면서라야만 선포적 의미가 있다. 죽은
이가 다시 죽음으로 끝날 현세 생명으로 되돌아오는 것은 최종적으로 죽음
에서 일으켜진 분이요 영원한 생명의 보증이신 그리스도에 비추어서만 속
량의 표상일 수 있다. 그러므로 야이로 이야기는 본래 중환자인 딸의 치유
를 이야기했다가 소생사화로 발전했다는[68] 따위의 추측은 그 목적을 놓친
다. 죽음과 삶에 대한 물음은 부활에 근거해서만 근본적으로 던져질 수 있
다. 그러므로 이런 사화는, 마찬가지로 여기서 지적된 이적사화의 발전 자
체도, 무의미한 것이 되고 말지 않도록 이 근본적인 물음의 지평 아래 둘
필요가 있다.

---

[68] Pesch, *Markusevangelium* I 313.

하느님 나라의 미래 · 현재 · 근접

하느님 나라는 예수 선포의 중심이며 알맹이다. 이미 보았다고 할 수 있거니와, 예수와 하느님 나라의 관계는 예수의 선포에서 그치지 않고 활약 전체를 아우를 만큼 본질적이다. 심지어 예수의 활약을 넘어서까지 미친다. 아니, 미처 오지 않은 하느님 나라야말로 본격적이다. 그 미급성, 그 미래성, 그 도래성에 의해서만 그것이 무엇인지 또는 무엇일지를 어림하고 짐작할 수 있다. 이로써 시간적 차원이 시야에 들어왔다. 하느님 나라는 미래의 일이되 현재와도 관계가 있다. 그 미래에, 그러면서도 그 현재에 해당하는 예수의 발설들이 있다. 그것이 정작 무엇인지 또는 무엇일지를 알아듣기 위해서는 미래와 현재가 그것과 어떤 관계가 있는지 또는 그것이 미래와 현재에 대해 어떤 관계인지를 밝혀 보아야 한다.

이 문제에 대답하면서 큰 논쟁이 있어 왔는데, 그 "극단론"으로 말하면 오로지 미래 아니면 오로지 현재를 용인할 뿐이다. 또는 달리 말하면 하느님 나라를 미래로만 아니면 현재로만 파악한다. 첫째 입장에서는 예수가 미래 하느님 나라의 사자가 되어 그 선구자로서 그 도래를 알린다. 이 경우에는 이 도래가 직접 앞에 와 있는 것, 바짝 다가와 있는 것으로서 평가되기 십상이다. 둘째 입장에서는 예수와 더불어 모든 것이 성취된다. 하느님 나라가 예수와 함께 예수 안에서 눈으로 볼 수 있고 손으로 잡을 수 있게 되었다. 이 경우에는 하느님 나라가 가까이 있고 따라서 아직 와 있지는 않다는 문제점이 들어서지 않는 것이 그럴 법한 일이다.

우리가 이 두 입장을 "극단론"이라고 일컬음으로써 가리키자는 것인즉, 해답이 분명히 그 속에 있지는 않다는 것이요, 그러나 두 시간적 관계를 진지하게 취급하는 거기서 해답을 찾아야 한다는 것이며, 그럼으로써 미래와 현재가 유효한 것이 되게 할 수 있다는 것이다. 문제제기가 어려워진 것은 하느님 나라가 가진 성질 때문이다. 그것을 시간적 단계로, 현재와 미래로, 하나인 관계로만 설정한다면 적절히 파악한 것이 아니다. 어느 모로는 그것이 시간을 성격짓는다. 미래와 관계가 있을 뿐만 아니라 미래다. 그리고 현재를 규정짓는 결과가 없을 수 없다.

복음서 어디에도 하느님 나라란 무엇이냐를 밝히는 데는 없다. 예수는 그것을 정의하거나 이론적으로 설명하기를 삼갔다. 청중이 하느님 나라가 무슨 말인지를 안다고 전제할 수 있었다고 말할 수 있다. 이것은 그러나 부분적으로만 옳은 말이다. 하느님 나라의 일반 관념 곁에서 예수가 그것을 어떻게 생각했던지를 의미있게 알아낼 수 있다. 이론적 제시라면 예수의 언어에는 맞지도 않았을 것이다. 그러므로 우선은 그 말씀에서 출발하기로 만족해야 한다. 그 말씀은 하느님의 행동을 말한다. 또는 그런 것을 내다본다. 하느님이 왕으로 행동하신다. 왕으로서 다스리신다. 당신 나라가 나타나게 하신다. 하느님이 구약성서 사고방식에 따라 왕으로 생각되었는데, 그렇다면 늘 유념할 것은 하느님 나라로 지칭된 구원행동은 전적으로 하느님으로부터 우리를 향해 오는 일로서 일어났다는 것이다. 미래와 현재의 이 구원행동을 이제는 예수에게 거슬러올라갈 수 있는 로기온들과 관련지어 생각할 일이다. 미래와 현재와 근접近接이 제시되는 측면들이다.

가. 하느님 나라의 미래성은 「주님의 기도」에 인상적인 방식으로 새겨져 있다. 제자들은 그 도래를 위해 빌어야 한다: "당신 나라가 오게 하소서" ἐλθέτω ἡ βασιλεία σου(마태 6.10 ∥ 루가 11.2). 그리스어 원문의 시제(Aorist)가 시사하거니와, 이 청원은 일회적 미래 도래를 겨냥해 있다. 그러므로 이 도래를 점점 진보하는, 인간이 협력할 수도 있는 그런 일인 양으로 오해하고 말아서는 안된다. 하느님이 홀로 행동하실 것이고 그때 기다려지던 당신 나라를 보여주실 것이다. 그런데 바로 이 자리에서야말로 "바실레이아"

βασιλεία를 "라이히"Reich로 번역한다는 것은 — 비록 널리 익어 있지만 — 별로 다행스런 일이 아니다.[1] 하느님의 다스림이 사람들에게 도래하고 계시되어야 하는 것이다.

더러들 이 청원이 — 앞서 나오는, 이름을 거룩하게 하십사는 청원도 그런 것처럼 — 특히 유다인 정서에 온전히 부합한다는 점을 가리키면서 예수가 발설한 것은 아니라고 보고자 했다.[2] 하느님 나라의 도래가 유다인 기도에 늘 되풀이되는 요소라고 보는 것과 마찬가지로 「주님의 기도」에 유다교 성격이 있다는 것도 반론은 없다. 그러나 바로 병행하여 나타나는 대목의 비교야말로 예수의 기도에 들어 있는 하느님 나라의 특별한 이해를 들여다볼 기회를 마련해 준다. 「셔모네 에스레」(십팔 축문)의 (비교적 오래된) 팔래스티나 수정본을 보면 그 열한째와 열넷째 축문에 이런 말이 있다.

> 옛적처럼 우리 판관들을 또 시초처럼 우리 고문관들을 다시 데려오사 우리 위에 당신 홀로 왕이 되소서. … 야훼님, 우리 하느님, 당신 도성 예루살렘과 당신 영광의 거처 시온과 당신 정의로 기름부음받은 다윗 가문의 왕국에 자비를 베푸소서.[3]

여기서는 하느님 왕국의 도래를 비는 기도가 다른 여러 청원 가운데 하나일 따름인가 하면, 「주님의 기도」에서는 그 전모에 종말론이 새겨져 있다. 바실레이아 청원이 그 중심에 있다. 찬란한 형태로들 기대할 수도 있었을 그런 과거사의 부흥이 예수에게는 없다. 무엇보다도 민족주의 정치적 강세가 없다. 재건되어야 할 것이라는 다윗의 왕좌는 시야 밖에 있다. 이 부정

---

[1] 이 번역은 문장을 함께 외기 더 좋도록 言語美를 돋보이게 하려 한 데서 생겨난 결과라 할 수 있다. "Adveniat regnum tuum!"이라는 Vulgata의 번역은 의미의 변화를 뜻한다.

[2] 예: Harnack. 참조: Lohmeyer, *Vaterunser* 207. 聖化請禱를 Tilbory[*NT* 14 (1972) 104-5]는 二次的이라고 본다. Schulz[*Q* 87]는 「주님의 기도」 전체를 팔래스티나의 Q 공동체에 귀속시킨다 .

[3] 독일어 번역: Billerbeck IV 212-3.

적 진단이야말로 특징적이며 친언성의 근거로 취할 수 있다. 예수가 기대한 바실레이아는 확실히 우선은 이스라엘을 겨냥하지만, 그런데도 필경은 땅에, 인류에 적중한다.[4]

「주님의 기도」에서는 바실레이아 청원이 "당신 이름을 거룩히 드러내소서" *ἁγιασθήτω τὸ ὄνομά σου*(마태 6.9 // 루가 11.2)라는 청원과 지밀한 관계에 있어서 두 "당신 청원"이 한 덩어리로 종합적 대구로서 파악될 수 있으며 서로 설명이 된다.[5] "이름"이 이 자리에서는 바실레이아와 거의 교환될 수 있는 개념이 된다. 이 이름은 기도 호칭에 나오는 아버지 이름으로 되돌아가는 것이 아니다. 이름은 성서의 이해에 따르면 본질과 같은 의미가 있다. 하느님의 이름이, 하느님의 본질이 거룩하다. 세상의 것에 비해, 창조된 것에 비해 창조되지 않은 존재이기에, 죄와 그림자에서 자유로운 존재이기에 거룩하되 현재에는 가려져 있고 접근할 수 없다. 성화를 비는 청원은 벗겨짐과 드러남을 겨냥한다. 이때 다시 — 바실레이아의 도래를 비는 청원 때처럼 — 안중에 있는 것은 오로지 하느님한테서 기대되고 인간의 조력이 필요없는 그런 사건이다. 이름의 성화가 나라의 도래와 맺어지면서 후자를 더욱 강렬하게 그 신학적 성질이 드러나 인간에게 큰 선물로서 짐작되게 한다. 모름지기 이 발설은 기도 속에 있음을 유념해야 한다. 그래서 전적으로 하느님을 향해 있음이 특별히 분명하다. 하느님이 당신 이름을 거룩하게 드러내십사는 것은 다만 하느님이 지금도 숨어 계신 분일 뿐 아니라 또한 비방과 멸시를 받는 분이기도 하다는 경험에 상응한다.[6] 기도자는 이것을 통감하고 구원과 심판을 향해 나라의 도래를 빈다.

---

[4] 「주님의 기도」에 부활 展望이 스며들지 않았다는 관찰도 親言性을 말해준다. 교회 공동체가 형성되던 때라면 이런 일이 있을 수도 있었을 것이다.

[5] Schürmann, *Gebet des Herrn* 53; R.H. Gundry, *Matthew* (Grand Rapids 1982)에서는 첫째 청원을 기도호칭 쪽으로 끌고가려 한다. 對句法에 어긋나는 발상이다.

[6] 이 관계는 에제키엘 예언자에게도 있다: "너희는 내 이름을 뭇 민족에게 멸시받게 했지만 나는 야훼다. 내 이름이 다시는 멸시받지 않고 오히려 들날리게 하리라. … 너희에게서 나의 거룩함을 드러내면 뭇 민족이 내가 야훼임을 알게 되리라"(36,23; 참조: 39,7; 43,7-8).

하느님 나라의 미래성은 이른바 "들임말씀"Einlaßspruch들과 연결되어 마치 다른 망루에서 바라보듯이 눈길에 들어온다. 여기서는 바실레이아로 들어갈 수 있는 데 도움이 되도록 충족되어야 할 조건들이 꼽힌다. 세말에 하느님이 오심으로써 변화된 땅이 광대한 구원의 공간으로, 예수가 자기 말씀을 받아들이는 이들에게 들어오기를 약속하는 하느님 나라로 화한다. 하느님 나라는 하느님 통치가 성취된 세상으로서 인간이 갈 곳인 동경하던 목적지다. "들임말씀"은 나중에 수가 불어났거니와(예: 마르 10,15: 마태 5,20), 예수까지 거슬러올라가는 말씀으로서 우리 앞에 있는 것은 "부자가 하느님 나라에 들어가기보다는 낙타가 바늘귀를 지나가기가 쉽습니다"라는 마르코 10,25와 걸려넘어지게 하는 일에 단호히 대항하기를 호소하는 마태오 18,8-9다.[7] 둘다 조형적이고 충격적인 화법이 친언성을 입증한다고 할 수 있다. 재산의 위험성에 대한 지적과 때로 딱 부러지게 단호한 훈시도 예수 설교의 특징이다. 그리고 마태오 18,8-9에는 "나라" 대신 "생명"에 들어간다고 되어 있는 것도 주목할 만하다. 인간이 이르러야 할 하느님 나라가 영속하는 최종적 생명을 보장한다. 하느님 나라의 문턱에 죽은 이들의 부활이 있다(참조: 루가 11,31-32∥).

우선순위로 하느님 나라에 들어가기로 기약되는 이들 가운데 가난한 이들이 있다. 이 약속을 우리는 큰 가르침(평지설교)을 개시하는 행복선언에서 읽는다. 가난한 이, 굶주리는 이, 우는 이란 좀더 자세히 무슨 뜻이며 바로 이 수용조건들을 충족하는 처지란 어떤 것이냐라는 물음은 지금 아직 우리의 관심사가 아니다. 여기서는 바실레이아를 위해 특별히 분명하게 밝혀지게 되는 미래전망만을 내놓자. 그들에게는 하느님 나라에 동참한다는 것이 동시에 거기서 배불러지고 다시 웃을 수 있다는 것을 뜻한다(루가 6,20-21). 이 구체적인 구원 묘사는 비참한 현실을 정작 고려하고 있기에 주목할 만

---

[7] 마태 18,8-9(참조: 마르 9,43.45.47)는 마태 5,29-30에 Doublette(重複記事)가 있다. 傳承史的 관계: Gnilka, *Matthäusevangelium* I 160ᵈ. 더 본래 형태는 18,8-9다. Jeremias[*Theologie* I 41]는 "하느님 나라에 들어가다"라는 표현형태가 신약성서 바깥에 유례가 없다는 사실에 주목한다.

하다. 세상에 실존하는 이 참상을 예수는 사실대로 직시하며, 그 최종적 지양이 예수에게는 바실레이아의 본질적 구성부분이다.

문제스런 말씀은 최후만찬 때 예수가 발설한 죽음 예고다. 재구성은 어렵겠지만, 아무튼 예수는 그 날까지(마르 14.25), 하느님 나라가 올 때까지(루가 22.18) "포도나무 열매로 빚은 것"을 다시는 마시지 않겠다고 알린다. 바실레이아의 직접 언급은 가뭘이고 죽음 예언이 중심에 있다 하겠지만, 그래도 죽음의 어두운 막간 너머로 생각이 미치며 마치 틈새로 보듯이 미래 하느님 나라를 들여다보는 눈길이 드러나 있다.[8] 유다교 문헌에서도 그런 것처럼 기쁜 잔치로 상상되어 있다(참조: 마태 8.11//). 예수는 잔칫상에 자리잡는다. 이 들여다보는 눈길을 통해 여느 곳에서는 심판의 날(마태 7.22; 루가 10.12; 17.31; 22.34)인 "그 날"이 미쁨을 주는 빛을 얻는다.

나. 이제 몇 가지 비유를 거론해야겠는데, 관례적으로는 하느님 나라에 특별히 직접 관련지어 놓는 것이고 표상자료 면에서는 주로 갈릴래아 농부의 삶과 일에서 얻은 것이다. 우선 하도 익숙해 있다고 할 씨뿌리는 사람 비유(마르 4.3-8//)에 들어갈라치면, 여기서는 하도 많은 물음이 불거져나와서 우리의 문제의식을 날카롭게 할 수 있는 연구 속에서 치열한 토론을 통해서도 필경 다 해결되지는 않는다. 또 사실 이 비유는 예수가 발설한 적이 없는 것이나 마찬가지이기도 하다. 그 의미에 관해서는 역겹게 난맥상이 지배하고 있다. 이미 불트만이 이 이야기를 두고 체념하여 말한다: "사람의 일이 모두 열매를 맺지는 못한다면 이것이 사람마다를 위한 위로일까? 이런 의미에서 마치 체념 반 감사 반인 예수의 독백인 셈일까? 하느님 말씀의 청중에 대한 경고일까? 예수의 설교? 공동체의 선포? 아니면 본디 비유에서는 아예 말씀에 대해 성찰이 없었을까 …?"[9] 비유의 본래 의미를 찾

---

   [8] 마르 14,25에서는 ὅταν문장이 敷衍으로 여겨진다. 참조: Gnilka, *Markus* II 243; K. Berger, *Die Amen-Worte Jesu* (BZNW 39) (Berlin 1970) 54-5.

   [9] Bultmann, *Geschichte* 216.

아내기란 불가능하다고 보는 저자들이 있다.[10] 덧붙여진 해설(마르 4.13-20∥)은 이차적인 가필이라고 옳게 평가된다.[11] 그런데도 이 비유는 풍부하게 시사를 제공한다.

이야기의 주인공은 씨뿌리는 사람이다. 그의 관심사에 관해서는, "씨뿌리는 사람이 씨를 뿌리러 나갔습니다"(마르 4.3)라고 그의 파종을 보고하는 것만으로 만족하지 않는다. 그는 씨를 절로 자라게 내버려두는 것으로 보인다. 밭갈고 김매고 한다는 말은 없다. 적어도 우리에게 더욱 생소하게 보이는 것은 파종 방식이다. 조심성이라고는 없어 보인다. 밟아 굳은 길바닥에, 돌밭에, 가시덤불 속에, 또 끝으로 좋은 땅에도 씨앗을 뿌린다. 그것이 당시의 파종 방식이냐 아니면 여기서 우리 눈앞에 소개되는 사람인즉 한 가지는 썩고 한 가지는 열매를 맺을 두 가지 종자를 가진 파종자이냐[12]를 두고 끝없는 논쟁이 있다. 오늘날은 널리들 첫째 견해가 옳다고 단정하며, 비유에 이미 연결지어 놓은 완고 심판은 거의 이구동성으로 또 옳게 거부한다. 유력한 대답인즉, 당시 이스라엘에서는 밭을 갈기 전에 씨를 뿌렸고 그래서 비유에 묘사된 씨앗의 허실虛失은 어느 모로 보나 당연한 결과였다는 것이다.[13] 그러나 우리는 비유가 팔래스티나 농사기술의 관습을 보

---

[10] H.-W. Kuhn, *Ältere Sammlungen im Markusevangelium* (StUNT 8) (Göttingen 1971) 114+77; 참조: Linnemann, *Gleichnisse* 123.

[11] 예: Jeremias, *Gleichnisse* 75-7; J. Wellhausen, *Das Evangelium Marci* (Berlin ²1909). 논증들이 자주 되풀이되었다. 특히 지적되어야 할 것인즉, 해설에서는 비유가 寓意化 話法에 힘입어 새로운 이해 차원으로 높여지고 용어가 초기 그리스도교 宣敎언어에 상응한다는 점이다.

[12] 이 견해에 이른 것은 특히 頑固 심판을 다루는 마르코 문맥(4,10-12) 때문이기도 하다. 참조: H. Windisch, Die Verstockungsidee in Mc 4,12 und das kausale ἵνα der späten Koine: *ZNW* 26 (1927) 203-9.

[13] 이 견해의 빼어난 증언: G. Dalman, Viererlei Acker: *PJ* 22 (1926) 120-32. 그러나 참조: Dalman, *Arbeit und Sitte* II 195: "꼼꼼한 밭갈기가 씨뿌리기에 先行한다는 것이 성서 시대에 대해서는 이사 28,24-25에 의해 확인되어 있는데, 밭갈기의 두 종류에 따라 播種을 지칭한다면 호세 10,11-12에도 이것이 암시되어 있다." 분명히 두 가지 耕作방식, 즉 뿌리고는 갈기와 갈고는 뿌리기가 있었다. 뿌리기 前後에 갈기도 있었다. 참조: Klauck, *Allegorie* 189-90. Lohfink[*BZ* 30 (1986) 51-2]는 비유에 들어 있는 씨뿌리는 사람의 행동을 팔래스티나 산악지대에서 농사의 原則事例였다고 변호한다.

여주려는 것이 아니라는 점을 분명히 인식하고 있어야겠다.[14] 그러므로 씨 뿌리는 사람의 행위가 당대 사람들에게는 이해할 수 있는 일이었다면, 그 래서 주목할 만한 것은 두 가지인즉, 씨앗 허실의 묘사가 계속된다는 점과 이야기가 수확의 시점을 향해 나아간다는 점이다.

씨앗 허실의 묘사에서 우리는 사후 가필로 더욱 심화했을 수도 있는 세 밀화細密畵를 만난다.[15] 반대세력들이 두드러져 나타난다. 씨를 쪼아먹는 새 들, 싹을 시들게 하는 해, 질식시키는 덤불 들이다. 이 반대세력들은 우의 화하는 해석이 필요하다. 성과 없음의 경험을 반영한다. 생각은 그러나 이 에 매여 있지 않고 풍부한 결실로 나아가서, 세 가지 허실에 빗대어 삼십 배와 육십 배와 백 배라는[16] 세 마디로 나타난다. 이렇게 낙관적으로 결실 을 내다보는 것은 하느님 나라와 관계가 있다. 예수의 비유가 말해주는 것 은 그러나 하느님 나라가 온다는 확실성에 귀착될 수 없으며(그런 것이라면 누가 의심했으랴), 하느님 나라의 도래를 지금 일어나는 일과 맺어 준다. 사람들이 지금 일어나는 일을 예수의 설교에 한정지어서는 안되지만 예수의 말씀에 종합되어 있는 것으로 볼 수 있게 된다.[17] 예수의 말씀이 하느님 나라가 벗 겨져 드러날 때 열매를 맺는 것으로 입증된다. 씨앗의 허실이 기대할 수 있는 수확에 의해 지양되어 있다. 현재에 일어나는 일의 외관상 무의미성 이 다른 씨앗비유들에서처럼 수확과 관련되어 있지 않다. 이로써 허실이 정작 무게를 띤다. 거기에 속아넘어가서 미래의 일이 이미 비롯되었다는 것에 대해 착각하고 말아서는 안된다.[18]

---

[14] 참조: Klauck, *Allegorie* 190.

[15] Lohfink[*BZ* 30 (1986) 39]는 마르 4,5-6에서 "흙이 많지 않은 곳에 떨어졌는데 흙이 깊지 않 아 싹이 곧 돋아나기는 했지만 … 타 버렸습니다"를 이차적이라고 본다.

[16] 여기서도 숫자 제시가 낱알에 관한 것이냐 아니면 씨뿌린 땅의 결실 전체에 관한 것이냐를 두고 논쟁이 그치지 않는다. Lohfink[*BZ* 30 (1986) 52-7]는 이른바 Bestockung(分蘗)의 상세한 典據 를 들어 첫째 주장을 再强化했다.

[17] 그래서 二次的 해설을 말씀에 덧붙일 수 있었다. 表象刻印에 의해 파종과 수확의 표상은 갖 가지 적용가능성을 가진다. 참조: Klauck, *Allegorie* 192-6.

하느님 나라의 처음과 끝이 다른 비유에서 다른 표상으로 맞세워져 있는 수도 있다. 여기 속하는 것으로 이미 「어록출전」에서 쌍비유로 연결되어 있던 겨자씨 비유와 누룩 비유가 꼽힌다(루가 13,18-21; 마태 13,31-33; 마르 4,30-32). 그런 연결이 안성맞춤이었던 데다가, 하나는 들에서 일하는 남자의 경험세계를, 하나는 빵을 장만하는 여자의 경험세계를 끌어들인다.[19] 내용이 특정하고 그래서 그야말로 괴상한 인상을 일으키면서, 겨자씨 **한** 알이 들에서 땅에(마태/마르), 뜰에(루가) 뿌려진다고 보고한다. 차이가 생긴 것은 이미 구전단계에 속한다고 할 수 있는데, 겨자를 — 짐작건대 양념으로 쓰이는 겨자를 말하려니와 — 일부는 들의 열매로, 일부는 뜰의 푸성귀로 보았던 것과 관계가 있다. 위대한 왜소성을 가리키는 속담처럼 겨자씨는 자라나 나무가 되고(마태/루가) "어떤 푸성귀보다도 크게" 된다(마르). 하늘의 새들이 가지에 깃들일 수 있게 된다는 것(에제 17,23; 31,6; 다니 4,9.18의 반영)도 비유의 오래된 성분으로 꼽아 무방하겠는데, 직접 인용은 없고 비유들을 너무나 대담하게 축약해서 그 생동성이 해골이 될 지경이라고 할 수 있기 때문이다.[20]

또다시 이야기의 목표인즉 완성된 하느님 나라 — 큰 가지를 뻗은 나무 — 다. 그러나 알아차리라는 것인즉, 그 시작이 이미 지금, 예수의 활약 안에 주어져 있다는 것이다. 보잘것없이, 실로 작디작게 보일지언정 시작이 이루어졌다. 한 식물이 유기적으로 자라나는 것처럼 거기 끝이 숨어 있다. 그 안에 졸지 않는 생동력이 담겨 있다. 성장과 완성된 나무가 안중에 두는 것은 교회가 아니다. 혹은 교회의 끊임없는 확산도 아니다. 하느님 백

---

[18] 좀 다른 강조: H. Frankemölle[Hat Jesus sich selbst verkündet?: *BiLe* 13 (1972) 184-207]는 씨뿌리는 사람 자신의 운명을 부각하고; C. Dietzfelbinger[Das Gleichnis vom ausgestreuten Samen: *Der Ruf Jesu und die Antwort der Gemeinde* (J. Jeremias 기념) (Göttingen 1970) 80-93]는 예수의 사명이 위협받고 있음을 강조하며; B. Gerhardsson[The Parable of the Sower and Its Interpretation: *NTS* 14 (1967/68) 165-93]; Lohfink[*BZ* 30 (1986) 63-6] 들은 하느님 나라와의 관계를 서술하는데 방식은 約異하다.

[19] 연결이 對句化에 이르렀다. "겨자씨는 땅에 뿌려질 때"라는 마르 4,31의 非人稱 도입구가 더 오래된 문장이라고 여길 수 있다. 재구성: Gnilka, *Matthäusevangelium* I 494-5.

[20] 다른 예: Klauck, *Allegorie* 212-3.

성과 하느님 나라의 관계는 나중에 또 다룰 것이다. 아무튼 두 현상을 바꾸어놓을 수는 없다는 것을 주의해야 한다. 나무의 우듬지 복판에 있는 새들의 보금자리에서 알아볼 수 있는 것인즉, 세말의 만민 도래, 최종적 하느님 나라로의 진입이다.

온전히 일치하는 점을 누룩 비유가 선포한다. 누룩 조금이 밀가루 대량을, 서 말(40리터쯤)을 부풀리기에 넉넉하다. 여느 경우에는 거의 부정적으로만 분해력을 가리키는 은유로서 사용되는 누룩이라는 표상을(참조: 1고린 5,6 이하; 갈라 5,9) 예수는 긍정적인 의미로 파악하여 충격을 주려고, 흔들어 깨우려고 했을지도 모른다.

이 비유들을 규정짓고 조합하며 그 친언성을 강화하는, 시작과 끝이라는 같은 주제가 또 다른 비유 무리에서 또 다른 측면 아래 나타난다. 그물 비유와 가라지 비유(마태 13,47-50.24-30)에서 내용과 구조가 밀접하게 닮았는데 거듭 쌍비유로 취급되었다. 둘다 성공과 실패, 결실과 불모가 밀접한 관계로 섞임을 이야기한다. 한 경우는 온갖 물고기가 걸린 투망을 물가에 끌어올리는데, 겐네사렛 호숫가에서 으레 볼 수 있던 과정이다. 다른 경우는 섞임이 더 극적이고 더 세련되어 있다. 좋은 밀씨를 뿌린 밭에다가 밤에 앙심품은 사람이 가라지를 뿌린다. 가라지가 정확히 규정된다. 그리고 여기에 이야기의 세련성이 있다. 원수가 가라지*lučána*를 뿌린다는 것인데, 독보리라고도 부르는 이것은 밀과 하도 비슷해서 이삭이 팰 때까지는 숙련된 눈으로도 좀처럼 구별할 수 없었다. 비유들의 본디 의미는 심판의 묘사에 있는 것이 아니다. 거기 이른 것은 이차적 단계에서다.[21] 비유들이 안중에 두는 것은 심판이 아니다. 좋은 물고기를 나쁜 물고기에서 갈라놓는 것이 아니고 수확이 아니며, 그 전의 때, 현재다. 현재는 모으는 때, 씨뿌리고

---

[21] 가라지 비유에 대해서는 이렇게 뒤로 미루는 결과가 이차적 해설(마태 13,36-43)을 통해 이루어졌다. 그물 비유에도 그런 요소가 있다(13,49-50). 審判 사상을 거듭 다시 드러내는 마태오는 이 경우에 짐작건대 默示文學 전승에 의존한다고 하겠는데, 이 전승에는 다음 動機들이 포함되어 있었다: 날들의 마지막 懲罰天使들 출또, 義人·惡人들 구분, 그들에 대한 賞罰. 참조: Theison, *Richter* 191.

자라게 놓아두는 때다. 이 과정에 미리 개입하기를 피한다: "추수때까지 둘 다 함께 자라도록 내버려 두어라"(13.30). 지금은 결단의 때다. 현재에 미래가, 임박한 미래가 인상박혀 있다. 그러나 강세는 미래에 있지 않고 미래를 통해 마련된 현재에 있다. 현재를 파악하는 사람, 현재에 바르게 결단하는 사람은 시간을, 미래를 얻는다. 하느님 나라를 이해함에서 이는 하느님 나라가 이미 거기 있고 최종적으로 앞에 있다는 것을 뜻한다. 하느님 나라는 미래에 최종적으로 또 궁극적으로 계시될 것이지만, 그런데도 이미 예수의 활약을 통해 현재로 성격지어져 있으며, 그 안에 공격과 대항과 거부도 포함하면서 인간의 태도표명을 요구하고 있다. 지연이라는 주제의 의미에서 시간 문제는 비유들에서 인식될 수 있는 구실을 하지 않는다. 그러므로 이것이 이들을 예수의 말씀이 아니라고 할 이유는 아니다.[22]

기대에 차서, 그야말로 도발적으로 기대에 차서 표출되는 한 작은 비유를 이제 또 상기해야겠다. 절로 자라는 씨 비유, 인내로운 농부 비유, 씨알 비유 등 여러 이름이 붙은 이야기다(마르 4.26-29). 마르코에서만 찾아 읽을 수 있다. 루가는 이어받지 않았고 마태오는 가라지 비유로 대치시켜 놓았는데, 짐작건대 너무 무사태평해 보였던 모양이다. 갈릴래아 농부에게는 세상에서 가장 자명한 일을, 씨앗의 성숙 과정을 이야기한다:

> 하느님 나라는 이와 같습니다. 어떤 사람이 땅에 씨를 뿌리고는 자고 일어나고 하는 가운데 밤과 낮이 가는데, 그가 모르는 사이에 씨는 싹이 터서 무럭무럭 자랍니다. 땅이 절로 열매를 맺게 합니다. 처음에는 줄기가 자라고, 다음에는 이삭이 패고, 또 다음에는 이삭에 낟알이 가득 맺힙니다. 열매가 익으면 그가 곧 낫을 댑니다. 추수 때가 왔기 때문입니다.

---

[22] 참조: Gräßer, *Parusieverzögerung* 147. — 가라지 비유는 본디 30a절로 끝났다: "추수 때까지 둘 다 함께 자라도록 내버려 두어라." 문제: Gnilka, *Matthäusevangelium* I 489-90.492-3. 이 비유에서 後代 共同體 상황의 시사래야 가라지, 곧 惡의 발견과 관련된 衝擊效果가 고작이겠다.

자명하고 범상한 일이면서도 그 뒤에 성서의 인간에게는 투시할 수 없는 어떤 것, 거의 한 신비가 있다. 성숙 과정이 절로 일어난다. 두드러지게 날카로운 표현으로 여기에 농부를 대비시켜 놓는다. 농부는 파종을 하고 나면 할일을 다한 것으로 보인다. 자고 깨고 하며 기대에 차서 결실을 내다본다. 다시 미래 바실레이아에 의해 보장된 때의 동기가 이어 나오는데, 연장되는 때가 아니라 선사되는 때다. 이때 하느님 나라가 현존하고 곧 추수가 전개된다는 확신에 차 있다.[23] 바로 무사태평이 지배적 특징인 것도 여기서 우리가 예수에게 소급하는 말씀에 마주해 있다는 한 논거다.[24]

다. 예수가 세례자 요한과의 관계를 약술하는, 특히 자기가 활동해 온 때를 바실레이아가 관철된 때로 묘사하는 로기온이야말로 온전히 하느님 나라에 의해 규정지어져 있다. 겹치면서도 서로 다른 전승인 마태오 11,12-13과 루가 16,16을 두고 재구성에 논란이 있다. 게다가 함축성과 간결성으로 말미암아 해석자들에게는 거의 수수께끼 말씀이 되기에 이르러 있다. 그런데도 지금 이미 실현되고 있는 하느님 나라를 다룬다는 데는 논란이 없다. 여기 기초로 삼아 놓은 재구성은 둘째 부분에 대해 근본적으로 두 번역을 허용한다:

① 율법과 예언자들은 요한까지입니다. 이때부터는 하느님 나라가 힘에 시달리며, 힘쓰는 자들이 그것을 누릅니다.

② 이때부터는 하느님 나라가 힘을 가지고 닥쳐오며, 굳게 결심한 자들을 잡아챕니다.[25]

---

[23] 29절이 처음부터 비유의 구성부분이었더냐는 물음에 논란이 있다. 요엘 4,19의 인용이 旣存한다: "낫을 대어라. 추수 때가 무르익었다." 이 인용은 마소라 텍스트에 依存하되 새로운 의미를 얻었다. 요엘은 震怒의 심판을 알리나, 비유에서 인용은 歡呼다.

[24] J. Wellhausen[*Das Evangelium Marci* (Berlin ^{2}1909)]의 해석은 빗나가서 "나의 耕作地는 時間이라오"라는 J.W. von Goethe의 말을 끌어다 설명으로 삼는다. 여기서는 終末論 차원이 전혀 구실을 못하고 비유가 윤리적 金言으로 녹아들어 버렸다.

이른바 "잡아챔말씀"Stürmerspruch이라는 이 로기온의 번역이 불확실한 것은 "비아제타이"βιάζεται(누르다, 힘차게 닥쳐오다)와 "비아스타이"βιασταί(힘쓰는 자들, 굳게 결심한 자들)라는 그리스어 개념의 양의성과 관계가 있다. 먼저 언급된 의미로 해석하면 현존하는 하느님 나라가 위협받고 반대자들에 의해 대항받는 그런 것으로 보인다. 둘째 의미를 취하면 하느님 나라는 승리하며 관철되는 것, 그리하여 단호한 인간들에 의해 인정되고 실증되기를 요망하는 그런 것이다. 예수에게는 둘째 시각이 칭송할 일이다. 예수는 기대에 차 있다. 바실레이아의 마지막 승리와 궁극적 관철을 내다보고 있으며, 청중이 새로운 상황을 향해 타협없이 삶을 가꾸어 나가기를 기대하고 있다.[26] 이 말씀에서 눈여겨볼 만한 점은 세례자 요한을 예수께 서열짓는 방식인데, 아직은 엄밀히 그의 선구자 구실을 정의하는 결과가 나와 있지 않다. 만일 이 말씀이 나중에 형성되었다면 그런 서열을 감안할 수 있을 것이다.

예수 시대의 현존에 행복선언Makarismus이 연결되어 있는데, 마태오 13,16-17에 따르거나 루가 10,23-24에 따르거나 비교적 좁게 제자 동아리를 상대로 하지만, 본디는 더 큰 청중을 수화자로 삼았을 가능성도 충분히 있다. 짐작건대 가장 오래된 말마디는 다음과 같을 것이다:

> 지금 보는 그대들의 눈과 지금 듣는 그대들의 눈은 복됩니다. 나는 말하거니와, 많은 예언자와 임금이 갈망하며 그대들이 보는 것을 보고자 했으나 못 보았고 그대들이 듣는 것을 듣고자 했으나 못 들었습니다.[27]

---

[25] 둘째 부분을 위해서는 마태 11,12가 말마디를 더 잘 보존했다. 루가 16,16은 자기 愛用語 εὐαγγελίζεται를 구사한다. 복잡한 분석: Gnilka, *Matthäusevangelium* I 412-3; Merklein, *Gottesherrschaft* 88; Hoffmann, *Studien* 53-5. 후자는 다른 결론에 이른다.

[26] 마태오는 반면에 먼저 언급된 否定的 의미로 말씀을 엮었다고 할 수 있겠다. 말씀을 갖다넣은 文脈이 이를 시사한다: 세례자는 옥에 갇혀 있고(11,2), 아웅다웅하는 아이들 비유는 이 世代의 완고성과 불순종을 반영한다.

[27] 마태오는 "많은 예언자와 의인"이라 하여 δίκαιοι(의인들)라는 자기 신학 특유의 개념을 쓴다. 이유의 附言도 문맥에 맞추어져 있다. 참조: 마태 13,13; Gnilka, *Matthäusevangelium* I 480.

현재가 과거의 갈망을 성취함으로 현재의 의미가 측정된다. 예언자와 임금은 이스라엘 구원 갈망의 대표자다. 메시아의 구원을 내다보는 눈길을 대표한다. 임금 가운데 특히 다윗 왕은 시편 책의 저자로 여겨졌다. 지금 가능한 보고 들음은 예수의 행업과 말씀에 적중하는데, 물론 그 종말론적 성격이 인식되어야 한다. 예수의 행업과 말씀을 보고 듣는 이들이 복되다고 선언될 때, 그들은 참으로 보고 듣게 된 그런 증인들이다. 명시되지는 않지만 필경은 다시 하느님 나라가 예수와 더불어 이미 현존한다. 이로써 현존하는 바실레이아가 예수의 언행과 얼마나 밀접히 맺어져 있는지가 분명해진다. 여기서 그런 선언에 담긴 그리스도론적 의미가 생겨난다. 나중에 또 제기할 그리스도론적 물음에서 바실레이아와 그에 대한 예수의 관계가 중요한 연결점으로 제시될 인식이 지금 이미 뚜렷해진다. 행복선언은 필경 예수 활동의 때에 발설된 말씀으로서만 의미있게 인식될 수 있다.

끝으로, 내용상 밀접하게 병존하는 두 비유, 마태오에서 쌍비유로 연결되어 있는 보물 비유와 진주 비유에서도 미래 바실레이아가 현재를 사로잡는 힘을 떨친다. 한 날품꾼이 자기 것 아닌 어느 밭을 갈다가 뜻밖의 보물을 발견한다. 수집욕에 빠진 한 진주 장사꾼이 더없이 아름다운 진주를 찾아낸다(마태 13,44-46). 둘다 단호히 행동할 태세다. 둘다 발견한 것을 얻고자 전력을 다한다. 그들에게 활기를 불어넣는 것은 희생정신이 아니라 기쁨이다. 쉽사리 알아볼 수 있거니와, 압도하는 이 두 이야기는 바실레이아를 인간에게 지금 제시되고 약속되는 하느님의 큰 선물로 드러내며, 다른 모든 것을 능가하는 그 부가가치를 붙들 수 있다고 여긴다.[28] 보물 비유에서는 바실레이아가 바로 특정한 동인動因이 되어 날품꾼의 반응이 절로 나오듯 하게 한다. 지금 이미 체험할 수 있는 하느님의 행동이 인간을 변화시킨다. 진주 장사꾼 이야기에서는 바실레이아가 역시 동인으로서 현존하되, 골똘하는 장사꾼이 좀더 강렬하게 시선의 초점에 들어온다.

---

[28] 참조: Jüngel, *Paulus und Jesus* 143-4; Weder, *Gleichnisse* 140.

비유와 표상과 격언 양식으로 발설된 하느님 나라에 관한 말씀들을 이 자리에서 간단히 개관하면서 그 시간적 이차원성을 눈여겨보자. 미래와 현재가 하느님 나라를 향해 있다. 혹은 또 하느님 나라가 미래와 현재로 나와 있다. 이제는 확실히 미래와 현재를 따로 대립시켜 놓아서는 안된다. 혹은 심지어 이를 친언성의 비평기준으로 삼아서 미래발설만이나 현재발설만이 친언이라고 주장할 수 있다고 말해서는 안된다. 바로 이 융합에서야 말로 예수 바실레이아 설교의 특징을 보아야 할 것이다. 더 강렬히 미래나 현재에 주목하는 예수 말씀들이 있다. 그러나 똑같은 방식으로 미래와 현재에 접하는 그런 말씀도 있다. 그 수가 훨씬 많다. 바실레이아의 힘으로 현재가 미래적 정향을 띠고 미래가 현재적 의미를 띠게 되며, 그래서 이 틀 안에서는 당장 더 강조되는 것이 미래냐 현재냐란 종속적 의미가 있을 따름이다. 모름지기 현재에서 미래로 뻗어 미치는 긴장곡선을 인식하는 것이야말로 중요하다. 여기서 과연 긴장을 운위할 수 있는 까닭인즉, 예수의 활동에서 현재로 제시된 바실레이아가 많은 당대인들의 의견에 따르면 그들이 기대하던 바에 부응하지 않았기 때문이요, 예수도 작고 무의미해 보이는 시작과 큰 마지막 완성의 긴장을 그 제시와 관련하여 견지해 나가기 때문이다. 이런 배경에서 이제 또 바실레이아의 근접近接에 대한 물음이 시작될 수 있다. 바실레이아는 얼마나 가까운가? 시기時期의 고지告知들을 그런 물음에 대한 답으로서 고려할 수 있는가? 그것들이 심지어 예수에게 특유한 것인가 아니면 다른 변화한 관점의 정향에 속하는 것인가?

라. 근접Nähe과 시한 근접termingebundene Nähe은 똑같은 것이 아니다. 무엇이 가깝다는 것은 무엇이 어떤 기한 시점에 적중한다는 것과 똑같은 뜻이 아니다. 첫째 경우에는 근접이 시간**과** 공간에 대해 열려 있다. 둘째 경우에는 시간에, 일정한 시간에 엄밀히 매여 있다. 이제까지 시간에 관해, 과거와 현재와 그 바실레이아와의 관계에 관해 말한 바는 근접을 생각하는 방향으로 또 더 나아가야 한다.

예수는 바실레이아의 근접을 말했다. 이 다가옴이 절박함을 무엇보다도 표상들로, (다시 살펴보려니와) 유예된 시험인 심판을 묘사하는 그런 표상들로 뚜렷이 밝혔다. 근접은 바실레이아 설교의 불가결한 요소다. 계획적 도식으로 이를 표현하는 것이 마르코 1,15에 나오는 예수 선포의 요약이다:

> 때가 차서 하느님 나라가 다가왔습니다. 회개하고 복음을 믿으시오.

오늘도 우리는 마르코 복음사가가 대요로서 엮은 이 문장을 지었다는 데서 출발하거니와, 그는 후대 팔래스티나계와 그리스계 선교설교의 요소들을 파악하여,[29] 이로써 예수의 근본 관심사에 정곡을 찔렀고 무엇보다도 하느님 나라의 근접을 전달했다.

이 근접이 몇몇 소수의 로기온에서는 시간적으로 비상하게 가까울 뿐 아니라 계산할 수도 있는 것으로 확인된다. 로기온 셋이 이런 경우인데, 간단히 살펴보아야겠다. 마르코 13,30에는 "진실히 말하거니와, 이 세대가 사라지기 전에 이 모든 일이 일어날 것입니다"[30]라는 말씀이 있다. 이 말씀은 전망할 수 있는 시대 구분으로 제시된 마지막까지의 시대를 위해 훈시가 주어지는 이른바 "공관 묵시록"에 들어 있다. 이 묵시록적 텍스트의 바탕에는 유다계 그리스도인 권내에서 생겨난 짤막한 묵시록이 깔려 있는데, 이것은 유다전쟁이 일어나고 예루살렘과 성전이 파괴되었다는 역사상 지평

---

[29] "하느님의 복음을 선포하다"라는 말의 사용은 헬레니즘계 선교설교에 부응한다(참조: 1데살 2,9; 갈라 2,2). 하느님 나라 近接의 포고는 팔래스티나系 전통에 소급한다(마태 10,7; 루가 10,9). 예수는 하느님 개입의 근접을 전제한다. "하느님 나라가 다가왔습니다"라는 말씀이 직접 예수께까지 소급될 수 있는지는 논란이 있다. Merklein[*Gottesherrschaft* 35]은 긍정적으로 판단한다. 주목할 것인즉, 루가 10,9($\eta\gamma\gamma\iota\kappa\epsilon\nu$ $\epsilon\phi'$ $\dot{\upsilon}\mu\tilde{\alpha}\varsigma$)와 마르 1,15는 Basileia가 지금부터, 곧 예수의 활동에서부터 실현되기 시작한다고 전제한다는 점이다. 마르코의 경우에는 이것이 "때가 찼다"는 말을 통해 알아들을 수 있는 일로 주어져 있다.

[30] ∥ 마태 24,34; 루가 21,32는 말씀을 본질적으로 바꾸어 놓았다. 루가의 경우에는 "그 모든 일이 일어날 것입니다"라고 한다. 분명히 이 로기온은 복음서들의 문맥과 개념 속에서 각기 뉘앙스를 띤다.

에서 특별한 현실성을 띠게 되었다.[31] 인용된 로기온은 예수까지 거슬러올라갈 수 없다.

둘째 로기온은 이렇게 되어 있다: "이 고을에서 박해하거든 저 고을로 피하시오. 진실히 말하거니와, 그대들이 이스라엘의 고을들에 전도를 끝내기 전에 인자가 올 것입니다"(마태 10,23). 이 로기온도 오늘날 거의 일치하여 부활후대 상황에 귀속된다.[32] 이것은 부활후대 이스라엘 선교와 그에 따른 선교사 박해를 전제하며, 기다려야 할 인자의 약속으로 선교사들에게 위로를 주고자 하는, 또는 온갖 장해를 무릅쓰고 이스라엘 선교를 게을리하지 않도록 그들의 소임을 강화하고자 하는 말씀이다.

판단하기 더 어려운 것은 셋째 말씀이다: "진실히 말하거니와, 여기 있는 사람 가운데 더러는 죽기 전에 하느님 나라가 권능을 떨치며 오는 것을 보게 될 것입니다"(마르 9,1). 이 말씀도 유다인 언어의 색채를 띠고 있다. 시기가 현세대에 적중함을 예고하는데, 그런만큼 내용상 마르코 13,30과 일치한다. 특정한 사람, 이를테면 특정한 제자가 아니라 일반적 형태로 그저 우연히 "여기 있는" 어떤 사람들을 상대하므로, 시기 제시가 두드러진다. 누군가에게 일신상의 약속을 주자는 것이 아니다(참조: 요한 21,22-23). 이 말씀도 예수까지 소급되기는 어렵다. 바로 그 시간 구성이 강경하고 또 금방 약화 시도를 요청하는 점이 친언성에 가까이 있다고 말할 수는 있겠다.[33] 그러나 필경 이것은 계산할 수 있는 근접 제시이고 보면, 온전히 묵시문학

---

[31] 참조: E. Brandenburger, *Markus 13 und die Apokalyptik* (FRLANT 134) (Göttingen 1984) 21-42; R. Pesch, *Naherwartungen* (KBANT) (Düsseldorf 1968) 207-23. 實況의 정확한 재구성에 대해서는 쟁론이 분분하다.

[32] 심지어 마태오 編輯으로 보인다. 참조: Gnilka, *Matthäusevangelium* I 374-5. H. Schürmann[Zur Traditions- und Redaktionsgeschichte von Mt 10,23: *BZ* 3 (1959) 82-8]은 Q에 歸屬시키고자 한다. A. Schweitzer[*Geschichte der Leben-Jesu-Forschung* (Tübingen ⁶1951) 405-13]는 이 로기온을 종말론적 예수 생애 해석의 軸點으로 삼았다. 그러나 이제는 이미 전혀 낡은 얘기다.

[33] 이미 // 마태 16,28; 루가 9,27은 이 말씀을 轉換解釋한다. 마르코는 문맥의 도움을 받아 해석한다. 짐작건대 그는 산 위에서 예수가 뽑힌 세 제자 앞에 變容할 때 이 말씀이 성취되었다고 보았을 것이다. 이 로기온의 수고스런 解釋史: M. Künzi, *Das Naherwartungslogion Markus 9,1 par. Geschichte seiner Auslegung* (BGBE 21) (Tübingen 1977).

사상에 부응하고 예수의 바실레이아 설교와 부합하지는 않으므로, 거의 필연적으로 이 논란되는 말씀의 발생은 부활후대 유다계 그리스도인 팔래스티나 공동체에서 찾게 되기가 십상이다.[34]

반대 방향으로 또 이 계산에 대한 반론으로, 루가 17,20-21에는 바실레이아 도래의 계산가능성을 물리치는 확언이 있다. 하느님 나라는 알아채게 μετὰ παρατηρήσεως 오는 것이 아니라고 여기서 예수는 그 시기를 묻는 바리사이들의 질문에 대답한다. 신약성서에는 여기 한 번 나오는 낱말인 "파라테레시스"παρατήρησις는 세속 그리스어에서 미래 징조인 별들의 관측을 두고 쓰일 수 있는 말이다.[35] 예수의 낱말로서는 장차 하느님 나라가 도래하면서 확실히 관찰될 수 있고 믿을 만하게 예측될 수 있다는 상상에 대립된다.[36]

우리는 예수로 말하면 바실레이아 도래의 시기 제시를 피했다는 데서 출발할 수 있을까?[37] 예수는 근접을 어떻게 이해했을까? 대답을 위해 두 요소를 생각할 수 있다. 우선, 이미 보았거니와, "하느님 나라"라는 개념에는 하느님의 행동이 숨어 있다. 다른 편, 여러 표상으로 이루어지게 된 그 근접의 고지는 내적 확신을 함축한다. 두 요소를 묶으면 내적 확신이 하느님의 (이미 결과가 나타난) 행동을 향해 있다는 결론이 나온다. 메르클라인은 이것을 하느님의 구원 결단이라고 아름답게 묘사했다.[38] 예수는 하느님이 구원을 결심하셨다고 확신했다. 그래서 예수 자신이 하느님의 최종적 구원 결단의 보증이 된다. 그래서 이제 더 나아가 또한 이해할 수 있게 되는 것인

---

[34] Gräßer[*Parusieverzögerung* 133]는 이 로기온이 이미 再臨遲延의 문제점을 반영하므로 復活後代의 것이라고 한다. 이제 하느님 나라 계시의 체험을 약속받는 이는 몇몇이지 모든 이가 아니라고. 이렇게 해석할 때는 종말론자들의 영향을 좀처럼 간과할 수 없다.

[35] 典據: Bauer, *Wörterbuch* ⁶1258.

[36] 루가 17,20b은 확실히 오래된 상태의 로기온으로 꼽힌다. 너무나 많은 토론의 契機가 된 21b절("하느님 나라는 당신들 가운데 있습니다")은 루가 編輯이다. 루가는 미래 바실레이아의 待望에서 능동적 投身 쪽으로 방향을 돌린다. 참조: Schneider, *Lukas* II 355.

[37] 마르 13,32도 이를 분명히 말한다. 그러나 이 말씀은 마르코 편집일 수 있다. 참조: Gnilka, *Markus* II 204-5.

[38] H. Merklein, *Gottesherrschaft* 157.

즉, 예수는 비단 하느님 나라의 최종적 미래 계시를 고지했을 뿐 아니라 이 미래 하느님 나라가 예수 안에서, 예수의 활동과 말씀 안에서 이미 경험할 수 있게 되고 현존하게 되었다는 것이다. 여기에 그 근접도 바탕해 있다. 하느님 나라 근접을 확신하는 바탕은 그것이 본질적으로 미래의 것으로서 이미 현재가 되어 있다는 데에 있다. 미래를 바라보는 눈길의 시간적 긴장이 지양된 것은 아니다. 그러나 미래가 현재를 가리킬 때 미래의 근접이 적절한 제자리에 놓일 수 있다.

내다보기

여기서 할 수 있는 것은 다만 넌지시 바실레이아 설교가 빠져들어가는 발전의 시작들을 알리는 일이다. 이때 우리는 복음서에 한정한다. 한 발전 노선은 이미 지적했거니와, 바실레이아 도래의 시기를 더 분명히 매기려는 시도다. 견뎌낼 짧은 시간을 마치 손에 잡히듯 조망할 수 있게 하려는 시도가 이와 연결되어 있다. 이 과정에서 묵시문학이 득세하여 예수 전승에 파고든다. 한 뚜렷한 예는 공관 묵시록(마르 13장∥)이다. 예수 부활의 체험과 관련하여 서한문헌에서 더 뚜렷이 나타나는 다른 추이가 있다. 하느님 나라만이 아니라 십자가와 부활과 현양을 통해 달성한 그리스도의 나라도 거론한다. 착상이 달리 제시되며 새로운 종말론 관념으로 나아간다. 공관서 내부에서는 마태오만이 유비적 착상을 제시하여 "인자의 나라"라고 부르며 (13,41; 16,28; 20,21) 우주적인 나라를 내용으로 삼는다. 요한복음서에서는 반면에 하느님 나라의 선포가 (3,3.5에만 남아 있고) 매우 뒷전으로 물러나며, 그리스도의 바실레이아가 이 세상의 것이 아니다(18,36). 요한계 이원론에 깃들어 이것은 그리스도의 우주적 능력을 무력無力 속에 나타나게 한다.

하느님 나라와 심판

이 자리에서 비로소 우리는 심판에 대해 거론할 수 있다. 심판이라는 주제를 예수의 설교에서 빼어놓을 수는 도무지 없다. 그러나 옳은 자리에 배열할 필요가 있다. 심판 선포도 하느님 나라를 향해 배열되어 있다. 따로 떼어놓고 볼 수 없다. 심판 사상에 의해 하느님 나라가 엄숙성을, 궁극적인 구속력을, 절박함을 띠게 된다. 그것이 없다면 진지함이 없이 붕 떠 있고 마는 셈이다.

하느님 나라는 그러므로 어느 정도 구원과 심판의 양면이 있다. 그러나 예수의 설교에서 지배적인 것은 구원의 측면이다. 그것은 인간을 향한 바실레이아의 측면이다. 구원과 심판 말씀들을 그 양이나 수로 헤아려서는 안될 것이다. 그 비중이 중요하다. 그 비중에 의해 구원과 심판의 관계가 결정된다. 구원이 첫째다. 구원은 이미 제시되어 있는 것이요 지금 실현되고 있는 것이다. 심판은 구원의 상실이다. 구원을 받아들이지 않는 데서, 복음을 수용하지 않고 거부하는 데서 생겨난다. 인간이 거부하는 경우에 구원에서 나오는 마치 뜻하지 아니한 듯한 결과다. 구원과 심판, 수용과 거부의 가능성이 맞물려 있는만큼 이 운세는 일반적인 인간 경험에 상응한다. 인간이 살아 나가는 갖가지 차원에서마다 성취와 상실, 의미와 무의미, 위대함과 허망함이 둘다 경험할 수 있는 일이다. 다만 바실레이아의 차원에서는 택일이 최종적 구속력을 띤다. 인간 실존이 그 총체가 도전받는 처지에 있다.

심판이라는 낱말은 몇 가지 뉘앙스가 들어 있다. 이에 해당하는 그리스어 "크리시스"*κρίσις*라는 낱말은 더욱 그렇다. 우리에게 흥미있는 중요한 의미에 속하는 것인즉, 판단·분별·재판·심문·선고·집행 들이다.[1] 예수의 설교에서 더러 예문을 들어 예수의 크리시스 이해를 설명해 보자.

구원이냐 심판이냐의 양자택일은 이미 홍수 비유에서 나타나는데, 이 짤막한 비유는 제자훈화의 끝에 들어와 있다(이미「어록」에서: 참조: 마태 7.24-27: 루가 6.47-49). 집짓는 일에서 사려깊게 행동하느냐 무심하게 행동하느냐로 집짓는 사람의 운명이 선택된다는 것을 가리키고, 이로써 심판과 구원에 대한 인간의 책임을 강조한다. 좋잖은 결과로 이야기를 맺으므로, 이 경우에는 심판이 더 중요한 생각이다.

기본 구성은 역력히 일치해 있지만 세부사항에서는 마태오와 루가가 서로 어긋난다. 마태오의 경우에는 두 사람이 바위 아니면 모래 위에 집을 짓는다. 루가에 따르면 한 사람은 기초를 놓고 집을 짓는 반면에, 다른 사람은 기초 닦기를 단념해 버린다. 마태오는 갈릴래아 산골의 사정에 더 밝고 따라서 예수께 더 가깝다고 짐작되는가 하면, 루가는 도시 주변을 고려한다고 할 수 있겠다.[2] 마태오가 시련과 파국을 더 절박하게 묘사한다: "비가 내려 큰물이 닥치고 바람이 몰아치자 그 집은 무너졌습니다. 몹시 허물어져 버렸습니다."[3]

예수의 말씀을 듣고 행하는 사람과 듣고도 행하지 않는 사람이 대조적으로 표상 속에 들어와 있다. 비교의 절박함으로 보아 좀처럼 의심할 나위도 없거니와, 닥쳐오는 최종적 심판이 제시되어 있는데, 이것이 다른 자리에서는 노아 홍수와 대비되는 수도 있다(마태 24.38-39∥).[4] 심판은 그러므로 예수의 말씀에 직면하여 필요한 결단이다. 심판에서 견뎌내지 못함은 순종 거부의 결과다. 결과는 몰락이다. 모래 위에 지은 집이 무너짐을 거듭 표현한 그리스어 낱말을 이렇게 번역할 수도 있다(마태 7.27: πτῶσις). 예수의 말

---

[1] 참조: Passow 해당 단어.   [2] 참조: Schürmann, *Lukasevangelium* I 382-3.

[3] 루가에 따르면 홍수의 위험이 따른다. 집은 따라서 강 가까이 있다.

[4] 이 표상에서 위협이 즐겨 되풀이된다고 보는 사람은 거기서 결정적인 종말론적 강조를 앗아 버리는 사람이다.

씀, 바실레이아의 메시지는 이 위기에 대해 기준을 부여한다. 인간의 구원과 몰락에 관해 결정을 내리는데, 그래서 구원을 배척하는 그런 사람은 스스로 허물어져 버리는 셈이다. 예수는 자기 말씀을 두고 말한다. 특히 임박해 있는 심판을 내다보는 이런 표현이야말로 친언성을 보증한다.

심판은 또한 뜻밖에 돌발하는 마지막에 이루어지는 인간의 구분이다. 그밤에는 둘이 한 잠자리에 자다가 하나는 받아들여지고 하나는 버림받게 된다. 둘이 맷돌질을 하다가 하나는 받아들여지고 하나는 버림받게 된다(참조: 루가 17,34-35). 짐작도 못한 채 미리 준비하지 못한 이들이 빠져나갈 길을 찾지 못한다. 밤중인 시각에 마지막이 들이닥친다는 생각은 많은 이에게 뜻밖의 일로 들이닥치리라는 것을 가리킨다고 할 수 있다.[5]

"밤 도둑" 표상어表象語에서는 밤 시각이라는 의외성意外性 동기가 도둑이 집을 뚫고 들어올 것을 집주인이 헤아려야 했다는 것과 결합된다. 여기서 야경夜警의 불확실성, 곧 도둑이 들어올 시각을 모름을 말하는 것인즉, 아직 재림지연再臨遲延이라는 문제와는 관계가 없고 현세의 일에 빠져 우둔해진 대중을 경각시키려는 것이다(참조: 마태 24,43∥).[6]

비슷한 일이 "재판관에게 가는 길" 표상어에서도 일어난다(마태 5,25-26; 루가 12,58-59). 심판이라는 주제가 여기서는 어느 정도 이중 바탕 위에 발설된다. 이 이중 바탕의 심판 교시를 예수 화법의 증빙이라고 한 것은 적절한 지적이다.[7] 우선 서로 다투는 두 사람이 함께 재판받으러 간다고 하는데, 아마 예루살렘으로 가는 길일 것이다. 그러나 한 사람이 다른 사람에게 절망적으로 종속되어 있으니, 빚을 졌고 분명히 아직 못 갚았기 때문이다. 이 심판 차원에서 먼저 주어지는 충고, 상대방에게서 벗어나라는, 길을 가는 동안에 화해에 이르도록 하라는 충고는 빚으로 말미암은 옥살이라는 암울한 배경에서 나오는 결론인데, 감옥에 갇혔다가는 빚을 다 갚기 전에 나

---

[5] ∥ 마태 24,40은 들에서 일하는 두 사람을 말한다. 이것은 이차적일 것으로 보인다.

[6] 이스라엘에서는 밤을 三更으로 나누었다. 로마인은 4경으로 나누었다(참조: 마르 13,35b).

[7] Luz, *Matthäus* I 252.

올 수 없다는 것이다.[8] 이 말씀이 현세적 관계를 깨뜨리는 장엄한 표현 형식을 통해 둘째 심판 차원에, 하느님의 — 임박한 — 심판에 이른다: "진실히 말하거니와, … 나오지 못할 것입니다." 심판 이해를 위해 여기서 나오는 결론은 임박한 근접이다. 심판의 시각이 지체없이 다가오고 있다는 것이다. 예수의 바실레이아 설교에서 나타나는 시간 문제에 특징적인 점인 즉, 심판 발설들에 임박 근접이라는 시간 요소가 두드러진다는 점이다. 이런 결과는 그 일에서 나온다기보다 거의 그 자체로 겨냥되는 교육적 목적에서 나온다. 구원의 성취인 하느님 나라의 근접은 가까운 심판의 고지보다 덜 자극적이었다. 심판을 말하지 않을 수 없는 것은 그러나 구원이 예수와 더불어 이미 와 있기 때문이었다. 아직 길을 가는 동안인 한정된 기간에 구원을 붙들 수 있고 또 그래야 하며, 심판의 시각에는 구원이 물러날 것이기 때문이었다.[9] 그러므로 재판관에게 가는 길 표상어가 말해주는 것은 판결 집행에 관한 가르침이 아니라 회개하라는 단호한 호소다.

비교적 자주 비유들에는 주인과 청지기나 종이라는 대립쌍이 나타난다. 이것도 심판 사상과 관계가 있다. 주인이 무엇을, 토지나 포도밭이나 동산動産을 맡겨 놓은 청지기의 처지는 하느님 앞의 인간 처지를 묘사하기에 안성맞춤이다. 청지기는 주인에게 인간이 하느님께처럼 셈을 할 책임이 있다. 그런만큼 이미 이 은유 요소는 현세 생활의 인간 처지를 박진하게 밝힌다. 삶의 유일한 주인이라는 점이 아니라 맡겨진 재산을 표현한다는 점을 분명히 드러낸다. 이 인식은 이미 중요한 의미가 있는만큼 예수 바실레이아 설교의 지평에서 특별한 면모를 띤다. 나아가, 갈릴래아에서 청지기에게 맡겨진 외국인 주인의 사유지가 이 은유를 청중에게 익은 세계에 속

---

[8] 유다교 법에는 빚으로 인한 옥살이가 알려진 바 없으나 그리스-로마 법생활에서는 확립된 제도였다. 예수의 청중이 이 사실을 안다고 전제되었다 할 수 있다. 상설: Mitteis-Wilcken, *Chrestomathie* II/1,44-6. 마태 5,25-26 // 말씀의 재구성: Gnilka, *Matthäusevangelium* I 152.

[9] Reiser[*Gerichtspredigt* 352-3]는 表象語의 적대자를 예수와 동일시하고자 하며, 하느님이 당신 백성과 권리다툼을 한다는 옛 생각이 援用되어 있다고 본다. 이 설명은 지나치다. 예수 활동과의 관계는 그러나 주어진 사실이다.

하게 했다는 것도 나타난다. 덧붙여, 주인과 종의 존재가 고대사회에서는 당연한 일로 여겨졌다는 점도 말할 수 있다. 예수가 주인 – 청지기 – 종이라는 은유를 이용했다는 점은 의심할 나위도 없다.

예수는 생각없이 주인과 종을 이야기하면서 고대사회의 억압구조를 인준한 것으로 보인다는 오해에 이르러서는 물론 안된다. 곧 보려니와, 예수는 일견 마찬가지로 생각없어 보이게 돈놀이 전문가들의 돈 관리도 비유들에 유입시켰다. 공관복음서의 비유들에서 그야말로 "부도덕한" 짓도 나타난다. 불의한 재판관 비유와 약은 청지기 비유를 살펴보라(루가 18,1-8; 16,1-8). 이것은 비유들에서 인간들 자신이, 그들의 생활사정이, 그들의 처지가 재발견될 수 있었다는 것을 뜻한다. 비유들을 통해 이 생활사정들이 하느님 나라에 비추어 범례적으로 투명하게 드러난다.

청지기 비유들 가운데서 돈 관리 비유를 골라 보자(마태 25,14-30; 루가 19,12-27). 전승사상 글로 굳어지기까지 복음사가들이 여러 모로 발전시킨 이야기다. 그런데도 예수까지 거슬러올라가는 본래 기본형태가 썩 잘 재구성될 수 있는데, 특히 이미 알려진 시간 동기가 재발견되기 때문이다. 하느님의 심판을 앞둔 인간의 책임을 지적하는 것이 아주 일반적으로 우선 그 메시지라고 할 수 있겠다. 어떤 사람이 여행을 떠나면서 종 셋더러 각각 금액이 다른 돈을 맡겨 관리시킨다. 미나(1미나 = 100 데나리온)를 넘겨주는데, 아마 다섯 미나와 두 미나와 한 미나로 이야기했을 것이다.[10] 마태오에서는 맡긴 돈이 다섯과 둘과 한 달란트라는 거액으로 치솟는다(1달란트 = 60미나).[11] 일부러 (한술 더 떠서) 맡긴 책임이 크다는 것을 가리키려 한 것이다. 예수의 이야기를 둘러싼 사정은 더 단순했다. 처음 두 종의 보람찬 돈벌이가 안전을 도모했노라는 셋째 종의 태도와 대립해 있다. 그는 미나를 수건에 싸 두었

---

[10] 루가에 따르면 저마다 한 미나씩 같은 금액을 받는다. 이것은 改作일 것이다. 루가에 따라서도 첫째 종이 마지막에 열 미나(마태오에서는 열 달란트)를 가져온다. 열 배는 두 배에 비해 어설픈 增額이다. 어설픈 과장은 후대의 것이기 쉽다. 참조: Jülicher, *Gleichnisreden* II 493-4.

[11] 여기서 우리는 少額貨幣인 아테네 달란트를 전제하지 않는다.

다(루가 19.20). 돌아온 주인 앞에 셈을 밝힐 때, 성실을 입증한 둘은 승진하는 반면에, 미나를 보관만 했던 셋째는 맨 먼저 사임해야 한다.

심판 사상의 교훈으로 말하면 다음과 같다: 예수 이야기의 강세는 판결 집행에 있는 것이 아니다. 이런 추이는 나중에야 비롯된다.[12] 강세는 심판에 선행하는 시간에 있다. 이 시간은, 오랜 시일(마태 25.19)을 가리키는 것으로 — 아마도 이미 예수에 의해 — 되어 있더라도, 내다볼 수 있는 시간이다. 더 중요한 것은 그것이 권한받은 시간이라는 점, 특별히 그 시간에 이미 하느님 나라가 힘을 부리며 그에 관해 들어서 아는 사람들을 묶어 놓고 의무를 지운다는 점이다. 의식적으로 하느님 나라의 구원에 찬 힘에 의해 산다는 것이란 자기 능력을 내맡긴다는 것, 자기 삶을 바꾼다는 것, 목표를 향해 살아간다는 것을 뜻한다. 이야기 결말에 놓여 강조되는 셋째 종의 예증처럼, 허송세월하면서 때가 달라지지 않는 양 살아가는 것을 뜻하지 않는다. 때를 잘못 판단하여 그릇된 안전을 도모하는 것은 돈을 수건에 싸서 간직하는 것과 마찬가지로 어리석고 경솔하다.

"청지기 일을 청산하게"라고, 약은 청지기 비유에서는 주인이 청지기가 맡은 재산을 함부로 다룬다는 말을 듣고서 요구한다. 문책받은 청지기는 자신의 장래를 보장하기 위해 시간 여유가 조금밖에 없고 빨리 행동할 필요가 있어 기이한 반응을 하는데, 사기꾼들을 고르므로 상스러운 꼴을 드러낸다(루가 16.1-8). 주인의 두 채무자를 끌어들여 빚문서를 위조하도록 제안하는데, 그들에게 뚜렷이 유리해 보이는 제안이다.[13] 이 변칙 조처의 목적인즉, 해고를 요량하는 청지기가 이렇게 선사받은 자들의 환심을 사서 불

---

[12] 루가 19.12-14에서 이런 推移가 王位繼承 이야기의 삽입으로 이루어졌다. 여기서 본디 독립된 비유가 돈 관리 비유에 融合되었다는 결론을 끌어내어서는 안된다. 이것은 BC 4세기에 아르켈라오가 로마行에서 성공했던 일을 반영한다고 볼 수 있다. M. Zerwick[Die Parabel vom Thronanwärter: *Bib* 40 (1959) 654-74]는 독립된 비유를 변호한다. 분석: Gnilka, *Matthäusevangelium* II 356-8; Weder, *Gleichnisse* 193-202.

[13] 기름 50바트와 밀 20코르가 탕감된다. 밀이 기름보다 비싸므로 두 사람이 같은 값어치 선사를 받았다고 해도 무방하겠다. 그렇다면 청지기는 이 점에서도 약빠르게 행동한 셈이다. 채무자들이 불공평한 대우를 느끼는 것마저 예방한 셈이기 때문이다.

확실한 장래의 자기 편으로 삼아 두자는 것이다. 청지기는 결국 주인한테서 영리함으로, 교활함으로 칭찬을 받는데, 이 결말은 어디까지나 이야기의 틀 안에 있다. 약빠르게 행동하는 부하에게 사기당한 주인의 칭찬이 확실히 현실로는 상상을 초월하며 이야기를 익살스런 농담이 되게 한다.[14] 만일 청지기의 사기 행태를 합법적인 것으로 둔갑시키려 한다면, 만일 이 사람이 자기 소관사 몫을 단념했을 뿐이라는 생각을 끌어들인다면,[15] 이야기의 시각을 왜곡하고 그 익살을 말살한다. 하느님 나라에 적용하여 이 비유가 말하는 것인즉, 바실레이아를 통해 결정된 미래를 얻기 위해서는 서슴없이 무엇이든 다 하라는 것이다. 물론 교활함은 아니지만, 청지기 행동의 결연함과 단호함은 모범적이다. 또다시, 미래를 통해 각인된 현재야말로, 얻을 시간이야말로, 아직 오지 않은 것의 긴장된 근접이야말로 우리가 예수의 비유와 관계하고 있음을 말해준다.

이미 거론한 무자비한 종 비유(마태 18,23-35)를 다시 상기해 보면, 이 비유에서도 이야기가 — 이미 말한 대로 — 판결 집행까지에만 이르고, 이에 앞선 시간을 눈길에 담으며, 이 마지막 권한받은 시간을 위해 제안받은 이를 접근시키려 한다는 점에서 약은 종 비유와 일치한다: "내가 너를 불쌍히 여긴 것처럼 너도 동료를 불쌍히 여겨야 할 줄 몰랐더냐?"(33절).

거론된 사례들에서 예수 심판설교의 특징인즉 따라서 이것이다: 예수는 판결 집행을 고려하면서도 그 묘사를 삼간다. 오히려 진담과 농담으로, 실감나는 경험과 표상 들을 원용해서, 심판을 향해 달려가는 시간의 조건들을 가리켜 주어서 사람들을 합당한 행동으로 움직이려고 애쓴다.

예수는 지옥이라는 인간의 영벌 가능성을 말했던가? 성서 용어로는 "게헨나"라 하는데, 몰록에게 끔찍한 유아제사를 바친 "힌놈의 자식들 골짜

---

[14] 이 점을 Heininger[*Metaphorik* 171-81]는 뛰어나게 연구해 냈다. 이 비유는 8a절로 끝난다. Heininger는 물론 3-4절의 청지기 獨白을 루가 編輯으로 본다. 그렇다면 이야기가 알아들을 수 없게 되지 않을까 물어야 한다.

[15] 예: Fitzmyer, *Luke* 1098.

기"에서 유래하는 이름이다(참조: 2열왕 23.10: 16.3: 21.6: 예레 7.32 이하: 19.6) 친언 대목은 수가 많지 않다. 걸려넘어짐에 관한 일련의 말씀이 여기 속한다:

> 손이 그대를 걸려넘어지게 하거든 끊어 버리시오. 두 손을 가지고 지옥에, 그 꺼지지 않는 불 속에 들어가기보다는 불구자로 생명에 들어가는 편이 낫습니다.

> 발이 걸려넘어지게 하거든 끊어 버리시오. 두 발을 가지고 지옥에 던져지기보다는 절름발이로 생명에 들어가는 편이 낫습니다.

> 눈이 걸려넘어지게 하거든 뽑아 버리시오. 두 눈을 가지고 지옥에 던져지기보다는 애꾸눈으로 하느님 나라에 들어가는 편이 낫습니다(마르 9.43.45.47).

또다시 특징적인 점은 철저화한 명령문이다. 저승에 관한 가르침을 제공하자는 것이 아니다. 그러나 구원 상실의 가능성을 잘라 경고한다. 인자 예수가 심판자로 제시되어 있는 세상 심판의 더 풍부한 묘사는 부활후대 공동체에서 발생한다. 이것은 가라지 비유와 그물 비유라는 예수의 비유를 우의화하는 해설에 연결되어 두 번 생겨난다(마태 13.41-43.49-50). 인자가 천사들을 보내어 당신 나라에서 온갖 악인을 그러모아 불가마에 던져넣게 할 터인데, 거기서 그들은 울며 이를 갈 것이라고, 의인들은 반면에 해처럼 빛날 것이라고, 묵시문학 상상자료를 가져다 일컫는다. 인자 임금의 옥좌 앞에 만민이 모이는 인상적인 묘사(마태 25.31-46)도 부활후대의 것이다.[16] 의

---

[16] J. Friedrich[*Gott im Bruder* (CThM A/7) (Stuttgart 1977)]는 마태 25,31 이하의 원문에서 人子가 아니라 하느님 자신이 심판자였다고 보고자 한다. "형제 안의 하느님"이 예수가 묘사한 대로 심판이 지닌 의미의 絶頂이었다고. U. Wilckens[*Gottes geringste Brüder: Jesus und Paulus* (W.G. Kümmel) (Göttingen 1975) 363-83]도 비슷하게 말한다. 그러나 이 설명은 註釋學적으로 설득력이 없다. 예수는 하느님을 형제로 상상하는 일을 개진한 바 없고 공관서 저자들도 그러지 않았다. 참조: Gnilka, *Matthäusevangelium* II 366-79.

미심장한 점은 심판의 잣대가 지극히 작은 형제들에 대해 자비를 베풀었느냐 아니면 거부했느냐라는 것이요, 그들과 심판자 인자가 동일시된다는 것이다. 이러한 심판의 잣대에 예수 선포의 윤리가 계속 살아 있다. 이 도전적인 텍스트의 중심 관심사도 이웃사랑의 실행을 호소하는 데 있다고 보아야 한다.

기다리던 종말심판이란 예수의 선포에 따르면 누구의 심판인가? 심판은 하느님의 심판이다. 그런데 예수는 하느님의 심판에 인자가 참여한다고 말했다: "누구든지 사람들 앞에서 나를 인정하면 인자도 하느님의 천사들 앞에서 그를 인정할 것입니다. 그러나 사람들 앞에서 나를 부인하는 사람은 하느님의 천사들 앞에서 부인당할 것입니다"(루가 12.8-9).[17] 이 인자의 심판참여를 해석하자면, 그는 권한받은 증인으로서 등장하며 그가 인정하느냐 부인하느냐에 하느님의 판결선고가 달려 있다고 할 수 있다(묵시 3,5b). 인정과 부인은 두 단계로 수행된다. 하느님 심판 단계에서 인정하거나 부인하는 것은 인자의 일이다. 이승의 삶에서 예수를 인정하느냐 부인하느냐는 인간에게 소관사로 맡겨져 있다. 그러므로 결국 인간이 예수에 대한 자기 태도에 근거하여 스스로 자기 미래와 자기 위에 내릴 선고의 결과를 결정한다. 사람들 앞에서 예수를 인정하라는 것은 박해상황에만 한정되는 요구일 수 없다. 그것은 예수께 속함을 자유롭고 활달하게 긍정할 것이 제자에게 요구될 수 있는 여러 가지 사정의 가능성을 내포한다. 부정한다는 것은 그렇다면 예수한테서 벗어난다는 것을 뜻한다.

재삼 특기할 것은 미래를 통해 규정된 현재가 결단의 때로서 초점에 들어온다는 점이다. 그것은 다른 예수 말씀들에서도 드러난 그런 전망이다. 여기서 우리는 물론 예수의 화법에 특징적인, 거리를 두는 인상을 일으키

---

[17] 이 로기온의 재구성을 위해: Schulz[Q 68-9]는 추정하기를, Q에서는 둘째 부분에서 본디 인자를 말한 것(그렇다면: "인자도 부인할 것입니다")이 수동태인 "하느님의 천사들 앞에서 부인당할 것입니다"로 代置되었다고 한다. Perrin[Rediscovering 189; C. Colpe, ThWNT VIII 444]은 반면에 생각하기를, 이 로기온에는 아예 한 번도 인자 칭호가 없었다고 한다. 변화의 시도로서는 두 제안이 다 설득력이 없다.

는, 예수와 인자를 구별하는 것으로 보이는가 하면 이 인자가 누구라고 할 수 있는지는 문제로 남겨두는 그런 인자에 관한 말씀들이 있다는 것도 알고 있다. 그러나 그 모든 것이, 하느님의 심판에 속하는 인자의 말씀까지도, 바야흐로 예수를 어떻게 대하느냐, 사람들 앞에서 예수를 인정하느냐 부인하느냐에 달려 있으므로, 인자의 정체 문제는 둘째 차례의 일로 미루어둘 수 있는 그런 일이 된다.

우리는 인간 각자에 관한 심판에 해당하는 심판 말씀들을 거론했다. 이밖에 이스라엘, 이 세대, 갈릴래아 도시들에 관한 심판 말씀들도 만나게 된다. 이에 관해서는 다른 문맥에서 거론할 것이다.

내다보기

부활후대 상황에서는 이제 인자인 예수의 재림과 심판을 공동체들이 기다리게 되는만큼 우선 첫째로 심판의 기다림이 달라진다. 예수의 선포에서는 아직 부유浮遊하고 있던 것이 부활자 체험에 근거하여 확신으로 화한다. 곧, 죽음에서 부활한 분인 예수가 심판 때 권한받은 증인으로서 등장할 인자다. 그분이 몸소 심판을 맡을 것이다. 만민을 당신 옥좌 앞에 세울 것이다. 이 심판의 표상들이 — 위에서 이미 지적한 대로 — 그려지면서 심판의 심리와 집행도 그려낸다. 심판자와 피심판자들의 대화가 랍비들의 유다교계에도 알려져 있던 것처럼 전개된다(참조: 마태 7,22-23; 25,34 이하).[18] 예수 자신이 자기 재림을 말하지는 않았다. 그분이 하늘의 구름을 타고 오는 것(마르 13,26∥)을 완성된 하느님 나라가 나타나는 것과 연결짓는 일은 부활후대에야 비로소 일어날 수 있었다. 여기서 마태오복음서의 주목할 만한 강조를 특기해야겠다. 곧, 이 첫째 복음서에는 판결집행이 갖가지 대목에서 날

---

[18] 참조: H.D. Betz, Eine Episode im Jüngsten Gericht: *ZThK* 78 (1981) 1-30.

카롭게 두드러진다. 거의 주동기처럼 복음서 전체에 관류한다(마태 5,22; 7,22-23; 13,41-43.49-50; 18,34-35; 20,16; 22,11-13; 24,50-51; 25,10-12.30.31-46).

제자 · 추종 · 생활양태

예수는 공중을 상대하여 메시지를 전했다. 그러나 이로써 만족하지 않았다. 복음서에서 예수와 더 가까이 있는 일단의 사람들을 눈여겨보자. 이 관찰이 예수의 인품을 판단하는 데에 열어보이는 바가 많다. 예수는 측근에 사람들을 두고 있었다. 고독한 위인으로서 홀로 자기 길을 걷고자 하지는 않았다. 우리가 미칠 수 있는 경험지평에서 본다면 이것은 우정이라는 범주를 시사한다. 그러나 우리에게 흥미있는 심리적·정서적 사정을 묻는다면 예수 전승들은 우리를 난처하게 만들고 만다. 그보다는 어떻게 이런 더 좁은 동아리가 예수 둘레에 이루어지게 되었던가, 어떤 의미와 소임을 예수는 이 동아리에게 부여했던가, 어떤 의도를 예수는 이 사람들을 위해 지니고 있었던가를 물어야 한다. 이 동아리 가운데서 적어도 누군가를 좀 더 날카롭게 시야에 넣기가 가능할까? 이 가운데 한 특징적인 일화, 어떤 특별한 일, 무슨 사건만이라도 문득 어느 순간에나마 역사의 그늘 속에 굳어 있는 얼굴을 밝혀 줄 수 있을까?

동반자들과 함께 걷기로는 예수도 다른 "표준 인간"[1]들과 같다. 붓다도 소크라테스도 공자도 둘레에 동지들을 모았다. 철학자들은 학파들을 세웠다. 더 가까이는 세례자 요한이 있고 또는 힐렐과 샴마이 같은 당시 유다

---

[1] "maßgebender Mensch": 이 표현은 **Karl Jaspers**에게서 이어받았다.

교 율법학자들이 있는데, 그들 둘레에도 따르는 이들이 보인다. 이런 비교를 여기서 해 나갈 수는 없고 그래야 하는 것도 아니다. 다만 마지막으로 들먹인 동시대 유다인들에나 곁눈질을 해 보아야겠다. 정작 우리에게 중요한 의미가 있는 것은 예수에게 고유한 실상이다. 비교를 일삼다 보면 그 실상을 어떤 일반적인 표상의 소용돌이에 빠뜨리거나 흐려지게 할 수도 있다. 예수는 자기를 따르며 함께 걷는 이들과 더불어 살았으므로, 무엇인가 밝혀내어 보아야 할 것인즉 그 생활양태, 그들이 살아가던 방식이다.

제자와 추종

복음서들의 서술에 따르면 — 루가는 어느 정도 예외인 셈이지만 — 예수
는 제자들을 둘레에 모으는 것으로 활약을 개시한다(마르 1,16-20; 마태 4,18-22;
요한 1,35-51).[1] 이 경우에 그리스도교 화법은 제자소명의 특별한 형식을 이루
었다. 구조상 이것은 엘리야 예언자를 통해 엘리사가 부름받은 이야기에
의존해 있음이 입증되는데, 구약성서에 또 다른 비교될 만한 소명사화가
없고 보면 그만큼 더욱 두드러지게 눈에 띈다. 본문을 나란히 놓고 보면
의존관계가 뚜렷이 드러난다:

> 예수께서 갈릴래아 호숫가를 지나다가 보시니, 시몬과 안드
> 레아 형제가 호수에 그물을 던지고 있었다. 그들은 어부였다.
> 예수께서 "내 뒤를 따르시오. 내가 그대들을 사람 낚는 어부
> 가 되게 하겠소" 하시자, 곧 그들은 그물을 버려두고 그분을
> 따랐다.
>   예수께서 또 조금 더 가다가 제베대오의 아들 야고보와 요
> 한 형제를 보셨는데, 그들은 배에서 그물을 손질하고 있었다.
> 곧바로 예수께서 부르시니 그들은 아버지 제베대오를 삯꾼들
> 과 함께 배에 남겨두고 뒤좇아갔다(마르 1,16-20).

---

[1] 루가는 해당 기사인 5,1-11에 앞서 예수가 나자렛과 가파르나움에서 가르치고 활동한 이야기
를 미리 배열한다(4,14-44). 그러나 마르코의 先例에 비해 새로운 것을 제시하는 바는 없고 그저
해당 대목을 자리만 옮긴다(참조: 마르 6,1-6a; 1,23-38). 나자렛에서 예수가 배척당한 일을 계획적
으로 잘라내어 활동의 처음으로 밀어다 놓는다.

엘리야가 그곳을 떠나 길을 가다가 사밧의 아들 엘리사를 만났다. 엘리사는 열두 겨릿소를 앞세워 밭을 갈고 있었는데, 자신은 열두째 겨리를 부리고 있었다. 엘리야가 그 곁을 지나가다가 겉옷을 벗어 던져 주었다. 그러자 엘리사가 소를 버려 두고 엘리야에게 달려와 말했다. "먼저 아버지와 어머니께 작별 인사를 드리도록 해주십시오. 그런 다음에 따라가겠습니다." 엘리야가 대답했다. "어서 가 보게. 내가 자네한테 뭘 해 준 게 있나?"[2] … 그러고 나서 엘리사는 엘리야를 따라 나섰고 그의 시중꾼이 되었다(1열왕 19.19-21).

번번이 뚜렷한 구조상 요소인즉. 부르는 이와 부름받는 이 사이의 첫 만남을 다룬다는 인상을 의도적으로 불러일으킨다는 점, 일상 노동을 하고 있을 때 추종으로 부름을 받고 서슴없이 순종한다는 점, 아버지 또는 부모와 작별하는 일이 극복해야 할 장애사유로 주어져 있다는 점 들이다.[3]

일부러 "이상적 장면"[4]으로 구성되어 있는데도 이 전승은 역사상 배경을 들여다볼 여지가 더러 있다. 부름받은 이와 그 아버지의 이름, 그들의 직업, 특히 예수에 의한 부름의 성공 들이 이에 속한다. 예수를 따르기에 들어서는 데 결정적인 것은 제자의 결단이 아니라 예수의 선택 의지다. 주도권이 예수에게 있다. 이 점에서 랍비계 유다인 사제관계와는 다른데, 이 경우에는 제자가 자기 랍비를, 그것도 원칙적으로 자기가 가장 큰 배움을 얻고자 하는 그런 랍비를 찾아냈고, 예수 자신도 예언자 추종을 그렇게 이해했던 것처럼 다른 랍비로 바꿀 수도 있었다. 예수 추종이 개시되고 가능해지는 것은 예수가 유명한 랍비라는 이유 때문이 아니라 예수는 카리스마

---

[2] 본래 형태의 이야기에 따르면 엘리야는 작별인사를 허락하지 않는다. 참조: G. Fohrer, *Elia* (AThANT 31) (Zürich 1957) 21-2.

[3] 이런 구성이 마르 2.14 //에 나오는 세리의 부름에서도 확인된다.

[4] "ideale Szene": Bultmann[*Geschichte* 27]의 用語다.

적 권한으로 부르기 때문이다. 엘리야의 사례에서는 부르는 이가 궁극적으로 예언자가 아니라 하느님이며 겉옷을 던져준다는 상징적 행위로 표현되어 있다는 점에서 예수 추종의 독특한 카리스마적 성격이 뚜렷이 나타난다. 예수의 경우에는 그런 상징이 없다. 예수는 자기 말씀으로 부른다. 전승된 추종 로기온들은 이 권한을 확인해 준다.

예수 활동의 시작을 제자 모집과 관련하여 재구성하려 하면서 종종 따지게들 된 점인즉, 예수는 처음에 한동안 둘레에 제자가 없이 혼자서 활동한 것이 아니냐는 것이다.[5] 이 가능성을 엄밀히 배제할 수는 없다. 그러나 그런 때가 있었다 하더라도, 예수가 활동한 때를 통틀어야 그야말로 한정된 기간이었고 보면, 짧게만 헤아려야 할 것이다. 예수가 사람들을 불러 제자로 삼은 것은 모르던 이 사람들을 부른 성과가 아니다.[6] 예수가 부르는 각 사람은 전에 세례자 요한의 제자 동아리에 속해 있었다는 점을 상기해야 한다(참조: 요한 1.35 이하). 짐작건대 이 사람들을 예수는 세례자와 가까이 있으면서 알게 되었을 것이다. 예수는 갈릴래아에서 제자를 모았고 활동의 중점도 거기에 두었다.[7]

엘리야 소명사화에서 더 나아가 예수한테서는 수임授任 말씀이 나온다: "사람 낚는 어부가 되게 하겠습니다." 이 사람들의 종래 직업에 맞추면서 이제부터는 다른 영역에서 "어부"가 되라고 의식시킬 수 있었다는 데에 이 말씀의 독창성이 있다. 사람 어부나 사람 사냥꾼이라는 표상에 해당하는 유사 대목들도 입증될 수 있으나, 부정적인 뜻을 지니고 있을 따름이다. 그러므로 예수는 그런 선례를 원용했다 하더라도 긍정적으로 인용했던 셈

---

[5] Hengel[*Nachfolge* 80]은 예수가 가장 오래된 전승에서 자주 혼자 행동하는 이로 나타난다는 점에 주목한다.

[6] 루가는 다른 대목을 召命 대목 앞에다 배열하여 특별히 부름받을 이들이 미리 예수의 설교를 들을 기회가 있었다는 점도 가리키는데(5.1.4), 그렇다면 또한 모르던 사람을 부르기 시작했다는 데 難點이 있다는 것도 느꼈을 것이다. 참조: 앞의 각주 1.

[7] 세례자의 제자들을 예수가 빼내었다고 말할 수는 없다. 분명히 이 사람들도 갈릴래아로 되돌아갔고 자기네 직업에 다시 종사했다.

이다.[8] 직업활동을 바라보며 스스로 표상어를 꾸몄을 개연성이 더 크다. 이로써 예수 추종의 근본 의미가 풀려나온다. 이것이 우리를 다시 예수 활동의 중심으로, 하느님 나라의 선포로 이끌어간다. 사람들을 하느님 나라로 사로잡아들이라는 것이요, 그들에게 제시된 구원으로 건져들이라는 것이다. 예수는 제자들을 모아 자신의 활동을 지원하도록 했다.[9] 예수의 제자단은 바깥으로, 사람들에게로 향해 있다.

그러나 안으로, 예수에게로도 향해 있다. 이 방향은 추종이라는 말에 의해 뚜렷이 밝혀지는데, 예수는 이것을 제자라는 말과 같은 방식으로 사용했다고 할 수 있다. 주목할 만한 점으로, 엘리야 이야기에서는 엘리사가 그의 시중꾼이 되었다고 한 대신에 복음서에서 읽을 수 있는 것인즉, 그들이 그분을 따랐다는 말이다. 이로써 예수한테서 나타나는 제자직의 본질적으로 새로운 성격이 지적되어 있다. 제자가 스승을 섬긴다는 것은 랍비계 사제관계에서 기존 관행이었다. 다음 격언이 이를 예증한다: "신발끈 풀기를 빼고는 종이 주인에게 하는 모든 일을 제자는 스승에게 해야 한다."[10] 예수는 그러나 이렇게 말한다: "누가 더 높습니까? 상 앞에 자리잡은 사람입니까, 아니면 시중드는 사람입니까? 자리잡은 사람이 아닙니까? 그러나 나는 그대들 한가운데 시중드는 사람처럼 있습니다"(루가 22.27).[11]

그밖에도 랍비계 사제관계와 예수한테서의 추종을 세심하게 구별해야 할 점들이 있다. 접촉은 외면이다. 정작 더러 당시 사람들은 특별한 점을 알아보지 못했을 것이다. 실제로 예수와 제자들은 관찰자에게 여느 율사와

---

[8] 예레 16,16; 1QH 5,7-8; 3,26(無法者들의 曳網). 루가 5,10은 이 로기온을 변형하여 전승한다: "이제부터는 사람을 낚을 것입니다." Hengel[Nachfolge 85]은 이것이 아람어 번역 변형에 소급한다고 본다. Haenchen[Weg 82]이 매우 의심스런 Aristipp 並行句들에 근거하여 생각하는 것과는 달리, 사람 어부 말씀은 헬레니즘系 표현이 아니다.

[9] 이런 視角을 Hengel, Nachfolge의 곳곳에서 옳게 역설한다.

[10] 바빌로니아 탈무드 bKeth 96a. 인용: Billerbeck I 121.

[11] Hengel[Nachfolge 57-8]은 랍비계 텍스트에서 "추종하다, 뒤따르다"란 흔히 구체적으로 스승 뒤에서 따라온다는 의미로 이해될 수 있으며 으레 더 깊은 의미가 없이 제자가 스승 아래 종속함을 표현한다고 지적했다.

제자 동아리하고 똑같은 겉모습을 보여주었을 것이다. 랍비는 앞에서 걷고 제자들은 뒤에서 따라간다. 물론 유다인 스승이 짐승을 타고 가는 일도 드물지 않았다. 외부인이 매양 한가지로 바라보았음을 쉽사리 보여주는 말은 랍비(어르신. 나리)라는, 보통 사람들이 예수를 상대로 사용한 호칭이다. 복음서는 여기서 확실히 어떤 기억의 여운을 간직해 놓았다(마르 10,51; 요한 3,2.26).[12] 다만 당시에는 아직 랍비라는 호칭이 서품된 율사에 대한 존칭이 되어 있지 않았다. 이런 한정된 사용은 1세기 말경에 비로소 관행이 되었고, 따라서 랍비라는 호칭에서 예수가 한때 어느 랍비 문하에 입학한 일이 있었다는 결론마저 끌어내어서는 안된다.[13] 예수의 측근 수행자들이 "마테타이"$\mu\alpha\theta\eta\tau\alpha\acute{\iota}$(학생, 제자)로 지칭된 것도 이런 방향으로 이해를 이끌었을 것이다. 이것은 랍비 제자(탈미드)를 가리키는 낱말에 부합한다. 그러나 예수에 대한 제자들의 관계에서 우리가 만나게 되는 것은 무슨 학교 분위기나 학술 연구가 아니다.[14]

지극히 단호한 태도로 추종하기를 요구하는 예수 말씀들이 전승되어 있다. 부분적으로 우리는 이런 말씀을 일화적으로 묘사된 장면에서 만나게 되는데, 소명사화와는 달리 예수가 만나는 사람에 관해 이름이나 직업 같은 좀더 상세한 제시가 없고 만사가 예수의 태도표명에 달려 있다(루가 9,57-62//). 어떤 사람 이야기를 듣자면, 예수가 그를 추종으로 부르지만 그는 먼저 자기 아버지 장사부터 치르러 가고 싶다고 이의를 단다. 멀리는 엘리사의 소명에 대한 이의를 상기시키지만, 거기서는 살아 있는 사람과 작별인사를 하겠다는 것일 뿐이었다(1열왕 19,20). 그가 예수한테서 얻어듣는 대답인

---

[12] 그리스어로는 랍비 대신에 $\Delta\iota\delta\acute{\alpha}\sigma\kappa\alpha\lambda\epsilon$(선생님)이라는 호칭이 나온다(마르 9,17; 10,17.20; 12,14.19.32 등).

[13] 한 랍비계 전승에 따르면 예수는 여호수아 벤 페라햐의 제자였다고 하는데, 전혀 근거가 없다. 이미 年代상 이유로도 지탱될 수 없다. 예수를 얀나이 왕 때로 옮겨놓기 때문이다. 이 전승에 관한 비판은 이미 Klausner, Jesus 25-9에도 나온다. 요한 7,15에 따르면 유다인들은 예수가 공부한 적이 없다는 비난을 한다.

[14] 家內 제자교육이라는, 마르코가 짠 틀은 후대 공동체 사정을 고려한다. 더 자세히 말하면 공동체 교리교육을, 아마도 이미 가정교회도 模寫한다. 참조: 마르 7,17; 9,28; 10,10.

즉, 예수의 다른 어떤 말씀과도 달리 더욱 날카로운 형태로 율법과 신심과 풍습에 한꺼번에 어긋난다는[15] 그런 말씀이다: "죽은 이 장사는 죽은 이들이 치르도록 내버려 두고 나를 따르시오"(마태 8,22). 루가 9,60은 추종으로 (거듭) 부르는 말씀 대신에 촉구하는 말씀을 제시한다: "가서 하느님 나라를 선포하시오." 아마도 이것은 이차적인 개작이라고 할 수 있겠지만 차이가 현저한 것은 아니니, 그 사람이 예수 추종으로 해야 할 일이란 다름 아니라 바실레이아를 알리는 것이기 때문이다.[16]

이 말씀의 요점이 아주 날카롭게 두드러져 나타나는 것은 여기서 죽은 이를 두 가지 다른 차원에서 말할 때다. 하나는 육신이 죽은 이, 바야흐로 아들이 장사치르려는 아버지 같은 사람이다. 다른 하나는 정신이 죽은 이, 예수의 구원하는 메시지를 받아들일 채비가 되어 있지 않았거나 않기 때문에 죽은 사람이다. 이렇게 두 가지로 주어져 있는 죽음을 저울질함에 예수로서는 둘째의 무게가 더 크다. 그러므로 그 젊은 사람은 더 요긴한 일을, 그것도 망설임 없이 해야 한다. 예수는 당연하던 경건심에 맞서는 태도를 취하고자 했다는, 또는 지나치게 죽은 이를 떠받드는 데에 냉소적인 철학자 같은 반대를 — "냄새가 나를 묻으리라"[17]는 식으로 — 표명했다는 그런 결론을 이 대답에서 이끌어내서는 안된다. 가령 동방의 장례는 여드레나 걸렸음을 가리킴으로써 이 대답을 약화시켜서도 안되겠다.[18] 오히려 여기서 예수의 태도표명은 수많은 다른 경우에서처럼 구체적으로 상황과 인간 각자에게 관련되어 있다. 그런 훈시에서 무슨 체계적 이론을 전개하려 한다면 진상을 왜곡하는 셈이다. 대화 상대가 된 인간은 실상 자기에게 요구되는 것이 무엇인지를 오해의 여지도 없이 체험한다.

비슷하게 구체적으로 상황에 관련되어 있는 것이 부자를 향해 추종으로 부르는 말씀인데, 그는 가진 것을 모두 팔아 가난한 이들에게 주라는 요구

---

[15] 참조: Hengel, *Nachfolge* 16. [16] 참조: Gnilka, *Matthäusevangelium* I 310.

[17] Lucianus, *Demonax* 65. [18] Schwarz, *Und Jesus sprach* 96.

를 받는다(마르 10.21//). 여기서도 무슨 원칙적으로 항상 유효한 추종 조건이 발설되어 있는 것이 아니며, 다만 예수는 재산의 큰 위험을 알았고 대응하는 태도를 표명했다(마르 10.25).

예수에게는 제자를 모으는 한 으뜸 목적이 자기 활동을 지원하라는 데에 있고, 따라서 거의 당연한 결과로 그들은 내보내진 일이 있다. 가령 선교 훈화는 나중에 부활후대 선교활동에서 요구되는 것을 반영하게 된다는 점을 가리키면서 이 파견을 의심하게 된다면, 이것은 확실히 나중에 해석되고 적응된 이 훈시의 핵심이 단호하고 철저하다는 점에서 예수까지 거슬러 올라갈 수 있음을 간과하는 것이다. 이 지시는 무엇보다 생활양태에 해당하므로 거기로 되돌아갈 수 있다. 보냄받은 이들 활동의 중심점에 바실레이아의 선포가 있다는 것은 자명하다: "하느님 나라가 다가왔습니다"(참조: 마태 10.7). 이 구원 제시는 지체나 회피를 용납하지 않았다. 거절하는 사람들에 대해서는 발의 먼지를 터는 몸짓을 바야흐로 더욱 위급해지는 심판의 표지로 남겨놓도록 했다(10.14). 이 몸짓은 알아들을 수 있는 언어였으니, 전래적으로 절교를 말해주는 것이었다.

추종은 이런 의미에서 위험을 초래하고 갈등을 내포한다. 바로 추종의 문맥에서야말로 이 위험과 갈등이, 고난과 죽음의 각오가 거론되는 것이 눈에 띈다. 제자들이 예수의 활동을 지원해야 할진대, 추종이란 공공연히 나섬을, 사람들과 토론함을, 직접 만나서 바실레이아를 위해 설득함을 뜻한다. 토론은 자신의 가정에서부터 시작되었다. 예수의 부름에 마주쳤음을 알고 그것을 받아들인 사람은 자기 가족도 같은 모양으로 생각을 바꾸게 할 요량을 할 수 없었다. 이런 상황에서 다음 말씀이 나온다: "나에게 오면서 아버지와 어머니를 미워하지 않는다면 내 제자가 될 수 없습니다."

이것이 루가 14.26과 마태오 10.37에 달리 전승된 말씀을 짐작되는 원형으로 재구성한 것이다. 루가는 주어진 경우에 갈라서야 할 사람의 열거를 분명히 추가했는데, 여러 가지 가능성을 꼼꼼히 참작하면서 아내와 자녀, 형제와 자매, 자신의 목숨까지로 연장해 놓았다. 마태오는 "아버지나 어머니를 나보다 더 사랑하는 사람은 내 제자로 마땅하지 않습니다"라고 표현을 부드럽게 했으나 부모에 대한 의미심장한 태도를 보존했다.[19] 모질어 보이는 말씀을 알아듣기 위해서는 갈등 사례가 예견되었음에 주목해야 한다. 이 경우에는, 또 이 경우에만, 부름받은 이가 추종을 먼저 수행할 것이 지시되어 있다. 추종이 더 중요하다. 탁월한 의미로 삶에 더 요긴하다. 미워하다라는 모진 낱말이 여기서 뜻하는 것은 감정을 품고 부모한테서 벗어나는 것이 아니라 순위를 뒤로 두는 것이다. 가족과의 불화를 예수도 겪어야 했다. 이 경험이 이 말씀의 친언성을 밑받침하는데, 부모에 대한 태도로 말미암아 이 말씀은 제자단이 젊은 사람들로 결성되었으며 예수 자신도 활동할 때 삼십대 초년이었다는 사실을 인식하는 안목을 열어준다. 그런데 랍비계 교사들도 토라 순종을 부모 순종보다 윗자리에 두었다.[20]

십자가 추종의 말씀이 한 도정의 시초에 자리한다: "제 십자가를 받아들여 나를 따르지 않는 사람은 내 제자일 수 없습니다"(마태 10.38 ∥ 루가 14.27).[21] 이 말씀도 친언성을 주장할 수 있다. 아직 그리스도의 십자가를 말하는 것은 아니다. 물론 부활후대에는 그리스도의 십자가에 비추어 파악될 수밖에 없게 되었지만, 부활전대에는 제자 저마다의 십자가를 은유하는 말씀이다: "제 십자가를 받아들여 …"[22] — 십자가에 처형되고 자기 십자가를 형장으로 끌고가야 하는 그런 실제 경험이 유다인들에게 마카베오 시대 이래로 또 특히 로마 총독 시대에 불행하게도 익숙한 일이었다. 예수가 사용한 은유는 금방 알아들을 수 있는 것이었다.[23] 순교할 각오도 내포하지만 거기에

---

[19] 참조: Gnilka, *Matthäusevangelium* I 393.　　[20] 典據: Billerbeck I 587.

[21] 마태오의 "십자가를 받아들이다"가 루가의 "십자가를 짊어지다"보다 본래 표현이다. 반면에 "내 제자일 수 없다"라는 루가의 표현이 마태오의 "내 제자로 마땅하지 않다"보다 우선한다고 할 수 있겠다. 마태오는 "마땅하다"라는 낱말을 즐겨 사용한다. 재구성: Gnilka, *Matthäusevangelium* I 393-4.

[22] 참조: Bultmann, *Geschichte* 173.

[23] Dinkler[*Kreuztragen*]에 따르면 여기서 십자가란 일종의 文身 같은 봉인표지였다고 하는데, 매우 인위적인 해석이다.

만 한정된 것은 아니다. 추종중에 제자에게 덮쳐오는 적대·멸시·제약·고통 들도 포함한다. 미리 지시하는 말씀이지만, 이미 또 바로 예수 당시에도 추종이 승승장구하고 있지는 않았다는 결론을 내릴 수 있게 한다. 복음서가 특히 첫 부분에서 거듭 묘사한, 무수한 군중에 둘러싸인 예수의 모습은 이런 의미에서 바로잡힐 필요가 있으며 찬동보다는 몰이해가 컸다는 사실을 속여넘길 수는 없다. 다만 제자들은 추종사상의 고전적 표현이 되어야 할 경고하는 말씀의 충만한 의미를 비로소 매우 천천히나마 깨달았다고 할 수 있겠다.[24]

예수의 순교훈화는 대당명제로 구성된, 목숨을 얻고 잃음을 다루는 로기온에 의해 중요한 보완이 이루어진다. "목숨을 구하려는 사람은 잃을 것이요, 잃는 사람은 구할 것입니다"라는 말씀이 갖가지 변형구[25]에서 동사가 ─ "잃다"는 간직되면서 ─ "찾다"·"얻다"·"구하다" 등으로 섞바뀌면서도 그 변증법적 움직임을 지켰다. "나 때문에 잃는 사람은 구할 것입니다"라는 더 자세한 규정은 오래된 구성요소로 볼 수 있는데,[26] 사실 이것이 이 로기온을 예수의 말씀으로 입증하는 것이다. 부활후대에는 마르코 8,35에 "또 복음 때문에"가 덧붙여 나타났다. 부활전대에 제자들이 예수 때문에 위험했던 것이 부활후대에는 복음 때문인 것으로 어느 정도 대치된다. 추종의, 단호한 투신의, 포기하고 순교할 각오의 궁극 목적은 목숨 ─ 그리스어: "프쉬케"$\psi \upsilon \chi \eta$[27] ─ 을 얻는 것이다. 이 말씀의 변증법은 분명히 의미 문제에서 절정에 이른다. 달리 말하면 이런 뜻이다: 거짓 안전보장, 뒤틀

[24] 불의한 자보다 의인에게 훨씬 나쁜 삶이 기다린다는 Plato, *Resp.* 361d-362a의 사상은 내용상 그럴듯하지만 순전히 윤리적으로만 규정되어 있다. 소크라테스를 두고 말하면서 플라토는 심지어 의인이란 교수형을, 십자가형을 당할 요량을 해야 한다고 여기기도 한다.

[25] 마태 10,39 ∥ 루가 17,33; 마르 8,35 ∥ 마태 16,25 ∥ 루가 9,24; 요한 12,25.

[26] 루가 17,33에는 이렇게 규정짓는 말이 없는데, 이것은 追從이 아니라 종말론적 恐怖를 다루는 루가의 문맥으로 조건지어져 있기 때문이다.

[27] Dautzenberg[*Sein Leben bewahren* 51-82]는 공관 전승의 挿入 로기온들에서 $\psi \upsilon \chi \eta$가 의미하는 바를 밝혔다.

린 이기적 목표, 공적, 현세의 소유 같은 그런 따위로 자기 삶을 채울 수 있다고 생각하는 사람은 삶의 의미를 잃게 된다. 반면에 예수를 따르고 예수의 말씀을 수행하는 데서 자기 삶을 가꾸는 사람에게는 역경에 부딪쳐 목숨을 잃기까지 이르게 되는 일이 있다 하더라도 충만한 의미가 부여될 수 있다. 여기서 더 나아가 약속되는 언어야 할 목숨은 죽음의 경계선 너머에까지 이르며 인간 실존 전체를 큰 의미충족 속에 종합한다.

예수의 제자가 되고 예수를 따르는 일을 다시 한번 개관하자면, 제자가 예수의 활동에 동참하는 것, 하느님 나라의 선포에 참여하는 것이 그 으뜸 표지다. 물론 동시에 유념해야 하거니와, 여기서 제자는 온전히 예수에게 의존해 있으며 자신의 이름으로가 아니라 예수와 더불어서 활동하게 된다. 예수 없이는 바실레이아의 선포가 힘이 없다.[28] 이 "학교"에서 생겨나게 된 것은 무슨 체계적 강의가 아니고 무슨 관습적 전통교육이 아니며 오히려 선포내용의 초보적·비체계적 개설이다. 그렇다고 제자들이 하느님 나라 근접대망에 열이 나서, 안절부절 열병에 내몰려서 마을과 고을들을 서둘러 누볐던 양으로 상상해서는 안된다. 때가 임박하기는 했으나 때가 남아 있기도 했다.

더 나아가 추종의 인격적 측면도 간과해서는 안된다. 각자가 직접 예수를 향해 있다. 추종으로 예수의 제자가 된다. 이것은 이미 하느님 나라 측면의 한 요소다. 바실레이아가 어떤 미래와 현재의 것으로서 예수와 맺어져 있다는 사실로 주어져 있다. 카리스마적 형태의 제자 부름을 상기할 일이다. 무엇보다도 특히 제자직의 인격적 측면이 두드러져 나타나는 곳은 제자와 순교에 대한 훈화다. 이 훈계는 예수가 제자들과 상종한 일로 거슬러올라간다. 여기서 제자직이 글자 그대로 추종이 된다. 예수와 제자들을 동렬에 놓는다는 것은 어불성설이다. 예수는, 예수 자신이 또 예수의 길이 인상 깊은 모범상이 된다.

---

[28] 마르 9,38-41의 낯선 驅魔者 이야기는 시사적이다. 참조: Gnilka, *Markus* II 58-62.

내다보기

추종과 제자직은 언제나 그리스도인 실존의 본질적 요소다. 그러나 예수가 이승의 삶을 끝낸 부활후대 상황에서는 그 이해가 달라져야 했다. 예수 추종자를 제자라고 지칭하는 것은 이제 사도행전에만 계속 살아 있다. "따르다"라는 낱말이 신약성서에서 복음서 바깥에 특별한 의미로 아직도 나타나는 곳은 묵시록 14,4뿐이다. 바울로는 그리스도를 본받는다는 생각을 펼친다(참조: 1고린 11,1: 1데살 1,6). 초기 그리스도인들은 성령에 의해 부름받아 뽑히고 모이게 되었다고 의식함으로써 소명의 카리스마적 능력을 체험했다. 그러나 복음서 문학이 의도적 착상으로 창조한 것은 예루살렘을 향해 나아가는 예수의 길에 동참하여 예수를 뒤따르는 일을 소개하면서 계속 영향력을 발휘하는 그런 문학이다.

예수와 제자들의 생활양태

예수는 사람들을 마주하며 살았다. 공개활동 시기 동안은 자기를 따르도록 불려 들어온 사람들과 어우러져 살았다. 제자들과 함께 살았다. 그 공동생활은 정적 속의 관조생활에 이르지 않았다. 오히려 우리에게 보이는 것은 정처 없이 떠도는 작은 무리다. 그들은 사람들에게 하느님 나라를 선포하고 접근시키러 다니는 중이다. 물론 예수는 활동의 중점을 갈릴래아에서, 겐네사렛 호반과 가파르나움 주변 고장에서 이루었다고 확언할 수 있다. 그러나 예수와 제자들은 고향살이나 고향삼기를 포기했다.

제자단의 생활양태에 관심이 높은 예수의 말씀은 길에서 준 훈시들이다. 후대 선교 관행의 영향도 고려해야 할 파견훈화의 네 변형(마르 6,8-11; 마태 10,5-15; 루가 9,2-5; 10,2-12)[1]에서 지금 우리에게 흥미있는 것은 오직 제자 각자의 필요에 해당하는 규칙들이다. 부분적으로는 이미 공관 전승 내에서 후퇴하는 수정이 이루어진 그 절박성과 철저성이야말로 예수말고 누구에게도 거슬러올라갈 수 없다. 놀랍게도 이 규칙은 여행중에 지녀야 할 것을 말하는 것이 아니라, 정반대로 지녀서는 안될 것을 규정한다. 지팡이도, 빵도, 자루도, 전대도, 신발도, 속옷[2] 두 벌도 안된다는 것이다. 마르코 6,8-9는 나중에 고친 것인데 지팡이와 신발을 양보한다. 여기서 속옷 두 벌도 껴입

---

[1] 루가는 열두 사도 파견과 일흔두 제자 파견을 전승한다. 마태오와 루가가 派遣訓話를 마르코와 Q에서 가져온다는 데에 의견이 일치해 있거니와, 이때 루가는 두 관련자료를 두 가지 파견으로 나누어 놓고, 한편 마태오는 하나로 묶어 놓는다. 필경은 Q와 마르코에 있는 훈시들이 함께 먼저 있던 전승으로 거슬러올라갈 수밖에 없다. 참조: Gnilka, *Matthäusevangelium* I 359-62; Hahn, *Mission* 33-6.

[2] 원문의 그리스어는 χιτών, 무명이나 삼베로 지은, 맨몸에 바로 걸쳐 입는 옷이다.

지 말라는 표현 역시 속옷 두 벌도 지니지 말라는 지시(마태 10.10: 루가 9.3)에 비하면 한결 가벼워진 셈이다.

양식(이런 뜻으로 "빵"을 알아들을 수 있다)과 동전마저 포기하고 보면 아예 알거지가 되고 만다. 최소 가치의 주화인 동전을 들먹이는 것이 이미 시사적이다. 마태오 10.9는 금화나 은화나 동전을 마련하는 것을 금하는데, 짐작건대 이미 공동체 안에 나타나게 된 오해들을 분석하는 것이겠다. 자루의 포기는 비품의 구걸을 예방하려는 것이다. 지팡이와 신발과 두벌째 속옷을 포기하면 가난뱅이 꼴이 된다. 맨발로 걷는 것은 큰 가난의 표시로 여겨졌다. 아마 지팡이의 포기는 평화를 전하는 것과도 관계가 있을 것이다. 사실 지팡이는 무기로 삼을 수도 있었다.

그런데 이렇게 제자들에게 지령된 무소유가 유세遊說 도덕철학자들의 생활양태와 비교되기도 한다. 소크라테스의 제자 안티스테네스는 지팡이 하나와 자루 하나, 자기가 철학자임을 알아보게 하는 단벌 외투로 만족했다고 전해진다. 아리스토텔레스의 제자 크라테스는 자기 소유를 노예석방 형식으로 공개서약하고 동포시민에게 선사하거나 — 다른 문헌에 따르면 — 바다에 던져 버렸다고 한다.[3] 이 점에서 다른 종교와의 접촉도 있다. 붓다에 관해 우리가 알다시피, 왕자인 그는 가진 것을 모두 포기하고는 날마다 탁발행각을 했는데, 바리를 들고서 구걸하는 말 한 마디 없이 눈길을 내리깐 채 밥 한 술 주기를 기다렸다고 한다.[4] 당시 유다교계 안에서는 쿰란의 엣세느 수도승들이 엄격한 가난과 개인적 무소유를 의무로 삼았다.

제자들에게 요구된 무소유의 폭넓은 의미를 물으면 이것은 위에 소개한 유례들과 뚜렷이 대조된다. 제자를 규정짓는 것은 철학자가 세상과 재물에 대해 거리를 두며 명심하는 그런 무관심의 내적 평온이 아니요, 붓다가 승려들에게 명상과 고행의 길을 요구한 그런 세상의 극복도 아니다. 쿰란도 모범상으로서는 문제 밖이다. 거기도 종말론적 세말 대망이 있기는 하지

---

3 典據: Hengel, *Nachfolge* 31-2.　　4 참조: Jaspers, *Die maßgebenden Menschen* 109.

232　⑥ 제자 · 추종 · 생활양태

만, 그 재산포기와 공동소유의 배경에는 제례사상이 있으며 그 결과 세상에 때묻을세라는 걱정이 있다.[5] 예수의 제자단은 수도승단이 아니다.

가진 것 없이 도움에 기대어 사는 제자들은 말하자면 예수와 그들이 선포하는 하느님 나라의 설명인 셈이다. 그들은 소유와 이익과 부요와 인간 멸시의 질서여서는 안될 새 질서를 가져온다. 그들이 또는 그들 가운데 더러가 전에는 경제질서 관계 속에 살았다고 볼 수 있는데, 그럴수록 그들의 생활양태는 바실레이아의 표지로서 더욱 잘 이해될 수 있는 것이었다. 가진 것 없이, 무기 없이, 권리주장 없이 그들은 이런 자신을 하느님께 내맡길 줄 알았거나, 아니면 당신 나라를 세울 참이신 하느님께 자신이 맡겨져 있다고 생각해야 했다. 길에서 아무에게도 인사하지 말라는(루가 10.4b)[6], 그들도 우러르는 침묵은 그들의 바실레이아 발언으로 나아가야 했으니, 이 말씀을 그들은 보물처럼 가지고 다녀야 했고, 이 복음의 발설이 통하는 거기서 비로소 그들의 여행 목적이 달성되어야 했다.

우리는 예수가 제자들에게 요망한 무소유가 예수 자신의 생활양태도 규정짓고 있었다고 전제할 수 있다. 예수 역시 양식도 돈도 동냥자루도 없이, 맨발에다 지팡이도 없이 온 고장을 두루 다녔다. 정처 없는 떠돌이였다. 이런 의미에서 **예수**야말로 하느님 나라의 표지였다. 제자들은 예수를 뒤따랐을 뿐이다. 예수의 무소유와 무정처를 가리키는, 인자 칭호는 나중에야 부가된 것이라고 할 수 있는,[7] 「어록」 전승의 한 로기온이 있다: "여우도 굴이 있고 하늘의 새도 보금자리가 있지만 인자는 머리 둘 곳조차 없다오"(마태 8.20 // 루가 9.58). 이 말씀의 현존 형태에는 짐승과 인자의 대비가 살아 있다. 이 신학적 채색 속에서는 인자에게 집이 없는 이유가 사람들의

---

[5] 참조: H.-J. Klauck, Gütergemeinschaft in der klassischen Antike, in Qumran und im NT: *Gemeinde - Amt - Sakrament* (Würzburg 1989) 69-100.

[6] 루가만이 이 로기온을 전승하는데, Q에 있었고 예수까지 소급한다고 할 수 있다. 마태오는 아마 이 말씀을 이해하지 못했거나, 아니면 적절하지 않다고 보았을 것이다. 이 훈시는 제자들이 어떤 이유로도 가던 길을 멈추지 말아야 한다는 생각도 내포할 것이다.

[7] 그렇다는 곳: Hoffmann, *Studien* 182.

적대와 거부에 있다. 이 말씀이 정작 일단은 "나" 형식으로 이루어져 있었더라면, 여우와 새에 대한 대조가 더욱 강하게 부각되고 집 없는 처지가 극도의 실존적 불안정으로 나타났을 것이다. 각 부분을 전승사적으로 어떻게 갈라놓더라도,[8] 아무튼 이 말씀은 예수의 생활양태로서의 고향 없는 처지에 대해 역사상 적중하는 기억을 간직해 놓았다.

범상찮은 생활양태가 그럴 법하게 쉽사리 가족과의 불화를 낳는 계기가 될 수 있었다. 예수 자신도 그런 일에 마주쳤으니, 전승에서 여러 자취가 확인되는 바와 같다. 간단해서 해석하기 어려운, 친척들이 예수가 미쳤다고 하면서 붙들러 나섰다는 장면(마르 3.21)은 편집된 색채가 짙기는 하지만,[9] 친척들의 몰이해로 인한 소원한 관계가 전승의 확고한 구성요소다(마르 3.31-35∥: 요한 7.3-9). 부활후대에는 부분적으로 달라졌다. 아무튼 이때 등장하는 "주님의 동기"라는 야고보를 두고 보자면, 그는 1고린토 15.7에 따르면 부활자 자신의 발현 체험을 나누어받고 예루살렘 공동체의 지도자가 되었다 (사도 12.17: 15.13: 21.18: 갈라 1.19: 2.9.12).

예수는 미혼자로 살았다. 자기 가정 이루기를, 아내와 자녀 두기를 포기했다. 당대 유다교계에서는 이런 처신이 한심한 충격적 인상을 줄 수밖에 없었다. 가정을 이루고 자녀를 낳는 것이 거의 의무적인 계명으로 여겨졌다. 근거는 창세 1.28이었다: "자식 낳고 번성하라." 랍비들의 유다교계에서는 독신자란 혈통을 망각하는 자처럼 여겨질 수 있었다. 미혼자를 랍비로 서품하기를 피했다. 쿰란에만 독신으로 사는 수도승들이 있었다.[10] 그런데 우리에게는 마태오 19.12에 어느 모로 보나 예수의 독신과 관련되는 로기온이 전승되어 있다. 백성 앞의 혼인교시와 연결지어 예수는 독신의 가

---

[8] 참조: Gnilka, *Matthäusevangelium* I 309-10.

[9] 참조: Gnilka, *Markus* I 144-5. ― 소크라테스는 학생들을 아버지보다 자기에게 더 순종시킨다는 고발을 받았다. Musonius도 똑같은 알력을 지적한다. 참조: Hengel, *Nachfolge* 32.

[10] 문제점: H. Hübner, Zölibat in Qumran?: *NTS* 17 (1970/71) 153-67. 구약성서에서는 예레미야가 예언자 직분 때문에 獨身者로 머문다(예레 16.2).

능성에 관해 제자들을 가르친다: "사실 어머니의 태에서부터 고자로 태어난 이들도 있고, 사람에 의해 고자가 된 이들도 있으며, 하늘 나라를 위해 스스로 고자가 된 이들도 있습니다. 알아들을 수 있는 사람은 알아들으시오."[11] 분류법에 따라 구성된 이 말씀은 — 고자가 되는 세 가지 경우를 꼽는데 — 두 가지 점에서 날카로움을 띤다. 우선 한 가지는 고자라는 멸시적 개념, 혼인할 수 없도록 거세됨을 가리키는 개념이 사용된다는 점이다. 거세는 신명 23,2 이하; 레위 22,24에 따르면 이스라엘에게는 흉측한 짓이었다. 다른 한 가지는 이 말씀에 따르는 결론인즉 가치전환이라는 점이다. 처음 두 경우에는 외적인 불운으로 말미암아 신체적인 생산불능이라는 한스런 상태에 이르게 된 그런 일을 말하는데, 셋째 부분에서는 고자가 자의로 받아들인 독신생활을 가리키는 은유다. 그런데 욕설 같은 인상을 주는 고자라는 개념이 그냥 남아 있고 보면, 이 대목이 예수를 향한 공격과 관계가 있다는 추정은 적확하다.[12] 예수는 미혼자로 살기 때문에 적수들한테 고자라는 욕설을 들었으니, 세리와 창녀와 죄인 들하고 어울려 먹는 바람에 "먹보요 술꾼"이라는 비방을 덮어쓴 것과 한가지다(마태 11,19//).

역시 관례에서 뚜렷이 벗어나는 생활양태가 하느님 나라를 향해 있다. 혼인과 가정을 포기하게 되는 것이 금욕적 이상 때문은 아니고, 하느님 나라에 이르기 위함도 아니며, 헷갈림없이 온 힘으로 바실레이아를 위해 일할 수 있기 위함이다. 인간 때문에 그렇게 되는 것이다. 예수는 아무와도 사랑에 빠지지 않는 바로 그런 사람들에게도 사랑을 선사했다.

제자들의 소상한 가족관계에 관해 우리가 아는 바는 없다. 다만 시몬 베드로가 가파르나움에서 결혼하여 거기 — 짐작건대 처가에 — 살았다는 것을 알 뿐이다. 마르코 1,29-31//은 시몬과 그 동기 안드레아도 살고 있던

---

[11] 이 로기온이 조금만 변형되고 마태오와 분명히 독립해서 Justinus, *Apol.* 1,15,4에 전승되었다.

[12] Blinzler: *ZNW* 48 (1957) 269. 이 로기온이 유다인圈에서 유래하며 예수 親言으로 입증된다고 Braun[*Radikalismus* II 112³]도 확언한다. 참조: J. Gnilka, Mann und Frau nach dem NT: P. Gordon 편 *Gott schuf den Menschen als Mann und Frau* (Graz 1989) 185-205 중 특히 191-3.

집에서 시몬의 장모가 치유된 이야기를 전한다. 정작 시몬의 부인에 관해서는 말이 없다.

바로 여기서도 복음서는 전기에 별로 관심이 없다는 것이 드러난다.[13] 다른 데서 가파르나움의 집을 말할 때면(마르 2.1) 으레 시몬의 집을 생각한 것이라 할 수 있겠다. 예수는 그렇다면 더러 ─ 또는 자주? ─ 거기로 돌아갔을 것이다. 그 집이 가족의 소유로 남아 있었다고 해도 무방하겠다.[14]

예수의 청중 또는 예수께 귀를 기울일 태세가 좀더 잘 되어 있던 그런 사람들의 정황을 좀더 소상히 특징짓기 위해서는, 이른바 제자훈화Jünger-unterweisungsrede의 도입부가 도움이 된다. 물론 이것은 편집된 것이고 이미 「어록」에 있었다. 루가 6.20-21에 있는 행복선언의 처음 셋만 보자:

> 복되도다, 가난한 사람들!
> 　　　하느님 나라가 그대들 것이니.
> 복되도다, 지금 굶주리는 사람들!
> 　　　배부르게 되리니.
> 복되도다, 지금 우는 사람들!
> 　　　웃게 되리니.

행복선언의 이 형태는 병행구 마태오 5.3-10보다 오래된 것으로 여길 수 있다. 예수의 상황에서는 인자 때문에 박해받는 이들에 관한 넷째 행복선언은 제쳐놓고 볼 수도 있다. 이를 통해 칭송이 제자단에게로 넘어간다.[15]

---

[13] 사도 1.14에서는 사도들 다음에 여자들도 언급하면서 예루살렘 다락방에 기도하러 모였더라고 하는데, 여기서 J. Roloff[*Die Apostelgeschichte* (NTD 5) (Göttingen 1981) 28]와 더불어 생각할 수 있는 것인즉 女弟子 동아리이지 사도 부인들은 아니다. 베자 사본(Kodex D)에서는 반면에 "아내들과 아이들이랑"이라고 한다.

[14] 요한 21.1-3은 시몬과 그밖의 제자들이 聖金曜日 후에 그리고 부활사건으로 제자단이 새로 모이기 전에 다시 자기네 고기잡이 일을 하러 갔다는 것을 전제한다.

[15] 참조: Schürmann, *Lukasevangelium* I 326-32.

예수는 가난한 이들을 상대했다. 좀더 자세히 말해서 가난한 이들이란 누구라 했던가?[16] 순전히 언어상으로 그리스어 "프토코스"$\pi\tau\omega\chi\acute{o}s$란 굽히고 숙여야 하는 그런 사람을 뜻하는데($\pi\tau\acute{\omega}\sigma\sigma\epsilon\iota\nu$에서 파생), 히브리어로는 듣고 대답만 해야 하는 관계에 있는 그런 청종자("아니이": "아나흐"에서 파생)를 말한다. 아무튼 이 개념은 예수의 칭송이 없다면 이해할 수 없는 배경사가 있다.

사회적 곤경과 가난이 구약성서에서는 빈자와 부자, 억압받는 자와 군림하는 자의 사회계층이 갈라져 나타난 왕국시대에 강렬하게 부각되었다. 예언자들의 비판이 이런 발전에 대항했고 하느님을 가난한 이들의 보호자로 선언했다. 가난한 이들의 짓밟힌 권리를 하느님의 권리와 동일시하면서 옹호했다. 하느님이 그들을 옹호하고 그들의 권리를 재건하실 것이다. 그것을 잘 아는 가난한 이는 자기 권리의 일을 하느님께 맡긴다. 그는 자만하며 하느님의 권리를 무시하는 모리배들이나 부자들과는 반대로 하느님의 뜻에 굴복한다. 가난하다는 것은 그렇다면 하느님께 대한 자세를 가리키는 것이기도 하다. 하느님의 개입이 다가옴을 기다리는 시대에는 그것이야말로 하느님을 만날 수 있는 유일한 자세다. 가난의 영성이 제이와 제삼 이사야서에서 특히 인상적인 표현으로 나타난다:

억눌린 자들에게 복음을 전하여라.
찢긴 마음을 싸매 주고, 포로들에게 해방을 알려라.
옥에 갇힌 자들에게 자유를 선포하여라.
야훼께서 우리를 반겨 주실 해,
우리 하느님이 원수갚으실 날이 이르렀다고 선포하여라.
슬퍼하는 모든 사람들을 위로하여라.
시온에서 슬퍼하는 사람들에게 희망을 주어라.

(이사 61.1-3; 참조: 58.7; 66.2)

---

[16] 참조: Hauck-Bammel: *ThWNT* VI 885-7; J. Dupont, *Les Béatitudes* I (Paris ²1969), II (²1969), III (²1973); J. Maier, *Die Texte vom Toten Meer* II (München 1960) 83-7.

더러 시편에도 아나윔 신심이 깔려 있다. "보라, 가엾은 이 부르짖음을 주께서 들으시고, 그 모든 근심걱정을 씻어 주셨도다. 주님을 두려워하는 이들 그 둘레에 진을 친 당신의 천사가 그들을 구해냈도다"(시편 34.6-7: 참조: 9.11 이하: 14.6: 22.25 이하: 37.21 이하 등). 가난한 이들에 대한 예수의 구원 약속이 이 신학의 전통 안에 있다는 것은 의심할 나위도 없다. 굶는 이들과 우는 이들도 복되다고 칭송하고 그럼으로써 가난한 이들의 같은 또래들과 상대할 때, 구체적인 곤경에 대한 배려가 다시 더 크게 전면에 등장한다. 그러나 복되다고 칭송받는 가난한 이들이 예수의 메시지에 마음을 열어 놓는 자세를 간직했다는 것도 분명하다. 행복선언은 가난과 참상에 해당하는 것이 아니다 ― 더 말할 나위조차 없다. 그것은 가난한 이들에게 해당하니, 하느님이 그들에게 당신 구원을, 당신 바실레이아를 약속하시기 때문이다. 이 대목에서 우리는 예수의 청중 가운데 기꺼이 응낙태세를 지닌 이들의 분위기 속에만이 아니라 그분 바실레이아 선포의 중심에도 자리해 있다.[17]

예수의 교제에서 우대받는 이로 우리는 누구를 발견하나? 누구를 만나게 되나? 복음서들은 해당하는 회상들을 간직했다. 그들은 병자·부마자·간질병자·맹인, 그러니까 자기 삶을 충만히 실현할 수 없고 도움에 의존해 있는 사람들이다. 죄인이 된 자, 세리, 피의자, 멸시받는 자, 따돌려진 자, 삶이 몰락에 이르러 탈출구가 없어진 채 절망해 있는 자들이다. 그렇다고 해서 예수의 메시지가 이 사람들에게만 친숙한 것이었다고 말하자는 것은 아니다. 정작 그들은 말씀을 위해 자기 운명을 더 활짝 열었다. 물론 그들도 이기심과 자기 마음에 드는 계획들에서 자유롭지는 않았다. 그러나 이 사람들은 자기네 편에서 몸소 비롯되는 구원의 표현이 되고 있었고, 다른 사람들로 하여금 이를 받아들여 따르도록 요청하고 있었다. 이런 배경에서 우리는 제자들에게 발령되는, 병자들을 치유하고 귀신들을 몰아내라는 예수의 위임을 보아야 한다(루가 10.9: 마르 6.7). 예수에게는 이 헐벗기는, 의심

---

[17] Schürmann[*Lukasevangelium* I 332]은 예수 바실레이아 선포의 원형을 거론하는데, 예수 공개 활동의 開始說教를 三重 행복선언(dreifache Makarismus)이었다고 믿는다.

받고 의심하는 사람들과 상종하는 일이 반쪽 세계를 선호하는 무슨 편애에서 나오거나 선과 악의 경계란 더는 아랑곳하지 않으리라는 무슨 격정에서 나오는 그런 일이 아니다. 잘못이 면책되는 것은 아니다. 그러나 예수가 자기를 필요로 하는 이 사람들을 스스럼없이 받아들이고 이로써 현행법적 경계선마저 서슴없이 넘어서기도 하는 그런 태도가 능히 잃어버린 자신감을 되살려내어 내면의 변화를 준비하는 데 도울 수 있다.[18]

예수의 죄인 상종에 대한 주로 사회적인 색채를 띤 판단은 정곡을 찌르지 못하고 상황을 거칠게 묘사하는 위험이 있다. 예컨대 카우츠키가 보는 예수의 제자 동아리는 가진 것 없는 동냥꾼 무리인데 가족도 집도 없고 끊임없이 이곳저곳 떠돌며 스스로 폭력행위를 할 수도 있다(루가 9.51-56을 내세위).[19] 여기서는 자유의지로 받아들인 무소유라는 생각이 — 제자들의 소유관계가 각기 어떻게 이루어져 있었든간에 — 전혀 퇴색해 버리고, 제자를 본질적으로 규정짓는 것인 예수 추종과 하느님 나라 대망을 위한 의미가 완전히 배제되기에 이르렀다.

예수의 무소유는 신학적으로 깊은 이유가 있다. 우리는 한 텍스트를 가지고 있는데, 본디 제자교육으로 엮어졌다고 할 수 있고, 재구성하면 아마도 다음과 같은 형태가 될 것이다:

목숨을 위해 무엇을 먹을까 또 몸을 위해 무엇을 입을까 걱정하지 마시오. 목숨은 양식보다 소중하고 몸은 옷보다 소중하지 않습니까? 하늘의 새들을 눈여겨보시오. 씨를 뿌리지도 추

---

[18] 참조: Bornkamm, *Jesus* 72-3. — 疎外身分 계층을 덮어놓고 "암-하-아레스"와 동일시할 수는 없을 것이다. "平民"처럼 많은 것을 말해주는 이 개념은 율법, 특히 十一租와 淨潔禮 규정에 전혀 또는 거의 무관심한 그런 사람들을 가리킨다. 이 개념이 복음서들에 나오지는 않는데, 요한 7,49에 가까운 표현이 나타난다. A. Oppenheimer[*The 'Am-Ha-Aretz* (ALGHL 8) (Leiden 1977)]는 상류 사회계층에 속한 사람들도 암-하-아레스로 꼽힐 수 있고 거꾸로 사회적 하층민도 율법을 충실히 준수하며 산다고 보았다는 것을 입증하려고 애쓴다. 문제가 생각해 볼 만하게 되는 것은 물론, 가난한 이가 가난한 처지 때문에 종교적 규정들을 엄수할 수 없게 되는 거기서이다.

[19] K. Kautsky, *Der Ursprung des Christentums* ([11]1921) 404-5. Theißen[*Studien* 96-7]은 Kautsky의 판단에서도 일반화한 局外者層 거부가 발설되는 셈이라는 견해를 주장한다.

수하지도 않을 뿐더러 곳간에 모아들이지도 않습니다(모아들일 곳간도 없습니다?). 그러나 하느님이 그것들을 먹여 주십니다. 여러분은 그보다 귀하지 않습니까? 왜들 옷 걱정을 합니까? 들의 백합꽃들이 어떻게 자라는지 살펴보시오. 수고하지도 물레질하지도 않습니다. 그러나 나는 말하거니와, 온갖 영화를 누린 솔로몬도 그 가운데 하나만큼 차려입지 못했습니다. 오늘 있다가 내일이면 아궁이에 던져질 들풀도 하느님이 이처럼 입히시거든 그대들이야 더 잘 입히시지 않겠습니까? 믿음이 약한 사람들아!(마태 6,25-26.28-30 // 루가 12,23-24.27-28).[20]

자극적인 물음들로써, 작은 것에서 큰 것으로(새와 백합에서 제자로) 결론지어 가는 즐겨 쓰는 논증과 그 병렬구조(양식 / 옷: 파종과 추수 / 수고와 물레질: 남자의 일 / 여자의 일)로써 멋진 수사 형태를 띤 문장이 어려움 없이 예수의 설교에 끼어들어가는데, 그 속에서 예수는 무소유라는 주제를 계속해 나가며 내용상 하느님의 보살피심에 대한 절대적 신뢰를 전제하고 있다. 문장은 지혜가 그 특징이며, 지혜문학과 시편들에 그 비교할 만한 데가 있다(욥기 38,41; 시편 104,10 이하; 147,9; 솔로몬 시편 5,10). 예수는 한 지혜교사로 나타난다. 모름지기 예수의 바실레이아 설교의 전체 지평을 주목해야 할 따름이다.

그러고는 나오는 것인즉, 태연하고 걱정 없는 태도를 약화해 버려서는 안 되며 만일 그것을 무사안일Dolce-far-niente과 동일시한다면 오해한 셈이라는 것이다. 예수는 노동을 반박하지 않되 먼저 흐트러지지 않은 본성을 앞세운다. 생명의 높은 평가가 해방하는 효과를 낳는다. "목숨"ψυχή이 음식과 옷보다 중요하다. 사람은 이런 것들을 걱정하다 보면 자칫 자기 생명을 해

---

[20] 再構成을 위하여: 마태 6,27 // 은 이차적으로 삽입되었다. 루가 12,24의 까마귀들은 마태 6,26의 새들에 비해 이차적이다(루가 12,24 끝 참조). 마태 6,26b의 "하늘에 계신 여러분의 아버지"는 마태오 문체에 해당하며, 루가 12,24가 "하느님"으로써 더 본래의 형태를 보존했다. 상론: Gnilka, *Matthäusevangelium* I 246; Merklein, *Gottesherrschaft* 178-9.

칠 수 있다. 이런 둘째 것들에 묻혀서 자기 삶의 의미를 잃어버릴 수 있다. 한 자유롭고 행복한 사람이 자신을 괴롭히는 걱정에서 풀려난 말씀을 설파한다. 이 말씀은 또한 여러 모로 잊혀진 예수상을 보존하고 있기 때문에도 그처럼 귀중하다. 명랑한 인간, 하느님의 아늑한 품 속에서 안전을 느끼는 인간을 보여준다. 물론 지혜를 가리키는 말씀을 인용하자면야 또 있고말고 다: "많은 이가 걱정 때문에 죽었고 짜증은 이로울 것이 없다. 질투와 분노는 목숨을 줄이고 근심하면 빨리 늙는다. 즐거운 사람의 잠은 음식처럼 맛있고 … 먹고 살 걱정은 중병보다도 더 잠을 몰아낸다"(집회 30.23b - 31.2). 예수는 그러나 지혜를 가르치기에서 더 나아간다. 실상 보살펴 주시는 하느님에 대한 신뢰가 예수와 제자들한테서는 하느님 나라를 위한 투신과 짝지어져 있다. 무릇 스스로 온전히 이 나라를 위해 투신하는 자는 하느님의 도우심을 헤아릴 수 있다.

예수와 제자들의 생활양태에 관해 발견된 것은 또다시 바실레이아에 그 중심이 있다. 욕구와 요구 없이 갈릴래아를 돌아다니는 길에서 제자들은 말로만이 아니라 실존으로 하느님 나라를 위해 증거를 보인다. 새 질서를 이끌어오려는 자기들의 실존을 드러낸다. 제자들은 하느님의 일을 위해 자유롭고자 가족을 떠났다. 이 땅의 가난한 이들이 주로 제자들의 청중으로 나타난다. 빼앗기고 시달리는 이들이 제자들 둘레에 모인다. 자기들을 보살피시는 하느님께 신뢰하면서 제자들은 걱정에서 자유로워지고 헷갈림없이 이 과업에 투신할 줄 알아야 한다.

내다보기

부활후대 상황에서는 초기 그리스도교 전도자들의 철저한 떠돌이 삶이 한동안 계속된다.[21] 그러나 폐단이 나타나는 수도 있다. 「디다케」는 공동체한

---

[21] 참조: Theißen, *Studien* 79-105.

테서 돈을 요구하는 거짓 예언자들을 경고한다.[22] 루가 22,35-36의 표현은 숨돌릴 틈도 없다: "내가 그대들을 돈주머니도 자루도 신발도 없이 보냈을 때 부족한 것이 있습디까?' 하시니 제자들이 '아무것도 없습디다' 하자 예수께서 말씀하셨다. '그러나 지금은 돈주머니가 있는 사람은 가져가고 자루도 그렇게 하시오. 그리고 칼이 없는 사람은 겉옷을 팔아서라도 사시오.'" 예수 시대는 이상적인 모범 시대로 기억하는 과거가 되었다. 현실들이 그 비상한 가능성들을 따라잡았고, 나중에 그 힘이 그리스도인 각자 안에 더욱 크게만 솟아났다. 재림지연 문제가 결코 모든 것을 설명하지는 않는다. 프란체스코 성인은 더없이 큰 본보기다.

---

[22] *Didache* 11,6.

남자 제자·여자 제자·열두 제자

제자들은 무리지어 예수의 활동을 둘러싸고 거기에 참여한다. 스승을 수행하고, 스승에 의해 파견되며, 때로는 알아듣기가 더디고 스승의 책망이나 격려를 받는다. 이것이 우리가 복음서에서 얻게 되는 제자들의 표상이다. 제자상의 일반성은, 아니 그 전형화는 부활후대 공동체의 신도들이 자기네 안에서 재인식해야 한다는 것과 확실히 관계가 있다. 한 개인 제자에 관해 그리고 그의 예수와의 관계에 관해 뭔가를 밝혀내기는 어렵다. 우리는 이름들을 많이 알지만 얼굴들을 하나도 모른다.

예수를 따르는 이들 가운데 여자들도 있었다. 십자가 아래 서 있던 여자들은 그들에 속한다. 마르코 15,40-41은 그들을 여제자라고 지칭하지는 않지만[1] 분명히 그렇게 인지한다: "여자들도 멀리서 바라보고 있었는데 … 예수께서 갈릴래아에 계실 때에 그분을 따르면서 시중들던 여자들이었다. 그분과 함께 예루살렘에 올라온 다른 여자들도 많이 있었다." 루가 8,2-3에는 한 여제자 명단이 전해져 있다. 여자들이 열두 제자 다음에 거명된다는 것이 주목할 만하다: "일곱 귀신이 쫓겨난 바 있는 막달라 여자라는 마리아, 헤로데의 신하 쿠자의 아내인 요안나, 그리고 수산나." 마리아 외에 이다른 여자들도 예수한테서 치유를 받았다. 마르코 15,41도 루가 8,3도 여러 다른 여자들을 말한다. 두 대목 다 여자들이 예수를 따라다녔다는 것을 전제한다.

---

[1] 신약성서에서 "女弟子"라는 낱말은 사도 9,36에만 나오는데, 욥바의 다비타와 관련지어 그가 여자 그리스도인임을 가리킨다. 사도행전은 그리스도인 공동체의 구성원을 두고 제자/여제자라는 개념을 사용한다.

루가는 시중을 설명하여 "그들은 자기네 재물로 시중들고 있었다"고 한다. 이것은 재력있는 여자들이 전도사들을 경제적으로 지원하던 후대 사정을 예수 당대로 옮겨놓은 것일까? 아니면 파견설교의 철저한 훈시들이 여제자들에게는 다른 형태로 유효했던 것일까? 이 점은 여러 모로 불분명할 따름이다. 아무튼 예수는 제자단에 여자들을 받아들임으로써 당대인들에게는 매우 도발적인 행동을 했다. 유다교 랍비들에게는 여제자란 상상도 못할 일이었다. 회당의 예배에조차 남자만 필요했다. 여자는 토라를 읽지 못했다. 파스카 잔치에는 참여했다. 「셔마 이스라엘」기도를 여자가 바쳐서는 안되었다. 안식일 계명이 여자에게도 무조건 유효한 것은 아니었다. 여자에게 종교수업은 당연한 일이 아니었다. 여제자를 받아들일 때 예수는 사회에서 억압받는 여자의 처지를 가볍게 해주고자 하며 여자의 인간 품위를 되살리도록 촉구하고자 한다.

복음서의 여자 명단에서는 막달라 마리아가 번번이 첫자리에 꼽힌다(마르 15,40∥: 15,47∥: 16,1∥: 루가 8,2: 24,10).[2] 이 인물은 해석사상 짊어진 짐이 있다. 그레고리우스 대종大宗 이래 그녀는 루가 7,36-50의 죄녀와 동일시된다.[3] 그래서 속죄녀로서 전례에 들어왔다. 이렇게 보는 것은 착오임이 드러났다. 마리아는 일곱 귀신에서 해방되었다. 즉, 중병에서 치유받았다. 공공연한 죄녀의 삶과 그것은 아무 상관도 없다. "막달라 여자"라는 별명은 출신지인 막달라에서 유래하는데, 막달라는 겐네사렛 호반 도시로서 티베리아 호에서 북쪽으로 걸어 반 시간 거리에 있으며 비둘기 골짜기 어귀에 자리해 있다.[4] 여자 명단에서 첫자리에 꼽히는 사실이 그녀의 두드러진 지위

---

[2] 요한 19,25에서만은 네 여자 명단의 마지막으로 막달라 마리아를 언급한다. 여기서 요한은 近親度 원칙을 따른다. 참조: Hengel, Maria Magdalena 250.

[3] 참조: J. Schmid, *Das Evangelium nach Markus* (RNT 2) (Regensburg ⁴1958) 254-5 (Exkurs: Die Magdalenen-Frage).

[4] 예수는 나자렛에서 가파르나움으로 가는 길에 막달라를 거쳤고 갈릴래아에서 예루살렘으로 가는 길에도 그랬을 것이 틀림없다. 특이하게도 막달라가 예수의 활동과 관련해서 거명되지는 않는다. Schürmann, *Lukasevangelium* I 446¹³에 따르면 막달라는 淫行으로 소문난 도시였다고 한다. 참조: Billerbeck I 1047.

를 드러낸다.[5] 공동체에서 그녀를 높이 우러른 것은 그녀가 — 다른 여자들과 더불어 — 십자가 아래 서 있었을 뿐더러 어느 모로 보나 부활하신 주님의 첫 발현을 본 사람임에 틀림없는 덕택이다.[6] 이렇게 그녀는 예수의 삶과 고난과 죽음과 부활의 비상하게 중요한 증인이었다.

루가 8,2-3의 명단에 나오는 다른 두 여자인 요안나와 수산나에 대해서 우리는 아무것도 모른다. 요안나가 분봉영주 헤로데 안티파스의 신하인 한 고관$\epsilon\pi\iota\tau\rho o\pi o\varsigma$의 아내로 소개되므로, 이 두 여자도 갈릴래아로 가도록 지시받게 된다. 십자가 아래 서 있던 여자들도 비슷한 경우다.[7]

한 고유한 소명사화가 알패오의 아들 레위에게 할애되어 있다(마르 2,14). 그의 소명과 연결되어 예수가 세리들과 죄인들이랑 회식하는 이야기가 나온다. 그에 관해 우리가 더는 아는 바 없지만, 그가 세리라는 것은 중요하다. 세리는 멸시받는 신분으로 여겨졌다. 바리사이들은 세리들을 자기네 반열에 받아들이지 않았다. 그러므로 한 세리가 부름받는다는 것은 죄를 용서받는다는 표현으로 여겨졌다. 마태오 9,9에서 왜 레위라는 이름이 마태오로 바뀌었느냐는 물음에 대해 분명한 답은 없다. 우선 레위와 마태오는 다른 두 사람인데 첫 복음서 저자에게는 이렇게 이름을 바꿀 특별한 이유가 있었다고 보면 무방하겠다.[8] 이 부름도 겐네사렛 호반 가파르나움 근처로 자리매겨져 있다. 이 변방 도시 근처에 세관이 걸맞다.

요한 1,45-50에 나타나엘이 어떻게 예수의 제자가 되었는지가 전해진다. 나타나엘도 갈릴래아 사람이며 가나 태생이다(요한 21,2). 열두 제자 명단에 이 이름도 나오지 않는 것이 눈길을 끌 만하다. 그래서 거듭 새삼 그를 — 이름이 둘이라 하면서 — 열두 제자의 하나와 동일시하려고들 했고

---

[5] 여자 이름이 거듭 셋씩 열거되어 있는데, 짐작건대 신명 19,15의 證人規則에 기댄 것이겠다.

[6] 참조: 요한 20,11-18; 루가 24,22-23; 마태 28,9-10. 그녀의 이름이 1고린 15,5의 증인 열거에는 없는데, 이것은 유다교 法에 따르면 여자가 증언을 할 능력이 없다는 것과 관계가 있다.

[7] 참조: Gnilka, *Markus* II 326.

[8] 문제점: Gnilka, *Matthäusevangelium* I 330-1; Pesch: ZNW 59 (1968) 40-56.

그런 시도가 그리스 전례에까지 들어왔지만, 차라리 그만두어야겠다.[9]

요한복음서에만 "예수께서 사랑하시던" 제자라는 아주 두드러지게 돋보이게 하는 이름으로 기념되는(13,26-29; 19,26-27; 20,2-10; 21,7.20-23), 그래서 "애제자"로 약칭되기도 하는 그런 제자가 나온다. 쿰란 문헌에서 우리는 이와 견줄 만한 상징적 명칭들을 알고 있다("의로움의 스승", "무법 제관"). 여기서 난제들이 불가해에까지 치솟는다. 현재의 연구에서는 한계를 짓는 성격의 두 견해가 널리 통설이 되었다: 그는 요한과 동일시될 수 없다. 그러나 상징적 인물도 아니다. 그럼 누구인가? 이름의 확정은 단념해야겠다. 그는 예수의 한 제자였고 부활후대에 "요한계 공동체들"에게 특정한 권위자가 되었다. 슈낙켄부르크는 그가 예루살렘 출신이리라고 추측한다.[10] 그러나 갈릴래아 사람이었다고 할 수도 있겠는데, 특히 안드레아와 함께 넷째 복음서에 제시된 처음 부름받은 두 제자에 속하는 "다른 제자"를 애제자라고 보고[11] 21,7(고기잡이 장면)을 진지하게 받아들이겠다면 그렇다. 만일 예루살렘 사람이었다면 갈릴래아 사람들 동아리 속에서 한 예외였던 셈이다.[12]

예수 제자 가운데 가장 잘 알려진 무리는 열두 제자다. 가장 오래된 복음서인 마르코 복음서에서는 간단히 "열둘"이라 한다(3,14; 6,7; 9,35; 10,32; 11,11; 14,17). 마태오 복음서에서는 열두 제자라고(10,1), 혹은 한 번 열두 사도라고도(10,2) 일컫는 수가 있다. 루가의 기록에서는 열두 사도라는 개념이 관철되며(루가 6,13; 9,10; 17,5; 22,14; 24,10), 이것이 신성한 제도가 되어 특히 나

---

[9] 그리스 典禮에서는 나타나엘을 열혈당원 시몬과 같이 친다. Schnackenburg[*Johannesevangelium* I 313]는 그 가능성을 열어 둔다. 흔히들 바르톨로메오를 연상했지만 이는 짜맞추기다.

[10] R. Schnackenburg, Der Jünger, den Jesus liebte: *EKK* V2 (Einsiedeln 1970) 97-117 중 113: "최종적 확실성은 없다." 참조: *Johannesevangelium* III 449-64.

[11] 이 제자를 召命史話에서는 아직 愛弟子로 일컫지 않는 것은 話術상 충분히 이해할 만하겠다.

[12] 때로는 요한 7,3에서 유다 지방의 예수 제자들을 증언한다고들 보았다. 그러나 이 구절은 이런 관점에서 재구성하기에 별로 적절하지 않다. 참조: Bultmann, *Johannes* 218º.

[13] 그러니 루가에게는 바울로의 사도직을 두고 어려움이 있다. 루가의 바울로像: K. Löning, *Die Saulustradition in der Apostelgeschichte* (NTA 9) (Münster 1973); C. Burchard, *Der dreizehnte Zeuge* (FRLANT 103) (Göttingen 1970).

⑥ 제자 · 추종 · 생활양태

중에 마티아의 보선補選으로 나타난다(사도 1.12-26: 참조: 묵시 21.14).[13] 여기서 나오는 결론인즉 열둘과 사도들은 구별해야 한다는 것이다. 사도들은 ― 부활후대의 ― 더 큰 무리로 보아야 한다. 1고린토 15,5의 옛 정식 신앙고백문에 근거하여 열두 제자와 "모든 사도"(7절)의 구분이 확인되기도 한다.

언제 어떻게 열두제자단의 창설에 이르렀는지는 뜨겁게 논란되는 문제다. 더러 연구자에 따르면 열두제자단은 부활후대 상황에서 비로소 생겨났다고 한다. 가까운 종말을 열심히 기다리는 상태에서 공동체 지도단이었다는 것이다.[14] 여기서 특히 「어록」에는 열둘이 없다는, 초기로 올라가면 공동체의 의식지평에서 열둘이 사라져 버린다는 점을 증거로 끌어들이고, 방금 인용한 대목인 1고린토 15,5도 원용한다. 그러나 이 견해는 더 큰 난제들만 만들어낸다: 부활후대에 형성된 단체가 예수의 삶에 돌이켜 투영된다는 것과 예수를 넘겨준 유다가 으레 "열둘 가운데 하나"로 거명된다는 것 (마르 14.10.20.43: 마태 26.14 등)을 어떻게 설명하랴?[15] 실상 유다가 열둘 가운데 하나라는 것이야말로 예수 자신이 열두제자단을 구성했다는 한 중요한 논증이 된다. 그런 단체의 구성이 예언자적 표지로서 예수 활동의 성격과 양상에 잘 맞는다고 보는 것처럼 열두 제자에서 열두 사도로 발전한다고 약술하는 것도 이를 말해준다. 열두 제자가 「어록출전」에는 ― 우리가 그 내용을 재구성할 수 있는 한 ― 나오지 않는다면, 이것은 이 출전이 어록이라는 특성과 관계가 있다고 할 수 있겠다.[16]

그러므로 우리는 예수 자신이 열둘의 무리를 지었다는 데서 출발할 수 있다면, 이로써 예수는 상징적으로 어떤 것을 이해시켜 주고자 했다. 열둘

---

[14] 참조: Vielhauer, Gottesreich 68-71.

[15] 이를테면 유다 사건이란 초기 공동체 어느 일원의 굉장한 背敎 사례를 예수의 생애에 遡及시켜서 영속하는 기억으로 삼은 것이라는 그런 無謀한 명제를 조작할 수밖에 없다.

[16] 열두 제자를 암시한다고들 여기는 수도 있었던 로기온인 마태 19,28∥은 그 재구성이라는 면에서 볼 때 문제점이 너무 많고 따라서 고려할 여지가 없다고 해야 한다. 참조: Schmahl, *Die Zwölf* 29-36; Trautmann, *Handlungen* 190-9; Gnilka, *Matthäusevangelium* II 169-70. ― 1고린 15,5는 열둘의 무리를 이미 전제한다. 復活者의 發顯을 통해 비로소 성립하게 되는 것이 아니다. 열둘은 象徵 숫자다. 유다의 脫落은 따라서 고려되지 않은 채다.

이라는 숫자는 하느님 백성 이스라엘과 관계가 있다. 이 백성은 열두 부족으로 이루어졌다. 아무튼 열두 부족이라는 이스라엘의 구성은 이상 상태로 느껴졌다. 예수 당대에도 그렇게들 여겼다. 당시에는 이 부족들의 다수가 이미 전쟁 발발, 추방들로 말미암아 사라져 버리고 더는 존재하지 않았는데도 그랬다. 이런 의식을 말해주는 일련의 증언들이 있다.

플라비우스 요세푸스는 「유다고사」[17]에서 이상화하여 이야기하기를, 이스라엘 사람들은 바빌론 유배에서 돌아와 새 성전을 세운 다음 특별히 숫양 열두 마리를 부족들의 숫자에 맞게 제헌했다고 한다. 「아리스테아스 서」[18]에서는 전하기를, 유다인들은 그리스어 성서 번역과 관련하여 각 열두 부족 출신으로 한 사절단을 보내어서 율법의 신뢰성을 인준하도록 했다고 한다. 기본 내용이 기원전 2세기로 거슬러올라간다고 할 수 있는 기록인 「열두 족장 유언」은 열둘이라는 숫자에 대한 관심을 확인한다. 쿰란의 공동체에는 한 열두 남자 단체가 있어 특별한 소임을 맡고 있는데, 이 역시 겨레의 열두 부족에 대한 기억과 관계가 있다.[19] 끝으로 묵시록 7,4-8에서는 파트모스의 환시자가 각 열두 부족에서 1만 2천 명씩 구원받은 144,000명을 바라본다.

위에 언급한 대목들은 마지막 메시아 시대가 와서 겨레가 그 완전한 숫자로 재건되어야 한다는 희망도 표현한다. 이 대망의 맥락에 예수의 행동을 배열해 넣을 수 있을 것이다. 예수 둘레의 열둘은 이스라엘 온 민족을 가리키고 그 재건을 약속하며 도래하는 하느님 나라의 구원을 규정지음을 상징한다. 이 전망에서 우리에게 보이는 것인즉, 예수의 선포에 대면하여 각자가 태도를 결단하도록 요구받고 있되 궁극적으로는 하느님 백성이 예수 활동의 지평 안에 있다는 것이다. 열두제자단 존재의 표지성은 마르코 3,14의(마르코 이전에 생겨난)[20] 지적에 시사되어 있다. 그들은 예수와 함께 있어야 했다. 그러나 상기하건대 예수의 제자단 목적 설정에서 우리가 알게 된 것인즉, 그들은 일차적으로 예수와 함께 활동하면서 하느님 나라를 선포하

---

[17] Josephus, *Ant.* 11,107.　　[18] 아리스테아스書 47-50.　　[19] 참조: *1QS* 8,1; *1QM* 2,2.

[20] 참조: Gnilka, *Markus* I 136-8.

도록 결정지어져 있었다는 것이다. 확실히 열둘은 제자들의 핵심으로서 이 과업에서 배제될 수 없다. 바실레이아 설교와 관련하여 열둘을 통해서 이스라엘을 향한 구원 제시가 모름지기 더욱 효과적으로 표현될 수 있었다. 다만 주목할 점으로, 아직 이 최초 단계의 열둘은 나중에 마태오 19,28∥에 표현되는 것처럼 종말론적 통치와 심판에 참여하는 것 같은 그런 부가적 특별 기능을 인식했던 것은 아니다. 아직 그들의 존재는 한 예언자적 표지의 제시에 한정된다.

신약성서에서 우리에게 전승되어 있는 열두 제자 명단은 세 가지다. 공관복음서의 세 군데(마르 3,16-19; 마태 10,2-4; 루가 6,14-16)에 있고 사도행전 1,13에도 한 번 나오는데, 특기할 만하게도 요한복음서에는 명단이 없다.[21] 마태오 10,2-4에 나오는 대로 곁이름도 붙여서 열두 이름을 열거해 보자:

> 베드로라는 시몬
> 그 동기 안드레아
> 제베대오의 (아들) 야고보
> 그 동기 요한
> 필립보
> 바르톨로메오
> 토마
> 세리 마태오
> 알패오의 (아들) 야고보
> 타대오
> 열혈당원 시몬
> 당신을 넘겨준 유다 이스카리옷.

---

[21] 열둘이 요한복음서에서는 네 번만 지나가면서 언급되는데, 그중 두 번은 "열두 제자 가운데 하나"라는 표현으로 유다 이스카리옷과 토마에게 연결되어 있다(6,67.70.71; 20,24). Q에 열두 제자 名單이 있었다고 Trautmann[*Handlungen* 216-7]처럼 추정하는 것은 매우 개연성이 작다.

안드레아와 토마의 순서가 달리 배열되어 있다는 점말고는 네 명단이 일치하는데, 유일한 예외인즉 루가의 두 명단에는 타대오가 빠져 있고 그 대신 야고보의 (동기?) 유다가 나온다는 점이다.[22] 이 점은 이차적이라 할 수 있겠다. 명단 모두가 시몬 베드로로 비롯하여 유다 이스카리옷으로 끝난다. 이 두 사람의 자리매김은 의도적이라 할 만하다.

다음과 같은 관찰들을 언급할 만하다: 처음 넷은 둘씩 형제간인데, 마르코 1,16-20 // 마태오 4,17-22에 따르면 첫 제자들로 부름받았다. 예수의 활동이 시작될 때는 이 네 제자만 있었다고 해야 할까?[23] 시몬 베드로와 안드레아는 벳사이다 출신이고 필립보도 그러한데(참조: 요한 1,44: 12,21), 벳사이다는 요르단 동쪽에 있었고 이미 갈릴래아가 아니라 가울라니티스에 속해 있었다.[24] 베드로와 안드레아는 가파르나움으로 이주했다. 안드레아와 필립보가 열두제자단의 일원이면서 하나는 그리스어 이름을, 후자는 심지어 자기네 분봉영주의 이름을 지녔다는 것은 우연이 아닐 것이다.[25] 특히 벳사이다 출신 제자들이 그리스어에 능통했다는 것은 배제될 수 없다. 마르코 3,17에 따르면 예수는 야고보와 요한 형제에게 "보아네르게스"라는 별명을 붙여 주었는데, 마르코는 이를 "천둥의 아들들"이라는 뜻으로 이해한다. 정작 무슨 뜻인지는 분명하지 않다(성정. 젤로데 기질. 권력?). 흥미롭게도 "오아" 중모음 소리에 아람어의 갈릴래아 사투리 영향이 남아서 "아" 소리가 어두운 소리로 화하는 것이 특징적이다.[26]

---

[22] 주님의 아우 유다를 생각했을까(참조: 마르 6,3)? 유다서의 사도적 권위가 확보되어야 했을까(참조: 유다 1)? Pesch[*Markusevangelium* I 208]의 짐작이다. 제2의 유다가 요한 14,22에서도 언급된다.

[23] Kingsbury의 推定이다: *JBL* 98 (1979) 67-9.

[24] 요한 12,21은 "갈릴래아의 벳사이다"라고 말하는데, 이것은 정확하지 않다. 만일 요르단 강이 한때 그 河床을 옮기게 되어 벳사이다 동쪽에서 호수로 흘러들었던 셈이라면, 그런 이동은 그리스도 시대 전에 일어났던 일의 결과일 것이다. 예수 당시에 벳사이다는 分封領主 필립보의 주재지였다.

[25] 타대오는 테우다스에서 유래한다면 그리스어 이름일 수 있겠다.

[26] 참조: Dalman, *Worte Jesu* 39⁴.

시몬 베드로는 마태오 16,17에서 "바르요나"라는 이름이 덧붙여져 있다. 요한 1,42; 21,15에 따르면 "요한의 아들 시몬"이라 불린다. 그래서 이 바르요나도 "요나의 아들"이라는 뜻으로 이해된다. 젤로데들(열혈당)이 "바르요나들"이라고 일컬어졌으므로 바르요나라는 이름은 시몬 베드로가 젤로데라는 증거라는 것은 개연성이 작다.[27] 이 젤로데 당원 명칭은 나중에야 비로소 나타난다. 시몬의 주변환경에도 이를 찬성할 근거는 없다.[28] 반면에 열두제자단의 다른 시몬은 "카나나이오스"라는 — 루가 6,15에서는 적절히 "젤로데"로 번역된 — 별명으로 말미암아 열혈당원임이 입증되어 있다.[29] 열두제자 명단의 마지막 순번에 있는 유다는 "이스카리옷"이라는 수수께끼 같은, 논란이 구구한 이름이 달려 있다.

세 가지 추론 가능성이 제시된다:

① 출신지 이름을 따른 것으로서, "크리옷 사람"이라는 뜻이라고 본다.[30] 크리옷은 여호수아 15,25에도 나오는 유다 지방 남단의 성읍인데 정확한 위치를 규정짓기는 어렵다. 이 가설이 맞다면 유다는 출신지로도 국외자인 셈이다.

② 이스카리옷을 "시카리우스"와 연결짓는다.[31] 이렇게 되면 유다는 바로 젤로데 운동권에 속하는 셈이다. 더욱이 시카리우스란 그 투쟁방식(시카=단도) 때문에 그런 이름을 얻게 되었다는, 특별히 엄격한 것으로 짐작되는 일당의 일원을 뜻한다.[32]

---

[27] O. Cullmann[*Der Staat im NT* (Tübingen ²1961) 11]은 R. Eisler의 이 견해를 이어받는다.

[28] 참조: M. Hengel, *Die Zeloten* (AGSU 1) (Leiden 1961) 55-7 중 특히 57⁵.

[29] 젤로데를 熱血黨으로 지칭함에 관하여: Hengel 61-78.

[30] Dalman[*Jesus* 26]이 제안하는 견해다. M. Noth[*Das Buch Josua* (HAT I/7) (Tübingen 1953) 93-4]에 따르면 크리옷은 가우 호르마에 있었는데, 그러니까 헤브론의 남쪽이고 베에르셰바의 동북동쪽이다. 참조: 91의 지도. Abel[*Géographie* II 417]에 따르면 텔 마인에서 남쪽으로 7km 떨어진 곳이다.

[31] O. Cullmann, Der zwölfte Apostel: *Vorträge und Aufsätze* (Tübingen 1966) 214-22 중 218-9; F. Schulthess, Zur Sprache der Evangelien: ZNW 21 (1922) 241-58 중 250-2.

[32] sicarius, sicarii에 대하여: Hengel (각주 28) 47-54.

③ 이스카리옷을 동기動機상의 별호("거짓의 사나이")로 이해한다.[33] 그렇다면 이
    이름은 나중에 그리스도인 공동체가 붙인 셈이다.

첫째나 셋째 추론이 적절하다고 할 수 있겠다.

우리에게 특별히 흥미로운 것은 첫째로 꼽히는 제자 시몬의 별명이 "페
트로스"(베드로)라는 점이다. 우선 "페트로스"가 그리스도 전 시대에도 호칭
이었다고 입증될 수는 없다는 사실을 상기하는 것이 좋다(페트리오스·페트라이오
스·페트론 등 비슷한 이름들은 과연 그렇다)[34]. 이것은 이 이름이 무엇인가를 표현하고
자 시몬에게 부여되었다는 것을 뜻한다. 마태오 16,18에서는 이 이름의 부
여가 교회의 건설 의도와 연결된다. 이것은 이미 있던 이름의 한 부연 해
석이다. 여기서는 "페트로스"$\pi\acute{\epsilon}\tau\rho o s$에서 "페트라"$\pi\acute{\epsilon}\tau\rho a$, 곧 바위로 화하는데
(성과 의미 변화), 한편 "페트로스"란 돌(더 흔히는 돌멩이)을 의미한다는 사실에서
이것을 알 수 있다. 파소프의 그리스어 사전에서는 "페트로스"에 대해 "으
레 '돌'의 의미가 있고 이로써 '페트라', 곧 바위와 확실히 구별된다"고 단
언한다. 마태오 16,18은 그러므로 이미 이 제자가 이 이름을 지니고 있었
으며 그 이름이 여기서 새로 해석될 따름이라는 것을 전제하고 있다.

어떻게 시몬이 이 이름을 가지게 되었을까? 처음에는 무슨 뜻이었을까?
이 이름에 새로운 해석을 붙일 수 있었고 따라서 시몬이 베드로라는 이름
을 이미 먼저 가지고 있었다면, 그 유래는 쉽사리 예수로 되돌아간다. 예
수는 시몬을 "케파"(게파)라고 불렀다. 케파는 아람어 원형이다. 신약성서에
는 열 번, 살짝 그리스어화한 형태인 "케파스"로 나온다.[35] 아람어 "케파"는
주로 "돌"을 뜻하는데, "보석"도[36], 곁들여 "바위"도 뜻한다.

---

[33] B. Gärtner, *Die rätselhaften Termini Nazoräer und Iskariot* (HSoed 4) (Stockholm 1957). — 요한
6,71; 13,2.26에서는 유다가 아버지 이름과 연결된다: "시몬 이스카리옷의 아들". 이것은 地名 케리
옷에서 유래한다고 말할 수 있겠다.

[34] Lampe: *NTS* 25 (1979) 228.

[35] 요한 1,42말고는 으레 바울로 親書들에 나온다. 케파라는 낱말이 이미 呼稱으로 사용되었더
냐는 논란이 있다. Elephantine-Papyri의 한 典據는 확실치 않다. 참조: J.A. Fitzmyer[Aramaic
Kepha' und Peter's Name in the NT: *Text and Interpretation* (M. Black 기념) (Cambridge 1979) 121-132
중 127-9]와 P. Grelot[*Documents araméens d'Égypte* (Paris 1972) 476] 사이의 논쟁.

시몬의 제자단 대표자 구실이 복음서들에서 아직도 간파된다. 그 가장 자연스런 설명은 그가 동기인 안드레아와 함께 예수의 첫 제자로 부름받았다는 사실에서 나온다. 안드레아가 동생이었다고 할 수 있겠다. "케파"라는 이름이 주어진 일은 시몬이 예수의 첫 추종자라는 것과 관계가 있다고 추정할 수 있다. 아마도 부름받았을 때에 이미 이 일이 일어났을 것이다. 아니면 열두제자단 구성 때?[37]

종합하건대. 예수의 제자들은 주로 갈릴래아 사람들인 남자들과 여자들로 구성되었다. 바로 제자들을 보아도 예수에 의해 일어난 운동은 한 갈릴래아인 운동으로 나타난다. 많은 여자와 남자 제자들에 관해 우리는 이제 이름밖에 모른다. 제자들의 수가 얼마나 많았던지도 말할 수 없으며, 열두제자단 외에 다른 제자들도 있었다고 말할 수 있을 뿐이다. 열둘로써 예수는 이스라엘 백성 앞에 한 예언자적 표지를 내세워, 박두한 하느님 나라를 위해 집결되어야 한다고 제시했다. 열둘 안에서는 시몬이 첫 자리를 차지한다. "케파"라는 이름의 전수는 그가 예수의 첫 제자임을 가리킨다.

내다보기

부활후대에는 열두제자단이 이스라엘을 대표하는 상징적 의미가 뒷전으로 물러난다. 예루살렘 공동체에서는 그들이 지도 구실을 별로 취하지 않는다. 사도 6,2는 그렇다는 근거라고 보기에 너무 약하다. 이제는 그들의 의미를 새로운 빛으로 보게 된다. 비록 1고린토 15,5.7에서는 아직 그들이 모든 사도와 나란히 거명되지만(이때 열두 제자는 모든 사도에 속한다고 볼 수 있다), 특

[36] G. Dalman, *Aramäisch-neuhebräisches Handwörterbuch* (Göttingen ³1938) 197 왼쪽.

[37] R. Pesch[*EWNT* II 721-2]의 推定이다. — 예수는 복음서에서 제자들에게 늘 "시몬"으로 말한다(마르 14,37; 마태 16,17; 17,25; 루가 22,61; 요한 21,15-17). 유일한 예외는 루가 22,34인데, ∥ 마르 14,30도 참조하라. 그러므로 케파-베드로라는 이름에 시몬이라는 이름이 아직 몰려나지는 않았다고 결론지을 수 있다.

히 루가가 강력히 추진하는, 사도라는 이름을 열둘에 한정시키는 발전이
있다. 열두 사도로서 그들은 예수의 삶과 죽음과 부활의 표준적이며 권위
적인 증인들이다. 사도단 안에서 시몬 베드로는 이미 말한 의미에서 특별
한 공식 증인testis qualificatus이 되고 또 따라서 그 위에 메시아의 교회가 건설
되어야 할 바위가 된다. 부활전대 상황에 연결점이 있는 시몬 베드로의 이
빼어난 소임이 부활후대에는 열둘보다도 먼저 그에게 몸소 나타나시는 부
활자의 첫 발현으로 밑받침된다(1고린 15.5; 루가 24.34). 이 첫 제자는 두 번,
예수 활동의 시작 때와 십자가와 부활 후의 새 시작 때, 교회의 케파가 되
었다.

이스라엘과 하느님 백성과 교회

"열둘"이 이스라엘을 대표하는 예언자적 표지로 구성되었다는 사실이 이미 우리의 관심을 더욱 하느님 백성 쪽으로 이끌었다. 이제 우리는 예수의 활동을 구원사Heilsgeschichte 차원에서 살펴보아야겠다. 19세기에 처음 신학 용어로 나타난 "구원사" 개념은 성서의 견지에 따르면 하느님의 구원이 역사 안에 계시된다는 의미에서 성서상 사실진단에 뜻깊게 적용될 수 있다. 예수에게 적용한다면 이것은 특별히, 예수의 활동이 기다려지고 있었고 예수가 더 큰 역사에 들어와 있다는 말이 된다. 물론 이 대망의 실현은 이 대망 자체와 뚜렷이 대조를 이룬다. 예언자들의 짐작으로 발설된 대망은 흐려져 인간적인, 너무나 인간적인 소망에 적용되었다. 그러나 하느님은 늘 새로이 놀랍게 행동하신다. 경건한 대망에 대해서도 그렇다. 예수에게서 최종적인 것이 나타났으니, 하느님 나라가 체험할 수 있게 되고 근본적으로 새로이 개시되었다. 옛 역사를 종결하고 성취하며 절정으로 이끄는 새로운 개시를 우리는 이른바 "잡아챔말씀"[1]에서 숙고했다: "율법과 예언자들은 요한까지입니다. 이때부터는 하느님 나라가 …"(마르 1.15도 참조).

예수가 관계하는 것은 특별히 이스라엘 백성이다. 예수는 자기네 역사를 지닌 이 백성 앞에 나타난다. 이 백성을 상대로 활동한다. 이 사정이 예수

---

[1] 참조: 196쪽 이하 〈다〉항.

의 활동에서 여러 가지로 표현된다. 예수 자신이 이 백성의 일원인 이스라엘 사람이요, 모국어를 말하며, 성서의 언어에서 취한 청중에게 익숙한 표상과 동기 들을 자기 선포에 사용한다. 개인을 향해 결단을 호소할 때도 그를 이 백성의 일원으로서 바라본다. 예수의 구원 제시를 개인 치유로 이해한다면 몹시 오해가 될 것이다. 예수는 이 백성을 앞에 두고 이 백성에게 자기가 보냄받았다고 의식했으며 이 백성을 자기 제자들의 협력으로 임박하는 하느님 나라를 위해 준비시키고자 했다. 그러므로 그런 집단적 현상을 처음으로 만들어낼 까닭이란 없었다. 아니, 이스라엘에 대한 자기 소임을 성취하는 것이야말로 구원사적으로 필요한 것이었다. 예수 활동의 이 정향을 삭감 없이 인정할 때라야 예수의 활동을 이해하게 된다. 여러 민족이 섞여 사는 갈릴래아의 예수 청중 가운데 이방인도 있었다는 사실이 종종 적시되어 있다 해서 이 정향이 원칙적으로 달라지는 바는 조금도 없다. 물론 예수의 청중 속에 그런 이방인들이 있음을 우리는 감안해야 하지만, 그래도 예수의 구원 의지는 이스라엘을 향해 있다. 이스라엘이 — 꼬집어 표현하자면 — 예수의 "엑클레시아"^{ἐκκλησία}(교회)였으며, 새로이 최종적으로 하느님 나라에 불려 들어와야 할 백성이었다. 여기서 "엑클레시아"란 처음부터 끝까지 조금도 다름없이 하느님 백성의 모임을 뜻한다.[2]

예수의 활동이 이스라엘을 상대로 이루어진다는 것은 복음서들에서 공간적으로 이스라엘 땅과 계속 연관되어 있다는 사실로도 알려진다. 요르단 동쪽의 헬레니즘화한 열 도시 지역인 데카폴리스가 언급되기는 하지만(마르 5,20; 7,31; 마태 4,25),[3] 그리고 마르코 7,24 이하 // 마태오 15,21 이하에 따르면 예수는 띠로와 시돈 지역으로 넘어가고(루가는 삭제한다) 마르코 8,27 // 마태오 16,13에 따르면 필립보의 가이사리아 부근으로 들어가기는 하지만

---

[2] 그리스어 성서 번역에서는 이스라엘이 자주 "엑클레시아", "주님의 엑클레시아" 등으로 일컬어진다는 것을 기억해야 한다: 신명 23,1.2; 판관 20,2; 3열왕 8,14.22.55; 1역대 13,2 등. 히브리어 해당어는 대개 "카할"이다.

[3] 스키토폴리스만이 요르단 서쪽에 있었는데, 역시 열 도시에 꼽혔다.

(루가 9,18은 특정한 장소를 지칭하는 일이 없이 예수의 혼자 계심을 말한다), 아무튼 이방인 가운데서 일어난 전도 활동을 말하는 바는 없다. 띠로와 시돈 지역으로 들어가는 여행의 상황이 어떠했다고 할 수 있든간에, 그 지리적 소여는 정작 확정적인 것이 아니며, 그 여행은 시로페니키아 여인의 간청을 들어준(마르 7,26∥), 더욱이 예외로 특징지어진(마르 7,27-30∥) 여행에서 추론된다고 할 수 있다. 역사상 회상으로서 북부 여행에서 선교사업이 성립될 수는 없었다면, 여기서는 분봉영주 헤로데 안티파스 쪽의 일시적 추적을 피하려는 의도가 있지 않았느냐는 물음이 나올 수 있겠다(참조: 루가 13,31-32).

하찮아 보이는 세부사항들이 이 정향에 번개처럼 빛을 던지는 것을 감안할 수 있다. 마태오 8,5-13의 치유사화를 골라서 보자. 이 사화는 인물과 장소가 세밀하게 나타나는 것이 두드러진 특징이다. 가파르나움에서 그곳에 주둔해 있는 한 백부장이 중병으로 앓아누운 자기 종의 치유를 청한다. 백부장은 이방인으로 특기되어 있다. 언급된 소여들을 넘어서 예수의 반응으로 사화는 역사상 구체성을 띠게 되는데, 이것은 물론 물음으로 알아들을 때만 온전히 파악된다: "나더러 가서 고쳐 주라고요?"(7절)[4] 이 물음은 약간 화난 어조로 들린다. 이방인 집에 들어오라는 소청을 받는 유다인 예수의 역정이다. 백부장의 유명한 대답은 사태진단에 어울린다.

예수의 활약이 이스라엘을 향함은 이 겨레가 몹시 정신·종교의 통일성을 잃고 갖가지 무리짓기·편가르기로 쪼개어져 있었다는 것을 상기하면 더욱 구상화한다. 예수는 이 무리짓기의 아무와도 결탁하지 않으며 누구도 편들지 않는다. 물론 이런저런 무리와 긴장관계에 빠지나, 그렇다고 해서 온 이스라엘을 향한 그의 의지가 꺾이지는 않는다. 이 의지는 열두제자단의 구성과 파견으로 더욱 강조되었다.

예수가 중점적으로 활약한 곳은 갈릴래아였다. 아마도 호수 북서쪽에 한정된 공간이라고까지 말할 수 있겠다. 왜 세포리스·막달라·가바라 같은

---

[4] 참조: Gnilka, *Matthäusevangelium* I 301.

도시들은 예수의 활동과 관련하여 복음서들에 언급되지 않을까?[5] 거기서는 호응을 얻지 못했을까? 그곳은 제자들에게 맡겼을까? 우리는 이 물음을 던질 수 있을 뿐 대답할 수는 없다. 사마리아를 예수는 피했다.[6] 예루살렘에는 얼마나 자주 갔을까? 공관복음서들이 제시하는 바에 따르면 예수는 공개활동 동안 단 한 번만 수도에 들어가 수난의 파스카를 지낸 것으로 알려져 있다. 그러나 이 제시에는 문학적 의도가 깔려 있다. 예루살렘을 향한 행진은 극화해 있다. 요한복음서는 한 번보다 많은 예루살렘 체류를 전제하며, 여기에는 편집상의 자리바꿈이 남아 있는데, 이를테면 처음에 나오는 성전항쟁 페리코페(2,13-17)와 삽입구절들(6,1은 4,54의 계속이다)을 고려해야 한다. 온 이스라엘이 예수의 관심사였다면 남쪽에서도 활약했다는 것은 어떻든 불가결하다. 바우어에 따르면 예수는 좁은 자기 고향에서 몰려오는 군중이 없어서 예루살렘으로 올라가게 되었다.[7]

온 이스라엘에 대한 실행을 명시하는 발설들이 심판말씀이라는 것은 수상하다 할 수 있다. 그러나 이것은 온 겨레를 적극적으로 상대하는 것이 예수에게 당연하다는 데서 출발하면 거의 절로 나오는 결과다. 따라서 이 심판말씀들의 상론은 비뚤어진 그림을 낳을 수도 있겠다. 처음부터 주시해 마지않을 것인즉, 모든 이스라엘 사람을 포함하는, 열심히 내놓는 구원 제시가 선행했고 예수가 활동하는 한 그것이 단념되지 않았다는 사실이다. 심판말씀들은 흘려들을 수 없는 경고 어조가 있다. 이 가운데 더러를 예수가 되풀이해서 발설했다고 반드시 생각할 필요는 없다.[8]

예수 심판말씀들의 수화자에 주목하자. 마태오 12,41-42//에서 그것은 "이 세대"다:

> 심판 때에 남방 여왕이 이 세대 사람들과 함께 일으켜져서 이들을 단죄할 것입니다. 그는 솔로몬의 지혜를 들으려고 땅 끝

---

[5] 이미 이 물음을 던진 곳: Bauer, Galiläer 31. [6] 루가 9,51-55는 그 기억을 보존했다.

[7] W. Bauer, Galiläer 32. [8] Reiser[*Gerichtspredigt* 260]의 마태 12,41-42//에 대한 궁리.

에서 왔던 것입니다. 그러나 보시오, 여기 솔로몬보다 더 큰 사람을! 심판 때에 니느웨 사람들이 이 세대와 함께 부활하여 이 세대를 단죄할 것입니다. 그들은 요나의 선포로 회개했던 것입니다. 그러나 보시오, 여기 요나보다 더 큰 사람을![9]

"이 세대"란 심판말씀에 끼어드는 위협적인 탄핵 호칭이다. 구약성서에 이미 새겨져 있는데, 거기서도 같은 뜻으로 사용되며 어울리는 곁말들로 꾸며질 수 있다: "사십 년을 지나면서 나는 이 세대를 보고 싫증이 나서 '그들은 마음이 빗나간 백성이요 나의 길을 깨닫지 못한다'고 하였다"(시편 95,10). 또는: "이 악한 세대의 사람들 가운데는 … 좋은 땅을 볼 사람이 하나도 없을 것이다"(신명 1,35). 신명 32,5에서는 "비뚤어지고 뒤틀린 세대"라 이른다.[10] 질책의 이유가 예수 말씀에서는 구원 제시의 거부다. 이것은 하느님 나라에 관한 일이므로 "이 세대"는 마지막 세대가 된다. 마지막 세대, 현존 이스라엘 전체인 이 세대가 이방인들 — 니느웨 사람들과 전설에 싸인 남방 여왕(참조: 1열왕 10,1-3: 2역대 9,1-12) — 이 단죄의 증인으로 맞서 부활할 위협적인 심판에 마주하게 된다. 그들은 당시에 마지막 순간에나마 니느웨 사람들처럼 회개를 수행하여 심판을 면했거나, 남방 여왕처럼 현자 중의 최고 현자인 솔로몬의 입에서 지혜의 영적 자양을 얻고자 스스로 고초를 감수해야 했다. 이스라엘은 더 큰 구원 제시에 반대했으므로 그 잘못과 책임이 더 무겁다. 예수 자신보다 예수의 메시지를 더욱 크게 가리키는 바로 이 표현에서 예수 언어의 한 증빙을 보게 된다.[11]

마태오 23,37 // 루가 13,34에서 수화자는 예루살렘이다:

[9] 마태 12,41-42 // 루가 11,31-32는 말씀을 일치하여 전하는데, 다만 루가 11,31은 "이 세대 **사람들**과 함께"를 덧붙이고 마태오는 문맥상 이유로 니느웨 사람들을 앞에 배열했다.

[10] 참조: M. Meinertz, „Dieses Geschlecht" im NT: *BZ* 1 (1957) 283-9.

[11] 그리스어 원문에는 마태 12,41-42//에 중성명사 πλεῖον이 있다. 참조: U.B. Müller, Vision und Botschaft: *ZThK* 74 (1977) 416-48 중 434⁴⁹. 셈語化 어법도 주장할 수 있다: 두 차례의 "그러나 보시오"와 이어나오는 명사절. "여왕"과 "니느웨 사람들" 앞의 정관사 不在.

예루살렘, 예루살렘아! 예언자들을 죽이고 네게 보냄받은 사람들을 돌로 치는 것아! 암탉이 병아리들을 날개 아래 모으듯이 내가 몇 번이나 네 자식들을 모으려 했던가! 그러나 너희는 마다하였다.[12]

우선 주목할 것인즉, 상서롭지 못한 예루살렘의 과거에 대한 묘사에서 화자 자신의 경험으로 넘어가고 있다는 점이다: "… 내가 몇 번이나 모으려 했던가!" 몸소 경험한 바를 재현한다는 점에서 우리는 이것이 예수의 친언과 관계가 있는 시사라는 것을 볼 수 있을 것이다. 이렇게 화자, 즉 예수는 자기 이전에 예루살렘이 돌로 쳐 죽이는 악운을 마련했던 예언자들과 하느님 파견자들의 긴 대열에 속하게 된다. 예수는 이 대열을 마감한다. 그는 난폭한 예언자 운명의 가능성을 감안해야 하는 이들의 마지막이다.[13] 그리스도론 술어를 피하는 것도 주목할 만하다. 이 말씀은 지혜문학 성격을 띠고 있으며 하느님을 대표하는 지혜와 거부당하는 그 사자들의 운명에 참여해 있다(참조: 잠언 1.20 이하; 바룩 3.14-15; 예녹서 42.1-2 등).

　암탉은 구약성서의 표상이다: "인간 자식들이 당신 날개 그늘 아래로 달아나나이다"(시편 36.8; 참조: 이사 31.5). 이 표상은 구제하고 보호해 주는 치열한 노력을 묘사한다. 여기서 예루살렘은 도시에 한정될 수 없으며 종종 성서에서 그런 것처럼 온 이스라엘을 대표한다. 따라서 "내가 몇 번이나 …려 했던가"라는 표현은 다름 아니라 이스라엘을 구하려고 끊임없이 전력으로 애쓴 것을 말하며, 완고와 불순종의 과거 역사와 연결되어 더욱 엄중한 질책으로 나타난다. 사랑의 노력은 한심한 결과를 낳았다: "너희는 마다했다." 구원의 제안에 대한 동의의 회피에서 절로 심판이 생겨난다. 38절을

---

[12] 마태 23,37과 루가 13,34의 전승은 폭넓게 일치한다. 병아리의 명사 형태와 Aorist 時制의 동사 형태가 바뀐 것은 별로 중요한 의미가 없다.

[13] 참조: O.H. Steck, *Israel und das gewaltsame Geschick der Propheten* (WMANT 23) (Neukirchen 1967).

명시적인 심판 고지로서 옛 예수 로기온에 속한다고 헤아리지 않으려 하더라도 심판 사상은 현존한다.

마태오 11,21-24 // 루가 10,13-15에서는 코라진과 벳사이다와 가파르나움이 수화자다:

> 불행하다, 너 코라진아! 불행하다, 너 벳사이다야! 사실 너희 가운데서 행한 권능행적들을 띠로와 시돈에서 행했더라면 벌써 자루와 재를 뒤집어쓰고 회개했을 것이다. 심판 때에 띠로와 시돈이 너희보다 수월할 것이다. 그리고 너 가파르나움아, 하늘에라도 오를 성싶으냐? 지옥으로 떨어질 것이다.[14]

"이 세대" 심판말씀과 이 말씀은 유다인 대중의 회개하지 않으려는 자세와 이방인들의 기꺼이 회개하려는 자세가 대조된다는 점에서 구조상 일치한다. 여기서 대조가 더욱 날카롭게 나타나는 까닭은 시리아 도시들인 띠로와 시돈의 회개하려는 자세가 추정된 것일 따름인가 하면 니느웨 사람들과 남방 여왕이 성서 전승의 구체적 사례로 제시되기 때문이다. 더욱 고약하게도, 띠로와 시돈은 성서 전승에서 오만하고 하느님을 잊은 곳으로 여겨진다: "타르시스의 배들아, 슬피 울어라. … 시돈아, 부끄러워하여라. … 띠로 소식이 전해지면 이집트마저 떨 것이다"(이사 23,1-5; 참조: 23,6-18; 에제 26-28장). 예수의 심판말씀에서는 예언자의 민족들에 대한 신탁이 거꾸로 뒤집힌다. 그러나 이 반명제에서만 이 말씀이 예수 말씀으로 입증되는 것은 아니다. 도시들이 질타당하는 까닭은 이들이 예수의 활동장소였기 때문이지 예수 후 그리스도교 선교사들의 활동장소였기 때문은 아니다. 이들은 예수 "권능행적"(이적)의 목격자다. 예수의 이적들은 예수와 더불어 체험할 수 있

---

[14] 마태 11,23b.24는 10,15의 後續 형태다. 루가에는 해당 대목이 없다. 마태 11,22의 도입구 "나는 말하거니와"는 마태오 編輯이다(24절 참조). 루가 10,13은 "자루와 재를 뒤집어쓰고 **앉아**"로 되어 있다.

는 하느님 나라를 이들에게 알리자는 것이었다. 코라진·벳사이다·가파르나움은 삼각형을 이룬 ─ 네댓 시간 걸려 둘러다닐 수 있는 ─ 세 도시로서 예수 활동의 핵심지대로 볼 수 있다. 더욱 주목할 만하게도 코라진은 가파르나움에서 3km 떨어진 북쪽 고지대에 위치하는데 복음서 안에서는 이 불행선언에서만 언급된다. 예수의 도시 가파르나움에 대해 상기시키는 언사는 각별히 위협적이다. 예수 자신과의 특별한 관계로 해서 가파르나움에 관해 한 말씀이 예상된다는 바로 그런 이유로도 이 위협언사는 예수에게 귀속될 수 있겠다.[15]

세 도시에 대한 심판선고는 끝나 가는 또는 이미 끝난 활동의 결과 같은 인상을 준다. 예수는 제자들더러 소임을 맡겨 파견하면서 성과없는 활동 끝에는 발에서 먼지를 털어 버리라고 말한 바(참조: 마태 10,14)와 유사하게 행동한 것일까? 그렇다면 이 선고는 갈릴래아와 작별하고 마지막 예루살렘행을 출발했을 때에 있었다 하겠다. 아무튼 특별히 가파르나움에 관한 말씀에서 위협 성격이 더 강렬하게 돋보인다.[16]

마지막으로 우리가 선택하는 심판말씀에 대해서는 엄밀한 수화자를 제시할 확실한 방도가 없다:

> 많은 사람이 동쪽과 서쪽에서 모여들어 하느님 나라에서 아브라함과 이사악과 야곱과 함께 잔칫상에 자리잡을 것이오. 그러나 당신네(마태오: 나라의 아들들)는 밖으로 쫓겨날 것이오. 거기서 울고 이를 갈 것이오(참조: 마태 8,11-12 // 루가 13,28-29).[17]

---

[15] F. Hahn[*Die Mission im NT* (WMANT 13) (Neukirchen 1963) 27+]은 이차적이라고 여긴다.

[16] Wellhausen, Klostermann과 더불어 우리는 이 문장을 셈語化하는 부정적 병행문이라고 파악한다. 번역문 참조.

[17] 루가는 자기 문맥에 끼워넣을 수 있도록 이 말씀의 두 부분을 뒤바꾸었다. 마태오 編輯에서는 "밖" 대신 "바깥 어두운 데", "하느님 나라" 대신 "하늘 나라"로 되어 있다. 참조: Gnilka, *Matthäusevangelium* I 300.

"나라의 아들들"이란 그 셈어 형태로는 구식 수화자 제시처럼 짐작되기는 하나, 이 개념이 마태오 13,38에 또한번 나타나므로(거기서는 마태오 편집인 듯) 이차적일 수도 있겠다. 본디는 루가에서처럼 간단히 "당신네"라고 읽을 수 있었다면, 누구를 상대로 말한 것일까? 이를테면 유다인 성직자들만을? 이 말씀도 유다인들을 이방인들과 대결시킨다. 동쪽과 서쪽에서 오리라는 많은 사람은 이방인이다. 루가 13,29는 지평을 동서남북 사방으로 더욱 넓힌다. 이방인들이 모여 와서 유다인들을 부끄럽게 할 것이다. 하느님 나라에서 벌어질 종말론적 기쁜 잔치 때는 그들이 자리를 대신할 것이다. 이 역할 교체가 얼마나 광범할 것이든간에, 아브라함과 선조들의 후손이라는 그릇된 자신감에 대한 날카로운 비판이 내포되어 있기 때문에도 이 로기온은 특별히 도발적인데, 이 점은 이미 세례자 요한에게서도 볼 수 있는 바이다: "당신네끼리 '우리는 아브라함을 조상으로 모신다'고 말할 생각일랑 아예 하지 마시오. 나는 말하거니와, 하느님은 이 돌들에서라도 아브라함의 자손을 일으키실 수 있소"(마태 3,9∥).

예수의 말씀은 민족들의 시온 산 순례라는 옛 예언자의 사상을 원용한다. 이 로기온을 두고 해석이 몹시 엇갈린다. 바꾸어 말하자면 두 갈래로 나뉜다. 혹은 말하기를, 이 로기온은 하도 급진적인 사상을 붙들어 이방인을 유다인 대신 등장시키므로 예수의 것일 수 없다고.[18] 또 혹은 말하기를, 예수는 진정으로 이방인을 유다인 대신 등장시키는 것이 아니며 이런 가능성으로 위협할 따름이라고.[19] 중도는 없을까?

우리는 예언자들이 고지한 만민순례Völkerwallfahrt를 좀더 자세히 살펴보아야겠다. 여기서 우리의 흥미를 끄는 텍스트는 민족들이 이스라엘을 섬기고 조공을 바치러 시온으로 모여온다는 그런 것들이 아니다. 그들이 이스라엘의 구원에 편입하여 행동한다는 그런 텍스트들을 보자. 예컨대: "그 날에, 많은 이방 민족이 주님께 와서 그의 백성이 될 것이며, 주께서 너희와 함

---

[18] 예: Zeller: *BZ* 16 (1972) 91.   [19] 예: Reiser, *Gerichtspredigt* 280-1.

께 사실 것이다"(즈가 2.15). 혹은: "마지막 때에, 주님의 성전이 서 있는 산
이 모든 산 가운데 으뜸가는 산이 될 것이며, 모든 언덕보다 높이 솟을 것
이니, 모든 민족이 물밀듯 그리로 모여들 것이다. 민족들이 오면서 이르기
를 '자, 가자, 우리 모두 주님의 산으로 올라가자. 야곱의 하느님이 계신
성전으로 어서 올라가자. 주께서 우리에게 당신 길을 가르치실 것이니, 그
길을 따르자' 할 것이다"(이사 2.2-3).[20] 이렇게 민족들이 이스라엘의 구원 또
는 율법 안에 들어오리라고 알린다는 것은 이스라엘 자신도 자기 하느님께
몸바쳐 섬기리라는 혹은 그렇지 않을 경우 그런 상태로 되돌려 놓이리라는
전제가 없다면 상상할 수 없다. 예수 말씀을 위해서는 만민순례의 전환해
석과 맞먹는 또 다른 출발점이 생겨난다. 그리고 바로 이 도발적 재해석에
서야말로 우리는 — 띠로와 시돈에 관한 판단의 경우와 비슷하게 — 예수
말씀의 증빙을 엿볼 수 있게 된다.

연결지어 볼 수 있는 경우는 여러 가지로 생겨난다. 어떤 경우든, 민족
들이 마지막에 하느님의 부름을 받아 하느님 나라에 참여하러 올 것이다.
예수는 옛 예언자 사상을 적극적 형태로 다시 취한다. 그것이 중간시대에
는 특히 묵시문학을 통해 퇴화하여, 마지막에 하느님 나라가 나타날 때
"이방인의 떼지은 무리"가 말살되리라고,[21] 적어도 일부라도 역사상 각 민
족의 이스라엘 민족과의 관계에 따라 그렇게 되리라고 예상되고 있었다.[22]

---

[20] 이 로기온은 미가 4,1-2에도 있는데, 해석이 분분하다. 짐작건대 민족들이 어느 정도 國際戰
爭法 아래 和平을 이루려고 구체적으로 분쟁들을 조정하러 올 따름일 것이다. 참조: 이사 2,4; 미
가 4,3; H. Wildberger, *Jesaja* I (BK. AT) (Neukirchen 1972) 84-5. 더 나아가 O. Kaiser[*Der Prophet
Jesaja Kap. 1–12* (ATD 17) (Göttingen 1960) 20]는 萬邦이 야훼께 歸化하는 것이라고 말한다. 아무
튼 이사 2,2b는 더 나아간다: "모든 민족이 물밀듯 그리로(시온으로) 모여들 것이다." 다른 자리
에 있는 이사 66,18-24에서는 相異한 두 사상이 竝列해 있는데, 먼저 능동적 宣敎 사상인즉 "내가
살아남은 자들을 보내어 … 나의 영광을 모든 민족에게 알릴 것이다"(19절)라는 것이고, 다음으로
萬民巡禮 사상인즉 다만 민족들이 자기네에게 離散된 이스라엘 사람들을 시온으로 歸鄕시키리라
는 기대와 연결되어 있을 뿐이다. 참조: C. Westermann, *Das Buch Jesaja Kap. 40–66* (ATD 19)
(Göttingen 1966).

[21] 에즈라 묵시록 13,49.

[22] 참조: 시리아어 바룩 묵시록 72,3-6. 그러나 3,716 이하는 이방인 세계에 대해 열려 있다.

이스라엘이 또는 이 겨레의 다수가 예수의 메시지를 배척하더라도 민족들은 올 것이다. 만민순례 사상의 재해석은 그러므로 현재 예수의 말씀을 받아들이려 하지 않는 태도가 드러난 이스라엘의 상태와 대비해서도 민족들의 도래가 기대된다는 데에 있다.

심판말씀들은 전적으로 이스라엘만을 상대로 했던 예수의 활동이 성과가 없었다는 통찰을 열어준다. 이 겨레의 대중은 예수를 거부했다. 예수를 이해하지 못했다. 만민순례의 말씀인 마태오 8,11-12는 절박하게 질문을 제기한다: 하느님 나라가 최종적으로 개시될 때 민족들이 오리라는데, 만일 이스라엘이 예수의 메시지를 받아들였더라면 이스라엘의 소임은 어디에 있었다고 할 수 있을까?[23] 이 물음을 던진다는 것은 이스라엘의 중심성을 예수와 더불어 모든 환경 속에서 인지한다는 것을 뜻한다. 이 물음에 대답이 나오지는 않는다. 그러나 예수 바실레이아 설교의 보편화 가능성이라는 단서는 있다. 아니. 예컨대 「주님의 기도」의 청원(루가 11,2)을 설명할 때 보았거니와, 예수의 바실레이아 관념은 보편적 관심을 띠고 있다. 당대의 「솔로몬 시편」17장에 나타나는 것처럼(다윗 왕좌를 옛 광채 속에 일으킴, 이방인을 땅에서 몰아냄 등) 민족주의 정치적 색채라고는 전혀 없다.

예수는 자기 겨레를 포기하고 말았던가? 이 물음에는 아니라고 대답할 수 있다. 만일 포기했다면 예수 자신의 사명을 포기해 버렸던 셈이다. 만민순례의 로기온에서 중요한 점인즉, 한 부분을 다른 부분과 대립시켜 상쇄해 버리지 않는다는 것이요, 이스라엘을 구원에서 배제하는 위협을 민족들의 도래와 대립시켜 구사해서 후자를 무효화하고 말지 않는다는 것이다. 이 물음은 예수의 죽음으로 밀려간다. 이 로기온에서 아마도 가장 날카롭게 표출된다고 할 예수 활약 마지막의 위기는 그의 죽음을 바라보면서 대답할 것을 요구한다. 우리는 예수의 죽음을 설명할 때 새삼 이 물음을 물어야 할 것이다.

---

[23] R. Guardini[*Der Herr* (Aschaffenburg ⁵1948) 46-7.113-4.259-61.691]가 이 물음을 다루었다.

내다보기

보편 교회, 만민의 교회는 부활후대에 이루어졌다. 이런 의미에서 교회는
애당초 부활후대에야 비로소 가능한 일이다. 거부로써 한 끝에 이르되 새
출발에 열려 있는 옛 하느님 백성 이스라엘에 대한 예수의 관계는 발전을
준비한다. 예수의 구원 선포는 한 겨레와 관련되어 있으며, 한 겨레 안에
서 실현될 수 있을 따름이다. 예수는 한 겨레를 다가오는 하느님 나라에
모으고자 했다. 하느님 백성인 교회와 하느님 나라는 서로 상응한다. 결합
될 수 없는 현상들이 아니다. "예수는 하느님 나라를 선포했는데 온 것은
교회다"라는, 새삼 다시 인용되곤 하는 롸시의 말은 신학적으로 적확하지
않다. 이스라엘이 복음을 거부하는 경험을 사도들과 초기 그리스도교 선교
사들도 겪어야 했다. 원칙적으로 예수의 메시지 안에서 가능해지는, 민족
들을 향한 관심전환은 필연적인 신학적 결과였다. 이방인들을 향한 길이
역사적으로 어려움들을 안고 있었다는 것을 우리는 안다. 성령의 활동으로
예수의 죽음과 부활에서 교회가 생겨났다. 교회는 언제까지나 과도기적이
다. 최종적인 것은 하느님 나라다. 교회는 더 잘 그 과도기성을 인식하고
최종적인 것에 의해 규정지어져 있을수록 그만큼 더욱 예수의 활동에 맞갖
을 수 있게 된다.

훈　시

새로 얻어야 할 삶의 방향인 훈시가 구원의 제시에서 생겨난다. 예수와 더불어 새로운 것이 세상에 들어왔다. 예수에 의해 알려지고 다가온 바실레이아는 본질적으로 새롭다. 그것은 최종적이다. 바실레이아의 제시와 더불어 인간은 최종적인 것 앞에 놓이며, 그 앞에서 결단을 해야 한다. 그 새로움이란 훈시와 관련하여 내용상·자료상 새로운 것, 아직 존재하거나 말해진 적이 없던 것이 말해지고 요구된다는 점에서도 본질적으로 새롭다는 것이 입증되어야 함을 무조건 의미하는 것은 아니다. 일방적으로 호교론적 경향을 가지고 예수의 활동과 훈시를 바라보는 관점은 ― 또 거기에 바탕하여 거기서 펼쳐져 나온 후대 그리스도교 윤리학도 ― 그런 증거를 도출하려고 너무나 많은 땀을 쏟았다. 그런 증거를 제공하기란 매우 어려운 노릇임은 아예 접어두고라도, 다른 세계종교들에 대한 세심한 인식은 이미 전제한 바이거니와, 그런 증거라면 자칫 다른 종교들을 부당하게 판단하기에 이를 수도 있겠다. 그런 증거란 필요하지 않으며 가져다주는 것이 적다. 중요한 것은 특별한 점을 밝혀내는 것이다. 주의깊은 관찰방식이라면 이런 의미로 경쟁화하는 종교들의 관점에 대해 이론적 비교보다는 삶에 실현된 믿음이 훨씬 확신력이 있다는 것을 확인할 수 있으리라. 기본 바탕이 되는 것은 예수와 더불어 세상에 들어왔으되 신앙의 준비자세로써만 수용되고 긍정될 수 있는 그런 객관적으로 또 최종적으로 새로운 것이다.

예수의 훈시를 우리가 발견하는 곳은 무엇보다도, 루가가 평지설교에서 그리고 마태오가 더욱 정리되고 편집된 산상설교에서 구축해낸 그런 텍스트들이다. 그러나 거기 기존하는 예수의 원생석을 캐내어 놓으려 하기 전에 먼저 필요한 것인즉, 윤리적 훈시를 보고 판단할 수 있는 신학적 좌표들을 구획짓는 일이다.

선포된 하느님 나라 앞에서
사람이 하느님과 맺는 관계

예수가 하느님이 다스리시는 나라가 다가왔다고 선포할 때 그 하느님은 성경의 하느님이다. 이스라엘의 하느님, 아브라함의 하느님, 이사악의 하느님, 야곱의 하느님이요, 또한 그분말고도 다른 신들이란 없는, 모든 인간에게 관심을 기울이시는 온 세상의 하느님이다. 하느님은 당신의 보편성과 만유포괄적 권능을 마지막에 보여주실 것이다. 하느님의 마지막 계시를 향해 역사는 중단없이 달린다. 오실 것이고 오고 계신 이 하느님께로 예수의 시선은 향해 있으나, 역사 안에 활동하셨고 활동하시는 하느님께도 향해 있다. 하느님이 행동하심을 예수는 알렸다. 하느님의 속성들에 관해서는, 또 하느님의 창조사업과 당신 창조의 보존사업에 관해서는 오히려 덜 알렸다. 이것은 악과 고통의 원인에 대한 물음이 제기되지 않는다는 것, 변신론Theodizee 문제가 취급되지 않는 것으로 보인다는 것과도 관계가 있다고 할 수 있다. 마지막으로 오실 때 하느님은 모든 것을 밝고 분명한 데로 이끌어들이실 것이다.

예수는 "하느님"이라는 이름을 직접 발설하기를 꺼리지 않았다. 이 이름을 — 부분적으로 당대 유다인에게 상례였던 것처럼 — 이를테면 "하늘"로 에둘러 쓰기는 마다했다. 예수는 하느님을 아버지, 자기 아버지, 우리 아버지라고도 말했다. 이것이 새로운 일은 아니었다. 또한 우리는 이 하느님 부칭父稱이 예수 말씀들의 전승에, 특히 천상 아버지, 마태오의 경우 하늘에 계신 아버지에 관한 말씀에 들어오면서 늘어나는 것도 관찰할 수 있다. 그러나 "아버지 하느님"이라는 상념은 무엇보다도 예수의 기도들에서 나타나듯이 예수가 명시적으로 늘 하느님을 자기 아버지로 대했다는 새로운 성격을 띠게 된다.

예수가 제자들에게도 전수한 기도말씀(루가 11.2)의 "아버지"를 일단 제쳐놓고 보면, 우리에게 전해진 가장 오래된 예수 말씀들의 전승인 「어록출전」에서 하느님의 부칭은 각별히 하느님의 자비와 배려에 관련되어 나타난다: "여러분의 아버지께서 자비로우신 것같이 여러분도 자비로운 사람이 되시오"(루가 6.36)[1]; "여러분이 악해도 자녀에게 좋은 선물을 줄 줄 알진대, 하물며 하늘에서부터[2] 여러분의 아버지께서야 청하는 이에게 좋은 것들(먹을 것과 입을 것)을 주시지 않겠습니까!"(마태 7.11 // 참조: 루가 11.13); "여러분의 아버지께서는 그런 것이 필요함을 알고 계십니다"(마태 6.32 // 루가 12.30).[3]

아버지 하느님을 믿고 의지할 것을 「주님의 기도」의 빵 청원은 가르친다: "오늘 우리에게 필요한 빵을 주소서"(마태 6.11).[4] 이것은 예수가 허용하는, 그러나 또한 해결되지는 못하는, 유일한 물질적 용건상의 청원이다. 그래서 중요한 라틴어 성서인 불가타 역본에는 "오늘 우리에게 초자연적 빵을 주소서"[5]라고 성찬례를 상기시키며 번역되어 있다. 예수가 허용한 빵 청원이 그처럼 도발적인 까닭은 제자더러 필요한 것만, 오늘 하루를 위해 필요한 것만(「주님의 기도」는 우선 한 아침기도다) 청하라는 것이기 때문이다. 제자는

---

[1] // 마태 5,48: "하늘에 계신 여러분의 아버지께서 완전하신 것같이 여러분도 완전해야 합니다"는 이에 비하면 이차적이다.

[2] 마태 7,11에서는 "하늘에 계신 여러분의 아버지"로 달라졌다. 그밖에는 마태오가 성령의 선물을 운위하는 루가 11,13에 비해 본디 말씀을 보존했다.

[3] 마태 6,32는 "하늘에 계신 여러분의 아버지"를 또다시 말한다. 마태오는 아버지 호칭과 연결한 다른 로기온들을 루가는 하느님 호칭과 연결한다: 루가 12,6 // 마태 10,29; 루가 6,35("지극히 높으신 분의 아들들"), 참조: 마태 5,45("하늘에 계신 여러분의 아버지의 아들들").

[4] // 루가 11,3: "날마다 우리에게 필요한 빵을 주소서"는 오늘을 일련의 날들로 풀이한다. 이것은 이차적인 것이며 終末待望의 弛緩과 관계가 있다. 典禮 형태로 우리가 빵을 청원하는 형식인 "오늘 우리에게 일용할 양식을 주소서"는 "일용할"을 "필요한"이라는 뜻으로 이해할 때만 同語反復(일용할 - 오늘)이 아니다. 이런 의미로 번역될 때 기본 낱말인 ἐπιούσιος가 가장 잘 번역될 수 있다. 문제점: Gnilka, *Matthäusevangelium* I 222-3; W. Foerster: *ThWNT* II 587.

[5] Panem nostrum supersubstantialem da nobis hodie.

날품팔이처럼 하느님 앞에서 그분을 신뢰하며 살고 일할 줄 알아야 한다. 그것은 제자의 기도이므로 제자는 걱정에서 자유로울 줄 알고 헷갈림없이 선포활동에 투신해야 한다. 물론 빵 청원은 윤리적 함의도 있다. 그것은 "우리" 형식으로 발설된다("나에게 필요한 빵을 주소서"가 아니다). 이 세상의 재화를 처리하는 사람은 주리는 이들과 나눌 차비가 되어 있을 때만 이 청원기도를 하느님 아버지 앞에 정직하게 바칠 수 있다.

그 이해에 논란이 있는 구절인 마태오 23,9를 다음과 같이 재현한다면 아버지 관념이 특별히 철저한 방식으로 두드러질 것이다: "또한 땅에 있는 누구도 아버지라고 부르지 마시오. 그대들의 아버지는 오직 한 분, 하늘에 계신 분입니다." 이 구절은 짐작건대 본디 독립해서 전승된 예수 말씀일 것이다. 제자들에게 랍비나 스승으로 불리기를 엄금하는 유사한 로기온들의 문맥 속에서 이 구절을 전승하는 마태오는 그처럼 철저히 이해한 것이 아니라, "그대들은 땅에서 아버지라고 불리지 마시오 …"라는 뜻으로 재현하고자 했다.[6] 친언성이 강한 본래 것으로 추정되는 의미로 이 로기온은 제자들이 가족과 떨어져 오로지 하느님께만 의지할 것을 요구한다. 이 말씀이 발설되었다고 할 수 있는 더 자세한 환경을 우리는 모른다. 구체적 가정불화가 배경에 있을까? 누군들 베르나르도네 집안의 프란체스코Francesco Bernardone 같은 후대 사례를 상기하지 않으랴. 그는 이 말씀을 내세워 자기 아버지와 의절하고서 자기 소명을 따를 수 있었다고 전해진다.

예수를 통해 인간은 이 하느님과 새로운 관계에 들어왔다. 예수가 아버지라고 말하는 이스라엘의 하느님, 아브라함의 하느님은 예수를 통해 인간들에게 당신 자비로운 통치가 다가오게 하고자 하신다. 그것은 인간이 향해 있는 최종적인 것, 절대적인 것이다. 거기서부터 이스라엘 백성이 하느님을 향해 심화한 정향에 이르러야 하며, 거기에 이르면 필경 만민과 세계의 역사는 끝나 있는 것이니, 역사는 하느님 안에서 그 목적지점에 도달하

---

[6] 그리스어 원문은 두 가지 번역이 다 용납된다. 문제점: Gnilka, *Matthäusevangelium* II 276-7.

기 때문이다. 동전의 앞뒤처럼 나타나는 바실레이아의 두 측면을 우리는 살펴보았거니와, 그것은 동시에 구원이자 심판을, 최종적 구원이자 최종적 심판을 의미한다. 새삼 강조하거니와, 인간을 규정짓는 또는 인간을 움직여 놓는 개시하는 요인이고자 하는 것인즉, 구원의 제시와 구원의 현실이다. 심판은 이차적으로, 다만 당연히 필연적으로, 덧붙여 나타난다. 그것은 구원의 배척에서 생겨난다. 예수의 훈시에 관해, 그러므로 예수의 윤리에 관해서도 거론할 수 있는 단락에서는 이 심판이 충분히 강조되어 발설될 수 없다. 윤리적 행위는 심판에 대한 불안에 대응하는 것이 아니다. 그래서는 인간이 결코 자기 자신에 이를 수 없을 것이며 결코 자기 존재를 펼칠 수 없을 것이다. 인간은 선사받은 자요 바실레이아에서 자기 존재의 성취를 바라보기 때문에 윤리적으로 행동하기 시작한다.

이 일에서 행동하시는 하느님과 하느님의 행동을 구분하거나 ― 신학적으로 말해서 ― 신학과 종말론을 훈시의 단위설정적 요인으로 구별하는 것은 잘 시작하는 것이 아니다.[7] 지금까지 설명된 예수 메시지의 주제들에서처럼 여기서도 역시 하느님 나라가 고찰의 핵심을 이루기 때문에 그렇다. 하느님 나라는 하느님 당신을 그리고 예수를 통해 다가오는 하느님의 최종적 해방·구제·속량 행동을 둘 다 포괄한다.

종말론과 대립시켜 신학을 주장하는 것은 일방적으로 종말론에서 도출되는 훈시가 "과도기 윤리"Interimsethik(A. 슈바이처의 조어)의 성격을 띠게 된다는 염려에서 나올지도 모른다. 이렇게 된다면 우리가 그 철저성에 관심하게 되는 훈시란 예수의 등장과 예수가 매우 짧게 계산된다고 보았던 종말 사이의 기간에 대해서만 효력을 주장하고자 한 것이라는 의미가 될 것이다. 결국 그런 과도기 윤리라면 연장되는 시대, 예수 후대 세기들을 위해서는 구체적으로 우리에게 더는 문제가 되지 않는 개념이 될 것이다. 그렇다면 그것은 유토피아적 환상으로서 파국상황을 고려하여 제쳐놓아지거나 혹은

---

[7] 논쟁: Schrage, *Ethik* 28-34; Schnackenburg, *Sittliche Botschaft* I 41-2.

다르게는 훈시들의 엄숙성에 질식되어 버릴 것이다. 그러나 최종적인 것은 시간에 의해 지양되지 않는다. 그것은 시간에 의해 무디어질 수 있다. 그리고 이런 일은 얼마든지 있었다. 또 그래서 예수의 훈시에 대한 기억이 그리스도인에게 늘 새삼 요청되는 것이다.

훈시의 바탕은 예수 안에서 다가오신, 인간의 최종적 구원을 위해 결단하신 하느님이다. 하느님의 뜻은 언제까지나 존립한다. 하느님은 사람의 행동에 동기를 부여하여 사람의 뜻이 하느님의 뜻을 넘겨받고 실천하도록 하신다. 하느님은 사람보다 먼저 오시고, 이 먼저 오심으로 사람의 행동을 가능하게 하시되, 그러고는 또한 요구도 하신다. 본보기 식으로 이런 사정이 이미 설명한 무자비한 종 비유(마태 18,23-33)에 적시되어 있다. 주인이 먼저 종에게 큰 빚을 삭쳐준 것이 동료 종에 대한 그의 자비로운 행동을 가능하게 했고 또 요구했다. 여기서 가능하게 했다는 것이란 윤리적으로 정신을 고쳐놓아 행복하게 만들어 주고자 했다는 것, 거기서 계속 달라짐이 자라나도록 하고자 했다는 것이다. 이 달라짐이 새로운 질서를 만들어낸다. 즉, 무자비한 종이 노골적으로 드러내는 미움·속임수·이기심 같은 그런 옛 질서를 극복하고자 하는 것이다. 이 달라짐으로 해서 하느님 나라가 효과를 나타내어, 선명히 인간들의 새로운 관계로 나타나게 되었다.

예수의 훈시가 마지막 시대 종말론적 피안의 하느님 나라에서 나타날 인간의 태도를 묘사한다고 생각한 그런 해석방향은 그 훈시가 하느님 나라와 어떤 관계가 있다는 것을 보았다. 물론 이렇게 봄으로써 이 해석방향 역시 예수의 요구들의 엄숙성을 없애 버렸다. 오히려 그 성취가 하느님이 당신다스림으로써 인간들에 대해 의도하시는 바를 세상 앞에 밝혀줄 수 있다고. 그래서 바실레이아에서 예수의 윤리가 그 "함의와 결과"[8]로서 생겨나는 것이니, 바실레이아는 또한 그것을 선취적으로, 선구적으로 알아보게 되는 것일 수도 있다고.

---

[8] "Implikat und Konsequenz": Schrage, *Ethik* 28.

모든 인간은 하느님 앞에 죄인이다. 물론 예수는 공관 전승에 근소하게 나타나는 개념에 따르면 죄에 관해서는 적게 말했으며 오히려 죄인에 관해 말했다. 그런 경우에도 예수는 인간을 상대로 하며 그의 곤경에 관심하는 것으로 알려진다. 어떻든 모두에게 회개가 필요하므로 모두가 죄인으로 여겨져야 한다.

모두가 죄의 판정 아래 있으므로, 더 자세히는 죄란 무엇이라고 이해할 수 있느냐 또는 죄는 어떻게 표현되느냐라는 물음은 허용되어 있어야 한다. 대답은 회개의 맥락에서 찾을 수 있다. 우선 이렇게 표현할 수 있겠다: 죄는 회개를 회피하는 데서 나타난다. 코라진·벳사이다·가파르나움 도시들의 불행선언(마태 11.20-24∥)을 거론할 때 지적했듯이, 예수의 활동은 거기서 잘못을 폭로했다. 그들은 회개하지 않았으므로, 그들 가운데서 그처럼 큰 권능행적들이 일어났는데도 그들은 예수의 구원 제시를 받아들이지 않았으므로, 그들의 죄가 드러나고 그들은 유죄가 되었다. 죄는 한 사건이다. 물론 죄는 계명을 범하는 것이기도 하지만, 이제 일차적으로 그것은 하느님 당신의 요구를 회피한다는 이 사건이다. 메시지의 수용에서 구원이 일어나듯이, 메시지 수용의 거부에서 죄가 전면에 나타난다. 거부냐 수용이냐에서 인간의 상황이 어떤 처지에 있느냐가 입증된다.

어떻게 죄가 그처럼 엄밀히 한 지점에 갖다놓일 수 있는가? 예수는 죄란 장부에 적듯이 관리되는 것이 아니라 사랑하시는 아버지 하느님에 대한 관계라고 보기 때문이다. 모두가 하느님 앞에 죄인이며 회개가 필요하다. 바실레이아 메시지는 모두에게 구원과 용서를 제시한다. 하느님은 이 용서로 온 인간을 받아들이시는 것이지 단지 인간과 따로놓고 살펴볼 수 있는 죄책 기장을 말소하시기만 하는 것은 아닌만큼, 인간은 하느님께 돌아가 새로 시작해야 한다. 회피하는 사람은 자기 죄에 붙박혀 있는 사람이다.

회개 요구는 예수 설교의 요약문인 마르코 1.15에 그야말로 정언명령 식으로 하느님 나라와 연결되어 있다. 이 요약문을 복음사가가 작성했을지도 모른다 하더라도, 회개 요구가 모두를 향한 것임은 꿰뚫어볼 수 있다.

회개 요구의 보편성이 루가 특수자료의 한 생생한 장면(13.1-5)에서 주제가 되어 있다. 사람들이 목숨을 잃어 예루살렘 도시 역사에 속하게 된, 앞서 일어난 두 사건이 예수 태도표명의 계기가 된다. 로마인 총독 빌라도는 성전에 와서 제물을 바치려던 참인 갈릴래아 사람들을 죽이게 했다: "그들의 피를 그들의 제물과 섞었다." 실로암 못에서는 탑(분명히 도시 성벽의 방어탑)이 무너져 열여덟 사람이 깔려죽었다. 현세의 행실에 따라 한 사람이 죄인이냐를 엄격히 따지는 상선벌악의 보상 교리에 따르자면, 이 살육당한 갈릴래아 사람들과 예루살렘 사람들은 분명히 죄인으로서 받아 마땅한 운명을 겪었을 터이다. 이 관점이 배격된다. 즉, 이 살육된 사람들이 갈릴래아와 예루살렘의 모든 다른 주민보다 더 큰 죄인이라고 생각하는 사람은 잘못 생각한다는 것이다: "아닙니다. 나는 말하거니와, 회개하지 않으면 여러분도 그렇게 망할 것입니다."

갈릴래아와 예루살렘의 두 사건을 원용하는 본문의 리듬 속에서 회개 요구의 보편성이 구문상 능숙한 방식으로 표출되어 있다. 두 사건은 그러므로 의도적으로 온 이스라엘에 해당하는 시대사적 본보기들이다.[9] 그렇다고 이것이 이 전승은 예수에게서 직접 유래하지 않았다는 반증일 수는 없다. 두 역사상 소여를 병행 형태로 언급한 것을 우리는 남방 여왕과 니느웨 사람들에 관한 이중 말씀(마태 12.41-42//)에서도 보았다. 더 비중이 큰 반증인즉, 유다 사가 플라비우스 요세푸스는 빌라도가 성전에서 제물을 바치는 갈릴래아 사람들에 대해 취한 정치적으로 매우 주목할 만한 조치를 언급하지 않는다는 사실이다. 실로암에서 탑이 무너진 사건이 내용으로 되어 있는 둘째 사례에는 그런 반증이 해당하지 않는다.[10] 성전 모독의 기사에는

---

[9] 두 사례의 묘사에서 첫째는 예수에게 보고되는 반면에 둘째는 예수 자신이 취한다는 점으로 해서 竝行性이 좀 흐트러진다. Reiser[Gerichtspredigt 294-6]는 첫째를 루가 編輯으로 보고, 그 다음 말씀의 시작 부분을 재구성한다: "빌라도가 저들의 피를 저들의 제물과 섞었던 저 갈릴래아 사람들이 …"

[10] 塔의 붕괴는 빌라도가 추진한 水路工事와 관련이 있을 수 있겠다. 참조: Josephus, Ant. 18,60; Bell. 2,175.

35년의 한 사례, 곧 빌라도가 잔인한 폭력으로 자기네 성산인 가리짐 산 위의 사마리아 사람들을 처단했던 사건과의 혼동이 있다고 해야 할까?[11] 루 가가 이 선례를 편집상 실로암 탑과 연결지었을까? 실로암 참사는 그러나 구체적 시대사 관련지점으로서 진상에 가까이 있다. 더욱이 이것은 예수의 입장표명에서 신학적 논증전환 구실을 한다. 예수에게는 불행한 인간들의 무참한 죽음이 결코 죄인들의 그릇된 삶에 대한 하느님의 낙인이 아니라 이미 만기에 이른 회개를 호소하는 경고의 표지다. 이 경고는 모두를, 적 어도 모든 예루살렘 주민을 겨냥한다. 그런데도 "여러분도 그렇게 망할 것 입니다"라는 위협적 가능성은 도시의 파괴가 아니라 하느님 나라의 최종적 돌입과 연결된 심판에 관련지어야 할 것이다. 그래서 이 로기온은 온전히 예수의 바실레이아 설교에 끼이게 된다.

일찍이 들어 보지 못한 인상적인 이야기로 예수는 인간의 하느님에 대한 관계를 바리사이와 세리 비유에서 묘사한다(루가 18.10-14a):

> 두 사람이 기도하러 성전에 올라갔는데, 하나는 바리사이이 고 또 하나는 세리였습니다. 바리사이는 서서 저 혼자 이렇게 기도했습니다. "하느님, 감사드립니다. 사실 나는 강탈하는 자나 불의한 자나 간음하는 자 따위의 다른 인간들과는 같지 않을 뿐더러 이 세리와도 같지 않습니다. 한 주간에 두 번 단 식하고 모든 수입의 십분의 일을 바칩니다." 그러나 세리는 멀찍이 서서 감히 하늘로 눈을 들 엄두도 못 내고 가슴을 치 며 "하느님, 이 죄인에게 자비를 베푸소서" 하고 말했습니다. 여러분에게 이르거니와, 저 사람과는 달리 이 사람이 의롭게 되어 집으로 내려갔습니다.

---

[11] 참조: Josephus, *Ant.* 18,85-7. Merklein[*Gottesherrschaft* 127[223]]은 混同을 부인한다. Blinzler[*NT* 2 (1958) 24-49]는 심지어 先例의 때매김에도 애를 쓰는데, 예수가 예루살렘에 있지 않았던 파스카 축제를 찾아내고자 한다. 이 時間再構成은 문제스럽다.

달리 유례가 좀처럼 없을 만큼 당대를 향해 말하는 이 비유를 바르게 파악하기 위해서는 두 인간을 그 행위로, 그 기도로 대비시켜 규정짓는 데에 모든 것이 달려 있다. 바리사이의 기도는 내용이 폭넓게 묘사되는 데 비해 세리의 기도는 한숨짓는 한 마디뿐인 것에 상응하여, 전자의 외적 태도 묘사는 한 낱말뿐인 데 비해("서서") 후자의 자세에는 오래 머문다("멀찍이 서서" - "눈을 들지도 못하고" - "가슴을 치며"). 회화화하지 않는, 진지하게 받아들일 수 있는 묘사다. 이른바 바리사이의 치졸한 오만을 탄핵하면서 거기에 세리의 성숙한 겸손을 대비시킨다고 본다면 이 묘사를 왜곡하는 것이다.[12] 예수는 덕행교사로 행세하지 않는다.[13] 바리사이의 기도에 나오는 판단들은 일반 의식에 부응한다. 세리는 사기꾼과 강탈자로, 바리사이는 높이 우러를 만한 종교인으로 여겨졌다. 명령된 것보다 훨씬 많은 것을 행하려고 애쓰는 바리사이의 양심성을 누가 감히 의심해 보려고나 했으랴.[14] 대비가 날카로움을 띠는 것은 바리사이가 의식적으로 대비를 행함으로써다("이 세리와도 같지 않습니다"). 바리사이가 주인공이며 세리에게 적극적 표양을 보여준다고 생각할 수도 있겠다. 이 비유는 예화例話로서 읽을 수 있다. 바리사이와 세리는 가짜와 진짜 주역배우를 대표한다. 둘다 "하느님"께 말씀을 드리기는 마찬가지이지만, 바리사이의 기도를 독백으로 도입하는 말("저 혼자 이렇게 기도했다")이 유념할 대목이다.[15]

14a절에 나오는 비유 화자, 즉 예수의 판단은 바리사이와 세리에 대한 일반 판단과 일치하지 않는다. 매섭게 반박하며 뒤집어놓는다. 그들의 기도에서 말씀드리는 상대가 하느님이므로, 그 판단은 일종의 하느님 판단이다. 두 사람의 기도에 대한 하느님의 대답이다. 이것은 예수의 사명권위에

---

[12] 이런 의미에서 Jülicher[*Gleichnisreden* II 607-8]는 이 비유를 오해했다.

[13] Linnemann, *Gleichnisse* 149.

[14] 斷食은 和解日에만 명해져 있었고, 十一租를 바쳐야 하는 것은 農畜産物뿐이었다.

[15] Grundmann, *Lukas* 350. 달리 Jeremias[*Gleichnisse* 139]는 "자신을 드러내보였다"로 번역한다. Heininger[*Metaphorik*]가 지적했듯이 루가의 비유들에서는 獨白이 특징이므로 이것은 例話에 속한다. 독백은 필연적으로 內面 상황을 밝힌다. 물론 기도로서 독백은 특별한 强勢를 띤다.

대해서나 바리사이들과의 예수의 논쟁에 대해서나 마찬가지로 시사하는 바가 크다. 논쟁은 신학적 논거에 바탕해 있다. 필경 서로 다른 신상神像에 그 뿌리가 있다. 하느님 앞에서 자신을 죄인으로 의식하고 회개할 자세가 되어 있는 사람은 의롭다고 선언된 사람으로서 집으로 간다. 회개할 필요가 없다고 생각하는 사람에게는 이것이 거부된다. 신학적으로 이 논거는 탁월한 의미에서, 예수의 생각에 따르면 하느님은 인간이 마음대로 좌우할 수 없는 분, 자유로이 당신 사랑을 선사하시는 분이기 때문이다.

그렇게 바리사이와 세리 예화에서는 회개 요구의 보편성이 매우 섬세한 방식으로 제시된다. 종교인homo religiosus은 습관대로 하느님과 상대하면서, 자기가 섬긴다고 생각하는 그분의 자결권을 범하려는 위험한 유혹에 굴한다. 그도 회개할 필요가 있다. 후대의 바리사이 사상 논박과는 분명히 구별되는 섬세한 비판이 담긴 이 비유로 우리는 예수 선포의 핵심 관심사에 인도된다. 더 나아가 이것은 예수가 회식친교로 부른 저 세리와 죄인 상종과 같은 지점에 수렴된다. 이야기 결말에 주어진 "하느님의 판단"은 이 죄인 친교를 심지어 하느님이 뜻하신 바로 확인한다.[16]

회개의 요구는 — 어떻게 보면 — 그처럼 힘차게 제시되어 있기에 그처럼 독특하게 추상적으로 남아 있다. 이런 인상은 그러나 양적으로만 관찰할 때 생겨난다. 순전히 숫자적 빈도로만 살펴보면 "회개하라"는 명령은 자주 나타나지 않는다. 그러나 예수가 회개로써 실현시키고자 한 것은 우리가 산상설교에서 만나는 훈시들에서 구체화한다.

인간의 하느님에 대한 관계를 예수는 새로 규정지었다. 아버지 하느님은 하느님 나라로써 모든 이에게 구원을 제시하신다. 그러나 예수의 활동에서 나타나는 대로 그분 사랑의 철저성이야말로 인간이 죄인임을 일깨우며 이 또한 새로운 시작, 회개가 필요함을 일깨운다. 이 요구는 하느님의 종교인임을 확신하며 자부하는 바로 그런 사람들을 지나쳐 버리지 않는다.

---

[16] 14절의 수동형은 하느님의 행동을 묘사하는 passivum divinum(神的 수동태)으로 볼 수 있다. 비유의 셈語化 형태: Jeremias, *Gleichnisse* 139.

내다보기

직접 예수의 인격과 더불어 되풀이될 수 없는 단 한 번의 형태로 주어졌던 대로 사랑에 감싸인 요구의 직접성을 부활후대의 상황에서는 다른 것으로 대치할 수 있을 뿐 되붙들 수 없었다. 대치의 결과는 그분의 말씀을 통하여, 복음서와 성사聖事들을 통하여 생겨났다. 시사하는 바가 큰 것은 아마도 루가 18,14b에서 이루어지는 바리사이와 세리 비유의 재해석일 것이다: "누구든지 자신을 높이는 사람은 낮추어지고 낮추는 사람은 높여질 것입니다." 이 경구로써 비유가 윤리적 격언으로 화한다. 그러나 요구의 직접성을 일깨우고자 하는 것이 으레 다시 중요하게 된다. 물론 키에르케고르가 예수 생애와의 "동시성"이라고 일컬은 바인 그런 길을 안내하거나 적어도 표출한 그리스도인의 존재는 소수일 따름이다.[17]

---

[17] Kierkegaard, *Einübung* 57.

토라에 대한 처신

"토라"란 글자 그대로 훈시를 뜻한다. 이스라엘 사람들, 이스라엘 백성은 토라라는 모세의 율법에서 잣대가 되는 훈시를 취했다. 율법과 예언자들을 가르치는 것이 회당 예배의 중심점을 이루었다. 회당 안 높이 돋운 자리에 토라 장欌이 있고 그 안에 율법 두루마리가 간직되었다. 예수는 선포의 장소로 공개 장소를 선호했다고 할 수 있다. 그러나 회당 안 예배도 설교의 연결점으로 이용했다. 복음서들은 여기서 해당하는 역사상 회상을 보존했는데, 비단 나자렛에 대해서만이 아니다(참조: 마태 4,23; 9,25; 12,9; 13,54 등).

이 점은 접어두고라도, 예수가 토라에 관해 입장을 표명한다는 것, 그 훈시에 대해 직접 또는 간접으로 자기 처신을 표명한다는 것은 미리 예상하고 들어갈 수 있다. 유다인 가정의 유다인으로 자라며 교육받았기에 예수는 토라의 훈시들을, 그 예식규정들과 레위 정결규정들도 알고 있었다고 전제할 수 있다. 이스라엘 백성에게 보냄받았음을 단연 자처한 예수로서는 자기 소견을 말하지 않을 수 없었다. 토라에 대한 원칙적인 예수 말씀을 우리가 가지고 있는 것은 아니다. 이것이 물론 문제의 설명을 어렵게 한다. 이것이 또한 연구에서 엇갈린 소견들을 설명해 주기도 한다. 게다가 매우 일찍이 그리스도교 공동체들 안에(가장 오래된 것은 유다계 그리스도인 아니면 유다인과 이방인 혼성 그리스도인 공동체였다) 바른 토라 이해에 관한 논쟁이 있었다. 이것이 복음서들에 침전되었다. 토라에 대한 두 가지 원칙적 입장표명, 즉 "내가 율법이나 예언자들의 말을 폐지하러 온 줄로 여기지 마시오. 폐지하러 온 것이 아니라 완성하러 왔습니다"(마태 5,17)와 "율법에서 한 획이 빠지기보다는 하늘과 땅이 사라지는 것이 오히려 쉽습니다"(루가 16,17//)라는 말씀

은, 여느 점에서는 상이한 입장에 바탕해 있지만, 넓게는 공동체와 앞에 시사된 논쟁에 귀착된다.[1]

여기서도 첫째 경계짓기를 가능하게 하는 것은 바로 하느님 나라다. 이른바 "잡아챔말씀"에서는 하느님 나라를 율법과 예언자들에 맞세운다: "율법과 예언자의 시대는 요한까지입니다. 이때부터는 하느님 나라가 …"(루가 16,16∥)[2]. 이 언술의 이해라는 관점에서 지금 우리의 관심사는 오로지 이 맞세움인데, 세례자 요한에 의해 지적되고 예수와 더불어 찍힌 구두점을 통해 율법과 예언자들이 어떤 종결에 이르렀거나 적어도 새로운 전망 속에 밀려들어갔으니, 그 안에서 그것들을 바실레이아에 근거하여 살펴보아야 한다는 것이다. 사실 우리는 바실레이아 설교를 설명할 때 발견할 수 있었거니와, 이제부터는 율법이 아니라 이것이 인간에 관해 그의 개방이나 회피를 결정짓는다는 것이요, 신앙을 고백해야 하되 부인할 수도 있는 것은 예수 자신이라는 것이다. 이 하느님 나라는 토라에 대해 다른 자리를 가리킨다. 그 자리는 결코 토라가 중심을 차지하는 자리가 이미 아니다. 구원은 하느님 나라에 매여 있지 율법에 매여 있는 것이 아니다.

그러나 무엇을 행하라는 말인가? 도덕적으로 요구되는 것은 토라에서 이끌어낼 수 있는가? 문제점에 들어서는 입구로서 십계를 선택하자. 십계에 대한 입장표명은 "산상설교"의 대당명제對當命題들과 부자와의 대화(마르 10,17-27∥)에 나온다. 이들은 십계의 각 요구에 관해 생각을 밝힌다는 것이 특징적이다. 반드시 토라를 해석한다고 말할 수는 없으나 부연하며 새로이 조명한다. 어릴 적부터도 십계의 계명들을 다 준수했노라고 장담할 수 있는 부자는 재산을 매각하고 예수를 추종하라는 요구를 받는다. 그 역사상 세부사항과 어떤 관계가 있든간에, 이 소명사화는 어느 모로 보나 십계의 계

---

[1] 마태오는 5,17-18의 두 문장을 並列해 놓음으로써 이 논쟁을 끝난 것으로 보려고 애쓴다. 그래서 자기 자신의 율법해석을 전개한다. 참조: Gnilka, *Matthäusevangelium* I 140-9; Hübner, *Gesetz* 196-207; Barth, Gesetzesverständnis. — 루가 16,17∥은 이 복음서에서 가장 유다교적인 문장으로 지칭되어 왔다.

[2] 참조: 앞의 196-7쪽.

명들을 인정하고 있으며, 추종의 부름까지도, 우리가 이미 거론한 각자의 구체적 소명까지도 그 바탕 위에 서 있다고 할 수 있다.

대당명제들은 어떠한가? 여기서는 주석학적으로 뭔가를 알아내야 한다. 여섯 대당명제가 각각 예수의 훈시를 구약 계명에 대비해 놓는다. 처음 둘은 분명하게 하나씩 십계 금령과 관련지어져 있다: 살인하지 말라; 간음하지 말라(마태 5,21.27; 참조: 탈출 20,13; 신명 5,17-18). 넷째는 거짓 증언을 하지 말라는 여덟째 계명에 가까이 있는데, 그러나 이것이 인용되지는 않고 오히려 옛 훈시의 말씀대로다: "거짓 맹세를 하지 말라. 맹세한 대로 주님께 해 드려라"(마태 5,33)[3].

연구의 일부는 대당명제들을, 더 정확히는 예수의 훈시를 대당명제의 옷이 입혀진 채로 예수에게 귀착시키려 하지 않고, 그 발생 근원이 유다인 그리스도교와 유다교의 논쟁에 있다고 본다.[4] 그래서 마태오복음서에 그것들이 있다고. 나아가, 루가에는 예수의 훈시가 나타나되 대당명제의 옷이 입혀져 있지 않다고. 그러므로 이것은 이차적인 것이 틀림없다고. 그러나 위에 인용된 세 대당명제에는 후자가 통하지 않는다. 루가에는 ― 예수의 훈시와 관련해서도 ― 전혀 상응하는 대목이 없다. 이 점으로 보나 내용상 이유로나 적어도 처음 두 대당명제는 예수에게 귀착시키는 것이 옳다:

"살인하지 말라. 살인하는 자는 재판에 넘겨질 것이다" 하고 옛 사람들에게 말씀된 것을 여러분은 들었습니다. 그러나 나는 말합니다. 형제에게 성을 내는 사람은 누구나 재판에 넘겨질 것입니다(마태 5,21-22).

---

[3] 구약성서에 字句대로 상응하는 대목은 없다. 그러나 레위 19,12 참조. LXX에는 ἐπιορκία(거짓 맹세) 개념이 잘 알려져 있다: 지혜 14,26-28; 즈가 5,3; 1에즈 1,46.

[4] 예: M.H. Suggs, *The Antitheses as Redactional Products: Jesus Christus in Historie und Theologie* (H. Conzelmann 기념) (Tübingen 1975) 433-44; Broer, *Freiheit* 110. 對當命題들을 예수에게 귀착시키는 열렬한 주장: E. Käsemann, Das Problem des historischen Jesus: *Exegetische Versuche und Besinnungen* I (Göttingen 1960) 187-214 중 206.

"간음하지 말라" 하고 말씀된 것을 여러분은 들었습니다. 그러나 나는 말합니다. 남의 아내를 탐내어 바라보는 사람은 누구나 이미 마음으로 간음했습니다(마태 5.27-28).

이 두 대당명제는 그 명제가 십계에 속하며 그 순서(다섯째와 여섯째)까지도 고려하므로 십계와 밀접한 관계가 있다. 그 형식상 구문도 이를 뒷받침한다.[5] 둘다 토라에 대해 원칙적으로 일치하는 입장표명을 제시하여 거기에 주목할 수 있도록 한다. "…을 여러분은 들었습니다"라는 도입 양식은 십계 명령을 옛 사람들에게 반포된 말씀으로 파악하는데, 그들은 다른 누구도 아니고 시나이 산에서 토라를 받은 모세 세대라고 알아들을 수 있다. 중개 과정도 물론 성찰되어 있다. "들은" 사람들은 예수의 청중이다. 그들은 시나이에서의 율법의 공포에 대해 알고 있다. 회당 예배의 토라 봉독들에서 그것에 대해 들었다. "말씀되었다"란 십계 명령을 하느님 말씀으로 규정짓는 신적 수동태passivum divinum다. 예수는 거기에 "그러나 나는 말한다"를 맞세워 권위를 알린다. 이 양식문에 관한 주석학적 설명을 상기해야겠거니와, "말씀되었다". "그러나 나는 말한다"란 랍비 학교들에서도 사용된 말이기는 하지만, 랍비는 자기 소견을 때때로 한 다른 이의 의견에 맞세우고 자기 소견을 위해 성서 말씀을 원용했을 따름이다. 자기 의견을 직접 하느님 말씀과 대립시키는 일이란 결코 없었다.[6]

첫 명제에는 다섯째 계명만이 아니라 살인자를 어떻게 처리할 것인지 지시도 들어 있다: 그는 재판을 받을 책임이 있다. 고의로 살인하는 자는 사형을 받아야 한다는 것은 토라에서도 읽을 수 있었다(탈출 21.12: 레위 24.17: 신명 35.16 이하).[7] 이 발설의 법학적 성격은 명백하다. 세속 법정의 재판을 말한

---

[5] 번번이 πâς로 도입되고 현재분사가 뒤따른다.

[6] 참조: E. Lohse, „Ich aber sage euch[: Der Ruf Jesu und die Antwort der Gemeinde (J. Jeremias 기념) (Göttingen 1970) 189-203; Gnilka, Matthäusevangelium I 151-2.

[7] M. McNamara, The New Testament and the Palestinian Targum to the Pentateuch (AnBib 27) (Roma 1966) 126-31에 따르면 刑罰宣告는 타르굼 解釋傳統과 관련된다.

다. 예수의 입장표명도 법적 색조가 있다. 이미 분노를 심판 아래 둘 때는
이제 신적 심판만을 의미할 수 있다. 분노는 현세 법정 앞에 고발될 수 있
는 일이 아니므로, 더 첨예한 형벌이 고지되는 것이라고 생각지는 말아야
할 것이다. 재판들의 비중이 대비되는 것이 아니라, 율법의 훈시가 더 큰
비중이 매겨진다. 이 아연하게 하는 논리가 도달하려는 것은 법적 사고와
행동의 극복이다. 율법의 훈시는 건드리지 않은 채, 그래도 인간은 온 존
재로 선량한 사람이 되라는 것이다. 합법주의 처신방식이라면 모자란다는
말이다. 명제에 대한 대당명제로서만 예수의 훈시는 특별한 뉘앙스를 띤
다. 명제에서 떼어놓는다면 그것은 유다교와 헬레니즘에도 수많은 병행구
가 있는 거의 진부한 말이 된다. 그러나 바로 그렇기 때문에 그것은 날카
로운 칼이 된다. 형제 칭호도 충만한 의미를 얻는다. 형제애는 사실인즉
서로 죽이기를 삼가는 그것만으로는 이루어지지 않는다는 말이다.

둘째 대당명제는 원칙적 관심사를 더욱 꼬집어 형언한다 하겠다. 여기서
는 우선 ― 첫째에서와 달리 ― 형벌 제재가 아니라 법적으로 나타나는 한
사태가 확인된다. 잊어서는 안되려니와, 레위 20,10에 따르면 간음에 대해
서는 사형이 예정되어 있었다. 유다인 법에는 언제 간음이 기존하는지 꼬
치꼬치 두루 규정되어 있었다. 한 남편이 다른 남편의 아내나 약혼녀와 성
관계를 가졌다는 것, 이 여자가 유다인이었다는 것, 두 상대자가 일정한
나이에 이르렀다는 것 등등이다. 또다시 예수의 관심사인즉 처벌은 아예
아니고 온 실존에서의 인간의 선량함이다. 남의 아내를 범하려고 바라보면
"마음으로" 간음을 범할 수 있다고. 표현은 아홉째 계명에 의존한다: "이웃
의 아내를 탐하지 말라"(탈출 20,17). 이것도 다른 사람이 통제할 수는 없는
행태다. 이 훈시를 "유다인 초도덕"jüdische Supermoral이라며 악평하지는 말아
야겠다.[8] 예수는 주인의 닦달로 부잣집에서 쫓겨난 ― 특히 가난한 ― 여자
들도 옹호하고 나선다.

---

8 예: E. Stauffer, *Die Botschaft Jesu damals und heute* (DTb 333) (Bern 1959) 83.

첫 관찰로서 확고히 명념하자: 토라에 대한 입장표명에서 예수는 합법주의 행태를 반대한다. 성내는 행동과 음심을 품은 시선은 그 대당명제 구실 자체를 넘어서 가리키는 의미도 있다. 예수는 포괄적으로 인간 의지도 포함시키면서 신적 요구를 긍정하는 것을 겨냥한다. 여기서 우리는 예수가 토라의 배후에서 또는 이것을 관통하여 인식할 수 있는 그것, 즉 하느님의 뜻을 알아보게 된다.

넷째 대당명제의 훈시도 비슷한 방향을 가리킨다. 대당명제의 옷입힘이 이차적임을 감안하더라도, 이 훈시는 절박성을 띠고 있다. 역시 헷갈림없이 분명한 윤리적 행위를 겨냥한다. 관심사는 진실과 거짓의 문제다. 예수는 아예 맹세를 금한다. 실로 얼마나 철저히 진실성을 요구하는가.

이 경우 야고보서에도 예수의 훈시가 나오는데, 이것은 심지어 마태오 5,33-37에 비해서도 더 오래된 문장인 것으로 짐작된다:

> 맹세하지 마시오. 하늘도 땅도 그밖에 어떤 것을 두고도 맹세하지 마시오. "예" 할 것은 "예" 하고 "아니오" 할 것은 "아니오" 하여, 재판에 넘겨지지 않도록 하시오(야고 5,12).

마태오 5,33-37은, 대당명제로 옷입힘은 접어두고라도, 하늘이나 땅을 두고 맹세하기를 금하는 명령에 대해 개별적인 근거도 제시한다. 또 다른 맹세 양식(예루살렘을 두고, 자신의 머리를 두고)도 제시한다. 특별히 마태오는 이 금령을 좀 달리 표현한다: "말을 할 때면 '예' 할 것은 '예' 하고, '아니오' 할 것은 '아니오' 하시오. 거기서 더 보태는 것은 악한 자에게서 나오는 것입니다." 이 표현도 이차적이라 할 수 있겠다.[9] 기본 구조에서는 야고보 5,12와 일치한다.

---

[9] 때로들 생각한 바와는 달리, 是是非非가 당대 유다교에서 盟誓效力있었던 것은 아니다. 그런데도 "'예' 할 것은 '예' 하고 …"라는 표현이 더 뜻이 분명하다. 시시비비: E. Kutsch, „Eure Rede aber sei ja, ja, nein, nein": EvTh 20 (1960) 206-18; 2고린 1,17-18. 야고 5,12의 재판에 대한 지적은 첫째 對當命題(마태 5,21)와 일치한다. 惡에 대해 말하는 것은, 개인적 의미로도, 마태오의 愛用言述이다.

하느님 호칭의 거룩함, 하느님 호칭의 오용이라는 생각 외에도, 인간은 언제나 하느님 앞에 있다는, 하느님 당신께 호소할 때만이 아니라 언제라도 하느님이 인간을 꿰뚫어보고 계시다는 통찰이 맹세 금령의 전제다. 맹세는 하느님을 증인으로 부르는 행위다. 인간은 생생한 하느님의 현존 속에 살아야 하므로 맹세는 군소리, 아니 하느님 현존 의식의 몰각이다.

법적 사고가 도망갈 구실들을 만들었다. 유다인 법에서는 의무적인 맹세와 덜 의무적인 맹세의 양식을 구별했다. "하늘을 두고, 땅을 두고"라는 양식으로써 예수는 짐작건대 덜 의무적인 것으로 통하던 두 보기를 드는 것 같다. 신학적 논거상으로 예수는 맹세에 관한 철학자들의 비판적 발설들과 구별된다. 플루타르코스는 맹세란 정신적 강제로서 자유인에게 어울리지 않는다고 생각한다.[10] 맹세 금령을 두고 교회는 늘 난처해했다. 예수의 의도는 오용의 경고일 뿐이라 하여 예수의 훈시를 완화시켰다. 더 심각하게는 선서와 맹세의 재허용이 인간의 죄책성과 비진실성을 고려하는, 아니 필경은 벗겨내는 것이라는 그런 소견을 취했다.[11] 그 철저성으로 문제점이 있게 마련인 요구들이야말로 어김없이 예수에게 거슬러올라간다.

토라에는 맹세와 서약이 규정되어 있다. 신명 6,13은 하느님의 이름으로만 맹세하라고 명한다. 레위 19,12는 거짓 맹세에 대해 경고한다. 예언자들은 서약의 남발을 질책한다(예레 5,2; 즈가 5,3-4; 말라 3,5). 민수 5,11-31은 간음의 혐의가 있는 아내가 행해야 할 맹세를, 심지어 제사와도 연결되어 있었던 의처증에 관한 법규를 기술한다. 물론 예수는 맹세 금지로써 이 모든 가능성을 물리친다. 그러나 여기서부터 토라에 대한 예수의 입장이 체계화

---

[10] Plutarchos, *Quaest. Rom.* 44. 참조: Epiktetos, *Ench.* 33,5. 우리에게 전해진 엣세느像은 두 갈래다. Josephus, *Bell.* 2,135[참조: *Ant.* 15,371]에 따르면 그들은 宣誓와 盟誓를 거부하나, *Bell.* 2,139에 따르면 공동체 入會 때는 "무서운 선서"를 행한다. Philo[*Omn. prob. lib.* 84]는 그들의 선서 거부를 하느님사랑의 증거로 평가한다. *CDC* 9,8-10; 15,1-3; 16,7-9에서는 어떤 留保事項을 보존할 때 맹세를 전제한다.

[11] 참조: B. Häring, *Das Gesetz Christi* (Freiburg ⁵1959) 760. 1294; D. Bonhoeffer, *Nachfolge* (München ¹⁴1983) 111.

하는 양식문으로 나오게 되는 것은 아니다. 어떤 의미로 예수는 예언자들의 비판적 노선을 계승하되 더욱 첨예화한다. 예수가 맹세 금지로써 토라의 거짓 맹세 금령을 지양하려 했다고 말한다면 무리일 것이다. 그러나 예수는 토라를 넘어서서 인간을 직접 하느님 앞에 세워놓고자 한다. 예수는 청중을 하느님의 뜻과 대면시킨다. 그렇다고 예수의 훈시들이 토라 자체에 도발적인 방식으로 적중할 수밖에 없는 상황이 무르익고 있었다는 사실이 부인되는 것은 아니다.

레위계 정결례에 관한 율법규정에 해당하는 한 로기온은 비상하게 비판적이다. 루가는 그것을 전승하지 않는데, 그것은 특별히 유다교 지평에서 의미가 있었기 때문이다. 마르코 7,15 // 마태오 15,11은 그것을 제시하는데, 그러나 마태오는 약화한 이차적 형태로 되어 있다. 더 오래된 마르코의 문장은 아래와 같다:

> 밖에서 안으로 들어가서 사람을 더럽힐 수 있는 것이란 없습니다. 사람한테서 나오는 것이야말로 사람을 더럽힙니다.

전에는 따로 전승되었다고 할 수 있을 로기온이 마르코의 문맥에서 음식 계명과 연결된다. 마태오는 이 연결을 더욱 강화하여 표현한다:

> **입으로 들어가는 것**이 사람을 더럽히지는 않습니다. **입에서 나오는 것**이야말로 사람을 더럽힙니다.

이 원칙에 본디는 광범한 의미가 있었다고 우리는 추정할 수 있다.[12]

대당명제 병행문인 이 로기온의 구조는 후반부에 강조점이 있음을 보여준다. 즉, 어느 쪽이 진정한 불결인지 확정짓자는 것이다. 악은 사람한테

---

[12] Jeremias[*Theologie* I 203]는 이 문장을 혀의 죄에 대한 경고로 파악하는데, 어긋난 소견이다.

서 나와서 악한 말과 악한 행동으로 형태를 띠어 진정한 불결을 이루는 그것이다. 제례적 불결은 이에 비해 사소한 일이다.

예배에서 하느님 앞에 나아가는 사람이 씻어야 한다는 생각은 구약성서에서, 또 다른 종교들에서도, 중요한 구실을 한다. 인간을 불결에 빠질 수있게 하는 일은 이 영역에서 비단 죄를 통해서만이 아니라 불결하다고들 여기던 사람·짐승·그릇·물건을 통해서도 성립하게 된다. 이 더럽힘을 해소하는 속죄 작용을 가진 것이 성전에서 상례가 되어 있던 정결례다. 제관의 생활양태를 바리사이 파와 엣세느 파가 모범적인 것으로 여겼으므로, 우리는 이 제례적 정결을 위한 노력이 예수 시대에 고조되어 있었다고 전제할 수 있다. 후대의 「미슈나」에서 열두 논술이 정결 문제에 바쳐져 있는데, 이것은 또한 70년 이전 시대에 귀착될 여지도 있다. 비록 레위기에서 정결규정들의 중심점에 있는 문장인즉, "너희는 몸가짐을 깨끗하게 하고 거룩한 사람이 되어야 한다. 나는 주 너희의 하느님이기 때문이다"(20.7)이지만, 이를 실천하는 관행들이 겉치레 신심의 결과를 낳아 종교의 외적 행태를 내적 본질보다는 높이 존중하게 될 수 있었다는 것은 쉽사리 알 수있는 일이다. 이래서 이미 예언자들도 나서서 비판했다: "너희 자신을 씻어 정결하게 하여라. 내가 보는 앞에서 너희의 악한 행실을 버려라"(이사 1.16).[13] 악을 버리고 돌아섬이 없는 씻음은 의미가 없다.

예수 로기온의 친언성과 그 의미라는 면에서 이론이 분분하다. 만일 이훈시가 예수로부터 받은 것이라면 후대 그리스도인들이 다시 더 엄격한 토라 실천에 빠져 버릴 수는 없었으리라고 지적함으로써 그것이 예수의 말씀임을 부인하려고들 한다.[14] 물론 우리가 오히려 자주 보게 되는 것인즉, 예수의 철저한 훈시들이 그대로 관철되지는 않았다는 사실이다. 또한 우리는

---

[13] 이 事物信心行態의 한 보기를 마르둑에게 바치는 수메르의 한 기도문이 제공한다: "석류는 나를 깨끗이하소서, 시금치는 나를 풀어주소서, 야자 과즙은 내 죄를 지우소서 등" – H. Wildberger, *Jesaja* I (BK AT X/1) (Neukirchen 1972) 46.

[14] 예: S. Schulz, Die neue Frage nach dem historischen Jesus: *NT und Geschichte* (O. Cullmann 기념) (Zürich 1972) 33-42 중 39-41.

최초 팔래스티나 유다인 그리스도교를 너무나 적게 알고 있다. 그래서 물음이 제기된다: 어떻게 비판적으로 이 로기온을 이해할 것인가?

플루서[15]에 따르면 예수는 유다계 내부에서 생겨난 비판에 부응하는 방식으로 바리사이들을 비판한다. 「모세 승천기」를 인용하는데, 바리사이들이 부도덕한 행태로 비난받는 대목이다: "저들의 마음, 저들의 손은 더러운 짓을 자행하고 저들의 입은 큰 일들을 떠벌린다. 그러면서도 저들은 말한다: 날 만지지 말라고, 날 더럽히지 말라고."[16] 클로스터만[17]에 따르면 예수는 자기 말씀의 마지막 결론을 내리지 않았다. 몬테피오레[18]는 반면에 이 말씀이 제례적 정결을 지양하는 선언이며 종교사상 가장 의미심장한 발언이라고 생각한다. 더 나아가 핸헨[19]은 예수의 입장이 토라의 상당 부분에 대해 화해 없이 대립해 있다고 주장한다. 예수의 하느님은 낯설고 새로운 하느님이라고.

진실은 중용에 있을 것이다. 우리는 이제 비판적 표현이 생겨난 계기를 모르게 되었다. 과연 그것은 제례적 정결의 의미성을 의문에 부친다. 강조점은 그러나 진정한 부정, 도의적 불결의 확인에 있다. 도의적 행위의 중심성을 향해 나아가면서 훈시는 지금까지 연구된 바와 일치한다. 형식화한 법률주의 도덕과 신심의 비판으로 예수는 이 문제점을 전개할 수 있었다. 제례적 정결의 원칙적 철폐를 생각지는 않았을 것이다. 하느님 신앙의 본질이 왜곡되어 보이는 거기에 예수는 개입한다. 예수의 입장표명들은 거기에 따르는 결과다. 유다인으로서 예수는 이방인 백부장의 초청에 대해 먼저 주저하는 태도를 보였다. 죄인들과 세리들이랑 어울려 먹으면서 예수는 정결규정을 무시할 태세가 되어 있었다. 이 사람들과 상종하는 데서 예수 자신이 제례적으로 더럽혀진 사람이라는 이 일이 의심할 여지도 없이 일어났다. 그러나 예수는 이것을 무릅썼다.

[15] D. Flusser, *Jesus* 45.   [16] 모세 승천기 7,3-10.   [17] Klostermann, *Markusevangelium* 70.
[18] C.G. Montefiore, *The Synoptic Gospels* I (London ²1927) 152-3.   [19] Haenchen, *Weg* 266.

안식일에 대한 예수의 태도에서 이 관점을 확인할 수 있다. 십계의 하나인 안식일 계명은 안식일 휴식을 엄명했다(탈출 20,8-11; 신명 5,12-15). 근거들은 차이가 있다. 탈출 20,11에 따르면 창조 후 일곱째 날 하느님의 휴식이, 신명 5,15에 따르면 이집트 종살이의 해방이 그 근거다. 구약성서에 안식일 제례행위의 언급은 없다. 예수 시대에는 안식일이면 회당에 예배하러들 모였다. 안식일은 야훼께 속한 날이라고 여겼다.[20] 그러나 특별히 안식일 휴식을 꼬치꼬치 경우를 따지는 식으로 확정지어 놓았다. 당시의 바리사이 안식일 해석들에 관해 우리는 낱낱이 상세한 정보가 없다. 엣세느의 것들은 이제 「다마스커스 문서」에서 우리에게 알려져 있다. 여기서는 금지된 일만이 아니라,[21] 허용된 걸음의 수와 음식의 장만과 그밖의 많은 것도 규정한다.[22] 바리사이의 안식일 토라 역시 쿰란과 비교하면 좀 관대할지언정 엄격히 규정된 것이라고 상상해야 할 것이다. 사도 1,12에 따르면 예루살렘에서 올리브 산까지의 길은 안식일에 허용된 거리에 해당했다. 병든 사람을 안식일에 도와주는 일은 허용되지 않았다. 여기서 예수의 안식일 비판이 발단한다. 복음서들에는 예수의 안식일 치유 또는 안식일 위반 사례가 더러 전해져 있다(마르 2,23-28∥; 3,1-6∥; 루가 13,10-17; 요한 5,9-11; 9,14-16). 각 사례의 재구성은 어렵다 하더라도, 이 폭넓은 전승은 예수 활동의 이 중요한 특징을 믿을 만하게 보존했다. 무엇보다도 우리는 예수의 안식일 비판을 정당화하는, 더없이 시사적인 예수 말씀을 가지고 있다:

안식일이 사람을 위해 생겼지, 사람이 안식일을 위해 생기지 않았습니다(마르 2,27).

---

[20] G. von Rat[*Das fünfte Buch Mose* (ATD 8) (Göttingen 1964) 42]는 安息年의 의미부여에서 이 결론을 이끌어낸다. 안식 경축의 본격적 의미에 관해 구약성서는 어디서도 발설하지 않는다.

[21] *CDC* 11,13-14는 안식일에 家畜에게 助産을 하는 것과 구렁이나 물통에 낳은 새끼를 끌어내는 것을 금한다. 루가 14,5는 이와 모순되는데, 짐작건대 바리사이들의 소견에 따른 것이겠다.

[22] *CDC* 10,14-18.

이 로기온이 계몽적 논거로 강조되다 보니, 나중에 유다계 그리스도인 공동체들이 예수의 안식일 비판 입장을 난처하게 여긴 것처럼, 마태오와 루가는 이 로기온을 이어받지 않기에 이르렀다.[23] 둘 다 여기서야말로 우리는 완전히 진짜 발자취 위에 서 있음을 확인해 주는 보증인인 셈이다.

예수는 결코 안식일을 폐지할 생각이 없었다. 예수가 생각한 것은 안식일에 합당한 본래 의미를 되살리자는 것이다. 예수는 안식일이 이미 창조질서 안에 닻을 내려 있다고 본다. 안식일이 사람을 위해 생겼다는 것은 하느님의 행위를, 여기서는 예수가 종말론적 시대에 재건하는 하느님의 창조행위를 새삼 지칭한다. "사람을 위해"란 안식일이 야훼의 날로서 바로 인간의 구원도 지향해 있다는 것을 말한다. 안식일에 치유를 배척한다는 것은 인간의 구원을 거스르고 따라서 하느님의 뜻을 거스른다는 말이다. 이 입장이 회당에서 일어난 안식일 논쟁에서 더욱 날카로운 형태로 드러나는데, 예수는 비판자들 앞에 물음을 던진다: 안식일에 허용되는 것이 선한 일이냐 악한 일이냐, 목숨을 구하는 것이냐 죽이는 것이냐고(마르 3.4). 이 말씀도 그 날카로움이 완전히 예수답다. 안식일 토라에 호소하면서 선한 일을 거절한다는 것은 악한 일을 행함을 뜻한다. 안식일에 밀밭을 질러가던 제자들이 ― 짐작건대 배가 고파서 ― 이삭을 자르는 것을 보고 비난하는 비판자들에 대해 예수가 제자들을 두둔했다는 일화도 그 원래성이 두드러질 만큼 확고한 기억의 보존이라고 할 수 있겠다(마르 2.23-25).[24] 비난의 표적은 제자들이 입도둑질을 했다는 것이 아니라(신명 23.26에 따르면 이것은 허용되어 있었다), 수확 일에 맞먹는 이삭 자르는 일을 하여 비판자들의 안식일 관념에 따르건대 안식일 휴식을 깨뜨렸다는 것이다.[25]

토라의 본질 왜곡을 예수는 책망한다. 법률주의 사고는 필경 존재보다 외양을 존중하는 위험에 빠진다. 이런 의미에서 예수는 토라를 그 해석자

---

[23] 참조: Rordorf, *Sonntag* 80-7.   [24] 참조: Roloff, *Kerygma* 58.

[25] 비난은 바리사이들의 가르침을 받은 농부들이 했을까? 그렇다는 예: Haenchen, *Weg* 122.

들에 비해 오히려 유효하게 만든다고 할 수 있다. 바로 이것을 예수는 "네 아버지와 네 어머니를 공경하라"는 십계의 관점에서 행한다. 훌륭한 유다인 견해에 따르면 부모 공경에는 봉양 의무도 포함되어 있었다. 당대 해석 규정은 이 의무를 회피할 수 있는 구멍을 만들어 놓았는데, 부모께 드릴 몫을 성전에 바칠 예물로 선언하고 이것을 "코르반"(= 그것은 봉헌물이옵니다)이라는 맹세 양식으로 보증받는 것이었다. 이 관행을 예수는 통박한다(참조: 마르 7,9-13//). 물론 당대 유다교에서도 이 코르반 관행을 두고 논란이 없지는 않았던 모양이다.[26]

둘째 대당명제에서 예수는 법적이 아닌 방식으로, 혼인이 사랑에 근거하여 갈라지지 않는 결합이어야 한다는 것을 표명했다. 표현은 물론 부정적 형식으로 간음을 더 자세히 규정하는 방향이었다. 혼인상의 불충실인 간음은 생각의 영역에 그 뿌리가 있으며 이미 음탕 어린 시선에 이미 존재한다는 것인데, 특징적으로 남편을 겨냥한 말씀이었다.

우리는 혼인에 관한 예수의 말씀을 또 하나 가지고 있다. 혼인의 불가해소성에 관한 말씀인데, 이미 금방 법적 사고에 사로잡혀 있다. 우선 거기서 해방되어야 한다. 그 재구성도 간단한 일이 아니다. 두 버전이 주어져 있으며 토론되고 있다:

> 자기 아내를 (음행한 경우를 제외하고) 버리는 자는 누구나 그로 하여금 간음하게 하는 것입니다. 또한 버림받은 여자와 결혼하는 자도 간음하는 것입니다(마태 5,32).

> 자기 아내를 버리고 다른 여자와 결혼하는 사람은 누구나 간음하는 것입니다. 또한 남편에게 버림받은 여자와 결혼하는 사람도 간음하는 것입니다(루가 16,18).

---

[26] 미슈나에는 코르반 誓約의 解除規定이 있다(Ned 9,1). 이것이 이미 70년 이전에 유효했을까?

마태오의 이른바 (위에서 괄호로 묶은) "음행조항"은 이차적 가필로 제쳐놓을 수 있다. 그것은 부상하던 법적 사고를 보여준다.[27] 그밖에는 마태오가 더 유다교적이고 따라서 더 본래적이라는 인상을 얻을 수 있겠다. 사실 마태오 문장이 더욱 고려하는 것은 유다교에서 남편에게만 해당하는 가능성, 곧 남편이 혼인을 해소할 수 있다는 또는 이혼장을 건네줌으로써 아내를 소박할 수 있다는 점이다.[28] 남편이 자신의 혼인을 깨뜨리는 일이란 있을 수 없고 오로지 남의 혼인을 깨뜨릴 수 있을 뿐이라는 데서 남편의 특권화한 지위가 특별히 드러난다. 독신자와의 성관계가 간음으로 여겨지는 것은 아내에게만이지 결코 남편에게는 아니었다. 이 법적 사고방식은 아내를 남편의 소유로 여기는 관념에 근거했다. 남의 혼인을 침해하는 남편은 따라서 남의 소유를 욕되게 한다는 것이다. 특히 자질구레한 이유만으로도 넉넉할 만큼 아내에게 이혼장을 써 주기가 수월했다는 점을 생각하면, 예수의 소박 금령은 우선 남편의 법적 특권을 엄청나게 무너뜨리고 바로 아내를 위해 그런 보호조처를 취했다는 것을 의미한다. 랍비 아키바는 자기 아내보다 아름다운 여자를 발견하면 소박할 수 있다는 말을 했다고 전해진다. 물론 남편이 재정적 손해배상을 할 의무는 있을 수 있었다. 그러나 예수는 말씀 전반부에서 남편의 책임과 잘못을 분명히 확인한다.

이 전반부가 소박당하고 쫓겨난 자로서 쉽사리 사회적 곤경에 빠질 수 있는 여자를 위한 보호로 특징지어져 있다면, 소박당한 여자와 결혼하지 말라는 금령은 성격이 판이하다. 소박당한 여자에게라면 차라리 재혼이 도움이 될 터이다. 이 금령은 혼인질서를 어떻게든 전제한다. 예수가 이것을

---

[27] 참조: Gnilka, *Matthäusevangelium* I 165-6. — 疎薄禁令이 아내에게도 부과되는 마르 10,11-12에서도 로기온이 법적 성격을 띠고 있다. 여기서는 유다교적이 아닌, 짐작건대 로마법적인, 법률 관계가 고려되어 있다.

[28] 마태오를 옹호하는 예: Merklein, *Gottesherrschaft* 257-8; Berger, *Gesetzesauslegung* 596-7; Hübner, *Gesetz* 46-7(32a); Schulz, *Q* 116-7; 루가: Baltensweiler, *Ehe* 68; Bultmann, *Geschichte* 140; Fitzmyer, Divorce 200-2; Schnackenburg, Ehe 415-6. 언어학적 근거들은 오히려 루가 편이다. 참조: Gnilka, *Matthäusevangelium* I 165-6.

어떻게 생각했던지를 밝혀낼 수 없다는 것이 이 경우 예수 발설의 격언적 성격 때문에 특별히 괴로운 노릇이다. 아마도 예수는 — 이미 안식일의 경우에서처럼 — 창조질서를 생각했을 것이고, 그러므로 마르코 10,6-9∥의 논증은 해당하는 회상을 보존했다고 할 수 있을 것이다.[29] 그러나 소박한 아내를 다시 받아들임이 목표라는 생각도 함께 고려할 수 있다.[30]

토라에 대한 예수의 입장을 한 형식으로 표현하기란 좋이 가능한 일이 아니라고 하더라도, 하느님 나라가 선포되는 지금 최종적이며 구원에 중요한 것인즉 율법의 말씀이 아니라 예수가 전달하는 하느님 나라에 관한 말씀이라는 것을 확인하는 데 도움이 되는 근거는 얼마든지 풍부하다. 개별적으로 토라에 대한 예수의 발설은 다양하다. 예수는 넷째 계명의 경우처럼 토라의 훈시를 곡해에 대비시켜 오히려 강화하는 수가 있는가 하면, 레위 정결계명의 경우처럼 토라의 일부를 — 생활에 실천되는 토라와 관련해서도 — 날카롭게 비판하는 수도 있다. 이처럼 예수는 으레 어떤 목적을 가지고 판단하므로, 토라나 그 일부를 지양하는 것이 예수의 관심사였으리라고 원칙적으로 말할 수는 없다. 그러나 하느님의 뜻에 대한 예수의 통찰은 토라의 훈시 너머로 나아간다. 이때 특히 두 가지 관찰이 잣대가 된다. 그 한 가지로, 예수에게 중요한 것은 인간이 그 온 존재로서 좋은 사람이 되는 것이다. 극복되어야 할 법률주의 행태는 하느님의 뜻을 단축시킨다. 그것은 바리사이와 세리 비유에서 선명히 드러나듯이 하느님으로부터 멀어지기에 이를 수조차 있다. 이때 예수는 인간이 제재가 요구되는 율법의 강제 아래 있기 때문이 아니라 하느님의 뜻과 자유로이 합치하는 데서 선한 일을 행한다는 것에 신뢰한다. 이것은 혼인 가르침에 대해서도 마찬가지다. 불가해소성의 금령은 이런 의미에서 역시 법적으로 이해되기를 뜻하는

---

[29] 쿰란에서도 창세 1,27에 소급하여 일부일처제가 뒷받침된다(*CDC* 4,21). 공관 전승은 여기에 의존해 있다고 할 수 있겠다.

[30] 유다 법에 따르면 간음한 아내를 다시 받아들이기란 문제스런 일이었다. 이 문제점에서 마태오의 Unzuchtsklausel(淫行條項)이 생겨났을 것이다.

것이 아니다. 물론 이는 그것을 중요시하지 않는다는 것이 아니라 오히려 반대로 전인적인 동의에 맡긴다는 뜻이다.

다른 점으로, 토라에 대한 예수의 입장은 인간 구원을 향해 있다. 이에 반하는 율법관들을 예수는 인간 멸시라고 배격한다. 인간이 안식일의 노예가 되어서는 안되며, 여자가 종살이시키는 남편의 지배에서 풀려나야 한다. 이런 사례들은 확실히 다른 사례들에 전용될 수 있다. 물론 인간이 자족하는 자로 선언되는 것은 아니다. 인간은 여전히 실증적 훈시에 매여 있다. 그러나 우리는 나중에 도덕적 행위의 자유공간을 열어놓는 예수 윤리의 대요를 물어야 하게 될 것이다.

토라에 대해 예수가 취한 태도의 양의성은 제자들이 토라 공부에 독려받지 않았다는 데서도 알아볼 수 있다.[31] 예수는 제관들에게 권한을 부여하는 나병 토라를 인정하고(마르 1.44), 성전 안의 제물 장수를 호통치는가 하면, 율법을 인용하거나 율법 저촉 여부에 개의하지도 않고 훈시를 주기도 한다. 다음 단락에서는 이 점을 들여다볼 것이다.

내다보기

이해할 만한 일이거니와, 율법 문제가 유다계 그리스도인 공동체들에서는 이방계 그리스도인 공동체들에서보다 더 큰 폭발력을 띠고 있었다. 율법 문제를 둘러싸고 그리스도교 안에 많은 다툼이 있었다. 이른바 사도공의회는 필경 이 문제점을 위해 소집되었다(사도 15: 갈라 2.1-10). 물론 여기서 우리에게는 많은 것이 역사의 어둠 속에 남아 있다. 얼마나 오래 유다계 그리스도인 공동체들에서 할례가 실행되었다고 할 수 있을까? 안식일 지내기도

---

[31] 쿰란 修道僧들이 토라 공부를 얼마나 중요시했던지를 보면 이 특성은 두드러진다. 참조: 1QS 6,6-8: "열 사람이 있는 곳에 토라를 공부하는 한 사람이 없어서는 아니 되나니, 밤낮으로 그렇게 서로 교대해야 하느니라. …"

점차적으로만 "주님의 날"(主日) 경축하기에 비켜났다. 오래된 주일의 전거가 묵시 1,10에 있다. 66-70년의 유다전쟁과 그 결과로 장면이 달라졌다. 유다 국가가 몰락했을 뿐 아니라 유다계 그리스도교도 존립하기를 그쳤다. 예루살렘 공동체는 동부 요르단 지역 펠라로 옮아갔다는 소식을 우리도 듣고 있거니와, 이것은 로마군 진영이 도성을 포위한 직전 시점에서 생겨난 결과였다. 이 유다계 그리스도인 잔존자들이 에비온 종파들로 소실되어 갔다는 것도 우리는 알고 있다. 그러고는 그러나 그들의 자취가 사라져 버렸다. 유다계 그리스도교의 몰락과 더불어 그리스도교와 교회는 중요한 구성 요소를 잃고 말았다. 이 상실은 오늘날 우리에게 다시 더 강렬하게 그리스도교의 유다교 모태에 관한 물음이 의식에 절실히 다가오는 것과 무관한 일이 아니다.

또 다른 중대한 문제점도 있다. 법적 사고를 극복하고 신체와 정신의 모든 능력과 더불어 옹근 인간을 움직여 도덕적 선으로 향하게 하는 것이 예수에게 중요했다면, 그래서 법적 구조들이 새로운 형태로 생겨났다. 유다교 범주들은 (우리가 본 대로) 이미 예수 전승들에 스며들고 있었다. 교회 안에서는 교회법이 발전했다. 두드러지는 과제라면 이 교회법의 신학적 전제들을 밝히고 수긍할 수 있게 만드는 데 있겠다. 사목적으로 두드러지는 과제라면 교회법의 관점에서도 법적 사고와 행태가 교회 안에 지배하는 것을 방지하는 데 있겠다. 그런 것이라면 예수의 정신에 반할 것이다. 필경 교회법의 존재는 교회가 머리에서나 지체들에서 죄인들의 공동체임을 가리키는 인장이다. 죄인들은 오로지 하느님의 자비를 통해서만 구제된다.

구체적 훈시

예수는 토라와 상관이 없이, 사실 토라가 무슨 말을 하든 아랑곳하지도 않는 양으로 구체적인 훈시도 준다. 이것은 예수의 전권全權과 관계가 있다. 예수가 말하는 것이 새로운 법으로 제정된 것이라는 뜻은 아니라 하더라도 그것은 엄숙히 받아들일 수 있는, 듣는 사람에게 책임을 지도록 호소하는 그런 훈시다. 그 말씀은 전권으로 발설되었으므로 엄숙성이 주어져 있다. 예수의 말씀은, 또 바로 도덕적 훈시도, 바실레이아 선포의 맥락 속에 있다는 점에서도 엄숙성이 주어져 있다. 바실레이아는 최종적인 것이다. 그것은 해방하는 구원의 새 질서다. 예수를 통해 병자들 안에 일어나는 치유에서만이 아니라 특히 인간이 예수의 말씀을 받아들여 자기자신을 변화시키며 예수의 삶과 행위를 통해 새 질서가 효과를 낳게 하는 것을 통해서도 선취적으로 인지되고 실현되게 하려는 그런 새로운 질서다. 여기서 처음부터 분명해지거니와, 예수의 훈시를 받아들이자면 그 "합리성"을 통찰하는 것만으로는 모자란다. 예수의 훈시를 가만히 생각해 보는 사람은 그것이 많은 이들에 의해 실현되면 세상을 달라지게 할 수 있으리라는 것을 시인할 수 있을 것이다. 거기서 옛 질서의 잣대들을 아쉬워한다면 많은 대목이 불합리하게, 어리석게 보일 것이다. 예수의 바실레이아 설교를 긍정해야만, 새로운 하느님의 질서에 대해 그렇다고 해야만, 궁극적으로 그것이 받아들여질 수 있다. 바실레이아 설교의 윤리적 훈시에서 옛 질서에 따라 측정하면 어리석은 일로 나타나는 그것이 예수의 말씀이 분개를 사는 점이 된다. 새 질서는 무조건이라는 잣대로 측정된다. 무릇 무조건적인 것, 무조건이라는 잣대를 갖다대는 모든 것은 그 자체로 한 희생이 되게 마련이다(키에르케고르).[1] 특히 훈시를 강설하고 삶에 실천하는 그 사람 자신이야말로 분개를 사는 자가 된다 — 또 아마 희생제물이 될 수도 있을 것이다.

복음사가들의 설교집성문(산상설교. 평지설교)에서 우리가 풀어내어야 할 예수의 훈시는 이미 충분히 잘 알려진 형태로 제시되어 있다. 그것은 격언 식으로 나타난다. 이 점이 우리에게 유감스러울 수도 있는데, 이미 키에르케고르 같은 철학자가 유감스러워한 바와 같다.[2] 그러나 이 철학자는 이 격언 식 훈시들이란 예수의 가르침을 뭉뚱그린 요약문이며 자구적 의미에서 해석이, 전개가 필요하다는 것을 간과했다. 어떻게 이런 뭉뚱그려진 문장들이 생겨나게 되었는지를 못 보았다는 말이다. 확실히 예수는 단지 격언 문장들로만 말하지는 않았다. 짐작건대 예수 자신이 자기가 상술한 표현들을 그런 문장들로 요약하기도 했을 것이다. 이로써 청중을 위해 자유공간이 조성되어 있었다. 우리에게까지 내려온 예수의 로기온들은 그만큼 더욱 강력하게 원칙적인 성격을 띠고 있다. 중요한 것은 예수 자신이 자기 삶을 통해 자기 도덕적 훈시에 부여한 해석이다. 방법론 영역에서는 예수의 말씀과 삶이 수렴한다는 것이 전승된 로기온의 친언성을 위한 강력한 증빙이라고 본다. 신학 영역에서는 이 부합이 예수의 윤리적 훈시가 믿을 만하다는 의미있는 요인이 된다. 예수의 삶에서 바실레이아의 새 질서가 알려지게 되었다. 예수 추종에 부름받은 제자들은 으레 단편적으로만 그 부름을 실현할 것이다. 자기들에게 맡겨진 회개를 불완전하게만 수행할 것이다. 그런데도 그들에게는 언제나 바실레이아를 선포할 소임이 남아 있으며, 그것은 새 질서를 실현하는 노력과 불가분하게 맺어져 있다.

예수의 윤리적 훈시는 유감스럽게 보일 법한 특징이 또 하나 있다. 그것은 결코 윤리신학 이론의 모든 분야와 주제를 망라하지 않는다. 예수는 비록 율법에 대한 입장표명과 관련하여 자기 겨레의 종교에 관해, 혼인에 관해, 사회 내의 여자에 관해 어떤 말을 하기는 했지만, 그래서 지금 우리는

---

[1] S. Kierkegaard, *Einübung* 115.　　[2] 101-2.

비록 소유와 부, 폭력 사용과 원수 관계에 관해, 국가 권력에 관해, 또 기도에 관해서도 무슨 말을 듣게 되기는 했지만, 그러나 다른 분야들은 건드려지지 않은 채 남아 있다. 그런데도 이 틈새들 또한 격언이 그런 것처럼 자유공간을 이룬다. 제자들은 자신의 책임으로 행동하도록 부름받아 있다. 이 역시 법적 사고를 극복하는 노력에 속할 수 있다. 물론 중요한 것은 철저한 훈시의 색조가 그것을 규정짓게 하는 일이다. 이 생각은 다음 단락에서 예수 윤리의 대요를 거론할 때 더 분명히 밝혀질 것이다.

단연 중요한 것은 원수사랑 계명이다. 구조상으로는 구약의 이웃사랑 계명과 닮았는데(레위 19.18), 다만 바로 사랑의 대상이 이웃이 아니라 원수다. 우리에게는 마태오와 루가의 두 가지 버전이 전해져 있다. 두 복음사가가 다 이 계명의 중대한 의미를 표출해 놓는데, 마태오는 이로써 산상설교의 대당명제들을 종결짓고, 루가는 평지설교의 훈시들을 이로써 개시한다. 두 버전은 다음과 같다:

> 원수들을 사랑하고 박해하는 이들을 위해 기도하여, 악한 사람들에게나 선한 사람들에게나 당신 해를 떠오르게 하시고 의로운 사람들에게나 의롭지 못한 사람들에게나 비를 내려 주시는 하늘에 계신 아버지의 아들들이 되시오(마태 5.44-45).

> 원수들을 사랑하시오. 미워하는 사람들에게 잘해주고 저주하는 사람들을 축복하며 헐뜯는 사람들을 위해 기도하시오. … 그러면 지극히 높으신 분의 아들들이 될 것입니다. 사실 그분은 은혜를 모르는 사람들과 악한 사람들에게도 인자하십니다 (루가 6.27-28.35b).

비교해 보건대 이 두 버전의 기본 요소는 똑같다: 원수들을 사랑하고 그들을 위해 기도하라는 훈시에 이어서, 그 목적(하느님의 자녀가 되는 것)과 그 근거

(하느님은 모든 이에게 차별없이 인자하시다는 것)가 제시되는 것이다.[3] 이 기본 요소를 붙들어 살펴보자.

원수를 친절하게 호의로 대하는 것은 거의 모든 고등종교에서 만날 수 있는 주제다. 거의 모든 종교창설자의 목소리에서 들을 수 있는,[4] 더러 그리스도교와 무관한 철학자들의 목소리에서도 들을 수 있는 화음이다. 특히 원인성과 목적성의 관점에서 비교하는 것은 풍부한 교훈이 되며 예수 훈시의 특별한 모습을 더 잘 파악하는 데 도움이 된다.

구약성서에는 그 실마리들이 있지만 이것이 아직 원수사랑으로까지 돌파하지는 않는다: "종말을 생각하고 미움을 버려라. … 지극히 높으신 분의 계약을 생각하고 남의 잘못을 용서해 주어라"(집회 28.6-7). "네 원수가 배고파하거든 먹을 것을 주고, 목말라하거든 마실 물을 주어라. 이렇게 하는 것은 그의 머리 위에 이글거리는 숯을 쌓는 것이다"(잠언 25.21-22). 전자는 그러니까 죽음을 바라보며 화해 자세를 가지라는 것이다. 후자에서는 적을 먹고 마시게 해주는 것이 그 사람에게는 치욕이 된다고 한다. 누군가의 머리 위에 숯을 쌓는다는 말은 그 사람을 낯뜨겁고 창피하게 한다는 비유적 묘사다.

헬레니즘계 유다교는 더 나아간다. 「요셉과 아세낫」에서는 악을 악으로 갚지 말라고 거듭 경고한다.[5] "누가 악을 끼치거든 그를 위해 기도하고 선을 행하라. 그러면 주님으로 말미암아 모든 악에서 풀려나리라."[6] 원수사랑의 목적은 하느님의 도우심으로 적의 폭력에서 벗어나는 데 있다.

---

[3] 수많은 再構成 시도 가운데 예: Schürmann, *Lukasevangelium* I 342-4; Gnilka, *Matthäusevangelium* I 188-9; Hoffmann, Tradition 51-3; Lührmann, Liebet 416-8; Merklein, *Gottesherrschaft* 222-4. — 루가는 원수사랑을 되풀이하지만(6,35a) 헐뜯는 자들을 위한 기도로써 아마도 더 본래 것을 보존한 것 같다. 하느님의 행위를 묘사함에는 마태오가, 원수들에 대한 행동을 묘사함에는 루가가 더 소상하다. 하느님을 지존하신 분 또는 선하신 분($\chi\rho\eta\sigma\tau\acute{o}\varsigma$)으로 말하는 것은 헬레니즘 情緖에 부응한다.

[4] 아씨시 이래 通例인 것처럼, 다양한 종교들이 공통으로 바치는 평화의 기도는 이 입장에서 나오는 뜻깊은 일이다.

[5] 요셉과 아세낫 28,14; 참조: 23,9.　　　[6] 요셉 유언 18,2.

스토아 철학자들은 거듭 원수사랑에 대해 발설했다. 그 논거들이 마르쿠스 아우렐리우스의 「자성록」에 아름답게 수집되어 있다:

> 곧 네가 모두를 잊었고, 곧 모두가 너를 잊었으리라. 우리를 거스르는 짓을 저지른 그들도 사랑하는 것, 그것이 인간으로서 우리에게 특별히 맡겨진 일이다. 저들이 너와 동족인데 무지로 인해 자기 의지를 거슬러 잘못을 저지른다는 것, 너나 그들이나 다 잠시 후에는 죽어 있으리라는 것, 무엇보다도 죄인이 실은 너에게 아무 손해도 끼치지 않았다는 것, 그것을 네가 의식하게 될 때, 너는 그들도 사랑하기에 이를 것이다. 실상 그가 네 영혼 안의 이성을 그 이전보다 덜 가치있게 만들지는 않았기 때문이다.[7]

여기서 대등하게 부각되는 논거들인즉, 생명의 단기성, 만인의 본질동족성, 개발해 마땅한 영혼의 불가촉성, 원수가 우리를 거슬러 행동했을 때 자기 행위를 완전히 평가하지는 않았을 가능성 들이다.

아시아 종교들에서야말로 원수사랑이 인상깊게 실행된다. 붓다는 제자들에게 이렇게 훈계한다:

> 강도나 살인자에게 겹니톱으로 팔다리가 토막난다 하더라도 정신이 분노에 찬다면, 바로 그때문에 그는 내 구원의 설법을 따르는 자가 아니다. 이런 경우라도 너희는 조심하고 이렇게 말해야 한다: 앙분해서는 안된다. 악담을 내뱉지 말자. 늘 친절하고 더불어 아파하며 내심에 미움 없이 자비롭게 생각하자. 이 사람을 자비심으로 사무치게 하고, 그에게서 나아가 온 세상이 자비심으로 사무치게 하자.[8]

---

[7] Marcus Aurelius, *De semetipso* 7,21-22. 참조: Seneca, *De otio* 1,4.

[8] 마지히마 니카야 21: Heiler, *Religionen* 273에서 인용. 여기 계속해서 본보기들이 나온다.

아무리 지독한 고초라도 분노 없이 감내하기를 명하는 이 엄청난 문장은 자비심을 동시에 목적이자 근거로 삼는다. 그것을 붓다의 제자들은 자기 안에 모아쌓고 그것이 원수에게 또 궁극에는 온 세상에 사무치도록 하라는 것이다. 이 자비심을 인간은 하느님으로부터 받는 것이 아니라 끈질긴, 일생 동안 지속하는 명상의 정진을 통해 얻는다는 것이다. 그것은 고통을, 또한 원수가 끼친 고통도 인식하는 길과 고통을 극복하는 길을 가리킨다. 고통을 극복하는 길은 자기 해탈의 길이다. 자기를 극복하고 자기 자신에 대해 정진하는 것이 끊임없이 제시되는 과업이다.[9]

도교에서도 원수사랑이 알려져 있다. 노자는 "적의를 호의로 답하라"는 말씀으로 이를 촉구한다. 이렇게 할 능력에 도달하게 하는 것은 활동주의가 아니라, 무위無為, 안팎으로 거리를 지키는 힘이다: "완전하게 생각함은 하나에 대해 다른 것과 한가지로 생각함이다. 그것은 한 인간에게 다른 인간에게와 한가지를 보여줌이니, 마치 허수아비와 같다 함이다." 하일러는 이를 일컬어 "신비적 정적주의"mystischer Quietismus라 한다.[10]

이슬람에 대해서는 원수사랑을 말하기 어렵겠다. 너무나 자주 「쿠란」에서는 성전을 들먹이며 이 전쟁에서 죽은 사람에게 영원한 복락이 보장된다고 한다. 보복도 가르친다: "신도들아, 살인에는 보복이 규정되어 있나니, 자유인에는 자유인, 종에는 종, 계집에는 계집이니라".[11] 이런 동태복수법 ius talionis 대목이 구약성서에도 있다(참조: 탈출 21,24; 레위 24,20; 신명 19,21).

다시 예수로 돌아오자. 원수를 사랑하라는 훈시가 명심시키는 것은 삶이 짧음을 상기하라는 것도 아니요, 적의 의도를 저울질하라는 것도 아니며,

---

[9] 붓다의 마지막 말씀은 "꼴지어진 모든 것이 無常하다. 끊임없이 精進하라"였다. Jaspers, *Die maßgebenden Menschen* 110에서 인용.

[10] F. Heiler, *Religionen* 122. 여기에 위의 인용 문장들도 나온다.

[11] 수라 2,178. 참조: R. Paret, *Der Koran* (Stuttgart 1962) 25. 聖戰에서 사람을 죽임에 대한 쿠란의 구절: 수라 2,191; 4,74.89.91.101; 8,15-17; 9,41 등. Jaspers[*Die maßgebenden Menschen* 198]에 따르면 무함마드는 본질의 깊이에 있어 소크라테스 · 붓다 · 孔子 · 예수와 비교될 수 없다. 역사상 영향이 광범하기로는 견줄 만하다 하더라도 이분들에게 근접하는 인물은 아니다.

인간의 출신이 공통되다는 것도 아니다. 바로 다른 증언들과 비교해서야말로 예수 훈시의 빼어난 신학적 내용이 두드러져 나타난다. 예수 훈시의 목적은 인간이 하느님 자녀가 되는 것이다. 여기서는 하느님 자녀가 됨이 한 과정으로 제시되어 있다. 부모와 자녀 사이에는 근본 근친성이 있다. 자녀는 아버지의 본질과 양상을 새겨낸다. 말하자면 부모의 모상이다.

하느님에 대한 관계에서 이것은 하느님과 닮음을, 하느님의 본질을 본뜸을 말한다. 그리스도인이 다른 종교들에서 제시되는 논거도 널리 긍정할 수는 있을 것이다. 그러나 그리스도교의 훈시는 예수의 하느님과 맺어져 있다. 더 정확히 말하면 하느님 나라가 예수의 활동에서 나타나는 대로 그렇다. 새삼 우리는 예수 메시지의 바탕인 하느님 나라에 이르게 된다.

예수 선포의 논거로 말하면 필경 무신론자에게는 받아들일 수 없는 것이고 제자들에게는 의무적인 것이다. 무신론자라면 원수사랑의 훈련이란 기도와 연결되어 있으므로 이미 취할 수 없는 일이리라. 하느님의 자녀가 된다는 것이 한 과정인 것처럼 원수를 사랑할 능력도 우선 기도로 훈련되어야 할 한 진행이다. 헐뜯는 자들을 위해 기도하라는 요구를 받고서 제자들은 정신으로 하느님 앞에서 반대자들에 대해 모든 선입견을 무너뜨리고 미움을 떨쳐 버리며 분노를 극복하기를 배운다. 오늘날 평화 토론에서는 그리스도인들의 이 측면이 숙고될 수 있다. 수소탄 시대에는 지성인마다 전쟁을 논박한다. 전쟁의 방지는 그러나 이로써 한없이 많은 것을 얻었다 하더라도 아직 원수를 사랑하라는 예수 훈시의 성취는 아니다. 예수의 관심은 더 깊이 미친다.

예수가 말한 원수란 개인적 원수, 소송 상대자, 집단 원수, 혈족의 적대자, 전쟁의 적군 등 온갖 종류의 원수다. 마태오는 짐작건대 종교적인 원수와 반대자들에 어느 정도 집중하려는 이차적 의도를 가지고서 "박해하는 사람들"을 위해 기도하라고 요구할 것이다(5.44). 종교들 사이의 적대관계야말로 역사가 가르친 대로 특별히 적의에 찰 수 있다. 확실히 예수 당시 청중의 환경에서는 동네 주막의 칼부림질이나 씨족들과 마을들 사이의 적대

관계가 다반사로 일어나는 일들이었다. 사회정치적 차원이 배제될 수는 없다. 거꾸로 개인적 앙숙관계 역시 못지않게 제쳐놓을 수는 없다. 매사를 사회에 기존하는 적대구조들에 밀어붙여 오늘날 즐겨 그러듯이 인간 각자가 아닌 익명 사회에 책임을 지울 수는 없다. 바로 신학적 목적추구와 근거제시가 인간을 몰아낸다. 여기서도 예수 훈시의 친언성이 드러난다.

가장 철저한 요구들이 마태오 5,39-42에 종합되어 있다:

> 누가 오른 뺨을 때리거든
> 다른 뺨마저 돌려대시오.
>
> 누가 그대를 재판에 걸어 속옷을 가지려 하거든
> 겉옷마저 내주시오.
>
> 누가 천 걸음을 가자고 강요하거든
> 함께 이천 걸음을 가시오.
>
> 청하는 사람에게는 주고,
> 꾸어달라는 사람은 물리치지 마시오.

이들은 꽉 짜인 인상을 주며 뭉뚱그려졌는데도 각개의 네 로기온이다. 게다가 각각에 예수의 더 상세한 제시들이 재요약되었다고 할 수 있다. 루가 6,29-30에서는 말씀들을 줄여서(동행에 관한 말씀은 아주 빠졌다) 다른 환경으로 옮겨놓았다. 여기서는 오히려 마태오가 예수 청중의 환경인 본디 환경을 보존했으므로, 이를 특기하기가 재미있다.[12]

오른 뺨(루가는 그냥 뺨)을 때림은 손등으로 때리는 악평난 뺨치기였는데, 이때 물건을 거머쥔 채 때릴 수도 있었으며, 특별한 모욕으로 느껴졌다.

---

[12] 각 로기온의 재구성: Gnilka, *Matthäusevangelium* I 180; Hoffmann, Tradition 61-3; Merklein, *Gottesherrschaft* 269-70; Schürmann, *Lukasevangelium* I 347-8.

맨몸에 걸쳐입던 소매 달린 긴 셔츠인 속옷을 둘러싼 송사는 우리를 믿을 만하게 가난한 사람들 환경으로 안내한다(루가 6.29b에서는 빼앗는다고 말한다).[13] 다투지 말고 속옷만 벗어줄 뿐 아니라 겉옷마저 보태어 주라고 한다. 가난한 사람이 자기 권리를 포기한다. 사실 탈출 22.25-26에 따르면 가난한 사람의 겉옷은 담보로 압류해서도 안되었다. 밤에는 그것이 그가 덮을 수 있는 유일한 이불이었다.

예수 당시에 시골 길에서 로마 점령군 병사들이 유다인들에게 요구한 동행은 흔히 짐을 나르는 일과 연결되어 있었는데, 특히 가난한 사람들에게 당혹한 노릇이었을 것이다. 그런 강제 동행으로서 생각해 볼 만한 사례를 제공하는 것이 "키레네 사람 시몬"인데, 군인들이 그를 십자가의 길에 강제로 동행시켜 예수의 십자가를 지고 가게 한다(마태 27.32//).

마지막 말씀은 동냥하는 사람과 꾸어달라는 사람에 관한 것이다. 루가 6.30은 후자 대신 또다시 강도를 들먹인다: "빼앗는 사람한테서는 되찾으려 하지 마시오."

엄격한 요구들이 비폭력이라는 주제를 둘러싸고 무리지어져 있다. 폭력에는 대항폭력이 아니라 양보로 대응하라는 것이다. 이 양보는 약함이 아니라 악을 선으로 극복하려 함이다. 제시된 본보기들은 내어주기의 사례들이다. 얻어맞은 사람이 상대방에게 또 한 차례 얻어맞을 기회를 내어준다. 시위적인 무방비로 그의 증오를 제압하라는 것이다. 폭력의 상승작용 고리를 끊어 버리라고. 그러나 이 행동규칙들이 무슨 심리학 프로그램으로 용해되고 마는 것은 아니다. 이 비폭력은 하느님이 제정하신 새 질서의 시위다. "세상"이 그 자신과 그 낡은 질서를 고집할 때 그런 세상에게는 그것이 더욱 미치고 정신나간 짓으로 나타날 수밖에 없다.

옷을 빼앗긴 사람을 적수 앞에 벌거숭이로 맡겨 버리는 둘째 본보기는 거의 더욱더 미친 짓이라는 인상을 일으킬 수밖에 없다. 이 역시 약함은

---

[13] 루가는 强奪에 대해 말하므로 옷들을 바꾸어 놓을 수밖에 없다: "겉옷을 빼앗는 사람에게는 속옷도 거절하지 마시오."

아니다. 외적 사건과 시국에 대해 내적 거리를 지켜서 얻은 그런 태연함도 아니다.[14] 오히려 이기적이고 가차없음이 특징인 "정상적"이라는 인간관계를 고쳐 보려는 필사적 노력이다.

이 철저한 말씀들에 관해 글도 말도 많았다. 흔히들 그 철저성을 예리하게 분석했다. 예컨대 브라운은 뺨때림 말씀을 두고 "좋은 기분이 그치고 자기방어가 시작될 수 있다는 결론에 이르는"[15] 그런 기준이 명시되어 있지 않다고 밝혔다. 해석자들은 물론 옳다. 그러나 다음과 같은 점이 생각해야 할 것으로 남아 있다: 그리스도인의 99.99 …%가 예수의 이 철저한 훈시들을 자기 삶에서 글자 그대로 따르지 않았다는 것을 인정해야 한다. 그러나 이 훈시들과 이를 이행해 나가며 선포하는 삶의 실천 사이에는 신빙성 관계가 엄존한다. 타이센은 심지어 이 철저한 말씀들이 전승될 수 있었던 까닭인즉 오로지 초대 그리스도교에 그것을 그대로 따르는 이들이 있었기 때문이라고까지 주장한다. 그는 이 집단을 가리켜 "유랑철저주의"Wander-radikalismus라는 표어를 쓴다. 이 요구들을 너무 어렵다고 느끼고 거부하던 그런 공동체들 안에는 이미 그 전승을 예방하려는 일종의 검열제도마저 있었기 때문이라고.[16] 이것은 초대 그리스도교의 역사에 해당할 것이다. 그 요구들이 실현되지 않고 있는데도 우리가 아직도 이 전승들과 갈라진 것은 아닐진대, 이는 또한 복음서들의 정경화와도 관계가 있다.

이 철저한 요구들의 신빙성은 오로지 예수에게 있다. 예수 자신의 삶은 이 훈시들에 완전히 부합했다. 예수는 이 비폭력을 행사했고, 이런 방식으로 인간들에게 자신을 내맡겼으며, 한계없이 자기 것을 함께 나누었다. 이 훈시들과 예수의 삶이 부합하므로 이 훈시 일체가 예수의 표현이다. 언행의 수렴이야말로 신빙성을 낳을 뿐 아니라 예수 훈시 말씀의 친언성도 보

---

[14] 이 내적 거리를 Epiktetos는 犬儒學派 학도를 위한 지침으로 옮겨놓는다: "나귀처럼 매를 맞아야 하며 동시에 때리는 사람들을 사랑해야 한다 — 만인의 아버지로서 또는 형제로서"(Diss. 3,22,53-4).

[15] H. Braun, Jesus 124.   [16] 참조: G. Theißen, Studien 87-9.

증하는데, 그것도 아주 짙은 의미로 그렇다. 이 말씀들은 예수의 말씀으로서가 아니고는 상상도 할 수 없다.

우리네 제자들에게는 이 말씀들이 살 속의 가시로 남아 있다. 우리는 이제 그것을 제거할 수 없다. 또한 (좋이 천주교 식으로) 일정한 신분, 곧 완덕을 닦는 이들인 수도자에게만 귀착시킴으로써, 또는 (좋이 루터교 식으로) 양왕국 교리Zwei-Reiche-Lehre에 알맞게 인간을 사인과 공인으로 구별하여 공직자에게는 면제시킴으로써, 이 훈시들을 하찮은 것으로 삼아 버릴 수도 없다.

제자는 이 훈시를 통해 한 길 위에 세워져 있으니, 그 길로 훈련을 받아 들어가야 하며 그 길 위에서 자기 앞에 놓인 목표를 바라보고 있다. 그 놓인 목표에 도달하지 못할 때라도 절망하거나 제자임을 단념할 동기란 없다. 그러나 그 놓인 목표가 눈길에서 사라져 버렸다면 제자임이 문제인 처지일 터이다.

이 길의 헤아릴 수 없음을 하느님 모방Imitatio Dei 로기온이 분명히 밝힌다: "여러분의 아버지께서 자비로우신 것같이 여러분도 자비로운 사람이 되시오"(루가 6.36). 하느님의 자비를 인간이 다 길어내거나 거기에 다다를 수 있을 리는 없다. 그러나 인간은 하느님의 자비 안으로 받아들여져 있으며, 그러므로 하느님의 자비가 인간에게 과업으로 맡겨져 있다. 여기서도 유념할 것인즉, 하느님의 자비는 예수를 통해 전달되었고 예수의 활동에서 유효화하고 가시화했던 그런 자비라는 사실이다. 이 로기온의 마태오 버전인 "하늘에 계신 여러분의 아버지께서 완전하신 것같이 여러분도 완전해야 합니다"(5.48)라는 말씀은 토라를 지향하는 유다교의 인간 이상을 취한다. 이 이상은 완덕을 향한 노력이 큰 구실을 하는 쿰란 필사본들에서 특별히 선명하게 우리 눈앞에 소개된다.[17] 마태오의 표현형식은 이차적이다. 그것은 그러나 산상설교의 대당명제들에 제시된 율법의 해석에 관련되며 따라서 완전히 예수의 훈시를 지향해 있다.

---

[17] 참조: *1QS* 1,8: "啓示된 모든 것에 부응하여 그분 앞에 완전하게 거닐어야 하느니라"(나아가 1,13; 2,2; 3,3.9; 4,22; 5,24 등도 보라).

예수의 구체적 훈시에서 우리가 얻은 테두리 속에 여러 모로 끼일 수 있는, 화해를 호소하는 한 표상어가 있다:

> 제단에 예물을 갖다바치려 할 때 교우가 그대에게 어떤 원한을 품고 있는 것이 거기서 생각나거든 예물을 거기 제단 앞에 두고 먼저 물러가서 교우와 화해하시오. 그 다음에 와서 예물을 바치시오(마태 5,23-24).

하느님과의 관계는 인간과의 관계에서 분리될 수 없다. 이 엄격한 관계를 우리는 이미 안식일 토라를 설명할 때 알게 되었다. 이제 여기서는 화해하지 않은 교우가 제외된다면 예배는 가치가 없게 된다는 말씀을 듣게 되는데, 그 연관이 더욱 첨예화한다. 하느님이 인간의 화해를 이루어 주시므로, 인간이 이웃과 불화하고 적대하며 사는 사람으로서 하느님 앞에 나설 수는 없다. 하느님과 만나는 일이 이웃과 능동적으로 화해하는 계기가 되어야 한다.

둘째 측면도 나타난다. 봉헌자가 갈등을 상기한다는 데서 그 사람 자신이 내심으로 깊이 애를 태우고 있다는 사실이 드러난다. 아무튼 그 갈등이 이 예물을 바치게 된 계기는 아니다. 그러므로 여기서 예수는 무슨 제례 규칙을 세우는 것이 아니다.[18] 언제 제헌 행위를 중단할 수 있느냐를 두고 랍비들 사이에 토론이 있었던 바와는 다르다. 이것은 이를테면 빼앗은 재산을 아직 되돌려주지 않은 경우에 해당한다고들 보았다. 그러고 나야 속죄하는 제물을 바칠 수 있다고. 예수가 묘사한 사례는 더 깊은 데를 붙든다. 화해하지 않은 교우가 있다는 것은 봉헌자만이 알고 있다. 먼저 화해가 이루어지지 않는다면 그 봉헌은 웃음거리가 되는 셈이다. 스스로 하느님 앞에 있음을 의식하는 제자는 하느님 앞에 거짓으로 나타나는 짓을 숨

---

[18] Braun, *Radikalismus* II 43².

겨둘 수도 있는 그런 외적 인격이 아니라 윤리적 인격 전체를 포착하는 그런 행위를 요청받는다.[19]

원수사랑 · 비폭력 · 화해 외에도 예수는 소유와 부(富)에 관련지어 단호한 바로잡음을 요구한다. 여기서 예수는 얼마나 멀리까지 갔을까? 다가오는 하느님 나라에 대면하여 부란 어떤 형태이든 혐오스런 것, 방해스런 것, 악한 것이라고 보았을까, 아니면 오히려 가진 자들에게 사회적 책임을 환기시키고자 했을까? 이미 보았거니와, 예수 자신은 활동중에 가족과 헤어진 다음 무소유로 살았고 제자들에게는 파견에 즈음하여 극도의 무욕을 독려했다. 그러나 예수의 가까운 주변에 유산자들도 있었다. 시몬 베드로의 가족은 가파르나움의 집을 버리지 않았다. 여자 제자들은 자기네 재력으로 예수를 봉양했다.

공관서의 해당 텍스트들을 둘러보노라면 좀 심란스런 점을 보게 된다. 한편 그 전승 속에 이와 관련된 훈시들이 좀 완화된 줄기가 있는가 하면, 한편 다른 줄기에서 첨예화에 마주치는 수도 있다. 루가가 행한 것은 후자였다는 것을 소수의 골라낸 사례로 간단히 지적해야겠다.

소명사화들에서는 마르코 1,16-20 ∥ 마태오 4,17-22에 따르면 시몬과 그밖의 제자들이 그물과 아버지 제베대오를, 그러니까 종래의 직업을 버리는데, 루가 5,11에 따르면 **모든** 것을 버린다. 루가 14,33만이 ― 편집으로 가필된 ― 로기온을 제공한다: "이처럼 여러분 가운데 누구든지 자기 소유를 **모두** 버리지 않는 사람은 내 제자가 될 수 없습니다."

부자 청년을 향한 말씀도 날카로워졌다: "가진 것을 **모두** 팔아 가난한 이들에게 주시오"(루가 18,22: 비교: 마르 10,21: "가진 것을 팔아": 마태 19,21: "당신 소유를 팔아"). 큰 잔치 비유에서는 처음 초대받은 자들이 거절한 다음에 가난뱅이 · 불구자 · 맹인 · 절름발이 들이 잔칫상에 불려온다(루가 14,21: 비교: 마태 22,10: 악한 자와 선한 자).

---

[19] 이것은 구약 예언자의 메시지를 상기시킨다. 참조: 아모 4,4; 예레 6,20; 7,3 등.

다른 줄기를 우리는 마태오에서 마주친다. 마태오 19,21에 따르면 소유의 포기가 완덕의 조건이다: "완전해지려**면** 가서 당신 소유를 팔아 …." 이것은 부자를 향해서는 의무적인 것으로 발설되는 말씀이지만, 원칙적 성격을 띤 것은 아니다. 전승에 나타나는 특징이 각이하다는 사실에서 예수는 소유포기를 원칙으로 요구하지는 않았다는 것, 소유와 부를 그 자체로 혐오할 것으로 보지는 않았다는 추정이 확인된다.[20]

예수는 그러나 진정한 삶의 의미를 성취하지 못하도록 인간을 질식시켜 버릴 수도 있는 부의 위험을 절박하게 경고한다. 이에 속하는 것이 낙타와 바늘귀 말씀이다(마르 10,25∥). 이에 속하는 것이 다음 로기온이다:

> 종이 두 주인을 섬길 수는 없습니다. 사실 한편을 미워하고 다른편을 사랑하거나 한편을 받들고 다른편을 업신여길 것입니다. 그대들이 하느님과 마몬을 함께 섬길 수는 없습니다(마태 6,24 ∥ 루가 16,13).[21]

여기서 소묘되는 "표상절반"은 특별히 불행한 한 종의 운명에서 취한 것인데, 그 날카로운 양자택일에서 실제로 솟아나는 물음인즉, 돈과 부가 완전히 실격당하여 악한 것으로 낙인찍히지 않느냐는 것이다. 외래어로서 존속된 개념인 "마몬"은 그 자체로 아직 부정적은 아니지만 정착된 의미가 있으니, 곧 "소유"·"가짐"이라는 뜻이다.[22] 하느님에 대당하는 주제에서는 마몬이 우상으로 나타난다. 마몬 숭배는 우상 숭배다. 마몬에서 나오는 환상은 인간을 완전히 쓰러뜨려 버릴 수 있으며, 특히 하느님을 잊어버리게 하고 심지어 하느님과 대립하게 할 수도 있다.

---

[20] 참조: Braun, *Radikalismus* II 76¹.

[21] 마태 6,24에서는 "아무도 두 주인을 섬길 수는 없습니다. …"라고 한다.

[22] 語源論上 派生語로서 가장 좋은 예는 "마에몬"(供託金)이다. 루가 16,9.11은 "불의한 마몬"이라고 말한다.

물론 우리는 예수가 여느 경우도 그런 것처럼 인간을 고려하면서 생각하고 판단한다는 데서 출발할 수 있다. 소유·돈·부는 그 자체가 악한 것이 아니지만, 그것들과의 상종은 악으로, 가치없는 이기주의로, 또 예수가 선호하는 가난한 이들을 잊어버리게 하는 쪽으로 오도한다.

그러므로 스토아 철학의 냉소주의 이상은 예수와 거리가 멀다. 거기에도 비교될 만한 표현들이 있기는 하다: "동시에 테르시테스와 아가멤논 노릇을 할 수는 없다"고 에픽테토스는 말한다.[23] 테르시테스는 곱사등이에다 대머리였고, 아가멤논은 거구요 미남이었다. 에픽테토스는 빈부의 긴장관계와 관련지어서도 이 말을 한다. 그러나 철학자들에게는 일차적으로 목표가 심혼이 외적 생활조건에서 거리를 지키고 그래서 내적 평온을 얻는 데 있다. 무상無常의 의식도 그들에게 중요하다. 디오게네스는 쥐를 관찰하다가 완전한 가난을 결심했다. 물론 나중에는 비슷한 감상들이 철학에서 도출되어 그리스도교 전통에 파고들게 된다.

가진 자들의 사회적 책임이 예수의 경우에는 부자 청년과 만나는 장면에서 뚜렷이 드러난다. 단연 중요한 것은 자기 소유에서 벗어나라는 것이거나 금욕을 수행하라는 것이 아니라, 사랑하라는 것이요 사랑으로 넉넉히 가진 것을 가난한 이들에게 나누어주라는 것이다. 그러므로 내어주는 것만이 아니라 간직하는 것도 중요하다.[24]

이와 목적이 같은 이야기가 호사스런 부자와 가난한 라자로 비유다(루가 16,19-31). 예수 메시지에서의 유래라는 면에서도 그 해석 면에서도 논란이 구구한 대목이다. 두 부분으로 이루어져 있는데, 첫 부분은 저승에서의 빈부의 보상을 그린다. 가치전도의 결과가 지엄하다. 이승의 삶에서는 비참한 라자로가 약하고 병들어 길바닥에서 개들에게 핥기면서 흥청망청 사는 부자의 문앞에 누워 있다. 저승에서는 부자가 고통을 받다가 쳐다보니 라자로가 아브라함의 품에 안겨 있다(19-26절). 둘째 부분은 회개를 호소하는

---

[23] Epiktetos, *Diss.* 4,2,10. [24] 참조: Schrage, *Ethik* 107.

ⓒ 구체적 훈시 313

데, 여기서 아브라함은 모세와 예언자들의 말을 듣는 것이 저승에서 오는 경고의 목소리보다 훨씬 중요하다고 말한다(27-31절). 여기서 우리에게 흥미로운 것은 오로지 첫 부분이다.[25] 물질적 부요와 물질적 빈곤의 보상은 초기 유다교에서 — 쿰란에서말고는[26] — 예사스런 일이 아니었으며, 따라서 충분히 예수의 말씀이라고 믿을 만하다. 이 인상은 이 이야기가 결국 새삼 예수의 가난한 이 선호를 의식시키는 것이고 보면 더욱 강렬해진다.[27] 그러므로 가난한 이들에 대한 행복선언과 실질적 관계가 있다. 하느님이 가난한 이들을 위해 개입하심을 "라자로"(= 하느님이 도우신다)라는 주인공의 의미심장한 이름이 이해시킨다. 이 비유에서만 한 인물에 이름이 주어진다.

예수의 국가와 공권력에 대한 관계를 알려면 예수 자신이 마지막에는 이 권력의 제물이 되었다는 사실을 생생히 그려 보는 것이 좋다. 그렇다고 예수가 당시의 국가권위에 거부적으로 대립했다는 말은 아니다. 그런데도 소수나마 우리에게 전승되어 있고 예수 친언 자료로 여길 수 있는 대목에서 내적 주권에 상응하는 유보와 회의의 소리를 듣기는 어렵지 않다:

> 알다시피 민족들을 다스린다는 자들은 그들 위에 왕노릇하고 높은 사람들은 그들을 내리누릅니다(마르 10.42).[28]

제자들 사이에서도 그래서는 안된다는 말씀이 연결된다. 제자공동체 — 부활후대 교회의 기초 — 가 대조공동체Kontrastgemeinschaft로서 생각되어 있다. 이 세상 통치자들에 대한 판단은 동시에 현실적이자 비판적이다. 그러면서

---

[25] Heininger[*Metaphorik* 183-4]는 둘째 부분이 루가 編輯일 개연성을 밝혔다. 뜬금없이 다섯 형제가 등장한다는 점, 30-31절은 이미 예수의 부활을 가리키는 것이 아닐까 하는 점, 둘째 부분의 요점들이 첫 부분과 競合한다는 점, 그리고 루가의 固有文體들도 발견된다는 점 들이 이를 말해주는 근거다.

[26] 참조: Braun, *Radikalismus* II 74⁴.   [27] 참조: Schnackenburg, *Sittliche Botschaft* I 142-3.

[28] // 마태 20,25와 달리 루가 22,25는 마르코의 先例에서 더욱 벗어난다: "민족들의 왕들은 그들을 지배하고 권력자들은 은인으로 행세합니다." 루가가 문장을 헬레니즘 情緖에 맞추었다.

도 신학적 배경이 없지 않다. 모든 현세적 지배를 또 따라서 모든 압제와 권력남용도 종식시키고 이제는 압제와 다른 법이 잣대가 되어야 할 그런 제자공동체 안에서 미리 모습을 드러내고자 하는, 그런 기다리던 하느님 나라가 단기적으로 지속하는 정치권력을 허상虛像으로 선언한다.[29] 현세의 군왕들은 최종적으로 세상을 다스릴 자들이 아니다.

이 시각에 덧붙이되 더 나아가서, 유명한 납세 주화 페리코페에 나오는 예수의 말씀인즉 이렇다: "황제의 것은 황제에게 돌려주시오. 그러나 하느님의 것은 하느님께 돌려드리시오"(마르 12.17∥). 이 말씀은 황제에게 주민세를 바쳐도 되느냐는 질문을 예수 앞에 내놓는 적수들과의 논쟁적인 만남에 자리해 있다. 이 전승은 비상하게 준엄하고 단호할 뿐더러 전례없는 폭탄선언이라는 점이 구체적인 역사적 기억임을 말해준다.[30] 대부분의 유다인은 황제에 대한 납세를 자기네의 정치적이며 민족적인 종속과 부자유를 계속 승인하는 것이라고 느꼈다. 젤로데들은 그것을 바치기를 거부했다.[31] 예수가 그 질문에 긍정적으로 대답했다면 신학적 문제점을 침범한다고 비난받을 수 있었고, 부정적으로 대답했다면 젤로데 선동자 입장을 취하는 셈이었다. 좌우 양 스펙트럼의 어느 쪽에서나 과도하게 해석되던 예수의 입장표명은 황제와 하느님 사이에 분명한 경계선을 긋는다. 예수는 혁명의 발발을 고취하지도 않고 하느님의 특은을 선포하지도 않는다.[32] 예수의 대답은 납세 문제를 넘어 더 나아가며 또다시 원칙적 성격이 있다. 예수는 국가권위를 긍정하되 그 한계를 지적한다. 국가의, 제왕의 권력은 하느님나라 아래 종속하여 책임을 지고 있다. 갈등이 있을 경우 제자들은 황제보다 하느님께 더 큰 순종을 바칠 책임이 있다.

---

[29] 역설적인 δοκοῦντες는 마태오와 루가에는 없지만 확실히 오래된 전승이다.

[30] Bultmann[*Geschichte* 25]에 따르면 공동체 교육을 假定할 이유는 없다. Schrage[*Ethik* 112-3]는 역사상 사실화를 거론하고 17절이 본디 제자들을 상대로 한 말임을 감안한다.

[31] 참조: Josephus, *Bell.* 2,118.

[32] 한 견해는 E. Stauffer, *Die Botschaft Jesu - damals und heute* (DTb 333) (Bern 1959) 110에 나오고, 다른 견해는 개신교 신학에 널리 퍼져 있다. 참조: Gnilka, *Markus* II 154-5.

기도를 위한 훈시들은 빠짐없이 모두 청원기도에 해당한다. 이때 두드러지는 것은 청허된다는 확약이다. 여기에도 가난한 이들의 환경이 은연히 두루 스민다: "청하시오, 주실 것입니다"(마태 7.7)란 — 이 약속이 기도에 해당한다는 점을 일단 빼놓고 보면 — 거지의 지혜다. 약속이 신앙과 연결될 때 이 오해가 배제된다: "기도할 때 믿으며 청하는 것은 모두 받을 것입니다"(마태 21.22). 공동으로 바치는 기도에는 특별한 힘이 더해지는 것으로 헤아려진다: "그대들 가운데서 둘이 합심하여 땅에서 청하는 것은 무엇이나 하늘에 계신 내 아버지께서 이루어 주실 것입니다"(마태 18.19). 「주님의 기도」도 제자들이 합심하여 입에 올리도록 작성된 기도문이다. 기도 청허의 약속이 비유로 옮겨놓이기도 한다. 예컨대 소청의 치열함이, 아니 그 고집스러움이 역력한, 청하는 벗 비유(루가 11.5-8)야말로 이 테두리 속에 들어가며 예수의 훈시에서 특징적인 것이라고 볼 수 있다(참조: 루가 18.1-8). 미숙하고 비현실적으로 보일지도 모르는 이 청허에 대한 확신의 근원을 묻는다면, 이것은 예수 자신의 기도에서 찾을 수 있을 것이다. 필경 예수는 인격의 가장 깊은 내면에 해당하는 이 지점에서도 오로지 자기 자신의 체험을 이루는 것만을 말할 수 있었다. 그러고는 거기에 더해지는 것인즉, 이 청원기도에서 인간의 뜻은 하느님의 뜻을 이기려는 것이 아니라, 오히려 정반대로 제자들은 기도하면서 하느님의 뜻에 순응해 들어가고 그것을 기쁘게 인정할 줄 알아야 한다는 것이다.

이런 정신이 담긴 훈시는 보답을 기대하지 않으니, 하느님 나라와 더불어 모든 것을 받게 될 것을 알기 때문이다. 계산적 보수 사고가 포도원 일꾼들 비유에서 비판된다(마태 20.1 이하). 예수는 유다인 관념에 상응하는 바인 하늘의 보물을 거론했다고 할 수도 있겠는데, 그때 예수는 그것을 무상함으로 희화화하는 지상의 보물과 대결시키고 필경은 현세적 재화를 가진 사람들이 그것을 다른 사람들과 나누도록 호소한다(마태 6.19-20).[33]

---

[33] 참조: Gnilka, *Matthäusevangelium* I 238-9.

원수사랑, 비폭력, 화해, 소유와 부, 국가권력에 대한 관계라는 주제들에 해당하는 예수의 구체적 훈시들이 지닌 본질적 관점들을 다시 한번 종합하자면, 무엇보다도 거기에 새겨진 지평을, 대망되었고 임박해오는 하느님 나라를 새삼 유념해야 한다. 훈시는 사람들이 이 최종적인 것, 무조건적인 것을 마주 바라보아야 할 자세를 기술하는 것만이 아니다. 그것은 또한 지금 이미 하느님 나라가, 그 새 질서가 실현되게 하고자 한다. 이로써 훈시는 본질적으로 예수와 연결되어 있다. 예수의 삶과 말씀이 일치한다는 사실에 예수의 요구가 철저한 근거가 있으며 오로지 거기서만 그런 발설이 가능해진다. 내용상 측면에서는 훈시가 정작 단편적일 뿐이라 하더라도, 거기서 전달될 수 있는 한 색조, 한 경향, 한 기본 흐름을 알아볼 수 있다. 제자의 상상력과 자기책임성이 이와 무관하지 않다.

내다보기

예수의 구체적 훈시들에서야말로 "그리스도교다운" 본래 모습이 두드러진다. 거기서 역사상 예수가 그리스도교와 어떤 관계가 있음이 충분히 입증되며, 그리스도교가 시험대에 올려놓이기까지 한다. 그 엄격성으로 해서 이 훈시들은 그리스도인 실존을 진정으로 받아들이는 각자에게 또 교회에게도 살에 박힌 가시다. 이 훈시들은 일차적으로 제자들, 그러니까 나중의 교회를 향한 것이므로 그 받아들임은 그 미더움과 관계가 있다. 그리스도교 역사가 흐르면서 거듭 다시 이 훈시들은 망각되거나 명백히 배격되어 왔다. 그렇지 않다면 그 숱한 전쟁, 심지어 그리스도인들 사이의 전쟁, 교파간 전쟁이 있었을 리 없다. 특정한 시점에 이르러 그리스도교 윤리학에서는 당연히 효력이 존속하는 십계가 앞세워지면서 예수의 특유한 훈시가 뒷전으로 밀려나기까지 했다. 예수의 구체적 훈시들을 기억한다는 것은 불편한 일이다. 그런데도 그것은 그리스도교다운 정체성을 위해 부과된 과업으로 존속한다. 훈시는 국가에 대한 관계에도 해당한다. 근대에는 국가에 대한 훈시가 하느님의 특은으로 영락했다. 현대식으로 표현하자면 그것은 성숙한 시민을 향해 달리고 있다.

윤리의 대요

예수 윤리의 대요大要는 사랑이다. 이 문장을 반박할 사람은 별로 없을 것이다. 그러나 이 문장도 물론 구체화하고 논증되어야 한다. 앞의 단락들에 전개된 바의 더러가 이미 이 통찰에 이르렀다 하더라도, 주석학적 상황 앞에서 구체화와 논증이 쉽지는 않다.

이미 처음부터 사실인즉, 공관 전승에서는 "아가페"*ἀγάπη*(사랑)라는 낱말이 딱 두 번만 나온다(마태 24.12: 루가 11.42: 짐작건대 두 차례 다 하느님사랑을 말하는 것이겠다). 역점은 다르되 동의어라고 할 만한 낱말, 곧 "에로스"*ἔρως*와 "필리아"*φιλία*는 전혀 없다. 더 자주 만나게 되는 것은 동사인데, 특히 "아가판"*ἀγαπᾶν*이며, 덜 흔히는 "필레인"*φιλεῖν*이다.[1] 원수사랑의 문맥(마태 5.43-46 // 루가 6.27.32-35) 속에는 "아가판"이 무더기로 나타난다 — "사랑해 주는 사람(만)을 사랑한다면 무슨 보상(루가: 감사)을 받겠습니까?"라는 말씀도 여기 속한다. 그리고 이웃사랑 계명(마태 5.43: 19.19)이나 하느님사랑과 이웃사랑 이중계명(마태 22.37-39//)을 인용할 때도 그렇다. 그러나 마지막 경우에는 지적하게 될 바와 같이 특별한 사정이 있다.

토라에 대한 예수의 여러 가지 입장표명을 알게 되면서 우리는 바로 이와 관련해서야말로 예수는 엄격한 훈시를 내놓는 것을 보았다. 그런가 하면 또 때로는 일견 기록된 율법에 대해 아랑곳하지 않는 양 자기 훈시를 제시하는 모습을 관찰할 수 있었다. 이 훈시에서 들여다보이게 되는 원칙

---

[1] *ἀγαπᾶν*은 마태오에 여덟 번, 마르코에 여섯 번, 루가에 열세 번; *φιλεῖν*은 마태오에 다섯 번, 마르코에 한 번, 루가에 두 번. 후자는 그릇된 방향의 사랑을 표현하는 것이 눈에 띈다(마태 6,5; 23,6). 마르 14,44 // 에서는 유다의 입맞춤을 표현한다.

을 묻는다면, 그것은 사랑이다. 우리는 기억하거니와, 예수는 부모 사랑을 호소하면서 "코르반" 관행을 세상에서 몰아내고, 인간을 고려하여 안식일 계명의 왜곡에 대항하며, 정결례 계율들도 이 더 높은 원칙에 복속시킨다. 살인하지 말라는 금령을 성내지 말라는 금령으로 연장하는 방향도 사랑의 원칙을 향한 것이다. 원수사랑의 계명에서는 사랑이 명문으로 발설되는데, 구약성서에 표현된 "목숨에는 목숨, 눈에는 눈, 이에는 이, 손에는 손, 발에는 발, 화상에는 화상, 상처에는 상처, 멍에는 멍"(탈출 21.24-25: 참조: 레위 24.20: 신명 19.21)이라는, 확신되고 있던 정의 사고에 상응한 복수의 계명이 말끔히 제거된다.

사랑이 모든 훈시에서 대부代父 구실을 한 셈은 아니라고, 주어진 경우에 따라 가족이나 그밖의 사랑하게 된 사람과 헤어지기를 요구하는 추종 말씀들을 지적함으로써 반박할 수는 없다.[2] 실상 제자가 되어 추종하라는 것은 자유롭게 되어 인간을 섬기도록, 지배하지 않고 사랑에 투신하도록 하라는 것이기 때문이다. 예수는 새로 이루어지는 가정에 대해 말한다(마르 3.35∥).

토라의 관점에서도 최고의 행동기준인 원칙으로서의 사랑은 종종 냉혹한 예수의 훈시를 들여다보이게 하며, 반드시 언제나 이성적인 것으로 나타나게 하지는 않는다. 절대 진실, 폭력 포기, 원수사랑은 여러 가지 상황에서 그야말로 비이성적으로 판단될 수도 있고말고다. 그리고 여기서 하느님사랑이라는 다른 요인이 구실을 하게 되는데, 이것은 다시 하느님 나라와, 이와 함께 주어진 새 질서와 관계가 있다. 인간은 이 엄격한 요구를 받을 때 자력으로 독립해 있는 것이 아니다. 그는 하느님 나라의 메시지를 향해 들어간, 예수의 제자가 되어 추종에 들어선, 예수한테서 하느님의 사랑을 체험한 그런 사람이다. 하느님처럼 자비롭게 되라는 하느님 모방Imitatio Dei 요구에는 명령만이 아니라 능력 부여도 담겨 있다.[3] 능력 부여는 예수의 말

---

[2] Braun, *Radikalismus* II 10²에 반대하여.

[3] καθώς는 比較뿐 아니라 論證 기능도 있다는 것을 지적할 수 있다: 여러분의 아버지께서 자비로우신 것처럼 또는 자비로우시므로. 참조: Bauer, *Wörterbuch* 해당 단어.

씀과 활동에서 따라나왔다. 각 비유들이 이 연결을 밝혀 놓았는데, 무엇보다도 마태오 18,23 이하의 무자비한 종 비유가 그렇다.

이로써 우리는 명백히 하느님사랑과 이웃사랑이 으뜸 계명으로 내놓이는 그런 전승(마르 12,28-34//)[4]에 마음놓고 다가갈 수 있다. 한 율사가 첫째 계명에 관해 묻자 예수는 우선 당시에 이스라엘 남자가 아침과 저녁에 낭송해야 했던 「셔마 이스라엘」을 인용한다: "들어라 이스라엘아, 우리 하느님이신 주님은 **하나**인 주님이시다"(신명 6,4). 그러고는 신명기 본문에서 직후에 따라나오는 하느님사랑의 계명을 덧붙인다: "마음을 다하고 혼을 다하고 생각을 다하고 힘을 다하여 너의 하느님이신 주님을 사랑하라"(신명 6,5).[5] 그러고 나서 또 "네 이웃을 네 몸처럼 사랑하라"(레위 19,18)는 이웃사랑 계명도 둘째 계명으로서 인용하고는, 하느님사랑과 이웃사랑의 두 계명을 분명히 함께 묶어서 일러준다: "이보다 더 큰 계명은 달리 없습니다."

두 계명을 묶어서 다른 모든 계명을 능가하는 으뜸 계명으로 삼는 데에 특수한 점이 있다. 이스라엘에서는 하느님사랑의 계명과 더불어 「셔마 이스라엘」의 중심성이 더없이 명백하다. 옛 시대에는 이것이 아마 제례 모임의 개회 외침이었을 것이다.[6] 이웃사랑 계명은 그러나 레위 19,18에서 다른 여럿 가운데 하나다. 전혀 다른 자리에서 찾을 수 있던 두 계명이 예수에 의해 묶였다는 것도 일종의 율법 해석을 보여준다.

그런데 이 결합을 우리는 「잇사갈 유언」에서도 만난다: "주님과 이웃을 사랑하라, 약한 이들과 가난한 이들을 불쌍히 여기라."[7] 다만 여기서도 이 계명이 특별히 두드러지는 것은 아니다.[8] 그래도 알렉산드리아의 필로는

---

[4] // 마태 22,34-40 // 루가 10,25-27은 마르코에 의존해 있다. 특수자료로 볼 필요는 없다. 입증: Gnilka, *Matthäusevangelium* II 257-8. 루가는 이 단편을 전혀 다른 자리에 배열하여 특별한 意圖들을 상응하는 변형에 의해 이해시킨다.

[5] 신명 6,5의 구약 텍스트에 비해 "생각"을 넷째 인간능력으로 더했다. LXX 텍스트에 비해서는 δύναμις가 ψυχή와 διάνοια로 代置되어 있다. 참조: Dautzenberg, *Sein Leben bewahren* 120-2.

[6] 참조: G. von Rad, *Deuteronomium* (ATD 8) (Göttingen 1964) 45-6.

[7] 잇사갈 유언 5,2. [8] 참조: Nissen, *Gott und der Nächste* 236.

경우가 다르다. 그는 경건ϵὐσέβεια과 친절φιλανθρωπία을 쌍둥이 자매간인 주도적 덕행이라 여긴다: "무수한 개별 원칙이 종속해 있는 두 가지 근본 가르침이 있으니, 곧 신과 관련해서는 경신과 경건이, 인간과 관련해서는 친절과 정의가 있다."[9] 그래서 "남다름" 기준을 적용하여 예수의 하느님사랑과 이웃사랑 이중계명을 부인하고, 해당 공관 전승은 헬레니즘계 유다교에서 계승된 것이라고 생각하는 사람도 있다.[10]

물론 어떤 차이를 주목할 수 있다. 경신·경건과 친절·정의가 하느님사랑과 이웃사랑하고 아주 똑같은 것은 아니다. 필로는 이 개념들을 그리스 철학에서 길어낸다. 그러나 경건을 덕행들의 주도자로 일컬을 때는 그의 유다교적 사고가 관류한다.[11] 필로가 말하는 "경건"과 "친절"이란 천성인 덕행이다.[12] 이상적 인간상이 잣대가 되어 있다. 필로에게서도 이미 근대적 쟁점이 터져나오는데, 오로지 친절만으로 다 이루어질 수 있느냐, 그러니까 경건을 포기할 수 있느냐는 것이다.[13]

또 다른 자취도 있다. 이것은 팔레스티나를 가리킨다. 쿰란에서 성구갑들이 발견되었는데, 특히 십계와 「셔마 이스라엘」등 율법을 빼곡 적어 담은 작은 상자로서, 이런 부적符籍 형태가 널리 퍼져 있었다고 할 수 있다.[14] 예수의 대답에는 「셔마 이스라엘」과 하느님·이웃사랑 이중계명이 나란히 들어 있다. 이것을 유다교 성구갑에 대한 반응이라고 해야 할까? 아무튼

---

[9] Philo ho Alexandria, *De virtutibus* 51.95. 참조: *De specialibus legibus* 2,63.

[10] 참조: Merklein, *Gottesherrschaft* 104.　　[11] Philo, *De specialibus legibus* 4,135.

[12] Philo, *De Abrahamo* 208: "무릇 敬虔하고 親切함은 동일한 天性에 속하니, 동일한 인간에게서 通常 둘다가 발견된다."

[13] *Decal.* 108-10: 그렇게 지향하는 사람은 ϵὐσέβεια로 만족하는 사람과 마찬가지로 반쪽 덕행만을 소유한다. 인상적 친절론을 펼치는 곳은 *Virt.* 51-174다. 친절은 同盟者, 改宗者, (더 節制된 형태로는) 원수를 향해서 또 심지어 動植物을 향해서도 행해진다. 경건과 친절에 對當하는 雙概念도 거듭 나온다: μισανθρωπία 와 ἀσέβεια (*Virt.* 94; *Omn. prob. lib.* 90; *Vit. Mos.* 1,95).

[14] 참조: H. Schneider, Der Dekalog in den Phylakterien von Qumran: *BZ* 3 (1959) 18-31. 십계가 나중의 聖句匣들에서는 빠져나간 것을 Schneider는 그리스도인들을 겨냥한 조처였다고 평가한다. 그리스도인 쪽에서 十誡를 높이 존중하는 데 對處하려 했다는 것이다. 이에 상응하는 랍비의 발설들이 있다(27).

하느님사랑과 이웃사랑은 두 율법판의 압축이라고 좋이 상상된다.[15] 처음 셋은 하느님의 권리를, 나머지는 사회적 의무를 선포한다.

어떻든, 신명 6,5와 레위 19,18이 윤리의 대요로 결합되는 데서 독창성을 보아야 한다. 이 결합은 능히 예수에게서 유래한다고 할 수 있고, 더욱 이 예수의 판단과 완전히 일치한다. 필로와 다르다는 데서도 그 독창성이 더욱 두드러진다. 필로의 경우 경건과 친절은 인간의 본성 안에 설정되어 있다. 예수는 그러나 인간 각자가 스스로 발전할 수 있다는 그런 이상적 인간상에서 출발하지 않는다. 하느님사랑과 이웃사랑을 계명으로서 요청한다. 이웃사랑을 위해 무거운 짐을 지우는 결과마저 따른다. 이웃을 돌아보는 일은 본성적 경향에 근거하여 일어나는 것이 아니라, 남의 처지를 고려하고 거기서 출발한다. 이웃사랑은 무조건 동정에서 솟아나는 그런 것이 아니다. 오히려 먼 사람, 낯선 사람도, 어쩌면 그의 궁상스런 처지가 우선은 역겨운 인상마저 일으킬 그런 사람까지도 돌아보아야 한다. 그것은 계명으로서 요청되어 있으므로, 절로 날아오는 것이 아니라, 연습할 필요가 있다. 수고에 찬, 아마도 일생이 걸릴 것으로 보이는 그런 과정이다.

그러면 하느님을 사랑한다는 것은 어떻게 하는 것인가? 하느님을 체험한다는 것은 가지가지 감정을 느낄 여지를 준다.[16] 하느님을 사랑한다는 것은 그렇다면 확실히 하느님의 길로 기꺼이 신뢰하면서 들어간다는 뜻도 된다. 예수가 하느님사랑을 체험할 수 있게 한다는 것은 (이미 설명한 대로) 능력 부여를 의미한다. 그러므로 하느님사랑과 이웃사랑은 하나인 전체에 속한다. 하느님사랑과 이웃사랑의 환원 가능성을 둘러싼 근대의 논쟁은 예수를 완전히 지나쳐 버린다.[17] 이웃사랑을 배제하는 하느님사랑이 거짓이 된다는

---

[15] 신명 27,15-26; 레위 19,1-18; 에제 18,5-9는 분명히 두 律法板을 지향해 있다. 참조: G. von Rad, *Theologie des AT* I (München ⁴1962) 208.

[16] 참조: v. Rad (각주 6) 46.

[17] 참조: H. Symanowski 편 *Post Bultmann locutum. Eine Diskussion zwischen H. Gollwitzer und H. Braun* (ThF 37) (Hamburg 1965).

것은 분명하다. 거꾸로 하느님사랑을 도외시하는 이웃사랑이란 예수 추종에서는 생각할 수 없다. 친절이, 이웃사랑이 예수의 둘레 바깥에도 있다는 것은 자명하다. 그것을 여기서 거론하자는 것은 아니다. 제자에게라면 사랑의 행위에서 남들한테 창피당하기보다 더 나쁜 일이 또 없으리라. 그러나 제자에게 사랑의 행위는 일차적으로 예수와 맺어진 데서 나오는 결과다. 하느님사랑과 이웃사랑이 으뜸 계명이라면, 이것은 모든 행위가 이것들을 잣대로 해서 측정된다는 것을 의미한다. 사랑에 반대되는 것은 하느님께 반대된다.

　여기서 우리는 훈시가 일반적이며 구체성이 적어 보인다는 관찰에 새삼 마주치게 된다. 구체적 훈시들에서 우리는 사례적 구체화들을 종합했거니와, 이것들이 또한 연습할 수 있는 사랑의 구체화들이기도 하다. 훈시의 일반성은 그러나 인간적 책임과 상상력을 향한다. 법률주의 사고를 극복하는 것이 예수의 근본 의도였다면, 예수는 사랑의 자유로 해방한다.

　"이웃을 자기 자신처럼 사랑하라"라는 표현은 한 방침을 제공한다. 즉, 자기 사랑이 이웃사랑의 표준 척도다. 물론 이것을 자기의 말살이라는 의미로 파악해서는 안된다. 키에르케고르처럼 "너 자신처럼"ὡς ἑαυτόν을 "너 자신으로서"라는 의미로 알아들을 때, 그런 해석은 필경 그런 쪽으로 나아간다. 그러나 이웃이 자기를 대신하지는 못할 때 ― 그런다면 현대 심리학의 인식에 따라서라도 불길한 일일 것이다 ―, 오히려 진정 역지사지易地思之하는 자세를 취할 수 있다. 누구나 자신에게 좋은 것을 안다. 역지사지하는 능력은 이웃에게 똑같은 능력을 주기에 이르러야 한다. 역지사지하는 힘은 상상력에서 나온다. 이것이 사랑에 의해 양육되면 이웃사랑의 행위들을 방출한다. 하느님사랑이 객관적으로 선한 것을 확실히한다.[18]

　그리스 권에서는 "아가페"와 "에로스", 내어주는 사랑과 열망하는 사랑을 구별하곤 했다. 이미 언급했거니와, 에로스 개념은 공관 전승에, 아니

---

[18] 물론 이웃에게 넘어가서는 안될 부정적 自己愛인 자기증오도 있다.

온 신약성서에 나오지 않는다. 확실히 내어주는 사랑이 전면에 있다. 그래도 열망하는 사랑이 전적으로 배제되지는 않는다. 하느님도 질투하시는 하느님이다: "나 만군의 주가 말한다. 나는 시온을 열렬히 사랑한다"(즈가 8.2: 참조: 요엘 2.18). 이스라엘은 야훼의 아내이며, 그 사랑을 야훼는 질투심을 가지고 경계하신다(호세 2.4-7.18-21).[19] 신약성서에서 그리스어의 "아가페" 개념을 사용하면서 나타나는 둔화 현상은 히브리어와 아람어의 "아하바"가 세분되지 않고 이 낱말이 온 마당을 다 덮고 있다는 것과도 관계가 있다.

구체화는 자비로운 사마리아 사람 비유에도 나온다(루가 10.30-35):

> 어떤 사람이 예루살렘에서 예리고로 내려가다가 강도들을 만났습니다. 그들은 그의 옷을 벗기고 매질하여 반쯤 죽여 놓고 물러갔습니다. 그런데 마침 한 제관이 그 길로 내려가다가 그를 보고도 피해 지나갔습니다. 또 그와같이 한 레위 사람도 그곳에 이르러 그를 보고는 피해 지나갔습니다. 그러나 한 사마리아 사람은 길을 가던 중 그에게 와서 보고는 측은히 여겨, 다가가서 기름과 포도주를 부어 상처를 싸매 주었습니다. 그러고는 그 사람을 제 짐승에 태워 여인숙으로 데려다가 돌보아 주었습니다. 이튿날 그는 두 데나리온을 꺼내 여인숙 주인에게 주면서 "저 사람을 돌보아 주시오. 비용이 더 들면 내가 돌아올 때 갚아 드리겠소" 하고 말했습니다.

절로 말해주는 이야기다. 루가의 이야기 틀짓기는 제쳐놓고 볼 수 있는데, 그것을 판단하는 데는 매우 논란이 많지만 아마도 복음사가에게서 유래하는 것으로 보인다. 적어도 29절은 그렇다. 이 틀짓기에서 율사는 누가 자기 이웃이냐고 묻고, 예수는 반문으로 비유 이야기를 맺는다: "이 세 사람

---

19 참조: Bornkamm, *Jesus* 106-7.

가운데 누가 강도 맞은 사람의 이웃이 되어 주었다고 생각합니까?"[20] 제출된 근거들로는 예수의 비유임을 부인하기에 모자란다.[21] 오히려 반대로 그 엄격한 어조로는 예수의 설교에 충분히 잘 맞아들어간다.

무자비한 두 인간과 자비로운 한 인간을 이야기하는 줄거리는 비교적 널리 퍼져 있던 동기에 상응할지언정, 그 뚜렷한 지방색으로 비유는 예리성과 독립성을 띤다.[22] 더러는 심지어 당시의 어떤 최근 사건을 원용한 이야기라고 생각하기도 했지만, 이것은 필연적인 것도 설득력이 있는 것도 아니다. 예루살렘에서 제관 도시 예리고로 향해 한적하고 황량한 지대를 통과하는 위험한 길, 제관 계급 소속자들이 정기적으로 복무해야 했던 여드레 성전 봉사, 그 가운데 두 제례 봉사자가 집으로 돌아가는 총총걸음 — 이런 것들이 믿을 만하게 아주 적절한 배경을 이룬다. 왜 바리사이와 율사가 아니고 하필 제관과 레위가 지나갔다고 했을까라는 물음이 몹시 혹사를 당했다. 실상 제례 봉사자들이 늘 왕래하던 이 길에는 그들의 등장이야말로 가장 잘 맞아들어간다. 그러므로 제례를 꼬집어 반박하는 이야기라고 말해서는 안될 것이다. 중요한 것은 사마리아 사람의 등장이다. 그는 유다인들이 대대로 원수로 여기며 살던 일족의 소속자다. 서로 미워하던 도발

---

[20] 객체와 주체가 바뀌는 것이 눈에 띈다: 누가 나의 이웃인가? 누가 그에게 이웃이었던가? Jülicher[Gleichnisreden II 596]는 diligendus(보살펴야 할 자)에서 diligens(보살피는 자)로의 이 이동이 틀의 이차적 성격을 가리킨다고 보는데, 반면에 Bultmann[Geschichte 192]은 적어도 물음의 시작이 36절에서 루가에게 이미 주어져 있었음을 가리킨다고 본다. Jeremias[Gleichnisse 203]는 형식상 부조화를 거론하고 Eisegese(無定見)를 경고한다. Linnemann[Gleichnisse 60-1]에 따르면 29절과 36절도 이야기에 속하는데, 후자는 十字路의 標識板 같다고 한다.

[21] Sellin[ZNW 66 (1975) 29-60]은 親言性을 논란한다. 틀짓기 없이는 이야기가 未洽하다고. 이것은 趣向判斷이다. 語彙統計는 너무 좁은 근거다. 루가식 (특별히 잦지는 않은) 어휘는 口傳의 書傳化로도 설명된다. 즉, 2세기初 무렵이면 사마리아 사람들은 유다인들 쪽에서 온건한 판단을 받게 되었으며, 제관들은 이스라엘 祭禮 시대의 대표자들이 되어 있었다고. 비유에 나타난 觀點은 벤 아자이(110년쯤)의 그것에 상응한다고. 그렇다 하더라도 랍비 발설의 때매김은 문제스럽다. 사마리아 사람을 온건하게 판단한다면 비유에서 날카로움이 앗겨 버린다. 그러므로 비유가 벤 아자이의 시대에 생겨났다는 대담한 주장과 나란히 예수께 거슬러올라간다는 의견도 충분히 주장할 만하다.

[22] 2역대 28,5-15가 退色했다는 것은 臆說이다. 여기서는 정작 15절만이 비교될 만하다. Bultmann[Geschichte 222]은 유명한 傳說主題가 다루어졌다고 본다.

사건들이 잘 알려져 있다. 가장 엄청난 일은 파스카 축제 동안의 한밤중에 사마리아 사람들이 성전에 침입하여 성전 마당에다 유골을 흩어 놓아 신성 모독을 했던 사건이다.[23]

주인공인 사마리아 사람의 자비로운 행위가 이야기의 대부분이다. 제관과 레위는 이런 동정심이 없었다.[24] 이 이야기는 한 예화例話로서 읽을 수 있으며 원수사랑을 선명히 보여준다. 또한 ─ 이차적으로 만들어진 틀 속에 충분히 맞추어져 들어가 있다는 의미에서는 ─ 이웃사랑을 보여준다고도 말할 수 있겠는데, 다만 이웃사랑을 예수께 특징적인 관점에서 원수도 포함하여 해석한다는 것이 강조될 수 있다. 국내의 외국인도 이웃에 속하느냐, 또 그렇다면 어떤 조건 아래 그러하냐라는 "이웃"의 개념규정을 둘러싸고 편협한 대답과 관대한 대답이 있던 당대의 토론은 그 예각이 부러져 있다. 원수도 사랑받을 가치가 있다. 이 요점이 전달되는 본보기라면 사마리아 사람보다 더 인상적인 경우는 달리 없을 것이다. 이 사람은 사랑하는 사람으로 소개된다. 아마도 바로 이 점이야말로 지향의 변화를 도입한다고 해야겠다.

당연히 이 이야기도 예수의 하느님 나라 설교라는 틀 전체에 속한다. 이 점을 도외시한다면, 일방적으로 도덕적 이해에 빠질 위험이 있을 것이다. 이 틀 안에서 이 예화에 하느님이 지금 뜻하시는 그리고 예수가 가져온 새 질서가 제시된다. 예수는 스스로 이 사랑의 삶을 살고 이 사랑의 불이 옮겨붙은 다른 사람에게 이 사랑의 삶을 살 능력을 줌으로써 이 새 질서를 가져왔다. 예수에게는 "바로 이웃이야말로 하느님의 교과서다"(푹스). 제자에게도 그래야 한다.

---

[23] 참조: Josephus, *Ant.* 18,30. Jeremias[*Gleichnisse* 202]는 이 사건을 6년과 9년 사이로 때매김해야 한다고 본다.

[24] 이 對立이 결정적 요점이다. 죽은 자, 죽었다고 생각되는 자를 만지면 祭禮상 不淨을 탄다는 그런 식으로 奉祭祀者가 내놓았을 수도 있는 어떤 핑계를 찾는 것은 빗나간다. 유다인은 非유다인의 도움을 받아서는 안 되었다는 생각도 매우 衒學的이다. 참조: W. Grundmann, *Die Geschichte Jesu Christi* (Berlin ²1959) 90.

종합하자: 하느님사랑과 이웃사랑. 그 종합이 예수에게는 윤리의 대요다. 둘다 율법에서 취했는데. 신명 6,5와 레위 19,18에서 찾아 읽을 수 있다. 이 종합으로 해서 이 율법이 전혀 새로이 조명된다. 마태오는 5,17; 22,40에서 이것을 율법의 성취로서 해석하는데. 그야말로 올바른 자취 위에 자리해 있다. 이 종합으로써 필경은 세상에 대한 새로운 관계도 주어졌다. 율법이 주는 세계 해석이 확장·능가되었다. 율법은 세상을 근본적으로 위압한다.[25] 그렇게 보인다. 율법을 통해서는 세상 자체만이 보인다. 사랑이 하느님사랑과 이웃사랑으로 종합되는 데서 역사적 삶의 운동 속으로 들어선다. 진실로 요구되는 것은 율법에서 찾아 읽을 수 없다. 사랑이 새로운 인식. 새로운 지평을 열어준다. 사랑은 율법이 간과하는 필요한 것들을 통찰하게 한다. 사랑은 길에 쓰러진 사람을 충심의 동정심을 가지고 바라보며 그가 원수임을 보아넘긴다.

내다보기

윤리의 대요로서 사랑은 신약성서의 기초 화음이다. 바울로는 이웃사랑을 가리켜 개별 계명들의 요약이라 한다(로마 13,9). 이 점에서 볼 때 그는 헬레니즘계 회당이 아니라 예수 전통에 의존해 있다고 할 수 있겠다. 야고보 2,8에서 "왕도"王道라고 일컫는 이웃사랑은 외적 기준에 따른 사람 차별을 용납하지 않는다. 요한이 말하는 그리스도의 새 계명은 서로간의 사랑이다 (요한 13,34). 이것은 교우敎友 사랑에 한정된 것이기는 하나(참조: 1요한 4,20-21). 그 본질적 근거인즉 "내가 그대들을 어떻게/왜 사랑하더냐"에 있다(참조: 요한 13,14-15). 이중계명이 교회와 그리스도교 역사에 끼친 영향을 추적해 들어가는 것은 연구할 가치가 있는 일이겠다. 그러나 처음부터 확실한 사실로

---

[25] A. Schlatter와 연결해서 참조: Linnemann, *Gleichnisse* 61.

여기고 들어갈 수 있는 점인즉, 어디서든 그리스도의 이중계명이 삶에 실천되던 곳에서는 그리스도를 위한 설득력있는 증언이 주어졌다. 반면에 그것이 무시되고 배신당하던 곳에서는 권력과 외적 광채도 증언의 초라함을 본질적으로 개선할 수 없었다.

예수의 사명권위

문제제기에서부터 특별히 주석학상 난제들이 짐지워져 있다. 이들은 여기서 다룰 문제의 제목을 찾을 때부터 이미 나타난다. 예사스럽게들 이 문제를 "예수의 자의식"이라는 혹은 또 "예수 자신의 메시아 의식"이라는 주제 아래 다룬다. 그러나 복음서에는 심리학적 문장들이 담겨 있지 않다. 복음서의 관심사는 실존이지 의식이 아니다. 즉, 주어진 경우 예수의 메시아 실존이지 그의 메시아 의식이 아니다. 그런고로 여기서는 사명권위Sendungs-autorität라는 표현을 우대한다.[1]

혼란스런 주석 상황에서 반영되는 문제점 앞에서 우리는 다음과 같은 숙고로 출발하는 것이 바람직하다: 예수를 믿는 신앙은 **부활후대**에 고백 문장들로, 신앙고백문들로 농축된다. 부활후대에 제자들이 새삼 모여 예수를 향해 신앙을 고백하면서 교회가 구성된다. 교회는 예수께 신앙을 고백하면서 하나가 된 사람들의 공동체다. 이 고백이 복음서들에 되돌아가 실린다. 우리가 복음서들에서 만나는 예수를 향한 고백에서 이 기록들은 특별히 역사와 케뤼그마, 사건 보도와 신앙 발설이 혼합된 그런 것으로 입증된다. 공관복음서에 한정한다면 고백문들이 숫자가 많은 것은 아니다. 그러나 고

---

[1] 참조: F. Hahn, Methodologische Überlegungen zur Rückfrage nach Jesus: K. Kertelge 편 *Rückfrage nach Jesus* (QD 63) (Freiburg 1974) 11-77 중 49. 여기서 저자는 Sendungsanspruch(使命主張)이라는 개념을 천거한다.

백문들은 중요한 자리에 있다. 이런 것으로 베드로의 메시아 고백(마르 8,29: 루가 9,20)이 있는데, 마태 16,16에서는 메시아요 하느님의 아들이신 예수께 대한 고백으로 확대되고, 로마군 백부장이 십자가 아래에서 예수를 하느님의 아들로 고백하는 문장이 있으며(마르 15,39: 마태 27,54)[2], 물 위를 걷는 예수의 공현사화에 마태 14,33에만 전해지는 제자들의 하느님 아들 고백이 있다.[3] 그밖에 인자에 관한 말씀도 있지만, 고백 형식(이를테면 "당신은 인자이십니다")으로 표현된 곳은 없다.

그리스도론적 존칭인 메시아와 하느님 아들과 인자가 — 처음 둘은 고백 형식으로 표현되거니와 — 우리에게 가장 중요한 것으로 부각된다. 신약성서를 통틀어서는 고백문 자료에 또 다른 그리스도론적 칭호들도 나타나는데, 특히 "예수는 주님(퀴리오스)"이라는 고백이 바울로의 이방인계 그리스도인 공동체들에서 중요하지만, 여기서 다룰 필요는 없다.

이렇게 부활후대 고백들에서 출발하노라면 우리는 그 내용에 분명히 지상 예수에 대한 기억이 새겨져 있다는 것을 확인하게 된다. 이 점은 메시아와 하느님 아들에도 또한 고백의 정도에까지 이르지는 않은 인자에도 마찬가지로 타당한다. 이 그리스도론적 존칭인 메시아와 하느님 아들과 인자의 전사前史를 끌어다 비교해 보면 이런 특성의 각인이 인지된다. 전사는 유다교 신학에, 구약과 신약의 구약 인용 기록들에 자리해 있다. 먼저 인자부터 살펴보자.

인자는 묵시문학에서 대망되던 마지막 시대의 구원자상이다. 그는 하느님 곁이 본향인 천상 존재다. 이미 세상 창조 전에 하느님 곁에 존재하며 인간은 아니다. 예컨대 우리가 미칠 수 있는 가장 오래된 인자 발설인 다니엘 7,13에서는 밤의 환시중에 그분이 "인자**처럼**" 보이더라고 말한다. 그

---

[2] 루가 23,47에 따르면 百夫長은 "이 사람은 의로운 분이셨다"고 말한다.

[3] 또 다른 類를 이루는 예수의 洗禮와 變容 페리코페들에서는 하늘에 계신 아버지께서 예수를 당신 아들로 고백하신다(마르 1,10-11∥; 9,2-8∥). 또한 최고의회 재판에서 대제관이 신문하는 말에도 그리스도 신앙 고백이 각인되어 있다(마르 14,61-62∥). 復活後代 신앙을 발설하는 공관복음서 고백문들: R. Schnackenburg, Christologie des NT: *MySal* III/1,227-388 중 234.

분은 갑자기, 하늘의 구름을 타고 오신다.[4] 「에즈라 묵시록」도 이런 표현형식을 취한다: "내가 보니, 보라, 저기 저 폭풍이 바다의 심장에서 사람처럼 생긴 무엇을 이끌어내더라. 내가 보니, 보라, 이 사람이 하늘의 구름과 더불어 날아다니더라. 그리고 그 얼굴을 돌려 바라보는 거기서 만물이 돋아나더라 …."[5] 에티오피아어 「에녹서」에서는 대망하던 인자가 칭호로 고정되는데, 그분의 이름이 세말 심판의 시각에 영들의 주님 앞에서 불리었다고, 그러나 필경 그것은 이미 하늘에 태양과 별자리들이 만들어지고 별들이 생겨나기도 전에 불리었던 이름이라고 말한다.[6] 그의 가장 두드러진 소임은 자기 통치의 보좌에 앉아서 행사할 민족들에 대한 심판이다.[7] 그는 의인들의 운명을 지키고 있으니, 그가 그들 목숨의 복수자이므로 그들은 그의 이름으로 구제될 것이다.[8]

공관복음서의 인자 발설도 다니엘 7,13과 연결된다. 그 가장 뚜렷한 사례는 ─ 널리 퍼진 견해에 따르면[9] ─ 유다인의 또는 더 개연성이 크게는 유다계 그리스도인의 짤막한 "공관 묵시록" 삽입이라는 마르코 13,26이다. 여기서는 인자(예수)가 구름을 타고 권능과 영광을 갖추고 오신다고 말한다. 복음서들에서 마지막 시대에 심판하러 오시는 인자의 종말론적 공현公顯을 서술하는 것은 폭넓게 유다교 묵시문학과 연결된다면,[10] 지상 인자에 해당하는 로기온들에서는 혁신적 변화가 뚜렷하다. 인자 예수는 세리들과 죄인들의 친구(마태 11,19∥), 이 세상에서 정처 없는 노숙자(8,20∥), 죄를 용서하고(마르 2,10∥) 안식일을 지배하되(마르 2,27∥) 사람들에게 배척과 죽임을 당하는

---

[4] 비록 모든 人子思辨이 이 대목에 연관되지만, 이 다니 7,13에서는 아직 인자가 尊稱으로 사용되지 않았다. U.B. Müller[Messias 60]는 다니엘 7장의 인자에서 민족들이 하늘에 자기네 대표자를 모시고 있다는 그런 萬民統治者 사상을 엿보인다고 한다. "인자처럼 생긴 분"은 그렇다면 이스라엘을 대표한다. 인자에서 도출되는 종교사적 결론은 논란이 분분하다. 문헌소개: Bracht, Menschensohn 206-66.

[5] 에즈라 묵시록 13,3.　　[6] 참조: 에녹서 48,2-3.　　[7] 참조: 69,27-28.　　[8] 참조: 48,7.

[9] 참조: Gnilka, Markus II 211-2.

[10] 마태 25,31; 19,28에 따르면 민족들을 심판하는 인자가 영광의 玉座에 앉으신다는 것이 에녹서 69,27-28에서와 같다.

(마르 8.31//: 마태 17.22//: 20.18// 등) 그런 분이다. 그 원래 개념은 천상 존재 그 대로인 이 인자가 실제로 사람들 서리에 사는 사람이라는 것은 두말할 나 위조차 없다.

물론 유다교에서도 인자가 천상적 발현에만 머물러 있는 것은 아니다. 인자 대망이 메시아 대망과 융합하게 된다.[11] 메시아는 다윗 가문에서 나올 지상의 인물이다. "기름부음(塗油)받은 분"[12], "남자의 아들"[13] 같은 상응하는 이름들이 인자에게 주어지며, 심지어 하늘로 물러가신 분이라는 에녹과 동일시되기도 한다.[14] 특별히 인자에게 메시아의 고유한 소임이 맡겨지는데, 이스라엘의 원수들을 말살하는 일[15]과 이스라엘을 위해 왕국을 재건하는 일 (다니 7.14)이다.[16]

이로써 우리는 메시아에 이른다. 바리사이 사상을 통해 일반화한 메시아 대망의 빼어난 통찰을 우리에게 전달하는 것은 「솔로몬 시편」 17장과 18장이다.[17] 메시아는 왕이요 주님의 기름부음받은 분[18]이라고, "하느님의 가르침을 받은 의로운 왕"[19], "다윗의 자손"[20]이라고 불린다. 메시아의 도래는

---

[11] 설득력있는 입증: K. Müller: *BZ* 16 (1972) 161-87. 17 (1973) 52-66, U.B. Müller[*Messias* 52-4.90-2.117-9.144-6. 에즈라 묵시록 13장에 대해 U.B. Müller[119-22]는 人子待望의 특징들이 메시아로 넘어가게 된 것을 오히려 더 감안한다.

[12] 에녹서 48,10.   [13] 62,5; 69,29.   [14] 참조: 71장.   [15] 에즈라 묵시록 13,8-13.

[16] 이렇게 유다교 전통에도 共觀書 전통에도 두 가지 並行發展이 있다. 발전은 天上 인자에서 地上 인자로 진행한다. K. Müller[*BZ* 17 (1973) 66]는 달리 보는데, 유다교 발전이 끝나는, 지상 인자가 되는 거기서 공관서 발전이 發端한다고 한다. 왜 인자 관념이 유다교에서는 유지되지 않는지 이유를 물을 수 있다. U.B. Müller[*Messias* 146-7]는 두 가지를 꼽는데, 유다교 정통 교리의 하느님은 당신 伴侶를 용인하지 않았고 국민의 희망이 너무나 莫强했다는 것이다. 에티오피아어 에녹서와 에즈라 묵시록이 飜譯文으로만 우리에게 내려왔다면, 이는 바리사이派의 반대와도 관계가 있다. 人子待望이 일찍이 유다교에서 소수의 典據로 추정되는 바보다는 더 널리 퍼져 있었다고 해야 할까? 이 물음에는 대답이 없다.

[17] J. Schupphaus[*Die Psalmen Salomos* (ALGHL 7) (Leiden 1977) 137]에 따르면 이 僞經詩篇은 BC 1세기 중엽에 생겨난 바리사이 파 신학과 신심의 한 증언이다.

[18] 솔로몬 시편 17,32의 附加語 τοῦ κυρίου는 문장상 논란이 있으나 옹호할 만하다. S. Holm-Nielsen[*Die Psalmen Salomos* (Jüdische Schriften aus hellenistisch-römischer Zeit 4/2) (Gütersloh 1977) 104, 32절에 대한 주해 d]는 옹호한다. 이 개념이 18,7에 나온다.

[19] 솔로몬 시편 17,32.   [20] 17,21.

"우리 하느님의 왕국"[21]과 맺어졌다. 메시아의 최대 소임은 이스라엘을 거룩한 백성으로서 새로 모으고 저마다를 정의의 행업으로 이끄는 일이다.[22] 하느님이 그를 거룩한 영으로 무장시키셨으니, 그는 온전히 하느님께 희망을 걸고 있으며 자신도 죄 없이 순수하다.[23]「솔로몬 시편」17장 기도자의 열망은 메시아가 겨레의 원수들을 죄인으로 낙인찍고 몰아내는 것이다:

> 부수고 짓밟는 이방 민족들을 예루살렘에서 싹쓸어내시기를,
> 지혜와 정의로 죄인들을 상속에서 내치시기를,
> 죄인들의 오만을 질그릇처럼 박살내시기를,
> 쇠막대기로 저들에게 존립하는 것을 모조리 타도하시기를,
> 그분 입의 말씀을 통해 무법자 민족들 따위를 진멸하시기를,
> 그분 호령에 원수가 그분 면전에서 혼비백산케 하시기를,
> 죄인들을 저들 마음의 말로 징벌하시기를.[24]

그래서 메시아는 비단 확실한 이스라엘의 영도자가 될 뿐 아니라, 세계 통치자도 되어, "땅이 그분 입의 말씀을 통해 영원히 타도될 것이다".[25] 바로 원수들에 대한 승리와 관련해서 메시아는 인간적 가능성들을 분쇄하는 위인상을 취하며, 역사의 굴레를 벗어난 종말론적 인물이 된다. 인자와 메시아는 그 유래와 관련해서 근본적으로 구별될 수도 있겠지만, 거기에 "민족적 구원자와 초월적 구원자 사이의 구별이란 전혀 없다".[26] 이방 민족들이 메시아의 영광을 보러 오기는 할 것이다. 그러나 그들은 구원에 참여하지 못하며, 다만 유배당했던 이스라엘 사람들, "지친 시온의 아들들"[27]을 본향 시온으로 데려다 줄 따름이다.[28]

---

[21] 17,3-4.　　[22] 참조: 17,26-28.41; 18,8.　　[23] 참조: 17,37.34.36.　　[24] 17,22-25.

[25] 17,35.　　[26] Volz, *Eschatologie* 221.　　[27] 솔로몬 시편 17,31.

[28] 두 메시아 待望이 특징인 쿰란 筆寫本들의 메시아론은 늘 無色蒼白하다. 그러나 이 역시 원수들로부터의 解放이라는 動因을 알고 있다. 이것이 終末戰爭 사상으로 표현된다(*1QM*).

「솔로몬 시편」에서 매우 일반적인 개념화에 머물면서도 이스라엘 백성의 집결을 지향하는 부분에 나오는 메시아상과 공관서에 묘사된 바와 같은 예수의 활동 사이에 폭넓은 근사성이 있다는 것은 물론이다. 그러나 예수의 역사상 삶에 대한 기억에서는 혼동될 수 없는 고유한 예수상이 고난과 배척받음으로 표현된다. 예컨대 마르코 8,29-31에 따르면 베드로의 그리스도 고백에 고난과 배척과 죽음을 말하는 첫번째 명시적 수난 예고가 따라나온다: "인자는 마땅히 많은 고난을 겪고 …" ― 그리스도에서 인자로 호칭을 바꾸면서 항간의 메시아 대망도 유명한 인자 대망도 바로잡는다. 수난사화에서는 그리스도와 (거기서 도출된) 왕이 주된 호칭이다. 예수의 지상 판관인 가야파와 빌라도는 예수에게 그리스도냐고 또는 유다인들의 왕이냐고 묻는다(마르 14,61; 15,2). 대제관들과 율사들이 십자가 아래에서 예수를 "이스라엘 왕 그리스도"라며 놀릴 때는(15,32) 유다교의 거짓된 메시아 대망과 그리스도교의 그 실현이 몹시 맞부딪친다. 적어도 신앙은 그렇게 본다.

하느님의 아들이라는 말도 구약성서에 나온다. 그러나 메시아 또는 기다리던 구원을 가져다주는 분을 명시적으로 하느님 아들이라고 지칭하는 곳은 구약성서나 유다교의 어디에도 없다. 다만 나탄에 대한 약속에서 하느님이 그를 두고 이렇게 말씀하신다: "나는 그의 아버지가 되고, 그는 나의 아들이 될 것이다. 그가 죄를 지으면, 사람들이 제 자식을 매로 때리거나 채찍으로 치듯이, 나도 그를 징계하겠다"(2사무 7,14). 이 말씀의 상징성은 분명하다. 영속적 존립의 약속이 다윗의 가문과 왕국과 보좌에 통틀어 적용된다(7,16)고 보아도 무방할 것이다.[29] 구약성서에서 하느님 아들이라 함은 하느님과 특별한 관계에 있다는 것이다. 하느님께 선택되었다는 것과 같은 정도의 뜻이다. 그래서 이스라엘 백성은 하느님 아들, 심지어 맏아들이요

---

[29] 4Qflor 10-11에서는 2사무 7,11-14가 다윗의 새싹(후손)인 메시아에 연결된다. 에즈라 묵시록 7,28; 13,32.37.52; 14,9의 라틴어 텍스트에서 "Filius meus"(내 아들)가 메시아를 가리킨다는 사실은 말해주는 바가 많지 않은데, 이것은 히브리어 "압디이"에 상응하는 그리스어 παῖς의 번역이기 때문이다. 참조: E. Lohse: ThWNT VIII 362.

(참조: 탈출 4.22: 예레 31.9: 3.19), 무법자들에게 박해받는 의인이며, 박해 속에서 자기와 하느님의 관계에 관해 시험받는다(참조: 지혜 2.13.16.18). 특별히 흥미로운 것은 이스라엘 왕이 "하느님 아들"이라는 것인데, 그는 하느님 백성의 우두머리로서 그 하느님과의 관계를 대표한다. 해석상 논란되는 것은 시편 2.7에서 하느님이 왕에게 하신다는 말씀이다: "너는 내 아들, 내가 오늘 너를 낳았노라." 여기서 "오늘"이라는 때매김이 왕의 등극 날, 왕이 하느님의 아들이 된 날을 겨냥했다는 데는 이론이 없겠다. 아무튼 이 말씀도 은유를 넘어서지는 않는다. "입양" 入養이라는 의미로(한 예언자가 등극식의 테두리 안에서 말한 것이라고 할 수 있겠다)[30], 혹은 더 낮게는 "합법화"라는 의미로, 역시 왕의 예식을 구성하는 일부라고들 이해한다.[31]

예수에게서 하느님을 체험함은 선택되어 있음을 능가한다. 그러므로 구약성서의 모범상들도 그리스도인 공동체에서 예수를 하느님 아들로 고백한 바에는 못 미친다. 예수에게서는 하느님 당신을 체험했다. 그러므로 주목할 것은 예수를 하느님 아들로 고백하는 텍스트들이 공관서에 들어왔다는 것만이 아니라, 여기서 예수를 아들로서 — 절대적 의미로 — 내세운다는 사실이다. 아버지께 아들이 순종한다는 의미로든(마르 13.32∥),[32] 아버지께서 아들에게 전권을 주신다는 의미로든(마태 11.27∥), 문제가 되는 두 텍스트에서 특징적인 점은 아들이 아버지와 마주 세워진다는 것, 두 분의 서로 돌아보심이 중심점에 있다는 것이다. 아들이 아버지께 마주함을 절대적인 것으로 말하는 그것이 그리스도교 고유의 것이라고 볼 수 있다.[33] 아버지께서

---

[30] H.-J. Kraus, *Psalmen* I (BK, AT 15/1) (Neukirchen ³1966) 18-20.

[31] G. Fohrer[*ThWNT* VIII 350-2]는 비교 삼아 아버지에 의한 庶子의 合法化를 끌어낸다. 메시아에 관한 *4Qflor* 18-19에서는 시편 2,1-2도 인용되는데, 7절은 아니다.

[32] 날과 때를 모른다는 것은 아들이 아버지의 종말론적 처분권을 인정한다는 의미를 내포한다.

[33] 참조: Hahn, *Hoheitstitel* 329. 아들에 관한 絕對論이 셋派 Gnosis에도 나타난다. 참조: "Die dreigestaltige Protennoia": 21-4: *ThLZ* 99 (1974) 737. 만다派 문헌에서는 항상 附加語와 함께 말한다: 맏아들, 하느님의 아들, 생명의 아들. 참조: M. Lidzbarski, *Ginza* (Göttingen - Leipzig 1925) 613(색인). 이 기록들이 신약성서보다 뒤에 생겼다는 점은 고사하고라도, 그 바탕에는 전혀 다른 신학적 관점이 깔려 있다. Protennoia는 동시에 아버지요 어머니이며 아들이다.

아들에게 위임하시는 전권은 지속적 상호 인식에 바탕한 신적 계시의 권한이다: "아버지께서 제게 모든 것을 넘겨주셨습니다. 그래서 아버지말고는 누구도 아들을 알아보지 못합니다. 또 아들과 아들이 계시해 주려는 사람 말고는 아무도 아버지를 알지 못합니다." 서로 알아봄은 서로 자기를 알려줌이다. 사랑하는 인식을 아버지로부터 아들을 거쳐 사람들에게까지 계속시키려는 움직임이 아우러져 있다.[34]

예수의 사명권위를 되물음으로 첫걸음을 디딘 다음 우리가 확인할 수 있게 된 결론인즉, 인자와 메시아와 하느님 아들이라는 중심적인 기존의 그리스도론적 존칭들이 예수와 더불어 겪었던 체험을 통해 새로이 각인되었다는 것이다. 그러나 이들이 그리스도 고백의 연결점이기는 하되, 그 계승이 적합하지는 않은 것으로 입증된다. 여기서 두 가지 더 나아가는 고찰이 생겨난다: 그 한 가지로, 적합성이 없을 때일수록 더 납득할 만해지는 일이거니와, 초기 그리스도교 공동체들은 믿음을 설명하기 위해 **한** 그리스도론적 존칭에 머물지 않고 비교적 다수의 존칭을 원용한다. 부적합한 하나를 풍부한 다른 것들로 보완하자는 것이다. 게다가 존칭들을 각각 살펴보면 그 기존 성격이 서로 준별되어 있지도 않다. 연관된 상상들과 대망들이 서로 얽혀 있다. 이런 경우를 우리는 특히 인자와 메시아 칭호를 비교할 때 보았다.[35]

또 다른 점으로, 현존 메시아론적 칭호들이 풍부한 것도 기존 메시아론적 관념이 둔화한 것도 예수를 한 개념으로 고정하려는 데 대한 경고를 의미한다.[36] 예수 선포에서 사용할 수 있는 존칭들을 묻기 전에, 포괄적 그리스도론의 길을 걸을 수 있다. 이것은 우리가 먼저 시도해야 할 것인즉 예

---

[34] 상설: Gnilka, *Matthäusevangelium* I 436-9.

[35] 그래서 H. Gunkel[E. Kautzsch 편 *Die Apokryphen und Pseudepigraphen des AT* II (Darmstadt 1962 = 1900) 348]은 에즈라 묵시록을 일컬어 "종말론 사상계의 한 振子"라 했다.

[36] 예수를 제2 이사야서에서 예고된 평화의 사자로 이해하려는 시도에 대해서도 이 말을 해야 할 것이다. 참조: H. Frankemölle, Jesus als deuterojesajanischer Freudenbote?: *Vom Urchristentum zu Jesus* (J. Gnilka 기념) (Freiburg 1989) 34-67.

수의 말씀과 행위에서 다시 한번 고유한 점을 상기하고 예수의 사명권위가 말해주는 바를 종합해 보는 일이라는 것을 의미한다. 이런 측면에서 나타나는 예수의 모습이야말로 기존 존칭들이 전달하기로 되어 있는 것보다 더 예리할 수 있다. 포괄적 그리스도론이 우리의 주의를 예수께 특유한 것으로 향하게 한다. 이 일이 이루어졌을 때 비로소 우리는 가능한 존칭들을 물을 수 있게 된다.

우리의 모든 고찰에서 핵심점은 처음부터 하느님 나라에 있었다. 하느님 나라야말로 논란할 여지도 없이 예수 설교의 중심, 예수 활동의 주축점이다. 그러므로 예수의 사명권위에 접근하는 길은 무엇보다도 이 주축점에서 출발할 수 있다. 하느님 나라는 최종적인 것, 영속하는 것이요, 하느님이 실행하실 것이고 이미 실행하기 시작하신 결정적 구원이며, 마땅히 수립되어야 하고 세상의 합법성에는 대립해 있는 새로이 유효한 질서다.

예수는 아무도 흉내낼 수 없는 방식으로 하느님 나라를 선포했다. 물론 하느님 나라도 예수와 나란히 또 예수에 따라 선포되어야 한다. 그리고 그 일을 맡은 사람들은 예수가 행한 것처럼 그렇게 행해야 한다. 그러나 그들은 예수의 위임을 받아 예수의 이름으로만 그 소임을 행할 수 있을 뿐, 예수가 행한 바에 참여하되 결코 더 완전하기에 이르지는 못한다. 사실 예수는 도래하는 하느님 나라만 선포한 것도 아니니, 그것이 예수에게서 그의 말씀, 그의 행위, 그의 인격을 결합하면서 사건이 되었기 때문이다. 수많은 비유로 예수는 하느님 나라 미래와 현재의 역동적 관계를 가리키며, 세상의 경직된 합법성 구조들을 돌파하고자 하는 한계없는 사랑의 새 질서를 밝혔다. 이 비유들을 살펴볼 때 우리는 그 메시지와 사람들 속의 예수 활동 사이에 존재하는 관계에 주목했다. 예컨대 잃었던 아들, 포도원 일꾼들 등 비유의 메시지가 예수의 활동에 닻을 내려 신빙성이 있다는 것을, 또 그렇다고 비유를 우화로 삼아도 되는 것은 아니라는 것을 우리는 보았다. 하느님 나라는 하느님이 당신 은혜로운 통치를 수립하신다는 것을 말하므로, 미래의 하느님 나라가 예수의 활동에 현존한다는 것은 결국 하느님이 직접 예수 안에 활동하신다는 것, 하느님 당신의 사랑이 예수 안에서 체험된다는 것을 의미한다.

예수는 죄인들을 받아들인다는, 세리와 창녀와 따돌려진 사람들이랑 회식친교를 한다는 거기서, 병들고 빈궁한 사람, 귀신들리고 정신나간 사람들을 돌아보며 그들에게 힘찬 도움을 나누어준다는 거기서, 이 최종적 구원이 선명히 드러난다. 세상의 합법성 앞에서는 추문화하는 이 행위 때문에 비판을 받자 예수는 자기 전권을 정당화하며 반박했다: "그러나 내가 하느님의 손가락으로 귀신을 쫓아내고 있으니, 과연 하느님 나라가 여러분에게 와 있습니다"(루가 11,20). "그러나 보시오, 요나보다 큰 사람이 여기 있소. … 솔로몬보다 큰 사람이 여기 있소"(마태 12,41-42). 예수 자신과 일신상 불가분의 관계가 있는 구원에서 예컨대 쿰란에서와는 달리 예수의 최종적 활동이 드러난다. 쿰란에서도 구원의 현존이라는 생각을 알기는 했지만 동시에 이런 일신상 중심을 알고 있었던 것은 아니다. "지금 보고 있는 그대들의 눈은 복됩니다! 나는 말하거니와, 많은 예언자와 임금들은 그대들이 보는 것을 보려 했으나 보지 못했고, 그대들이 듣는 것을 들으려 했으나 듣지 못했습니다"(루가 10,23-24). 이 말씀으로 예수는 사람들에게, 짐작건대 제자들에게, 자신이 활동하는 동안에 실현되는 구원의 효력을 환기시킨다. 예언자들이 고지한 바 겨레 안에 뿌리내린 결정적 구원에 대한 오랜 동경이 자신에게서 성취되고 있다고. 이적사화들에서 거듭 다시 더 일반적인 의미로 거론되었고 고생하는 사람들을 예수 앞에 데려다 마주 세운 그런 믿음은 도움이 필요한 구체적 상황을 넘어서 구원 재래자인 예수에 대한 믿음으로 평가될 수 있다.

예수는 자신이 하느님 나라를 선포하러 이스라엘 온 겨레에게 보냄받았다는 것을 알고 있다. 여러 갈래로 쪼개어진 집단들과는 달리 예수는 분리주의 노력들을 거부한다. 이렇게 열려 있기에 예수는 심지어 완성된 하느님 나라를 내다보면서 옛 예언자의 만민순례 사상까지도 원용할 수 있다. 이스라엘 백성 앞에 예수는 최종 구속력이 있는 하느님의 뜻을 제시하고,

무엇을 할 수 있는지를 말해주며, 재래의 모든 인습을 뒤로 제쳐놓고 능가하는 새 질서를 포고한다. 이때 예수는 자기 훈시를 직접 토라의 옛 하느님 말씀과 대결시킬 수 있다. 더는 토라의 말씀이 아니라 하느님 나라의 말씀이, 예수의 말씀이 구원의 구속력이 있으며 인간의 운명을 결정짓는다. 바실레이아 설교를 수용하느냐 거부하느냐에 각자의 영원한 미래 운명이 달려 있다.

한때는 하느님이 예언자들을 통해 예언자 제자들을 부르셨듯이, 예수는 특별히 자기를 따를 사람들을 부른다. 여기서도 예수의 권위가 알려진다. 아무것도, 자신의 가족 관계라도, 제자들의 추종보다 우선할 수는 없다: "나를 위해 목숨을 잃는 사람은 얻을 것입니다"(마태 10,37: 참조: 마르 8,35).

예수의 사명권위에 관해 말할 수 있는 바에서 무엇보다도 두드러지는 결론은 예수와 더불어 최종적인 것이 도래했으며 하느님 당신이 예수 안에서 최종적 구원을 실행하셨다는 것이다. 예수의 사명권위를 종합하려면 한 존칭에 힘입어 범주화하지는 말아야 한다. 예수는 한 예언자보다 큰 분이었다. 율법과 예언자들은 요한까지 미친다(참조: 루가 16,16).[37] 확실히 예수의 활동에는 예컨대 「솔로몬 시편」의 메시아 대망과 비교해 보면 본질적으로 메시아다운 데가 있다. 그러나 특히 당대 사람들이 규정지었던 그런 민족주의 정치적 특징은 없다. 이 구별성에서 예수 사명권위의 파생 불가능성이 이해할 수 있는 일로 주어진다.

더 물어 나가기 전에 살펴볼 만한 또 다른 관찰들도 있다. 전권을 알리는, 예수에게 소급하는 특별한 화법이 있다. 예수는 특정한 말씀들을 "아멘"이라는 낱말로 시작한다. 특히 세말에 해당하는 통찰을 전달하며 역시 필경은 바실레이아 설교와 연결되어 있는 그런 종말론적 내용의 말씀들이 그렇다. 물론 적지 않은 말씀들이 나중에야 비로소 이 "아멘"으로 장식되

---

[37] "歲末 예언자"라는 範疇도 모자란다. 이를 Hahn[*Hoheitstitel* 351-404]은 "메시아" 범주와 구별해서도 기술했다. Hahn에 따르면 모세와 같은 세말 예언자가 예수의 활동에 가장 잘 맞는다고 한다 (382).

었다는 점도 감안해야겠지만 — 요한복음서에서는 이것이 이중으로 "아멘 아멘"이 되기에 이르거니와 —. 언술 형식 자체는 예수의 고유한 것이라고 여길 수 있다.[38] 베다니아에서 나환자 시몬의 집에 머물 때 예수는 향유를 자기 머리에 붓는 미지의 여인에게 "진실히(아멘) 말하거니와"라는 이 장엄한 도입어로 그녀의 행위가 사실인즉 심판 때 기억되리라는 것을 약속해 준다(참조: 마르 14.9).[39]

초기 그리스도론의 한 결정론은 예수를 신적 지혜와 동일시한다.[40] 그러나 이것은 직접 예수까지 소급되지 않는다. 예수가 여러 모로 지혜교사처럼 나타난다는 것은 과연 옳은 말이다. 예수는 인상적인 시적 언어에 능하며 비유와 은유를 읊는다. 예수가 비유 이야기의 거장이라는 사실은 반론의 여지도 없이 분명하다. 예수 스스로 솔로몬보다도 높다고 자처할 때(마태 12.42//), 이는 이스라엘 최고의 현자라도, 아니 일찍이 먼 남방의 여왕이 솔로몬의 지혜에 끌려 왔으므로 온 세상에서 가장 위대한 우주적 현자라도 능가한다는 뜻이다.[41] 회개하지 않는 예루살렘에 대한 탄식도 그 둘째 부분에서 겨레를 위한 예수의 열렬한 노력과 연결되면서 현자의 소리로 들린다(마태 23.37//). 여기서 예수는 지혜의 사자, 하느님을 대표하는 신적 지혜처럼 나타난다. 끝으로, 마태오도 예수를 지혜와 동일시한다.[42] 더욱이 비유에서야말로 지혜의 언사들과 관련지어 놓고 보면 지혜가 예수의 바실레이아 메시지와 불가분의 관계에 있다는 것이 선명히 드러난다. 지혜의 언사

---

[38] K. Berger[*Die Amen-Worte Jesu* (BZNW 39) (Berlin 1970)]는 이 話法의 獨創性에 반론을 제기하는데, 「아브라함 유언」의 두 대목에도 그 先例가 있다고. 따라서 헬레니즘系 유다인 그리스도교에 소급되어야 한다고 지적한다. 여기서는 "남다름" 기준이 지나치게 酷使되었다는 점을 고사하고라도, 두 典據가 다 너무나 後代의 것이다. J. Jeremias[Zum nicht-responsorischen Amen: *ZNW* 64 (1973) 122-3]에 따르면 Berger가 인용하는 「아브라함 유언」의 評論 A는 중세기에 관한 것이다. 참조: E. Janssen, Testament Abrahams: *Jüdische Schriften aus hellenistisch-römischer Zeit* III/2 (Gütersloh 1975) 222[140].

[39] 분석과 해석: Gnilka, *Markus* II 221-2.225-6.

[40] 문제점: Christ, *Sophia*.   [41] 참조: Hengel, Lehrer der Weisheit 151-2.

[42] 루가 11,49의 "하느님의 지혜가 말하기를 '내가 … 보낼 터인데 …'"와 마태 23,34의 "내가 … 보내거니와 …"를 비교해 보라.

들에서 예수는 자신이 하느님의 영을 지닌 분임을 보여준다.[43]

이로써 우리는 인자에 이른다. 예수는 인자에 관해 말했던가? 인자로 자처했던가? 그 인자가 혹시 우리에게 최종적 해답이 되고, 이 표현을 근거로 예수의 사명권위에 대한 우리의 물음들이 제기될 수 있을까?

이에 관해서는 끝없는 토론이 있다.[44] 이를 이해하기 위해서는 인자 로기온들이 유래상 세 부류로 나뉜다는 것을 알아야 하는데, 종말론적 부류(주제어: 인자는 구름을 타고 심판하러 오시리라)와 수난 발설 부류(주제어: 인자는 많은 고난과 배척을 당해야 한다), 그리고 일정한 주제어로 종합되지 않는 셋째 부류가 있다. 어떻든 이 로기온들은 지상의 인자, 그의 사죄권, 그의 무정처無定處들을 다룬다. 위에서 그리스도교 인자 그리스도론에 새겨진 특성이 기존의 유다교 인자 관념을 붙들고서 역사상 예수를 기억한 데서 나온 결과였다고 말할 때 우리는 이 점을 이미 스쳐가며 언급했다.

공관복음서의 인자 전승들에서 매우 눈에 띄는 것은 두 가지다. 그 한 가지로, 오직 예수만이 인자에 관해 말한다. 즉, 아무데도 다른 누군가가 예수를 인자라고 일컫는 곳은 없다. 인자는 예수 로기온에서만 만나게 된다. 다른 사람에게 예수는 인자에 관해 으레 삼인칭 형식으로 말한다. 어디서도 "나 인자"라고 말하지 않는다. 물론 글로 엮인 복음서에 인자 발설들이 자리잡게 된다는 것은 오래 전부터 이미 공동체들이 오실 인자 심판자란 예수라고 믿음으로 알고 있다는 것을 전제한다. 종말론적 로기온들과 고난하는 지상 인자에 관한 로기온들이 병존하면서 동일한 구실을 한다. 그러나 예수의 설교에서는 어떠했던가? 특별히 주목을 환기시키는 것은 루가 12,8이다: "누구든지 사람들 앞에서 나를 인정하면 인자도 하느님의 천사들 앞에서 그를 인정할 것입니다." 사실 여기서는 말하는 "나"인 예수와

---

[43] 메시아도 인자도 靈을 받은 분으로 소개된다. 참조: 이사 11,1-4; 솔로몬 시편 17,37; 18,7-8; 에녹서 49,1-4; 51,3; 62,2.

[44] 여전히 이 문제의 기본 참고서: Tödt, *Menschensohn.* 최근 토론: A. Vögtle, Bezeugt die Logienquelle die authentische Rede Jesu vom „Menschensohn"?: *Offenbarungsgeschehen und Wirkungs-geschichte* (Freiburg 1985) 50-69.

"인자"가 서로 나누어져 등장하는데, 마치 각기 다른 두 사람을 두고 말하는 양이다.

연구자들은 거듭 새삼 루가 12,8을 판단의 출발점으로 취했다. 불트만[45]은 예수가 오실 인자를 다른 분으로 말했다는 견해를 실제로 주장했는가 하면, 콘첼만[46]은 루가 12,8이 인자와 예수의 동일성을 전제하며 따라서 공동체에 귀착되어야 한다고 생각한다. 같은 점이 인자 전승에 통틀어 적용된다고. 로세[47]와 획틀레[48]도 새삼 모든 인자 발설을 부활후대의 것으로 보고자 한다. 예수의 설교에서 예수와 예고된 인자를 구분하는 것이 관심사인 것도 아니요, 예수가 심판 때 결국 인자로 나타날 것을 말했다고 추정할 수 있는 것도 아니라고. 후자는 부활에 근거해서야 비로소 이해될 수 있고 발설될 수 있다고. 또한 예수는 인자 대망에도 자리를 내어주지는 않는 그런 하느님 나라를 선포했다고. 이 점은 하느님 나라와 인자가 연결되어 있는 그런 예수 로기온이란 없다는 사실에서 나타난다고.[49]

고펠트는 반면에 루가 12,8과 그밖에도 지상 인자에 해당하는 말씀들을 예수께 소급시키고자 한다.[50] 예수는 수수께끼스런 삼인칭 형식을 택하여 은근한 방식으로 자기 자신을 인자로서 알리려 했다고. 이 화법은 민중이 아니라 제자들을 향한 것인데, 그들도 그것을 이해할 수 있었다고. 더 나아가는 연구방향은 필경 지상 인자의 로기온들에 발단이 있다. 이때 여러모로들 아람어 동의어인 "바르 나샤"에서 출발한다. 예수의 언어에서 이것은 단순히 "인간"도 뜻하며, 화자가 인간 일반에 관해 말하면서 자기를 포함시키는 방식으로 사용될 수 있는데, 이를테면, 나 예수와 더불어 인간도 죄를 용서할 수 있다(마르 2.10); 나 예수 같은 인간은 머리 누일 곳이 없다(마태 8.20)라는 식이라고. 인간 일반에 관한 발설이 그리스도론적 칭호로 전개되었거나 아니면 이와 병치될 수 있다고.[51]

---

[45] R. Bultmann, *Theologie* 30-3.   [46] H. Conzelmann, *Grundriß* 155-6.

[47] E. Lohse, *Grundriß der ntl Theologie* (Stuttgart 1974) 48-9.   [48] A. Vögtle (각주 44) 67.

[49] 참조: P. Vielhauer, Gottesreich und Menschensohn in der Verkündigung Jesu: *Aufsätze zum NT* (TB 31) (München 1965) 55-91.

[50] L. Goppelt, *Theologie*. 231-7. 마르 2,28; 2,10; 마태 8,20와 기본형인 마르 9,31이 여기 속한다.

[51] 참조: C. Colpe: *ThWNT* VIII 404-8.433-65.

이렇게 좀 혼란스러울 지경으로 잔뜩 쏟아진 해석 제안들에 대해 다음과 같이 할말이 남는다: 지상 인자의 각 말씀들을 위해 가정되는 인간에 관한 일반적 발설은 확신할 수 있는 것이 아니다. 논란되는 언어학상 문제점은 고사하고라도, 예수의 청중 가운데 누가 그를 이해했을지, 예수가 이 주목할 만한 말을 하면서 정작 자기 자신을 생각한다고 인정했을지 묻지 않을 수 없다. 결과적 의미는 마태오 8,20의 경우처럼 진부한 것으로 가라앉아 버린다. 예수의 것이든 나중에 형성된 것이든 모든 인자 말씀에서 인자는 칭호의 의미로 사용되었다고 전제하는 것이 낫다. 예수는 은근히 제자들에게 말했다는 고펠트의 견해를 향해서도 이해가능성 문제가 제기될 수 있다. 인자 로기온들이 제자들만을 상대로 했다는 것은 복음서들이 용인하지 않는다.

인자와 하느님 나라는 결합될 수 있다. 이미 퇴트는 인자와 바실레이아에 관한 일련의 발설들이 내용과 구조에서 평행한다는 것을 지적했다. 심판과 회개 같은 중심적 선포 내용들이 두 계열에 다 해당한다.[52] 예수만이 인자라는 말을 쓴다는 점과 인자인 예수에 관한 신앙고백적 발설이 공관복음서에서 발견되지 않는다는 점이라는 유난히 눈에 띄는 사실은 필경 인자 발설들이 어떤 방식으로든 예수의 설교에서 나타난다는 것으로써만 만족스럽게 설명될 수 있다. 루가 12,8에서 특징적으로 화자인 나와 인자를 구분하는 것도 그런 쪽으로 나타난다. 기어이 인자 발설에서 예수를 배제하려는 해석자들은 왜 공동체에서 예수와 인자 사이의 이런 이상스런 구분이 생겨났는지, 또 그러고 나서 왜 인자 로기온들이 오로지 예수의 입에만 올려졌는지에 대해 설득력있게 설명할 책임이 있다.

루가 12,8-9는 예수의 친언이며 인자 그리스도론의 출발점이라고 보아야 한다. 즉, 그 발단이 세말의 인자와 지상의 인자와 수난의 인자에 관해 발설들이 분류화하는 과정에서 오히려 처음 단계에 있다는 말이다. 우리는 위에서 유다교 인자 메시아론을 보면서 천상 인자에서 지상 인자로 메시아상이 진행하는 비슷한 발전을 제시했다. 공관복음서의 발전도 이 방향에

---

[52] H.E. Tödt, *Menschensohn* 298-316.

병행한다고 볼 수 있다. 새로운 인자 로기온들이 형성되는 것이든 인자 칭호가 예수 로기온들에 들어오는 것이든간에 인자 칭호가 공관 전승에 널리 번지는 현상은 그 최대의 확산이 일어난 마태오복음서에서 아름답게 관찰할 수 있다.[53] 루가 12,8에서처럼 자기 자신과 인자가 구분되는 것은 인자에 관한 예수 특유의 언술이라고 보아도 될 것이다.

그래서 이 로기온에 대해 할말이 또 좀 남아 있다. 여기서 거듭 다시 들먹여지는 양자택일을 너무 일찍 받아들여서는 안된다: 예수는 인자를 다른 분으로 말했던가. 아니면 자기 자신을 기다려지던 분과 동일시했던가? 어떤 경우든 임박한 세말 심판을 내다보게 되며 동시에 인자에게 가장 중요한 말씀이 인정된다. 이 인자가 스스로 심판을 행사하는지 아니면 심판의 증인으로 심판자 앞에 나타나서 표준적 형태로 인간 각자에 대해 입장을 취하는지는 오히려 덜 중요하다. 그의 인정과 부인이야말로 결정을 짓는다. 눈부시게 다가오는 심판 장면은 충격적으로 선행하는 긴장이 있다. 먼저 일어나는 일로 말미암아 심판 장면은 심각한 일인데도 부차적이며 이등급인 사건이 된다. 심판에 선행하는 일은 지상 예수와 만남에서 일어나며, 예수의 말씀. 예수의 인격에 대한 입장표명으로 이루어진다. 예수를 인정하느냐 부인하느냐에 따라 세말 심판의 결말이 결정되며, 이것이 어느 정도 이미 선취된다.

예수의 인자에 대한 관계로 말하면 거기서 구원 공동체의 정체가 생겨난다.[54] 이것이 적어도 인식시키는 사실로. 예수의 말씀에서는 인자의 정체에 관한 물음이란 청중에게 생겨나는 스스로 결단할 필요성에 비하면 뒤로 물러나 있다. 지금 예수와의 공동체 관계를 얻는 사람은 심판 때 구원받은 이들의 공동체에 속할 것이다. 예수의 인자에 대한 관계를 더욱 자세히 규정지으려 하면, 이것은 정작 이 말씀. 그 구조와 의도에 의해 거부당한다.

---

[53] 참조: 마태 10,23; 13,37.41; 16,13 (비교: 마르 8,27); 24,27.30.37.39.44; 25,31; 26,2; H. Geist, *Menschensohn und Gemeinde* (FzB 57) (Würzburg 1986).

[54] 참조: Tödt, *Menschensohn* 55.

예수는 인자에 관해서만 — 또 그렇다면 때에 따라서만 — 청중 가운데 일정 부류의 상상에 대응하려고 말을 했던가? 인자 대망이 자기 설교에 감추어져 있다고 이해시켜 주려 했던가? 어떻든 대망되던 인자의 구실은 예수가 현재에 설교와 활동으로써 행하는 바에 비하면 둘째 서열의 것이 된다. 아니면 예수는 이 인자와 일정한 관계에 있다고 자처하는가? 그렇다면 정체의 관계? 아무튼 예수가 세말 종말론적 사건들이 어떻게 일어나느냐와 관련하여 자세히 알려주지 않는다는 것은 예수의 선포에 걸맞은 사실이다. 이 점에서 예수는 묵시문학에서 뚜렷이 멀다. 만일 묵시문학 레퍼토리에서 인자 대망을 취했다면, 천당·지옥과 중간시대의 상황들에 대해 세세한 묘사를 감행했을 터이다. 예수는 우리와 세말 종말론적 사건들 사이에 드리운 막을 걷어올리지 않는다. 자기 일신과 관련해서도 그렇다. 이 신비는 역사적 범주가 아닐지라도 여기서는 충분히 걸맞은 사실이다. 순역사적인 물음은 예수의 사명권위를 순역사적으로 확인하고 규정짓게 되는 한계가 있다. 이 점에 늘 유념해야겠다.

예수 사명권위의 또 한 가지 뉘앙스가 설명이 필요하다. 앞에서 이미 확인했거니와,[55] 예수가 하느님을 말함에는 "아버지"라는 이름이 새겨져 있다. 이 이름이 예수가 우리에게 일러준 「주님의 기도」 속에 자리잡아 있다. 이제 여기서 우리의 관심사는 기도의 내용이 아니라, 기도자가 부르는 이름이 "아버지"로, "내 아버지"로 나타난다는 사실이다(마태 11.25.26∥; 26.39.42; 루가 23.46). "내 아버지"라는 이 말이 기도가 아닌 다른 로기온들에도 나타나며(마태 7.21; 8.32-33; 16.17; 18.19.35 등), 제자들을 향한 말씀들에서는 하느님을 "그대들의 아버지"라고 일컫는 것과 대조되어 나타난다(마태 5.16.45.48; 6.1.8.14 등). 다양한 로기온들의 친언성을 둘러싼 입장은 어떻든간에, 예수가 하느님을 자기 아버지라고 말했다는 것, 특히 기도에서 그렇게 불렀다는 것은 진정한 사실이라고 볼 수밖에 없다. 구약성서와 유다교에서는 기도에

---

[55] 참조: 앞의 269-71쪽.

347

서 하느님을 아버지라고 부르는 일이 매우 드물다. 집회 23,1.4와 토비트 13,4의 그리스어 텍스트에서는 이 호칭이 집합적 의미로 발견된다.[56] 한 개인이 몸소 하느님을 향해 "내 아버지"라고 부른다는 것은 어떤 새로운 점을 말해준다.[57]

마르코 14,36에서는 예수의 겟세마니 기도에서 "압바"라는 하느님 호칭을 전한다. 이 아람어 낱말은 ─ 문법상 호격의 의미로 파악하는 것이 최선이거니와 ─ 아람어에서 아들의 아버지에 대한 애칭으로 사용될 수 있는데, 혀짧은 형태이면서도 어린아이에게만 한정된 것은 아니다.[58] 그것은 예수 자신의 목소리ipsissima vox라고 여길 수 있으며, 예수 자신의 특별한 하느님 관계를 증언한다.[59]

물론 우리가 "압바"라는 낱말을 통해 마치 번갯불처럼 번쩍 비치는 이 특별한 하느님 관계를 온전히 알아보게 되려면 먼저 예수 사명의 테두리 전체를 두루 파악하고 두루 생각해 보아야 한다. 일단 하느님 쪽에서부터 표현해 보자: 하느님은 예수에게 하느님 나라로써 결정적 구원을 말과 행동으로 전달하며 실현하도록 위임하셨다. 당신 사랑을 사람들 서리에서 보여줄 소임을 맡기셨다. 예수는 유일한 방식으로 하느님을 위해 세상에 있다. 사람들 앞에서 하느님을 대표한다. 아버지 하느님의 계시가 독점적인 방식으로 예수께 맺어져 있다는 것을 주제로 삼는 그런 로기온은 아들에 관해 절대적 의미로 말하는데, 그 배경을 "요한계"라고들 일컫는 것도 부당한 일은 아니니, 거기 요한계 그리스도론의 온 심층차원이 준비되어 있기 때문이다(마태 11,27∥). 그것이 "압바" 호칭에 밀착되어 있는데, 말하자면 헬레니즘의 오성悟性에 근사한 인식개념에 힘입은 양으로 이를 전개한다.[60]

---

[56] 참조: Fitzmyer, *Abba* 25-6. 집회 51,10은 한 確證인데, 시편 89,27의 反響이라 할 수 있겠다.

[57] Fitzmyer, *Abba* 28.

[58] Fitzmyer, *Abba* 24에 타르굼 典據가 있다. 어머니 호칭인 병행어는 "임마"다. 우리네 "엄마"·"아빠"와 비교될 만하다.

[59] 바빌로니아 탈무드의 두 대목[*bTaan* 23ab]에 하느님이 간접적으로 "압바"라고 지칭되어 있다. 이 점을 빼면 이들은 後代 텍스트이므로 볼 만한 것이 적다.

아들에게 아버지로부터 위임된 포괄적 전권全權을 지적함으로써("아버지께서 저에게 모든 것을 넘겨주셨습니다") 예수(아마도 부활자)께 보장된 통치권 지위를 지적한다 (참조: 마태 28.18).

종합적 결론: 예수의 사명권위는 그 고유성이 역사상으로 도출될 수 있는 그런 것이 아니다. 이용될 수 있는 메시아론적 존칭들이 담아내는 것은 부분적이고 단편적일 뿐이다. 아마도 메시아 호칭이, 거기에 두 가지 본질적 변화를 포함시킨다면, 예수의 사명주장에 가장 가까이 이를 것이다: 예수는 십자가를 향해 나아간다. 적을 누르고 승리함으로써 자기 겨레를 구하는 것이 아니라, 역설적으로 죽임받는 자로서 나선다. 그리고 이로써 예수는 자기가 아버지라고 부르는 하느님과 두 번 다시 없는 아들로 맺어진다.

내다보기

부활의 빛 속에서, 부활과 성령강림으로 일어난 일들을 통해서 제자들이 믿음 속에 사물을 바라보는 방식이 깊어진다. 그리스도론적 칭호들을 만들어내면서 부활후대에 더욱 깊어졌고 지상 예수와 함께 체험한 일을 되돌아보면서 더욱 깊어진 믿음의 통찰들을 암시하는 대로 따라가노라면, 우리는 심판하러 오실 인자란 이름 그대로 되돌아올 지상 예수임이 보이는 것을 알게 된다. 이 인자 예수의 재림은 심지어 기다려지던 하느님 나라와 나란히 밀도 짙게 중심점에 등장하는데, 한동안은 강요되다시피 근접대망이 촉구되었다고 할 수 있겠다. 요한복음서에 이르러서는 재림대망이 아무 구실

---

[60] 참조: Gnilka, *Matthäusevangelium* I 431-42. 이 문장을 Hengel[*Lehrer der Weisheit* 161]과 Jeremias[*Theologie* 63-7]는 表象語로 이해하려 한다: 한 아버지가 아들에게 말해주지 않는 것이란 아무것도 없듯이, 특히 직업 분야에서 아들이 계승하는 수공업과 관련하여 그렇듯이, 하느님은 당신 자신의 온 인식을 예수께 넘겨주신다고. 그러나 構文상 이 구절이 비유를 제시하려는 것으로 나타나는 것은 아니다.

도 않고 하느님 나라도 까마득히 물러나지만(예외: 요한 3.3.5), 인자 사상은 계속되면서 독특한 형태를 띠게 된다. 인자를 — 묵시문학의 인자 선재先在 관념과 어느 정도 일치하여 — 하느님 계신 곳이 본가本家이고 하느님이 보내셔서 오셨으며 하느님께로 돌아가실 그런 분으로 보는 것이다(예: 3.13). "예수 메시아" 또는 더 낫게는 "예수 그리스도"란 아마도 그리스도교 신앙의 시초 고백문이었던 것으로 보이는데, 이것은 무엇보다도 그리스도의 죽음과 부활에 연결된다(예: 1고린 15.3-5). 바로 이런 식으로 그리스도교 메시아 신앙의 남달리 특유한 점을 표현할 수 있게 된다. 메시아로서 예수는 예언자들을 통해 성서에서 다윗의 자손으로 예고되었던 그분인데(로마 1.2-3), 그분의 운명인 죽음과 부활이 "성서 말씀대로" 입증되었으니(1고린 15.3-4), 옛 하느님 백성과 새 하느님 백성 사이에 구원사의 연속성을 유지하는 분이다. 자명한 사실이거니와, 그리스도이신 예수께 대한 신앙고백은 유다계 그리스도인 권내에서 대두되었던 것처럼 특별히 이 점을 위해 타당하게 존속했으며, 유다인들을 얻으려는 공동체들의 노력에서나 회당과의 논쟁에서도 그 중요성을 보존했다. 이방계 그리스도인 공동체들에서는 그것이 퇴색할 수 있다. 원래의 역동성이 잠들어 "예수 그리스도"는 거의 이미 한 고유명사처럼 느껴질 수 있다.

관찰하기에 흥미롭거니와, "하느님 아들", "아들이신 예수"가 초기 교회에서 광범하게 중심 자리를 차지하게 되었다. 이것은 이 칭호가 성서권에도 그리스·로마권에도 잘 알려져 있었다는 것과 관계가 있을지도 모른다. 그러나 더 본질적으로 보이는 사실은 일차적으로 그것이 예수께 고유한 특성을 발설하기에 더 적절하다는 통찰을 아마도 벌써 얻었으리라는 것이다. 가장 오래된 복음서에서는 그리스도론적 사고 진행이 절정에 이르러, 이방인 백부장이 십자가 아래에서 마치 결론지어 종합하듯이 예수는 하느님 아들이라고 고백한다(마르 15.39: 참조: 마태 27.54). 요한 복음서와 요한 편지들에서 아들 칭호가 우선순위에 있다는 것은 의심할 나위도 없다. 그러나 로마서와 히브리서 같은, 초대 그리스도교의 그처럼 중요한 신학적 문서에서도 하느님 아들에 대한 고백이 서술의 도입부를 이룬다(로마 1,4; 히브 1,2). 하느님 아들에 힘입어서 예수 일신의 신비를 발설한다는 것이 — 도대체 이런 일이 있을 수 있는 한 — 가능했으니, 그분은 "살(肉)이 되신 말씀"이요 "보이지 않는 하느님의 모상"이라는 것이다(요한 1,14; 골로 1,15). 다른 칭호들도 더하여 등장한다. 계시 신비에 상응하는 인간 쪽의 범주는 신앙, 이미 역사상 한계를 짓기란 없어진 그런 신앙이다. 그것도 인식 속에 틀어박혀 있는 그런 신앙이 아니라, 메시아요 아들이신 이분의 말씀을 통해 구체적인 삶을 가꾸고 바꾸는 그런 신앙이다.

갈등과 마지막 날들

예수의 활동은 복음서들의 서술에 따르면 거의 처음부터 갈등으로 규정지어져 있다. 갈등은 예수의 십자가 처형으로 절정에 이르고 끝난다. 갈등의 무대는 각각 다른데, 갈릴래아와 예루살렘이다. 예수는 여러 다른 집단들과 갈등에 빠지는데, 마지막으로 로마 권력과의 갈등이 그를 죽음으로 몰아넣는다. 예수의 재판은 한 독립 주제가 될 것이다. 즉, 이 단원에서는 그 재판에 이르기까지만 갈등을 소개해 나가겠다는 말이다. 예루살렘에서 지낸 예수의 마지막 날들에 비교적 넓은 공간을 할애하는 것이 복음서들과 거기 들어오게 된 전승들의 관심사에 부합한다. 그러므로 우리는 주어진 대로 당시에 일어난 각 사건들을 살펴볼 수 있으니, 곧 예루살렘 입성, 성전항쟁, 제자들과의 최후만찬이 그것이다. 이것은 또한 여기서 말해야 할 모든 것이 갈등하고만 관계가 있는 것은 아니라는 말이기도 하다.

예수의 활동에서 드러나는 갈등

예수의 공개활동 동안에 드러나는 갈등의 주요 대결자로 나타나는 것은 바리사이들이다. 이들이 다른 유파와 함께 언급되는 일이 드물지 않은데, 곧 바리사이들과 울법학자들/율사들(마태 5,20; 12,38; 15,1; 마르 2,16; 7,1.5; 루가 5,17.21.30; 6,7; 7,30; 11,53; 14,3; 15,2), 바리사이들과 헤로데 파(마르 3,6; 12,13), 바리사이들과 사두가이들(마태 3,7; 16,1.6.11.12)이다. 이들은 싸잡아 뭉뚱그려진 인상을 준다. 가장 멀리까지 나아가는 마태오는 심지어 바리사이들과 사두가이들을 갈릴래아에 함께 등장시키는데, 역사상 정작 개연성이 없는 설정이다. 마르코는 좀더 낫게 구분하여 바리사이들과 율법학자들을 조금 서로 떼어놓는데, 아마도 그는 모든 바리사이가 율법학자는 아니요 모든 율법학자가 바리사이는 아니라는 사실을 잘 알기 때문인 것으로 보인다.[1] 마태오도 이 사정은 잘 알았을 것이다. 그러나 그가 복음서를 엮던 때에는 사두가이 파란 이미 없었다. 그는 예수의 유다인 적수들을 단일 진영으로 등장시키기에 이르렀다.

싸잡는 인상은 바리사이들을 단일 진영으로 삼는 데서도 나타난다. 그들은 결코 서로 일치해 있지 않았다. 예수 당시에는 서로 다투는 바리사이 학파 우두머리로 힐렐과 샴마이가 있었다. 경우에 따라서만 한 개인인 율법학자(마르 12,28)나 바리사이(루가 7,36; 11,37; 14,1; 참조: 18,10)가 등장하는데, 이때는 심지어 원칙적으로 반갑잖은 조명을 받는다. 싸잡는 인상이 끝으로

---

[1] 마르코는 2,16; 7,1.5에서 두 부류를 각기 독립시켜 두는데, 마태오는 3,7; 16,1.6.11.12에서 바리사이들과 사두가이들을, 5,20; 12,38에서 율사들과 바리사이들도 한데 묶어 놓으며, 루가도 14,3에서 마찬가지다.

나타나는 것은 바리사이들·율법학자들·헤로데 파가 예수의 활동에 끌어들인 제거결의들이다(마르 3,6//: 11,18//: 14,2//). 묘사는 문학적 설계에 따른다. 제거결의들이 예수의 거듭된 수난 예고들과 함께 복음서의 구조에 수난 쪽으로 한 방향을 부여하게 되어 있는 것처럼, 바리사이들의 힘찬 부상은 복음서들에 약술된 70년 후 상황과 관계가 있다. 바리사이 파만이 파국에서 살아남아 단단히 뭉쳐서 유다교에 사무치는 영향력을 얻었다. 회당과 교회 사이에 활발한 논쟁이 생겨나서, 복음서들과 그 전승들의 형성에 작용해 들어갔다.

엣세느와 젤로데라는 당시의 두 유다인 유파가 언급되지 않는 것도 복음서들의 이런 형성과 관계가 있다.[2] 물론 이 지적만으로는 이 특수한 실상이 충분히 설명되지 않는다. 사두가이들도 당파로서는 70년에 살아남지 못했다. 다만 짐작들에서 더 넘어서지 못할 따름이다. 젤로데로 말하면, 예수의 바리사이들에 대한 반박이 적어도 부분적으로는 좌익 바리사이 급진파인 그들도 겨냥했다고 추측할 수 있다.[3] 엣세느로 말하면, 그들과 직접 논쟁이 없었으며 — 이와 관련하여 — 그들은 뒤로 물러난 상태에서 살았다고 추정할 수 있다.

나중에 교회가 바리사이 사상이 사무친 회당과 열띤 논쟁을 벌인 흔적이 있다고 해서 예수와 바리사이들 사이에는 전혀 논쟁이 없었다고 보거나 심지어 예수 자신은 바리사이 쪽에 가담했다고 생각하게 되어서는 안된다. 특히 유다인 주석학자들이 그런 입장을 주장하는데, 예수는 바리사이 운동의 한 지파 — 그렇다면 주로 헬레니즘 계열 — 에 편입될 수 있으며 예수와 바리사이들의 논쟁은 바리사이들의 한계 내에 머물러 있다고 한다.[4] 예

---

[2] 젤로데 개념은 시몬의 별명으로만 나타난다: 루가 6,15; 사도 1,13.

[3] M. Hengel, *Die Zeloten* (AGSU 1) (Leiden - Köln 1961) 385.

[4] Winter[Enemies 133]에 따르면 예수는 랍비 이전의 바리사이 사상을 대표하고, Finkel[*Pharisees* 134-43]에 따르면 예수의 입장은 힐렐 학파에 가까우며, Klausner[*Jesus* 381[122]]에 따르면 예수는 실상 바리사이였다고 한다. 의견들이 區區함을 가리키자면 Haenchen[*Matthäus* 23:52]을 인용할 만한데, 그는 예수와 바리사이들이 不共戴天의 원수 사이라 한다.

수는 유다교 종파의 어디에도 귀속될 수 없고 그들의 한계들을 넘어 모든 이를 상대했으며 온 겨레에게 구원을 제시했다는 것이 예수 활동의 고유한 점을 이룬다. 우대한 이들이 있다면 그것은 가난하고 권리를 앗긴 이들이 니, 그들에게 예수는 끌림을 느낀다. 그러나 무슨 아나윔 종파를 세울 생 각이라도 있는 것은 아니다. 예수의 선포에서 늘어나는 갈등 소재는 바리 사이들과 사두가이들을, 더러 어떤 점에서는 후자를 더욱 맹렬히 반박하기 에 적합했던 것임이 드러난다.

우리가 예수 논쟁의 양태에 관해 좀 알게 되고자 할 때 내용상 그 첫째 로 꼽힐 만하게 짐작된다고 해서 실마리로 삼아서는 안될 텍스트는 율법학 자들과 바리사이들에 대한 불행선언이다(마태 23.13-31∥). 신랄한 책망이 무법 과 살의의 비난으로까지 격화하는 이 집성문에는 나중에 회당의 그리스도 인 공동체에 한정되어 있던 어법이 대폭 들어 있다.[5] 그렇다고 해서 예수의 요소라고는 발견되지 않는다는 말은 아니다. 예컨대 율법학자들은 앎의 열 쇠를 앗아 하느님 나라로 들어가는 이들을 가로막았다는 저주가 이에 속한 다 하겠다(참조: 루가 11.52 ∥ 마태 23.13). 오도당하는 약자들을 위한 변호가 예 수의 의도에 꼭 맞아들어간다.

예수 논쟁의 양태를 위해서는 예수 선포의 기조인 하느님 나라에서 출발 해야 한다. 바실레이아로써 고지하고자 하는 새 질서는 율법의 옛 질서를 넘어선다. 사두가이들은 어떤 종말론적 미래가능성도 거부한다. 예수는 인 간의 거룩함에 대해 바리사이들과 사두가이들하고 달리 생각한다. 사랑의 계명을 철저히 실행하기 위해 또 따라서 인간을 위해 나서 있는 예수는 율 법에 개의치 않으며 하물며 "조상 전통"(마르 7.5)은 더욱 아랑곳하지 않는 그런 사람으로 거듭 다시 그들에게 나타났을 수 있다. 인간의 거룩함을 예 수는 레위 정결규정들의 번다한 준수가 아니라 인간의 본질이 개발되어 나 오는 인간의 가장 깊은 내면에 바탕해서 바라본다(참조: 마르 7.15). 전통 비판

---

[5] 분석: Gnilka, *Matthäusevangelium* II 280-5.293-4.

ㄱ 예수의 활동에서 드러나는 갈등   357

은 바리사이들에게, 성전에 서약하는 "코르반" 관행 비판은 사두가이들에게 특별히 적중함에 틀림없겠다. 앞에서 지적할 수 있었듯이[6] 안식일 비판에서는 인간의 존엄과 구원을 옹호했는데, 이것은 바리사이들의 율법이해와 ― 엣세느들의 그것과도 ― 충돌할 수밖에 없었겠다. 간음자가 되지 않으려 할진대 남편이 아내를 소박해서는 안된다는 금령에서는 하느님의 창조의지와 불리한 아내를 편드는데, 이것은 이혼장에 관한 모세의 지시인 율법규정에 명백히 반하는 발설이다.

생활 속의 토라 신심에 대한 비판은 오늘날 우리에게야 역사상으로 큰 거리가 있어서 덜 날카롭게 생각될지도 모르지만, 그 민감성과 절박성이 책망받던 당사자들에게는 틀림없이 모질게 느껴졌을 것이다. 사실 예수는 말로만 비판한 것이 아니라, 삶으로도 도발적인 방식으로 새 질서를 보여주었다. 무법자라던 세리들과 죄인들이랑 한 상에 앉았을 때는 사회가 따른다던 규칙과 충돌했고, 무법자들과 상종함으로써 불결해진다던 "성결법"을 침해했으며, 스스로 무법자로서 간주될 위험에 노출되었다. 논쟁의 민감성을 특별히 파악할 수 있는 곳은 바리사이와 세리의 비유 이야기(루가 18.9-14)인데, 이것은 그들의 신학적 배경을 벗겨놓았기 때문이다. 죄인을 위한 예수의 변호가 여기서는 하느님 당신의 변호로 알아볼 수 있게 되었고, 이로써 이 율법 신심을 파기하는 비판이 되었다.

그러나 묘사된 논쟁만으로는 당국 쪽에서 예수를 반대하고 나서는 것이 아직 완전히 수긍할 만한 일이 될 수 없다. 모세의 토라가 종교적이고도 사법적인 유다인 국가의 법전이었으며 따라서 종교적 범행과 법률적 범행의 구별이란 불가능했다는 지적도 아직 충분하지는 않다. 동의할 만한 윈터[7]의 말마따나, 당국이 어느 날 예수를 반격하게 되었다는 것을 납득하려면 예수 활동의 군중에 대한 영향도 고려에 넣어야 한다. 그리고 이 영향은 현저했다고 할 수 있을 것이다. 그러나 한 사태 발전을 표기하기란 이

---

[6] 참조: 앞의 290-2쪽.   [7] P. Winter, *Enemies* 135.

제 우리에게는 불가능한 일이다.[8] 복음서들이 제시하는 바 군중들에게 둘러싸인 예수의 모습은 대체로 적절한 표상이다. 군중은 예수를 부분적으로만 이해했다 하더라도, 그래서 대부분이 예수의 회개 요구를 실행하지는 않았다 하더라도, 예수는 수많은 사람을 자기 청중으로 헤아릴 수 있었다.

여기 지적된 점을 이해하기 위해서는 세례자 요한을 돌아보는 것이 많은 도움이 될 것이다. 요세푸스는 헤로데 안티파스가 세례자를 붙잡아 죽이게 한 이유로서 요한이 벌인 민중운동을 제시한다. 헤로데는 두려워하며 "그가 백성을 선동하려 하니, 미리 제거해 버리는 것이 낫다고 여겼다".[9]

요세푸스의 이 소개는 옳다 하겠다.[10] 대중을 움직이는 사람은 폭군 앞에 혐의자로 나타나게 마련이다. 이것은 요한에게나 예수에게나 마찬가지로 해당한다. 더욱이 예수는 세례자와 가까운 사람으로 보이고 있었다. 이런 측면에서 예수에게 전달되는 헤로데에 대한 경고는 시사적이며 역사상 충분히 있을 법한 일이다(루가 13,31). 이 경고를 발설한 사람들이 바리사이였다면, 이것은 바리사이들의 예수에 대한 관계를 구분해서 볼 수 있다는 것을 밝힌 것이며, 바리사이들이 진영으로서 예수에 대해 적대적으로 생각했다는 것을 말해주는 것은 아니다.

갈릴래아에서는 사두가이들이 예수에게 관여하지 않은 것으로 나타나는 것은 갈등을 판단하는 데에 중요한 사실이다. 그들은 예루살렘에서 비로소 등장한다(마르 12,18∥).[11] 수난사화와 특히 재판기사에서는 대제관들과 원로들

---

[8] 共觀書들에서는 베드로의 메시아 고백으로 어떤 句頭點이 주어져 있다. 마르 8,27 이하∥에 따르면 예수는 제자교육에 더 힘을 쏟는다. 이 서술방식에서 역사상 결론들이 나오게 되는 것은 아니다.

[9] Josephus, *Ant.* 18,116-9.

[10] Josephus 텍스트의 해석: R. Schütz, *Johannes der Täufer* (AThANT 50) (Zürich 1967) 20-7. 세례자의 운명을 Josephus[*Ant.* 18,109-15]도 헤로데 안티파스의 姦通行態와 연결짓지만, 마르 6,17-29 ∥에서처럼 處刑原因으로 보지는 않는다. 문제점: J. Gnilka, Das Martyrium Johannes des Täufers: *Orientierung an Jesus* (J. Schmid 기념) (Freiburg 1973) 78-92.

[11] 예외인 마태 16,1-12는 역사에 적중하지 않으며, 앞에 이미 지적한 바 이 일에 대한 첫 복음사가의 陣營 사고에 의해 설명된다.

과 율법학자들이 전면에 등장해 있는 사람들이다(마르 14.1.43.53: 15.1). 같은 점이 예수의 고난 예고들에도 해당한다(마르 8.31: 10.33: 참조: 11.18.27). 대제관들과 원로들이 사두가이 파에 속하거나 그들과 결탁해 있었다는 것은 알려진 사실이다. 바리사이들이 또다시 예수의 수난에도 등장하지는 않는다. 예외로 마태오 27.62: 요한 18.3은 바리사이들이 이차적으로야 비로소 추가된 대목들이다. 최고의회의 율법학자들 가운데 바리사이들이 있었으며 짐작건대 심지어 다수였으리라고 전제해야 한다 하더라도, 지적된 사실로 판단하건대 치명적 갈등은 대제관들과 원로들, 혹은 달리 표현하면 사두가이들에게서 불씨가 당겨졌다는 결론에 이를 수 있다.

이 판단이 만일 갈릴래아에서 벌어진 예수의 논쟁과 예루살렘에서 첨예화하는 갈등 사이에 도무지 아무 관계도 없다고 보는 그런 것이라면 그릇된 판단일 것이다. 확실히 예수의 바리사이들에 대한 관계는 구별해서 판단될 일로 남아 있지만, 그렇다고 그들 가운데는 고집스런 적대자들이 아무도 없었다는 주장이 허용되는 것은 아니다. 그밖에 갈릴래아에서 예수는 군주들에게 정치적 눈총을 받았을 가능성도 남아 있다. 예루살렘을 향해 나아가기로 결심할 무렵에 예수는 당시 사회의 권위자 부류들에게 미지자로서, "백지"로서 나타나는 그런 사람이 아니다. 오히려 그때 이미 그들의 눈에 예수는 갈릴래아에서 관계했던 갈등들과 민중 운집들로 말미암아 부담스런 존재로 여겨질 수 있는 그런 인물이다.

예루살렘 행

옛 "예수생애연구"는 왜 예수가 예루살렘을 향해 나아갔던가라는 물음을 활발히 다루었다. 슈바이처[1]는 그 노력을 표현하여 공식으로 삼기를, 예수가 나아가게 된 까닭인즉, 하나는 거기서 활동하여 백성으로 하여금 최종 결단을 내리도록 촉구하려 했기 때문이요, 다른 하나는 그 도성 안에서 죽고자 했기 때문이라 했다. 예수에게 예루살렘에서 닥쳐온 큰 위험이 전혀 뜻밖의 놀라운 일이었다는 것은 극히 개연성이 작다. 수도에서 자기 메시지를 전하는 것이 확실히 예수의 의도였다. 이 일에 대한 상세한 소개를 우리의 텍스트들은 수용하지 않는다. 외면상으로 보면 예수는 한갓 파스카 축제 순례자로서 남녀 제자들과 동행하여 예루살렘으로 왔다.

갈릴래아에서 예루살렘으로 어느 길을 택했던지는 말하기 어렵다. 확실한 것은 다만, 예리고를 거쳐 갔다는 것(참조: 마르 10.46), 따라서 그 마지막 도정은 와디 엘켈트를 스치는 잘 알려진 길이었다는 것뿐이다. 마르코 9,33에 따르면 가파르나움에서 출발했겠다. 그러나 이런 편집상 표기가 많은 것을 말해주지는 않는다. 갈릴래아에서 예루살렘으로 가는 세 가지 큰 길 가운데 요르단 강을 따라가는 동쪽 길이기가 쉬운데, 사마리아도 둘러가는 길이었다. 그 길로 가자면 사나흘이 걸렸다.[2] 이곳 봄 날씨는 아직 여름처럼 그리 답답지 않고 쾌적했다. 한데서도 얼마든지 잘 수 있었다.

[1] A. Schweitzer, *Geschichte der Leben-Jesu-Forschung* (Tübingen 1913) 437-43, 특히 437[1].

[2] 참조: Dalman, *Orte und Wege* 222-62. 마다바 지도에는 요르단 강 건너 살렘과 예리고에 나루터들이 표기되어 있고, 강을 가로질러 밧줄이 뻗어 있으며, 그 밧줄에 돛대가 닿은 짤막한 배가 강 한가운데 있다. 마르 10,1의 지리적 제시는 짐작건대 編輯인데, 더러 변형 텍스트들이 있다. 참조: Gnilka, *Markus* II 69-71.

이 자리에 물음이 끼어들 수 있다: 예수는 공개활동 동안 얼마나 자주 예루살렘에 갔다고 할 수 있을까? 혹은 더 낫게 말하자면, 예수는 고난의 파스카 전에 이미 이 도성에 찾아와 본 적이 있는가? 공관서들의 서술에 따르면 후자는 부정되는 셈이다. 그러나 여기 제시된 예수 활동의 파노라마는 갈릴래아에서 예루살렘으로 향하는 유일한 길로서 문학적 의도에 따른 것, 즉 예수의 활약상을 수난 쪽으로 펼쳐 나가려는 것이다. 넷째 복음서는 예수가 수도에서 몇 번 축제기간을 지냈다는 것으로 알고 있다. 고난의 파스카 외에도 한 초막절(7.2)과 자세히 규정되지는 않은 한 유다인 축제(5.1)와 또 한 차례의 파스카(2.13)가 이 축제들이다. 2.13 이하에는 예수의 성전항쟁이 전해지는데, 그러니까 공관서들은 적절히 예수의 마지막 예루살렘 체류와 연결지어 놓은 그 사건을 넷째 복음사가는 신학적 이유에서 예수 활약의 시작 쪽으로 밀어다 놓았다. 그밖에 제시된 축제들도 신학적 이유에서 들여다 놓은 것이므로 넷째 복음서는 우리에게 더 많은 도움이 되지 않는다. 예수는 예루살렘에서 주민들에게 얼굴이 별로 알려지지 않았던 것으로 보인다. 예수의 체포 장면에서 유다 이스카리옷이 그를 알려줄 필요가 있었다는 것은 이를 어느 정도 전제한다(참조: 마르 14.43-53). 예수는 이때 한 번만 예루살렘으로 왔다는 것을 확정지을 수는 없을지언정 배제할 수도 없다. 이것이 사실에 맞다고 한다면, 예수는 이 도시에서 백성에게 결단을 호소하고자 했다고 적어도 생각할 수 있게 된다. 어떻든 이 물음은 열어 두어야 한다.

예루살렘으로 파스카 축제를 지내러 오는 순례자들은 무척 많았다. 유다와 갈릴래아만이 아니라 디아스포라들에서도 순례자들이 몰려왔다. 예레미아스[3]는 그 수를 12만 5천 명으로 헤아린다. 시민 5만 5천 명을 더하고 보면 약 18만 명이 이 축제의 날들 동안 이 도시에서 묵고 있었던 셈이다. 수많은 순례자가 이미 축제의 여러 날 전부터 도착했으려니와, 확실히 예

---

[3] J. Jeremias, *Jerusalem* I 89-97.

수도 그랬다. 일찌감치 도착하는 것이 파스카 풍속으로 요청되었을 뿐더러, 실천상 이유로도 권장되었다.[4]

예수가 올리브 산에서 내려오며 도성에 다가가자 무슨 일이 일어났던가? 예루살렘 입성 기사인 마르코 11,1-11∥은 신학적 동기들이 강렬하게 배어 있다. 게다가 "젤로데 예수 해석"의 부담마저 있다.

우리 세기에 이 해석방향의 창시자라고 볼 수 있는 아이슬러는 이 페리코페를 심지어 자기 견해의 받침점으로 삼았다. 그때 백성이 예수를 글자 그대로 이스라엘 왕으로 공언하며 외쳤으니, 마치 공화정 시대에 군대가 개선 장군을 황제로 공언하며 외친 것과 비슷하다고. 아이슬러는 여기서 백성이 예수를 향해 환호한 루가 19,38을 인용한다: "주님 이름으로 오시는 임금님은 복되도다. 하늘에 평화, 지극히 높은 곳에 영광!" 나아가 아이슬러에게는 민중을 통한 아그립파 2세 왕의 등극 유례도 전거 구실을 하는데, ― 히브리어 「요십폰」에 따르면 ― 그의 예루살렘 입성 때는 이렇게들 외쳤다: "우리를 구하소서, 임금님! 로마인 종노릇을 더는 못하겠나이다." 그뿐 아니라 아이슬러는 이론 구축의 출발에서부터 한술 더 뜬다: 예수는 의병들의 대부대를 이끌고 수도에 진입하여 백성의 환호에 따라 예루살렘 성전구역을 점거했다고.[5]

삽입된 텍스트들은 우선 이 점도 알려 주는데, 예수를 향해 외친 사람들은 예수와 함께 예리고에서 올라온 축제 순례자들이었다는 것, 그러니까

---

[4] 남자들은 파스카 어린양을 제헌하러 성전 안뜰(제관 뜰)에 들어갔으므로 淨潔이 嚴命되어 있었다. 참조: 민수 9,6-13; 2열왕 30,15-19; Josephus, *Bell.* 1,229; R. Schnackenburg, *Das Johannes-evangelium* III (Freiburg 1971) 456-7. 요한 11,55에 따르면 많은 유다인이 몸을 정결하게 하려고 파스카 전에 예루살렘으로 올라왔고, 12,1에 따르면 예수는 파스카 엿새 전에 베다니아로 왔다. 이 數는 상징적 의미가 있겠다. 일곱째 날은 完成의 날이다 (참조: 마르 9,2).

[5] R. Eisler, *Jesous basileus* II 469-75. 물론 예수는 로마軍에 진압당했다고. 바로 이 군사적 봉기로 말미암아 예수는 처형당하게 되었다고. 이로써 Eisler는 예수를 군중 한 무리와 더불어 올리브 산에서 내려와 예루살렘을 정복하려 했던. 이름은 알려지지 않은 이집트인과 정확히 同列에 놓는다. 참조: Josephus, *Ant.* 20,169; *Bell.* 2,262. 이 사태는 예수 死後 몇년 안 되어서 일어났다. 세부사항에서는 Josephus의 두 기사 사이에 차이가 있는데, 특히 올리브 산으로 가는 행렬에 해당하는 바가 그렇다.

예루살렘 시민은 아니었다는 것이다. 마르코 11,9에는 이렇게 되어 있다: "그리고 앞서거니 뒤서거니 하며 외쳤다. '호산나! …'" 요한 12,12-13을 읽고서야 비로소 도성에서 마중하러들 εἰς ὑπάντησιν αὐτῷ 나왔다는 인상을 얻을 수 있겠다. 아무튼 여기 이 사람들도 이미 도성에 들어와 있었다는 축제 순례자들이다.

이 기사가 메시아왕론이라는 의미에서 신앙사화로 양식화한 것임은 반론의 여지도 없다. 그 준거로 원용된 것이 이적적 새끼나귀 발견의 전설인데, 즈가리야 9,9("보라, 네 왕이 … 새끼나귀를 타고 오신다")[6]에서, 또 창세 49,11("새끼를 포도나무에 맨다")에서도 영감을 받은 것이다. 군중의 메시아론적 환호도 양식화해 있다. 시편 118,26("주님 이름으로 오시는 이는 복되도다")은 본디 성전 문에서 축제 순례자를 반가이 맞아들이던 외침이다. 우선은 하느님을 향해 도움을 구하는 외침이던 "호산나"도 시편 118,26a에 나온다. 분명히 메시아론적인 마르코 11,10의 "우리 조상 다윗의 나라가 이제 오나니 복되도다!"는 이차적이다.[7]

이 신앙사화를 훑어보며 역사적 기본요소를 찾노라면 우리에게 보이는 것은 여행자요 축제 순례자인 예수가 성문 앞에서 제자들과 그밖에 축제를 지내러 올라온 순례자들에 둘러싸여 환호받는 모습이다. 그들의 외침은 이러했을 것이다: "호산나! 주님 이름으로 오시는 이는 복되도다." 역사상 상황의 해석이 가능한 실마리는 예루살렘이 가깝다는 데 있다. 그것은 먼 길을 걸어 도성에 당도했다는 기쁨보다도 큰 일이다. 환호는 예수에게 중요한 사실이다. 우선 첫째로 예수가 선포한 하느님 나라가 곧 오리라는 기다림이 이 기쁨과 연결될 수 있다. 다음으로 이 외침은 잠재적 메시아론의 색조도 띤다. 그런 가능성에 대해, 그렇다면 틀림없이 즉각 로마인들이 개

---

[6] 마태 21,4-5가 즈가 9,9를 분명히 반영하는 인용이지만, 예언자 텍스트는 이미 마르 11,2-7에 있다.

[7] 조상 다윗이라는 말은 전혀 유다적이 아니다. 분석: Gnilka, *Markus* II 113-5; Trautmann, *Handlungen* 347-8.

입했으리라며 반박할 수는 없다. 시위는 평화적이었다. 아이슬러의 해석은, 일전 불사의 의도라면 예수의 폭력 포기와 원수사랑 설교에 정면으로 대립한다는 점을 아예 제쳐놓고라도, 주석학적 사실들에 좌초하고 만다. 과연 또 어떻게 예수가 서술된 개선행진을 실제로 더 계속하며 나중에 자기 고발자가 될 사람들의 상상 속으로 어울려 들어갔는지 우리는 모른다. 예수가 떠받들어 섬김에 어떤 반응을 보였던지도 더 자세히는 모른다. 다만 예수 스스로 메시아론적 장면을 개시하지는 않았다.

성전항쟁

예루살렘 체류 동안 예수는 베다니아에 숙소를 잡았다. 이 소읍은 예루살렘에서 보아 올리브 산 너머 동쪽으로 15 스타디온, 즉 2.77km 되는 곳인데, 순례자 길에서도 동떨어진 쪽에 있었다. 베다니아와 관련되는 사람 이름으로는 나병환자 시몬이 있으며(마르 14.3) 마리아와 마르타와 라자로도 있다(유일한 예: 요한 11.1; 참조: 루가 10.38-42). 마르코 11.11 덕택에 우리가 듣게 된 베다니아 숙박 소식(참조: 11.19)은 믿을 만하다. 이 숙소 선택은 예수에게 편리해서 그렇게 결정되었을지도 모르지만, 예루살렘에서 밤을 보내고 싶지는 않다는 것이 예수의 소망이었을 수도 있다.

파스카 축제 전에 두드러진 사건은 성전항쟁이었다. 낱낱으로 그 경과를 파악하기 전에, 그 역사적 신빙성을 확인할 필요가 있다. 주로들 내세우는 반론인즉 서로 밀접한 관계가 있는 두 생각인데, 한 개인이 이처럼 큰 문제가 걸린 행동을 할 수 있었을 리는 없다는 것이요, 그런 행동이라면 성전 경비대나 성전 성루에 주둔한 로마 군대가 직접 개입했으리라는 것이다. 그래서 나오는 마르코 11.15-18∥에 대한 평가인즉, 이 페리코페는 성전 제례에 대한 초대 공동체의 비판을 표출한다는 것이다.[1]

이 페리코페의 전승에서는 예수의 성전항쟁이 매우 달리 해석된다는 점이 눈에 띈다. 요한 2.13-22에서는 성전을 살해당했다가 부활하게 될 예수의 몸과 연결짓는다. 즉, 예수는 이 항쟁으로 자기 죽음을 도발한다는 것이다. 루가는 복음서의 페리코페에다 한술 더 떠서 스데파노 이야기에 나

---

[1] 문제점: Roloff, *Kerygma* 89-90; Trautmann, *Handlungen* 114-9.

오는 신랄한 어투의 성전항쟁으로 삼는다(사도 6,13-14: 참조: 7,47-51). 스데파노와 그의 일단은 예수의 성전항쟁을 더 철저한 형태로 계승한다. 다시 말해서, 발전의 방향은 예수로부터 스데파노가 대표자인 헬레니즘계 유다인 그리스도교 공동체로 나아가며, 거꾸로가 아니다. 결국, 기상천외로 보이는 예수의 행위는 예언자 말씀들에서 끄집어낸 것일 수 없다. 마르코 11,17 // 마태오 21,13은 해석을 위해 이사야 56,7("모든 민족을 위한 기도의 집")[2]과 예레미야 7,11("그러나 너희는 그것을 강도 소굴로 만들었다")을 끌어오지만, 실상 이들은 결코 정확히 상황에 맞지 않으며, 따라서 이차적임이 입증된다.[3]

이 모두가 장관스런 성전항쟁이 예수의 행위였음을 말해주지만, 우선 아직 예수까지 거슬러올라가는 것으로서 이 경과를 해석해 주는 말씀은 없다. 한 개인의 행위로서 행동은 틀 속에 놓아둘 때 파악될 수 있다. 분명히 묘사는 고조화를 겪었으니, 그리스도교 전승에서는 갈수록 더욱 예수의 행위로 성전제례가 폐기되었다고 보았기 때문이다. 마르코 11,15는 사고파는 자들을 쫓아내고 환전상의 탁자들과 비둘기 장사꾼의 의자들을 둘러엎고 했다고 말한다.[4] 요한 2,14-15는 장면을 비상하게 극화했다: "밧줄로 채찍을 만들어 그들을 **모두** 양과 소와 함께 쫓아내고 …." 없었을 리 없는 당국의 반응은 이따가 또 다루어야 할 사항이다.

예수 당시에 성전에서 벌어진 상거래를 더 자세히 상상해 내기란 거의 불가능하다. 적어도 부분적으로, "이방인 뜰"에서 이런 일이 있었다는 것만은 확실하다고 여길 수 있다. 본격적 성전 경내를 북쪽과 동쪽과 남쪽으

---

[2] "모든 민족을 위한"이라는 附加語는 마르코 11,17에만 나온다.

[3] 참조: Eppstein: ZNW 65 (1964) 44. — 즈가 14,21의 "그 날에는 만군의 야훼의 집에 커나아니이가 아무도 없으리라"라는 말은 이 페리코페에 영향을 끼치지 않았다(예: Roloff, *Kerygma* 96). 히브리어 낱말 "커나아니이"는 두 가지 뜻이 있다: ① 가나안 사람과 ② 장사꾼. 예언자가 생각한 것은 오히려 첫째 의미다. F. Horst[*HAT*]와 K. Elliger[*ATD*]의 주해들에서도 같은 견해다. *Xavavaîos*로 번역해 놓은 LXX가 이를 확인한다.

[4] 이어서 수수께끼 같은 구절 마르 11,16이 나온다. 성전을 가로질러 물건을 나르지 말라는 금령은 祭禮用具를 두고 하는 말이거나 아니면 聖域을 지름길로 이용하는 것과 관계가 있다. 제례용구와 관련된다면 성전제례의 廢棄로 귀결되는 셈이다. 그렇다면 이 구절도 이차적인 신학적 해석이겠다.

로 둘러싸고 있던 그 큰 바깥뜰에는 이방인도 들어갈 수 있었다. 부분적으로 성전 장터는 성전 바깥 올리브 산쪽 지대에 한정되어 있었다. 대제관 가야파가 비로소 시장의 일부를 이 "이방인 뜰"에 들여놓았다는데, 재미있는 가설이기는 하나 확증할 만한 근거는 없다. 이로써 예수의 행동에 대해 구체적 연결점이 주어지는지는 여전히 의문스러울 수밖에 없다.[5] 아무튼 성전 당국의 용인 없이도 성전 안에 시장이 번창했다는 것은 상상도 못할 일이다. 짐작건대 심지어 당국 자체가 시장을 장악하기도 했을 것이다.[6] 시장에 관해 본문에 제시된 바로 보아 아마도 이방인 뜰에는 환전상들과 비둘기 장사꾼들만 있었다고 결론지어도 될 것이다. 사실 이 제시는 정밀한 인상을 주기 때문이다. 순례 대축제들, 특히 파스카 축제에 즈음하여 성전 시장은 한창 대목을 누렸다고 좋이 상상할 수 있다.

예수의 행동을 웬만큼 상상할 수 있으려면, 하도 짤막해서 과장일 리는 없는 마르코의 기사에 유념해 보자. 예수는 채찍을 휘두르지도 소와 양의 뿔을 쥐어잡지도 않았다 ─ 이 요한의 서술은 성전제례의 폐기를 가리키는 은유로 이해된다. 그보다는 화가 치밀어서 몇몇 환전상과 비둘기 장사꾼에게 대들며 탁자와 의자를 뒤엎어 버린다. 물론 예수의 조처가 일차적으로 겨냥한 것은 이 사람들이 아니라, 이런 시장이 들어서게 한 성전 성직자들이다. 로마 군대가 개입하지 않는 것은 이해할 만한 일이다. 예수는 군사력을 쓰지 않았다. 그들은 그 행동을 이해하지 못했거나 아니면 낌새조차 못 챘을지도 모른다. 그러나 대제관들은 나서서 말을 하는데, 이 점도 마르코는 짤막한 기사에 어울리는 마무리말로 시사할 따름이다(11,18).[7] 여기

---

[5] 이 假說을 주장하는 Eppstein[ZNW 65 (1964) 42-58]은 심지어 30년에 가야파가 결정을 내렸다고 時點까지 제시한다. 이 가설은 또 다른 의문점들도 안고 있다: 가야파는 종래에 사두가이 파가 바리사이 파와 좋은 관계에 있던 것을 민감하게 느끼며 苦心했다고; 예수와 제자들은 올리브 산에 머물면서 이레 동안 淨潔禮를 치르고 나서 성전에 들어갔다고; 등등.

[6] Billerbeck[I 852]에 따르면 이에 해당하는 品目은 제헌용 포도주와 날짐승이었다.

[7] 마르 11,27-33의 權限論爭은 그 특별한 傳承史를 생각한다면 聖殿抗爭에 연관된 문제가 되지 않는다. 이것은 요한의 세례를 둘러싼 논쟁으로 소급된다. 참조: Gnilka, *Markus* II 136-8.

서 아마도 예수의 공감자들인 군중에 대한 고려마저 언급된다는 점이 직접 체포가 저지된 역사상 사실로서 주목할 만하겠다. 마르코복음서의 보도기 사에서 대제관들이 언급되기로 여기가 첫번째라는 것은 매우 중요한 사실 이다. 이것은 예수에 대한 조처에 대제관들이 앞장섰다는 사실을 확인해 준다. 몇 시간 또는 며칠 실행을 미루기는 했을지언정 그들이 행동하게 된 계기인즉 예수의 성전항쟁이었다. 그렇다면 어느 정도 그것은 아직 극단에 까지 이르지는 않았지만 갈릴래아에서 일어났던 갈등과 마지막 사이를 잇 는 "아쉬운 고리"missing link이기도 하다. 사두가이들은 율법과 성전에 바탕 한 국가질서의 수호자로서 이제 이 질서를 예수가 문제삼고 있다는 사실을 볼 수 있었고 또 보아야 했다. 이 측면을 우리는 예수 재판을 설명할 때 더 밝혀낼 것이다.

예수는 이 사태를 어떻게 이해시키고자 했던지를 찾아내려면, 행위 자체 에 그 실마리가 있다. 행동 장소가 성전 안뜰인 "제관 뜰"과 구분된 바깥뜰 인 "이방인 뜰"이기는 하지만, 성전 제관이 이곳에서 행하는 바는 하느님 예배와 관계가 있으며 예배가 이루어지는 성전과 관계가 있다. 타이센은 예수의 행동에서 표출된 성전에 대한 자세를 가리켜 공격성과 정체성이라 특징지었다.[8] 실은 수용과 배척 두 자세를 동시에 알아볼 수 있을 것이다. 품위없는 것은 성전 자체가 아니라, 오히려 사람들이 성전에서 하느님과 상종하는 행태다. 그렇다면 예수의 행동은 의식변화를 부르짖는 열정적 호 소, 회개의 호소가 된다. 이런 의미에서 그것은 다른 제도들에 대한 예수 의 비판에 끼게 되는데, 율법관행인 안식일을 비판하면서도 그것을 폐기 하려 한 것이 아니라 창조주의 뜻에 맞게 재생시키고자 한 것과 마찬가지 다.[9] 예수의 하느님 나라 설교와 관련해서, 다가온 마지막을 앞두고서, 행 동에 옮겨진 회개호소가 그 특별한 모습을 띠게 된 것이다.

---

[8] G. Theißen, Tempelweissagung 144.

[9] 참조: Roloff, *Kerygma* 96: "이렇게 성전에 대한 예수의 입장은 안식일 계명에 대한 그것과 정 확히 부합한다."

한걸음 더 나아갈 수도 있겠다. 어쩌면 성전항쟁의 기회에 예수가 했던 말씀이 실현되어 나타날 수도 있겠다. 마르코 14,58에 따르면 최고의회 재판에서 증인들이 본문에서는 거짓 증언으로 선언되는 다음과 같은 예수 말씀을 신고한다: "나는 손으로 지은 이 성전을 헐어 버리고 손으로 짓지 않은 다른 성전을 사흘 만에 세우겠다." 눈에 띄게도, 이 로기온은 실로 각양각색인 변체가 여러 곳에 나올 뿐 아니라(요한 2,16; 사도 6,14; 마태 26,61; 참조: 베드로 복음 7,26), 또한 요한 2,16말고는 으레 반대자의 비난으로 나타난다. 그렇다면 넷째 복음사가는 이 말씀을 본디 자리에 그대로 두었거나, 아니면 그리스도의 위격에 바탕하여 새로 표현된 나머지 본디 형태는 아니더라도 이리로 되돌려 놓았을 것이다. 이제 이것이 짐작으로 재구성될 수는 없으니, 반대자들의 입에 올려진 말씀으로 어울리게 변형되었겠기 때문이다. 결국 일치하는 기본 구조로 남는 것은 성전의 파괴와 재건을 예고한 말씀뿐이다. 후자가 사도 6,14에서는 변형되어, 순서들이 달라진 문맥 속에 들어가 있다. 본디는 이 말씀이 비인칭 수동태로 되어 있었고, 따라서 결국 하느님을 장차 행동하실 분으로 고지했던 것일까? 아니면 일인칭 형태로?[10] 이 말씀을 예수 성전항쟁의 해석으로 취하고자 할 때, 이 성전항쟁이 예루살렘 성소의 예상된 파괴에 비추어 꿰뚫어보이게 되며, 또한 하느님 나라가 최종적으로 도래할 때의 성전 재건도 그것이 유다교 종말론과 부응하는 그대로 보이게 된다(참조: 토비 13,17; 바룩 5,1-9; 에녹서 90,28-29; 91,13).[11]

---

[10] Theißen, Tempelweissagung 143³에 따르면 일인칭 형태는 반대자들의 謀陷일 수 있겠다. 그렇다면 聖殿破壞 의도를 모함한 셈이다. Theißen[142-3]에 따르면 유다교와 초대 그리스도교에서 유래할 수 없다는 사실로 이 로기온의 親言性이 옹호된다. 유다교의 성전파괴 예고들은 새 성전을 기약하는 일이 없다. 그리스도교의 이른바 vaticinium ex eventu(事後豫告)라면 아예 배제되겠는데, 聖殿再建 예고는 여전히 성취되지 않았기 때문이다.

[11] 해석자들이 예수의 의도로 보는 것은 각양각색이다. Hahn[*Hoheitstitel* 171은 예수의 행동을 이방인들에 대한 종말론적 약속이라 한다. 행동장소가 이방인 뜰이라 해서 그렇게까지 해석하는 것은 지나치다. E. Trocmé[L'expulsion des marchands du temple: *NTS* 15 (1968/69) 1-22]는 젤로데 활동이라 한다. 이 경우 젤로데 개념이 불명하다. 반면에 C. Roth[The Cleansing of the Temple and Zechariah 14,21: *NT* 4 (1960) 164-81]는 예수가 오히려 젤로데에 반대하여 행동한다고 본다. Trautmann[*Handlungen* 121]은 聖殿淨化가 聖殿祭禮의 폐기를 선언하지 않더라도 그 相對化를 상징한다고 말한다.

㉣

최후만찬

일생의 마지막 저녁을 예수는 예루살렘에서 제자들과 더불어 보냈다. 이때 예수와 함께 예루살렘으로 상경한 여제자들도(참조: 마르 15,40-41) 그 모임에 참석해 있었다는 것을 결코 배제할 수는 없다.[1]

이 마지막 밤은 파스카 밤이었을까? 이 물음의 대답은 예수가 제자들과 함께 벌인 잔치를 자세히 규정짓는 일뿐 아니라 예수 사망일을 밝히는 일에도 달려 있다. 예수의 죽음을 신학적으로 파스카 축제에 비추어 해석하는 일은 물론 그 축제가 가까웠기 때문에도 생겨날 수 있었다. 공관복음서들과 넷째 복음서 사이에는 기이하게 생각되는 차이가 있는데, 한편으로는 분명히 파스카 잔치가 전제되어 있는가 하면(마르 14,12-16∥: 루가 22,15-16), 다른 한편으로는 그렇지 않고 역시 분명한 말로 그 날은 파스카 전날 또는 준비일이며 파스카 음식은 예수 사망 후 밤에야 비로소 먹을 수 있을 것이라 한다(요한 13,1: 18,28: 19,14).

쿰란에서 도움을 받아 이 때매김 차이를 조화시켜 보려는 노력이 있었다. 알려진 대로, 쿰란에서는 — 이와 가까운 관계가 있는 「희년서」에서처럼 — 양력을 따르는 한편, 예루살렘 성전에서는 음력을 좇았다. 그 결과 예수 당시 이스라엘에서는 파스카 축제를 다른 두 시기에 지냈던 모양이다. 두 역법에서 다 파스카는 으레 니산 15일, 춘삼월 보름날에 지내게 되어 있었지만, 이 날이 양력에 따라서는 늘 목요일에 해당하고, 음력에 따

---

[1] 마르 14,17에 열두 제자가 언급되어 있다 해서 이 점이 반드시 배제되는 것은 아니다. 그것은 編輯이며(참조: Gnilka, *Markus* II 235), 열두 제자가 증인들로 참석해 있었다는 사실을 확인해 두자는 것이다.

르면 요일이 바뀌었다. 해답인즉 이렇다: 예수는 엣세느 태양력을 좇았으며, 이미 목요일에 파스카 잔치를 벌였다고. 반면에 대제관들은 당연히 성전에서 통용되던 음력을 지켰고, 따라서 요한 18,28에서 알려주는 것처럼 그렇게 말할 수도 있었다고.[2]

이처럼 기발한데도 이 가설은 설득력이 없으며 헛수고였다고 할 수 있다. 넷째 복음서는 예수가 제자들과 벌인 것이 파스카 잔치였다는 인상마저 전달하려 하지 않는다.[3] 또 예수는 이미 목요일에 파스카를 경축하려 했지만 정식으로 성전에서 도살된 어린양을 미처 못 구했으리라고 일단 전제해 보기도 하지만, 이것은 경축의 필수요건이다. 엣세느들에게는 자기네 시기에 성전에서 어린양을 도살하도록 용인되었다는 주장은 허구다.[4]

확실히 공관복음서들에도 ― 마르코 14,12-14∥; 루가 22,15-16을 빼고 보면 ― 파스카 잔치의 자취가 남아 있는 데는 적다. 그런데도 이들의 때매김이 우선한다고 볼 수 있다. 다음과 같은 생각들이 이 견해를 옹호한다: 예수와 제자들은 예루살렘 시내에서 또 밤 시간에 이 잔치를 치른다. 둘다 어김없는 사실이라고 볼 수 있다. 밤시간은 오래된 만찬 전승인 고린토 전서 11,23에서도 확인된다. 둘다 자명한 것은 아니다. 통례로 주식은 해지기 전에 먹었다. 파스카 잔치는 밤에 열렸다. 또 예루살렘 성 안에서 먹을 필요도 있었다. 예수와 제자들이 밤에 올리브 산으로 갔더라도 이 파스카 규정을 어긴 것은 아니니, 올리브 산 지대는 ― 순례자 무리 때문에 ― 파스카 지역에 포함되어 있었기 때문이다.[5]

---

[2] 陽曆說: A. Jaubert, *La date de la cène* (Paris 1957); Ruckstuhl, *Chronologie*.

[3] 참조: R. Schnackenburg, Das *Johannesevangelium* III (Freiburg 1975) 41.

[4] 이 주장을 위해 원용되는 Josephus, *Ant*. 18,19에서는 엣세느라면 聖所에 함께 들어가지 못하게 되어 있었으므로 자기네끼리 犧牲羊을 제헌했을 것이라고 한다. 이 말을 근거로 해서 엣세느들에게 허가된 성전 구역이 따로 있었다는 결론이 나올 수 있는 것은 아니다. 학자들은 私家에서 도살된 어린양으로 또 심지어 파스카 어린양마저 없이 파스카 잔치를 고려하는 그런 논증의 약점을 인정한다. 참조: Ruckstuhl, *Chronologie* 106-7. 또한 曆法 문제들은 으레 엄숙히 따져졌다는 사실도 유념해야 한다.

[5] 참조: Billerbeck II 833-4.

공관복음서 만찬기사에는 파스카의 자취가 좀처럼 남아 있지 않다면, 이것은 이 텍스트가 예식규정으로 사용되었다는 것과 관계가 있다. 즉, 예수에 의해 수행되었던 바를 전승대로 공동체 축제에서, 그것도 해마다 한 번만 파스카처럼 따라 수행할 것이라는 그런 지시사항으로 삼은 텍스트라는 말이다. 요한복음서에서는 때매김이 신학적 이유로 달라졌다. 예수는 파스카 어린양이 도살되는 시간에 죽는데, 이로써 참 어린양으로 입증된다(참조: 요한 1,29; 19,33-36). 그리고 요한 19,31에서 또 달라진 자리가 나타난다고 할 수 있겠다.[6]

그러니까 우리는 예수와 제자들이 파스카 잔치에 모였다고 보아도 무방한데, 그렇다면 파스카 축제의 진행을 잠깐 상기해 볼 만도 하다. 민수 9,13은 파스카의 엄숙성을 상기시키고 그 경축을 게을리하는 자는 겨레에서 절멸되리라고 고지했다. 탈출 12,3에 따르면 그것은 가족축제라야 했다. 회식친교의 대표자로서 그 식구 가운데 하나가 맡아 행한 어린양의 도살과 제헌은 성전 경내 "제관 뜰"에서 "해질 무렵"에 거행되었다(참조: 탈출 12,6). 하고많은 축제 순례자가 예루살렘에 와 있었으므로 축제를 거행할 공간을 발견하기란 짜장 어려운 노릇이었다. 지붕 위와 마당에서도 잔치들을 벌였을 것이다. 가족끼리 진행한 축제의 중심점은 "파스카 학가다", 즉 상 둘레에서 제일 지체높은 참석자가 주례 구실도 하면서 이집트 종살이에서 겨레가 해방된 일을 상기시켜야 했던 것(탈출 12,26-27), 그리고 파스카 어린

---

[6] 여기서 이상스러운 것은 18,28; 19,14와 달리 파스카라는 말이 없다는 점이다. 짐작건대 이 텍스트는 예수 사망일이 共觀書에서처럼 니산 15일이지 파스카 준비일은 아닌 전승에서 유래했을 것이다. 참조: Bultmann, *Johannes* 524⁵. "예슈아를 파스카 전날 저녁에 매달았다"고 하는 바빌로니아 탈무드[*bSanh* 43a]의 전승은 역사상 가치가 없다. 참조: J. Maier, *Jesus von Nazareth in der talmudischen Überlieferung* (Erträge der Forschung 82) (Darmstadt 1978) 219-37. ─ 요한의 날짜매김을 선호하는 견해의 주장자 가운데서도 H. Schürmann[*Der Paschamahlbericht* (NTA 19/5) (Münster 1952)]은 새로운 그리스도교 파스카 축제의 거행과 관련하여 공관 전승이 삽입되면서 파스카 신학이 복잡하게 수정되었다는 점을 고려한다. 공관서 날짜매김을 우선시할 때 제기되는 특정한 난점들은 어렵지 않게 쓸어낼 수 있다. 그 난점인즉, 키레네의 시몬이 들에서 왔다는 것(마르 15,21), 한 사람이 칼을 뽑았다는 것(14,47)인데, 칼은 옷차림에 속하는 셈이고, 시몬은 들에서 일하다가 이 한낮에 돌아오는 것이 아니라 할 수 있겠다. 공관서에 따르면 예수는 파스카 축일에 처형되었다는 결론에 이르지 않을 수 없다. 이에 대해서는 나중에 한마디 해야겠다.

양을 싹 먹어 치우는 것이었다. 이때 포도주를 마셨다. 미리 회식 주례자가 이집트에서의 참상을 상기시키는 뜻으로 누룩 안 넣은 빵을 나누어주었고, 미리 모두들 쓴 나물도 먹었다(탈출 12,8). 어린양을 다 먹고 나서 바치는 감사기도와 연결하여 포도주를 한 잔씩 마셨고, 이어서 짤막한 할렐 시편 몇 편을 낭송했다.[7]

파스카 잔치는 진정 축제 잔치라야 했다. 그 외적 표지인즉 상 앞에서 머리를 한 손에 고이고 방석 위에 비스듬히 드러누워 느긋이 먹는 것이었으니, 이집트에서 첫 파스카 때 허리띠 매고 신발 신은 채 서둘러 먹었던 것(탈출 12,11)과는 반대였다. 파스카 잔치를 지배하던 분위기는 억압의 시대에 확실히 해방의 희망도 있었다는 그런 즐겁고도 미더운 회상이다.

예수는 포학한 자기 운명에 깜짝 놀랐다는 견해가 오래 전부터 자유주의 경향의 주석에서 때때로 주장되었지만, 그것은 주어진 상황을 전혀 비현실적으로 판단한 것이다. 예수가 몇 시간 안 남은 죽음을 앞두고서도 비운을 예감하며 내다보지 못했다고 생각하는 것은 예수의 현실감각을 부인함을 의미한다. 갈등이 거의 끊임없이 예수의 공개활동을 따라다니고 있었을 뿐 아니라, 예수 자신 또한 ― 우리가 이미 확인할 수 있었던 대로 ― 확실히 이 갈등의 압력을 받으면서도 제자들에게 자기 곁에 머무는 것, 자기를 따르는 것이란 위험한 일이라고 주의를 환기시켰다. 그것은 십자가를 따르는 일이며 목숨을 잃을 수도 있는 일이라고(참조: 마태 10,37-38∥). 제자들에게 그런 위험이 다가온다고 보았으면서도 자기 자신에 대해서는 그런 위험을 의구하지 않았다고 말한다면 어불성설이다.

그러므로 예수는 이 최후만찬 때 오해의 여지도 없는 말씀으로 자기 죽음에 관해 말했다면, 이것이야말로 상황에 딱 맞다. 예수는 친언 색조가 매우 짙은, 포기선언이 담긴 로기온으로 이렇게 한다. 그 두 가지 ― 하나로 재구성하기에는 문제가 있는 ― 형태인즉 다음과 같다:

---

[7] 마르 14,26의 "그리고 그들은 찬송가를 부른 다음 …"은 이것을 연상시킨다고 할 수 있겠다.

진실히 말하거니와, 하느님 나라에서 새것을 마실 그 날까지
는 포도나무 열매로 빚은 것을 마시지 않겠습니다(마르 14,25).

사실 말하거니와, 하느님 나라가 올 때까지 이제부터는 포도
나무 열매로 빚은 것을 마시지 않겠습니다(루가 22,18).

이 로기온에서 실제로 일치하는 부분은 죽음의 예언이고, 시간을 규정짓는
부분은 표현형태가 달라져 있다: "그 날까지"; "하느님 나라가 올 때까지".
죽음의 어두운 밤을 꿰뚫고 완성을 바라보는 말씀이다. 마르코의 경우 새
것을 마신다는 발설은 이차적 가필일 것이다.[8] 예수는 자기 죽음을 바라보
면서도 확신을 투철하게 고수한다는 점이 중요한데, 이 확신을 여기서도
우선 이런 친언 방식으로만 밝힌다. 종말론적 전망으로 보면 이 말씀은 바
실레이아 메시지의 마지막 강조라는 의미도 있다.

　이 로기온에 또 더 담긴 것이 있는지는 문제로 남아 있다. 예레미아스[9]
는 여기서 ― 루가 22,15와 관련지어 ― 축제에 즈음한 단식 발표를 듣고
자 했는데, 예수는 마지막 시간에 이스라엘의 회개를 위해 스스로 단식을
결행하기로 발표했다는 것이다. 초기 그리스도교에 그런 지향으로 행하는
파스카 단식이 있었다는 사실을 우리는 알고 있다. 예수 자신에게 이것이
별로 문제될 것은 없다.

　일반적으로 이해하건대, 하느님 나라를 내다보면서 확신을 담아 놓은 이
종말론적 말씀에서 확인되는 것인즉, 예수는 이 시간에 확실히 자기의 잔
학한 죽음을 고려하고 있었고, 또한 자기 선포의 중심내용을 이루는 바실
레이아의 대망을 확신에 차서 고수하고 있었는데, 다만 여기서는 우선 자
기 일신과 일신상 기대에 관련된 방식으로 말했다고 할 수 있다는 것이다.

---

[8] 마르 14,25에는 時間提示가 이중으로 나타난다: "하느님 나라에서"와 "그 날". 참조: Gnilka,
Markus II 243; K. Berger, *Die Amen-Worte Jesu* (BZNW 39) (Berlin 1970) 54-8.

[9] J. Jeremias, *Abendmahlsworte* 199 210.

그래서 그 친언성이 진지하게 논란된 적이라고는 없는 이 로기온은 이 만찬 때에 또 특별한 점으로 더해지게 된 바를 재구성하기 위해 중요한 출발점이 된다.

예수 죽음의 확실성으로 보나 예수의 확신으로 보나 이미 예상되어 있던 점이거니와, 예수는 하느님 나라에 관해 더 나아가 표명하기를, 그 나라란 자기가 하느님의 위임으로 사람들에게 내놓은 구원 제안의 나라라고 했다. 사실 이 상황에서야말로 필요했던 점이거니와, 예수는 하느님 나라의 계속될 진행에 관해 소개를 해주었다. 또 고도로 개연성이 큰 점이거니와, 예수는 자기 죽음을 아직 이루어지지는 않은 채 기다려지고 있던 것에 연결지었다. 더 나아가 썩 그럴 법한 점이거니와, 예수는 자기 죽음에 해석도 달아 주었는데, 그것은 그저 한 윤리적 해석 이상의 것으로서, 오히려 자기를 대망되던 하느님 나라에 다소간 직접적으로 또는 구원적으로 연결짓는 해석이었으니, 우리가 이미 보았다시피, 예수는 자기 소임을 수행함에서도 바실레이아의 재래자로서 단지 그 사절 이상이었기 때문이다.

예수에 의해 사람들에게 재래되는 최종적 구원으로서의 바실레이아와 예수에 의해 구원의 죽음으로 이해되는 임종의 가능성 사이에 괴리와 모순을 제기하면서 양자가 서로 배제하는 관계에 있다고 생각한다면, 그것은 한정된 시각에 갇혀서 바라보기 때문이다.[10] 예수가 이 시각까지 구원의 죽음으로 이해되는 임종에 관해 말한 적이 없다는 것은 옳은 말이다. 그러나 이것은 예수가 이제는 — 이제만 — 이에 관해 말할 수 없었다는 뜻이 결코 아니다. 통계적 이유 또는 발설 회수라는 이유로, 그 일회성 때문에 이 말씀을 부정해 버릴 수는 없을 것이다. 오히려 이 시각에 예수에게는 죽음의

---

[10] 이 점을 엄숙히 인정하면서 Vögtle[ÖK 21]가 내놓은 反論을 Schürmann[Tod 43-6]도 분석한다. 예수의 죽음 해석을 입증하기란 우리에게 불가능하다는 다른 해석은 루가 22,14-18이 만찬 전승보다 오래되었다는 생각에 근거한다. 예: Bultmann, Geschichte 285-6. 그러나 루가 22,14-18은 짐작건대 마르 14,25에 근거할 것이다. 참조: Schneider, Lukas 444. 이 입장에 대한 반론: Schürmann, Tod 59-60; Merklein: BZ 21 (1977) 235-6. 예수는 잔학한 자기 운명에 깜짝 놀랐고 따라서 자기 죽음을 해석할 수 없었다는, Bultmann[Geschichte 286]이 전제하는 것으로 보이는 견해는 지나간 것이라고 볼 수 있다.

확실성과 더불어 이스라엘에서 자기 활동이 실패했다는 인식이 주어져 있었다는 사실을 유념할 일이다. 이 인식으로 말미암아 예수는 체념이나 절망에 이르게 되는 것이 아니다. 예수의 확신은 이 임종을 하느님의 손에서 받아들이고자 하는 자세를 내포한다. 예수는 아버지의 뜻과 일치하여 죽음의 운명을 받아들인다면, 이 일치에서 예수의 메시아적 소임이 배제될 수는 좀처럼 없다. 이로써 예수의 죽음은 예수 소임의 지평 속에 들어선다. 예수가 자기 죽음을 확실히 인식한 나머지 이 소임을 배제해 버렸다는 것은 개연성이 없다. 예수는 하느님의 뜻에 순종하는 인간의 죽음보다 큰 죽음을 죽는다.

이런 생각들에 근거하여 또한 믿을 만하게 되거니와, 예수는 하느님의 뜻과 일치하여 자기 죽음에 특별한 해석을, 구원에 해당하는 해석을 부여했다. 그렇다면 또 쉽사리 납득되거니와, 이 해석은 특별히 두 가지와 관련되니, 곧 제자들을 뒤에 남아 있을 이들로서 고려한다는 것, 이스라엘에서 실패한 체험도 고려한다는 것이다.

최후만찬 때 나타난 예수 죽음 해석의 특별한 결과인즉, 예수는 그 해석과 관련지어서 선물을, 빵과 포도주 한 잔을 건네주었다는 데 있다. 유다교 잔치 때 빵과 포도주를 먹고 마시는 것은 당연하지만, 그것이 이제 예수의 죽음 해석으로 비추어지게 된다. 이 선물이 특별히 예수 죽음의 해석으로서 건네어진다는 점을 하도 강렬하게 느낀 나머지, 예수의 최후만찬과 맺어진 부활후대 공동체의 주님 만찬 감사례에서는 이것이 능히 독립될 수 있었고 사실 독립되어 있었다. 그러니까 일상의 주식과는 분리되어 있었다는 말이다.[11] 해석하는 말씀이 성찬례 때 회식 주례자의 상례적 행동에 맞추어 분명히 공언되었다. 주례자는 빵을 쪼개고 잔을 마실 때에 따르는 기도문을 낭송해야 했다. 첫째는 주식을 시작하면서 찬양기도와 이어졌고, 둘째는 마지막에 감사기도와 연결되었다. 예수의 최후만찬 때에도 그러했

---

[11] 1고린 11,17 이하에서는 이미 이 분리를 전제한다. 여기서는 배불리 먹는 일이 聖餐禮에 先行한다.

으니, "같은 모양으로 만찬 **후에** 잔을 드시고"(1고린 11,25; 참조: 루가 22,20)라는 오래된 표현에도 엿보이는 바와 같다.[12]

선물을 건네주는 행동이 후대에 부각되고 독립되면서 거기에 예수 죽음의 해석이 갖추어져 있었다는 것은 그것이 제자들과 함께한 예수의 최후만찬에 소급한다는 증빙이라고 볼 수 있다. 건네주는 선물에 맞추어 발설되는 해석 말씀은 새로운 말씀이라고 여길 수 있는데,[13] 아마도 이 잔치 때 모두가 함께 나누어 마시는 잔도 그러할 것이다. 그러나 파스카 잔치 또는 예수 당시 유다교 잔치 때 포도주를 마시는 형식이 어떠했던지, 각자가 자기 잔에서 마셨던지 아니면 모두가 하나인 잔에서 나누어 마셨던지에 관해 우리는 확실히 아는 바가 없다.[14] 아무튼 함께 나누는 잔이 이미 곧 부활후대 주님 만찬례의 표지가 되었다(참조: 1고린 10,16).

그러므로 그 특별한 경축의 진행인즉 이러했다: 예수는 주식의 시작에 즈음하여 넓적한 빵을 들고, 축도를 드린 다음, 쪼개어서, 그 조각들을 — 그 선물을 해석하면서 — 제자들에게 나누어 주었다. 끝에는 감사기도를 바친 다음, (자기의?) 포도주 잔을 두루 돌렸는데, 이것도 해석을 했다.

특별한 난점 때문에 예수가 발설한 해석 말씀을 재구성해 보려는 노력을 단념하고서, 종말론적 잔치를 내다보는 고별연[15]을 거론하거나, 아니면 더욱 조심스럽게 신비적으로 한 뜻깊은 연회[16]를 말할 수도 있겠다. 또한 축복의 빵과 축복의 잔을 건넴에 깔려 있는 주는 동작을 지적하면서 오로지

---

[12] 여기서 유념할 것은 전통을 고수하는 이 慣行이 고린토의 만찬례 관행과 偏差가 있다는 사실이다. 참조: 각주 11. 마르 14,23 // 마태 26,27은 "만찬 후에"를 간단히 "또"로 代置한다. 이로써 이들은 공동체 관행을 고려하고 있다.

[13] 파스카 잔치의 특별한 점들로 해석되는 것은 그 음식을 권하는 것과 상관없다. 密敎祭禮 식사 때의 해석 말씀들: Klauck, *Herrenmahl* 92. 이들도 진정한 類例는 아니다.

[14] 유다교 잔치 때 잔을 함께 나누어 마셨다는 주장자들은 정식으로 Dalman[*Arbeit und Sitte* IV 393; *Jesus* 140]을 원용한다. 그러나 그 典據인즉 後代의 것들이다: Maimonides와 *bBer* 51a. 별난 中間解答으로 Billerbeck[IV 58 (zu Lk 22,17)]은 제자들이 저마다 자기 잔을 채우는 식으로 서로 나누어 마셨다고 주장한다.

[15] Vögtle: *ÖK* 23.   [16] Lessig, *Abendmahlsprobleme* 245.

여기서만 죽음으로 들어가는 예수가 유증하는 구원을 가리키는 축복을 볼 수도 있겠다. 그런 동작이 이 의지를 향해 있는 것은 확실하다. 그러나 이미 우리는 예수의 구원적 죽음 해석을 고려하고 있으므로 한걸음 더 나아갈 수 있다.

재구성을 위해 고려해야 할 환경인즉, 이 텍스트가 예식규정 구실을 했으며 전례 관습이 해석 말씀에 네 가지 다른 형태로 새겨졌다는 사실이다 (마르 14.22-24; 마태 26.26-28; 루가 22.19-20; 1고린 11.23-25). 이리하여 그 발설형태가 현저히 압축되기에 이르렀다. 확실히 예수는 훨씬 많은 말을 했을 것이다. 예컨대 축복이나 감사 기도의 말씀들도 우리에게는 전승되어 있지 않다. 텍스트는 예수가 축복과 감사의 기도를 바쳤다는 확인에만 만족한다. 표현상으로는 압축이 있는데도 내용상으로는 신학적 풍부화를 고려해야 한다. 그것은 본질적으로 두 가지 해석 범주인데, 예수의 죽음을 "위하여 죽음" Sterben für으로 나타내는 속죄와 대리 사상, 그리고 계약 사상이다.

마르코와 마태오에 따르면 둘다가 "많은 이를 위하여 쏟는 내 계약의 피"라는 "잔 말씀"에 맺어져 있는데, 이것은 의심없이 발설의 과부하過負荷를 의미한다. 루가와 바울로에 따르면 속죄 사상이 "그대들을 위하여 (내주는) 내 몸"[17]이라는 "빵 말씀"에 맺어져 있는데, 다만 "많은 이를 위하여" 대신 "그대들을 위하여"라는 증여형식으로 표현되어 있으며, 계약은 잔 말씀과 맺어져 있다.

썩 광범한 동의에 따라, 이 버전의 잔 말씀인 "이 잔은 내 피로 맺는 새 계약입니다"를 더 오래된 전승이라고 볼 수 있다. 아직 피가 희생제물과 잔의 내용으로서 시야에 들어오지는 않는다. 오히려 돌리는 축복의 잔이 중심점에 있는데, 그것은 예수의 피, 즉 다가와 있는 잔학한 죽음의 힘으로 기다리던 하느님 나라 면전에서 하느님과의 새로운 친교를 보증하는 그런 것이다. 이 해석은 예수에게도 귀착될 수 있다. 예레미야 31.31에서 예

---

[17] 루가에만 $\delta\iota\delta\acute{o}\mu\varepsilon\nu o\nu$이 나온다. 루가는 잔 말씀도 속죄 사상과 연결짓는데("그대들을 위해 쏟는"), 분명히 마르코에 의존해 있다.

언자가 날들의 마지막을 위해 새로운 계약을 고지하는 대목을 성서학적 고찰에서 제시한다는 사실을 가리키면서 이를 이차적인 것이라고 배제해 버려서는 안되겠다. 계약 사상은 전형적으로 구약성서적이고 유다교적이며, 확실히 어떠한 헬레니즘 영향에서도 자유롭다.[18] 또한 그것은 적절한 방식으로 유다 민족에 의한 메시지의 거부도 고려한다. 그러므로 그것이 단수로 나타난다는 것은 예수 죽음의 확실성과 더불어 주어진 새로운 상황도 함께 유념한다면 심각하게 비중을 띠고 드러나는 일이 아니다. 해석 말씀은 둘째의 잔 말씀으로서 포기의 로기온("사실 … 마시지 않겠습니다")에 대해 경합 관계에 있는 것이 아니니, 후자는 예수 친언의 색조가 짙은 큰 확신의 표명을 서술하기 때문이다.

속죄 사상은 이차적으로 만찬 전승에 들어왔겠다. 그렇다면 빵에 관한 해석 말씀으로 남는 것인즉 "이것은 내 몸입니다"인데, 아람어 "구프"(구파)의 의미로 이해되는 말이다.[19] 그 빵은 표지로서 예수 자신을 대표한다는, 곧 "이것은 나다"라는 뜻이었다. 이 해석은 예수가 거듭 다시 사람들과 함께한 회식들을 가리켰다는 그런 의미에서 예수의 활동에 속할 수 있다. 하느님 나라가 최종적으로 개시될 때까지의 (짧은) 시기에는 이 빵이 예수의 대리자다. 예수의 더 많은 말이 담겨 있던 만찬의 자세한 내용을 모르는 우리에게 이 해석 말씀은 이해하기 어려운 말로 나타날 수도 있거니와, 게다가 식사로 말미암아 잔에 관한 해석 말씀에서 떨어져 있었다. 그러나 우리로서는 재구성할 수 없게 된 이 해석 말씀의 함의를 고려하자는 것도, 이 제안에 동참하겠다면 할 수는 있다.[20]

---

[18] 참조: Marxsen: *EvTh* 12 (1952/53) 298.   [19] 참조: Dalman, *Jesus* 130-1.

[20] 다른 再構成을 제시하는 Merklein[*BZ* 21 (1977) 235-8]은 贖罪 사상을 더 본래적이라고 寵愛하는데, 그러나 이를 빵 말씀과 ὑπὲρ πολλῶν의 형태로 연결짓는다. 잔 말씀으로서는 마르 14,25만 인정하며, 따라서 잔에 관한 본격적 해석 말씀은 용인하지 않는다. Klauck[*Herrenmahl* 308-9.321]도 근본적으로 이 견해를 이어받는다. 속죄 사상을 契約 사상보다 選好해야 할지 숙고할 일임은 제쳐놓고라도, 이 재구성에서는 ὑπὲρ πολλῶν이라는 용어가 어느 텍스트에서도 빵 말씀과 연결되어 있지 않다는 難點이 나타난다. Marxsen[*EvTh* 12 (1952/53) 303]은 1고린 11,23-25에서 예수의 텍스트를 본다. 나 자신의 推論: Gnilka, *Markus* II 240-3.247-9.

그러니까 예수는 표지로써 자기 죽음을 해석했으며 이스라엘에 대한 자기 구원 제안을 고수했다. 사람들이 예수의 죽음으로 열린 하느님과의 계약에 최종적 하느님 나라의 상속기대자로서 참여하게 될, 그리고 예수가 빵의 표지로 사람들 가운데 남아 있다는 그런 만찬을 예수는 제자들에게 남긴다. 예수는 이로써 자기 죽음에 대해 구원을 실현하는, 그러나 하느님 나라를 향해 그 실현을 바라보아야 할 그런 효과를 인정했다. 계약과 바실레이아의 결합은 또한 두 개념이 그 역사와 특징으로 보아 밀접한 상관관계에 있기 때문에도 좋이 가능한 일이다.[21] 이 특별한 만찬례가 앞서 행해지던 사람들과의 회식친교와 관련하여 되풀이되는 것 역시 관심사였다고 말할 수도 있다.

내다보기

이 단원에서 설명한 예수 생애의 여러 가지 여건들은 그야말로 갖가지 다른 모양으로 영향을 끼쳤다. 갈등은 부활후대 상황에서 교회와 회당 사이의 논쟁으로 계속되고 치열해졌다. 이 논쟁의 두드러진 텍스트가 된 것은 율사와 바리사이에 대한 불행선언(마태 23장)인데, 이것은 그 나름으로 복잡한 발생사와 전승사가 있거니와, 이미 우리는 여기에 예수의 갈등보다 후대의 논쟁이 훨씬 크게 새겨져 있다는 것을 확인할 수 있었다. 이것이 나중에 오해들과 연결되어 율사와 바리사이에 대한, 유다인에 대한 상투적 비난이 생겨나는 데 일조했으므로, 이 지점에서는 특별한 방식의 회고가 요청되는 것으로 보인다.

예루살렘 입성과 성전항쟁의 페리코페들은 어느 정도 예수 활동의 동기 포착에 해당한다. 계속 이야기되고 전달되면서 이들은 그리스도론적이며 신학적인 성격들이 풍부해졌다. 입성 페리코페에서는 적나라한 메시아상이

---

[21] 참조: G. Quell: *ThWNT* II 123-7; M. Weinfeld: *ThWAT* I 804-6.

드러나게 되는데, 즈가리야 9,9("보라, 네 왕이 오신다")가 그 주도적 표상이 되었다. 성전항쟁은 예수에 의한 성전제례 폐지 효과를 점점 더 강조하는 방향으로 해석되더니, 마침내 요한 2,13-22에 이르러서는 죽고 부활한 그리스도가 옛 성전을 대신하여 이를 해체하게 되고, 이로써 새 공동체 예배의 구심점이 된다.

이해할 만한 일이거니와, 가장 풍부하게 발전되는 것은 만찬 전승이다. 사실 이 만찬은 공동체의 주님 만찬례 속에 계속 살아 있다. 여기서는 이 만찬례에서 건네어지는 선물들이 더욱 강렬하게 시야에 들어온다는 것, 이들이 희생(과 속죄) 사상에 연결되며 만찬례 선물의 효과가 풍부함이 성찰된다는 것을 지적하는 정도로 그칠 수밖에 없다. 요한계 성찰에서는 각자가 고양된 그리스도와 결합하고 그를 거쳐 하느님과 결합하는 인격적 일치가 드러나게 되며 만찬례 선물들을 누림에 영원한 생명을 얻음이 달려 있게 된다(요한 6,51b-58). 바울로계 성찰에서는 교회적 요소가 더 강하게 부각된다. 만찬례에서 많은 사람이 누리는 하나인 빵은 이들을 세상 안의 공동체인 (그리스도의) 몸의 일치로 결합한다(1고린 10,16-17).

재 판 과 처 형

그날 밤에 예수는 체포되었다. 이로써 필연적으로 빨리 진행되어 보일 수 밖에 없는 사건들이 한 사슬을 이루며 속속 나타났다. 사실 이튿날 해가 지기 전에 예수는 죽었다. 살해당해 세상에서 제거되었다. 이 사건들은 어떤 지휘가 필요했고 준비도 필요했다. 그 전모를 꿰뚫어보기란 오늘날 우리로서는 더욱 매우 어렵게만 가능하다. 가장 확실한 점에서 출발하자면, 그것은 십자가에 의한 예수의 처형이다. 여기서 이미 나오게 되는 결론인즉, 필경은 로마인이 예수를 사형에 처했다는 것이요, 예수를 거슬러 제기된 고발은 — 우선 아주 일반적으로 표현하건대 — 로마 제국에 의해 유지되던 정치적 공공질서를 교란했다는 그런 정치적 고발이었다는 것이다. 사실 팔래스티나의 유다전쟁에 이르기까지 로마 총독들의 시대에 대해 우리가 아는 모든 십자가형은 정치적 이유로 생겨난 결과였다.[1] 사태의 판단이 복잡해지는 것은 우리가 그 재판 과정에 유다인 측이 참여해 있었다는 사실을 유념할 때다.

독자가 이 마지막 사건들의 재구성에 따라가기 쉽게 하기 위해 각 사건들을 떼어놓고 보자. 우선은 각 사건을 외적 경과로 묘사해 보자는 말이다. 그러고 나서야 둘째 걸음으로, 그처럼 예수를 거슬러 행동하게 된 법

---

[1] 참조: Kuhn: *ZThK* 72 (1975) 3-4.

률적이며 표준적인 동기들을 밝혀 내도록 애써 보자. 예수의 처신에 관해 우리가 알게 되는 것은 적다. 복음서들의 수난사화에서 제시되는 예수는 침묵하는 분, 감수하는 분, 수난하는 분이다.

㉠

체 포

"그리고 그들은 찬송가를 부른 다음 올리브 산으로 떠나갔다"(마르 14,26). 이 지적으로 최후만찬 대목은 마무리된다. 예수의 체포는 결국 올리브 산에서 일어난 일이다. 그 전에 한동안 예수의 치열한 기도가 있었다는 것은 그럴법하고도 남는 일이다. 재판절차의 단계를 매기기 위해서는 누가 체포하러 나갔더냐는 물음이 크게 중요하다. 복음서들의 소개는 서로 엇갈린다. 마르코 14,43에 따르면 대제관들과 율사들과 원로들, 즉 최고의회가 체포대를 내보냈다. 마태오 26,47은 그에게 특징인 표현형식으로 이 보고를 대제관들과 백성의 원로들에 한정시킨다. 루가 22,52는 대제관들과 성전경비대장들과 원로들을 체포에 직접 참여하게 하는가 하면, 요한 18,3은 부대의 파송자로서 대제관들과 바리사이들 외에 특별히 "스페이라"σπεîρα(군대)와 "킬리아르코스"χιλίαρχος(천부장: 18,12)도 언급하는데, 그러니까 이미 예수의 체포에도 로마인을 동참시킨다. 성직자들이 몸소 올리브 산에 나타났다는 것도 개연성이 없거니와, 로마군의 가담 또한 이미 그 숫자 때문에라도 — 한 스페이라는 약 600명이었으니 — 역사상 사실로 인정할 수 있는 일은 아니다. 루가와 요한에 제시된 것은 화자들의 의도에 따른 것이다. 루가는 성직자들을 예수가 그 상황에 대해 질책하며 자기 입장을 밝히는 본격적 상대자로 이해시키려 한다. 넷째 복음사가에게는 어느 모로 보나 유다인과 로마인이 한패가 되어 재판과정 전체에 동참했다고 시사하려는 관심사가 역력하다. 요한의 예수 수난사화에서는 재판의 로마인 측을 강력히 전면에 내세우는 것과 같다. 만일 로마인들이 예수의 체포에 가담했더라면, 직접 빌라도에게로 압송했을 터이다.

무척 이름없어 보이는 무리 가운데서 한 사나이가 두드러지는데, 그가 부대의 지휘자였겠다. 그는 "대제관의 종"이라고 일컬어진다(마르 14.47//). 이것은 그가 결코 중요하지 않은 자가 아니라 대제관의 신임을 받고 있던 충복임을 가리킨다.[1] 체포령은 현직 대제관이 내렸다. 최고의회 의장으로서 그는 그런 조처를 취할 권한이 있었다. 상위의 로마인 재판권은 하위의 유다인 재판권에 대해 결코 어떤 강권을 행사하지 않았고, 오히려 민사재판 부분의 특정 사례들뿐 아니라 짐작건대 극형 사안에서도 예비적 소임을 맡겨 두었다.[2] 부대가 무장을 했다면, 예수를 위험하게 여겼거나 혹시라도 있을 저항을 감안한 것이다. 그러나 그런 지경에 이르렀을 리는 없다. 두말할 나위도 없는 사실로, 체포된 사람은 예수뿐, 제자 가운데는 아무도 없기 때문이다. 한 제자라도 진정으로 저항을 했더라면, 그도 함께 체포되기 십상이었을 것이다. 예수가 붙잡히자 제자들은 모두 달아났고, 예수를 곤경에 버려 두었다. 시몬 베드로만은 관심을 드러내어 스승이 어찌 될지 보려 하지만, 그것도 고작 잠시 동안이다.

제자의 칼부림 일화는 추가된 역설적 이야기인데, 체포 때의 표준 인간에 대한 조롱거리에 알맞다. 마르코 14.47에 따르면 부대원 가운데 하나가 혼란 와중에서 실수로 대제관 종의 귀를 자른다는 인상마저 받게 된다. 이것은 더욱 역설이다. 다른 복음서들에서는 한 제자가 치게 한다면, 이것은 아마도 제자들의 짐을 덜자는 것이겠다(마태 26.51; 루가 22.49; 요한 18.10).

체포대와 함께 유다 이스카리옷도 무대에 등장한다. 충분히 믿을 만한 이 보고는 그러니까 유다의 짓이라고들 하는 것을 예수의 체포와 연결짓는다. 그런데 이것은 유다가 예수의 적수들과 결탁했음을 제자들이 알아차리게 된 유일한 역사상 증거 포착 지점이다. 유다의 동기에 대해 복음서들은

---

[1] 다윗은 1사무 29,3에서 왕의 종으로, 나아만도 2열왕 5,6에서 마찬가지로 일컬어진다.

[2] 참조: Volkmann, *Rechtsprechung* 136-7. 더 자세한 與件提示는 거의 불가능하다: 그것은 한 警察措處였을까, 또는 拘束令狀을 가지고 행한 체포였을까? 대제관의 종을 수행한 武裝者들은 最高議會의 法廷官屬일까, 아니면 聖殿警備隊의 소속대원일까? 후자가 더 개연성이 있어 보인다. 참조: Blinzler, *Prozeß* 126-8. 여기서는 그러나 법정관속들로 斷定한다.

침묵하고 만다.[3] 어떻게 그것이 제자들에게 어둠 속에 남아 있을 수밖에 없었던지, 무슨 약정이 선행했던지도 말해주지 않는다.[4] 무엇 때문에 유다의 구실을 주장했느냐는 물음에 대한 가장 근사한 대답인즉, 그는 예수가 밤에 머물던 곳을 알고 있었다는 것과 예수를 체포하는 사람들에게는 예수가 확실히 알려져 있지 않았다는 것이다. 그러고 보면 눈에 띄거니와, 사람들은 예수를 붙잡기 위해 한밤 시간을 택했다. 여기서 또 추정할 수 있거니와, 서두르라는 명령이 있었을 것이다. 대제관은 갈릴래아 출신 축제 순례자들 가운데 예수의 공감자들이 있어 체포를 방해할 수도 있으리라는 점을 감안했다.

제자들의 도망 목적지는 필경 자기네 고향 갈릴래아였다. 그들이 더 오래 예루살렘에 머물렀을 개연성은 작다. 열두 제자 가운데는 아무도 십자가 길이나 십자가 아래에 나타나지 않는다. 갈릴래아 귀향은 부활사건들의 재구성을 위해 중요한 의미가 있다. 예수는 대제관에게로 끌려간다.

---

[3] 예수에 대한 실망이 한 동기일 것이다. E. Stauffer[*Jesus-Gestalt und Geschichte* (DTb 332) (Bern 1957) 86 158⁴]의 제안은 幻想的인데, 유다는 會堂의 충실한 아들로서 요한 9,22에 언급된 회당 逐出 때문에 예수를 넘겨주는 것이 종교법상 의무라고 보았다는 것이다. 이 축출은 넷째 복음서가 생겨난 시대에 비로소 해당하며 예수 당대에 해당하는 것이 아니다.

[4] 마르 14,10-11 //은 이차적 推論이며, 話者들의 동기에서 그려져 나온 한 원수像이다. 문제점: H.-J. Klauck, *Judas - ein Jünger des Herrn* (QD 111) (Freiburg 1987).

유다인 법정의 예수

유다교 최고 사법기관으로서 "베트 디인 하믹돌"(대심원)이라고도 불린 "산헤드린"(최고의회)은 의원 70인으로 구성되어 있었는데, 만일 예수 당시에 이미 「미슈나」의 해당 규정[1]이 유효했다면, 현직 대제관도 71번째 의원으로 추가되었을 것이다. 70이라는 수는 모세 시대 원로의회의 선례에 따라 정립되어 있었으므로(민수 11.16) 이렇게 볼 수 있다. 물론 의결 정족수로 적어도 판관 23인의 출석이 필요하다는 규정[2]도 이미 유효했던지는 문제로 미루어 둘 수밖에 없다. 아무튼 대제관과 원로와 율사라는 세 파벌 가운데서 맨먼저 꼽히는 대제관들이 가장 영향력이 컸던 것은 의심없는 사실이다. 플라비우스 요세푸스도 최고의회 "의결"βουλή을 거론할 때면 으레 대제관들을 우선순위에 둔다. 그는 원로들을 "세도가들"οἱ δυνατοί로 지칭하는 수도 있는가 하면, 그가 말하는 "바리사이 명사들"이란 율사 파벌에 속한 바리사이라고 이해할 수 있겠다.[3] 그들의 비중을 과소평가해서는 안될 것이다. 그들은 백성에게 영향력이 컸으므로, 사두가이 의식을 가진 대제관들과 원로들은 확실히 거듭 새삼 바리사이들의 의견을 참작할 필요가 있었다. 사두가이와 바리사이 사이에 입장의 차이점들이 있었다는 것은 잘 알려진 사실이다(참조: 사도 23.1-12).[4]

공관복음서들은 최고의회 모임에 관해 보고한다(마르 14.53-65∥). 넷째 복음서는 예수 포박 후 가야파의 장인 안나스의 집에서 있었던 심문을 이야기

---

[1] 미슈나 *Sanh* 1,6; *Scheb* 2,2.   [2] *Sanh* 4,1.

[3] Josephus, *Bellum* 2,411, 참조: 2,331.316; *Vita* 5.

[4] 참조: J. Wellhausen, *Die Pharisäer und die Sadduzäer* (Hannover 1924) 30.

하는데(요한 18.12-14.19-24), 이것은 예수를 가야파에게 압송하는 것으로 끝난다. 거기서 일어난 심문에 관해 요한이 더 들려주는 것은 없다.

최고의회 심문 페리코페의 역사상 가치를 두고 문학과 법학의 두 가지 이유로 의문이 제기되었다. 설명인즉, 이 페리코페는 후대의 문학 소산인데, 마르코 복음서 후에 또는 이미 그 이전에 옛 수난사화에 추가되었다는 것이다.[5] 법학적 논증은 이렇다: 속령 유다의 법상황인즉, 로마인들이 유다인 최고 사법기관인 산헤드린에다가 "칼의 권한"potestas gladii 또는 "칼의 법"ius gladii이라는, 유혈 처형도 할 수 있는 전권을 맡겨 놓은 그런 상태였다고. 만일 최고의회 판관들이 예수 재판에 참여했더라면, 예수 사례에서는 만사를 스스로 로마인들의 협력이 없이도 처리했을 터이니, 사형을 언도하고 처형하되, 짐작건대 돌로 쳐 죽이게 했을 것이라고. 그러나 예수는 빌라도의 판결을 받고 십자가형을 받았고, 따라서 소송 당사자로서 유다인 측은 배제된다고.[6]

예수 재판과 관련하여 많은 토론이 벌어진 "칼의 법"이라는 문제는 소상히 밝혀 들어가야 한다. 기원 6년 이래로 유다는 기사 신분 출신 총독praefectus이 관장하는 로마제국 속령이었다.[7] 총독이야말로 속령의 정식 영주인 재판권자였으니, 요세푸스가 「유다전쟁」에서 시사하듯이[8] 짐작건대 황제의 특명으로 유혈 처형을 포함한 포괄적 재판권이 맡겨져 있었다. 여느 속령들에서 이미 극형 관할권은 총독에게 유보되어 있었다면,[9] 제국의 변경에 자리한 속령이요 불안과 소요의 불가마였던 유다의 경우야말로 더욱

---

[5] 비판: S. Schulz, *Die Stunde der Botschaft* (Hamburg 1967) 131; P. Winter, *Markus* 14,53b.55-64 ein Gebilde des Evangelisten: *ZNW* 53 (1962) 260-3; Hahn, *Hoheitstitel* 195; Linnemann, *Studien* 109-34.

[6] 근자에 이 주제의 기초를 놓은 이는 H. Lietzmann이다: *Der Prozeß Jesu* (SPAW 14) (Berlin 1931) 313-22; Bemerkungen zum Prozeß Jesu: *ZNW* 30 (1931) 211-5, 31 (1932) 78-84.

[7] 참조: Volkmann, *Rechtsprechung* 126-50 („Die Gerichtsorganisation der Provinzen").

[8] Josephus, *Bell.* 2,117: "그는 황제로부터 死刑宣告權을 포함한 領主權을 받았다." 참조: *Ant.* 18,2.

[9] 참조: Volkmann, *Rechtsprechung* 136-7.

더 그러했다고 볼 수 있다. 유다에 대해 로마인들이 택한 행정구조 또한 시사하는 바가 컸으니, 기사 출신 총독에게 맡겨진 작으면서도 반역적으로 여겨지던 그런 속령들에서만은 상례적으로 총독의 직권에 재판과 군사의 전권이 혼합되었기 때문이다. 그러므로 어느 모로 보나 "칼의 권한"이 총독에게 있었다는 것은 분명하다.[10]

이 시대에 유다인 쪽에서 사람들을 처형했다는 반증사례들을 들먹이는 것은 설득력이 없다.[11] 두 사례만이 문제로 남는데, 성전 출입제한과 스데파노 투석처형이다. 로마인들은 유다인들에게 비유다인이 성전 경내에 들어오면 누구나 사형에 처할 것을 승인했다.[12] 이 승인은 예외적인 것으로 평가되어야 한다. 일단 실제로 비유다인이 성전의 성소에 들어갔더라면 무슨 일이 일어났을지 우리는 모른다. 그런 사례가 전해지는 바는 없다. 그런 경우라면 최고의회는 로마인들의 협력 없이도 한 인간을 정식으로 사형에 처할 수 있었을까? 그랬을 개연성은 없다.[13] 스데파노에 대한 돌질은 주해자들의 일치된 해설에 따라 사형私刑이라고 평가될 수 있다.[14] 스데파노는 재판절차 없이 성난 사람들에 의해 예루살렘 성문 앞에서 돌에 맞아 죽었

---

[10] 참조: Müller[Vollzug 52-8]는 유다 총독의 제약없는 全權을 날카롭게 밝혀냈다.

[11] 對立事例를 꼽자면: 야고보 사도의 처형은 한 제관의 딸을 죽인 사례도 짐작건대 그랬던 것처럼 短期間 이스라엘을 再統一하여 재판권을 완전히 장악했던 아그립파 1세 왕 시대(41-44년)에 해당하고, 주님의 아우 야고보의 처형은 Porcius Festus가 죽은 뒤 총독 空席중에 일어난 일로 보이나 로마의 영향력 행사가 역력하며, 그리고 스데파노 投石處刑이 성전 출입제한이 꼽힌다. 또한 참조: 요한 8,53 - 9,11.

[12] 참조: Josephus, *Ant.* 15,417; *Bell.* 5,194; 6,124-6; 4,182; Philo, *Leg. Gaj.* 212. 上記한 경우에 대해 사형으로 위협하는 내용으로 성전 안뜰 둘레에 게시했던 警告板 가운데서도 둘이 발견된다: 하나는 이스탄불에, 다른 하나는 예루살렘에 있다. 참조: Blinzler, *Prozeß* 238-40.

[13] 사도 21,27-35에 따르면 성난 백성이 성전에서 바울로에게 대항하며 죽이려 한다. 그들이 특히 비난하는 것인즉, 그가 그리스인을, 에페소 사람 드로피모를 성전에 데리고 들어갔다는 것이다. 이것은 여러 비난 가운데 하나일 뿐이다. 로마인들은 바울로의 재판이 로마 법정에 의해 處決되는 대로만 介入한다. 사도 22,25-29에 따르면 바울로는 로마 市民權이 있다.

[14] R. Pesch, J. Roloff, A. Weiser의 사도행전 주해에서는 한결같이 사도 6,12 - 7,2에서 가리키는 最高議會 재판이 예수 재판에 비교된다고 평가한다. R. Pesch[*Die Apostelgeschichte* I (EKK V/1) (Zürich 1986) 236]는 사도 6,15에 나오는 최고의회란 본디 地方會堂의 審理會였을 가능성을 감안하는데, 그러나 여기서도 재판에까지 이르지는 않았다고 한다.

다. 예외 사례들을 계기로 법사학자 파울루스[15]는 주목할 만한 구별을 하게 된다. 그는 총독이 유다인들을 방조하여 한 인간을 합법적 형식으로 죽이게 하는 것과 유다인들이 사실상의 방도로 이 목적에 도달하는 것을 구별하고자 한다. 둘다 해당 사례가 드문 과정이다. 아무튼 결론인즉, 최고의회에는 "칼의 권한"이 없었다는 사실이다.

이 고찰들에 근거하여 마르코 15,1에서 전하는 보고는 그 핵심이 역사상 신빙성을 띤다: "바로 그 새벽에 대제관들이 원로들과 율사들과 함께, 곧 온 최고의회가 결의를 하여, 예수를 묶어 데려가서 빌라도에게 넘겼다." 최고의회의 결의 내용인즉 예수를 총독에게 넘긴다는 것이다. 이로써 실정법 상황도 완전히 인지되어 있다. "칼의 권한"이 없는 유다인 측은 극형 재판을 관철하자면 로마인들에게로 향할 수밖에 없었다.

그렇다고 해서 최고의회 재판의 상세한 기사(마르 14,53-65//)도 덮어놓고 배제해 버릴 수는 없다. 시편을 반영하는 대목들이 얽혀들어 있는 것이 특징인 그 설화 형태상 나머지 수난사화와 일치하며 그 구성부분임이 입증된다.[16] 핵심점은 예수의 메시아 품위에 관한 대제관의 심문이다. 예수의 대답은 그리스도교 신앙고백에 비추어 꼴지어져 있으면서도 예수의 왕권에 관한 빌라도 법정 절차에서와 유사한 발언에 기대어 있다.[17] 이 점에 대해서는 거기 가서 다시 살펴봐야겠다. 여기서 주목할 만한 점은 거짓 증언으로 낙인찍으며 도입하되 예수의 저항행위로 연결지어 놓는 성전 로기온이다. 예수의 성전항쟁에서 체포를 거쳐 재판에 이르는 과정의 한 자취라고 할 수 있겠다.

요한복음사가가 가야파 심문 때 최고의회 재판을 이야기하지 않는다면, 그것은 그의 역사지식이 나아서가 아니라 화자로서 신학적 의도 때문이다.

---

[15] C. Paulus: *ZSRG* 102 (1985) 439.

[16] 특히 중요한 대목들은 義人의 苦難에 관한 詩篇에서 나온 것들이다. 논증: Gnilka, *Markus* II 279-81.

[17] 주목할 것인즉 두 裁判記事의 竝行形態, 곧 판관의 심문 – 예수의 대답 – 예수의 침묵이다.

그는 예수의 공개활동 전체를 단 한 차례의 소송 비슷한 "유다인들"과의 논쟁으로 서술했고 따라서 의식적으로 유다인 법정 심문을 기피했다.[18]

재판을 판단하기 위해 이 점도 숙고해 볼 만하다: 로마인 법정의 재판은 완전 공개리에 진행되었는가 하면, 유다인 판관들은 문을 닫아 걸고서 회의를 했다. 대제관 저택의 뜰에서 진실을 부인하고 곧 사라져 버리는 시몬 베드로는 증인으로서 매우 한정적으로만 문제가 된다.[19] 최고의회 재판의 페리코페를 꼴짓는 데서는 화자가 어느 정도 더욱 자유롭게 손질을 했으며, 여기에는 확실히 신학적 관심도 더욱 강하게 배어 있다. 그러나 아무튼 예수를 올리브 산에서 대제관에게로 또 나중에는 여기서 빌라도에게로 압송한 것은 공공연한 사실이다.

어디로 예수는 압송되었던가? 어디서 유다인 판관들은 회의를 했던가?[20] 마르코 14,52; 마태오 26,57; 요한 18,24에 따르면 예수는 간단히 대제관 가야파에게로, 루가 22,54에 따르면 대제관의 집으로 끌려간다. 당시 최고 의회 의사당은 짐작건대 크쉬스토스 광장 근처 튀로푀온 계곡에 있었다. 그러나 가야파의 저택에서 회합할 수도 있었는데, 아마도 심지어 이곳이 더 개연성이 크다 하겠다. 루가 22,66에 오도되어 유다인 판관들은 이튿날 아침에야 비로소 모였다는 견해에 이르러서는 안되겠다. 마르코와 마태오에서는 밤 시간의 심문 장면에다가 특별히 밤중에 불 쬐던 데서 일어난 베드로의 부인 이야기를 묶어넣은 것도 분명하지만, 예수가 한밤중 시각에 체포되었을 뿐더러 "바로 그 새벽에" 빌라도에게 넘겨지게 되었다는 지적(마르 15,1)에 주목해야 한다. 이것은 로마인 판관들이 이른 아침 동틀녘에 회의를 시작했다는 로마인 법정 관행에 부합한다.[21]

---

[18] 참조: J. Blank, *Krisis* (Freiburg 1964) 310-5; F. Hahn, Der Prozeß Jesu nach dem Johannesevangelium: *EKK* V2 (Einsiedeln 1970) 23-96.

[19] 베드로 否認의 역사상 再構成: Gnilka, *Markus* II 294-5.

[20] 참조: E. Lohse: *ThWNT* VII 861; Blinzler, *Prozeß* 166-70.

[21] 참조: Seneca, *De ira* 2,7,3: ad forum prima luce properantia.

유다인들의 심문을 법절차상으로 어떻게 평가할 것인가? 최고의회의 표준적 의원들이 가야파의 집에 모인 것은 확실하다. 마르코 14,64(참조: 10,33)에서만은 과연 그렇게 보이는 것처럼 공식적으로 사형판결을 내렸다면, 확실히 최고의회 전원의 회합이었다고 생각할 수도 있겠다. 그러나 정식 형태의 사형판결이었을 개연성은 매우 작다. 유다의 총독이라면 자기 자신의 심문에 애쓸 때라도 최고의회의 협조자로 나타났을 것이다. 더 나아가 최고의회는 사형을 언도할 자격도 없었다고, 즉 "칼의 권한" 박탈은 그런 판결의 선고에도 미쳤다고 볼 수 있다.[22] 그러므로 유다인 법정의 심문은 말하자면 고발자로서 로마인 법정에 제소할 예정으로 사형에 해당할 만한 고발 죄목들을 수집한 그런 예비조사였다고 할 수 있을 것이다. 더욱이 모인 장소가 대제관의 집이지 공식 의사당은 아니었다는 것이 사실이고 보면, 최고의회의 표준적 대표자들이 행동했을 뿐이며 최고의회의 공식회의가 열린 것은 아니라고 전제하고 나아가도 되겠다.[23]

---

[22] 참조: Müller, Vollzug 56-7.

[23] 한술 더 떠서 대제관의 심문을 최고의회의 회의와 분리해 버리는 것도 적절하지 않다. Strobel, *Stunde* 12. 참조: E. Schweitzer, *Das Evangelium nach Markus* (NTD 1) (Göttingen ⁴1975) 176.

로마인 법정의 예수

이미 말한 대로 유다의 총독은 자기 관할 지방의 최고 법관이며 군대 통수권도 있었는데, 그의 주요 소임은 치안과 질서를 유지하는 데에 있었다. 그는 제국 사법권의 담임자였다. 강제권으로 그는 외방인peregrinus, 곧 로마 시민이 아닌 사람들에 대해 거의 무제한한 전권을 쥐고 있었는데, 이것은 예수에게도 해당하는 바였다.[1] 강제권은 질서의 거역자와 손상자를 징벌하는 권한을 당연히 내포했다. 여기서 말할 나위도 없이 전제되는 원칙인즉, 로마 인민의 안녕이 최고의 법이라는 것이었다.[2]

전권의 표지로 그는 칼을 찰 수 있었다.[3] 바로 강제야말로 임의를 전제하는 것이었으니, 실상 이것은 형법 밖의 소관사였다.[4]

이렇게 볼 때, 빌라도라면 외방인인 예수를 덮어놓고 형식없이 처형시킬 수도 있었을 것이다. 어떤 의미로 "직권"에 의해 십자가에 못박게 할 수도 있었으리라. 그러나 예수는 그 절차가 완전했든 불완전했든 재판을 받았다. 로마인 재판절차의 윤곽은 복음서들에서 충분히 알아볼 수 있다. 대제관의 집에서 법적 준비로 정식 절차에 애쓴 것도 쉽사리 알 수 있다.

로마인 법정의 목표는 유죄 확인이다. 이에 이를 수 있는 길은 여러 가지다. 로마 형법의 역사에는 발전이 있었다. 우리가 가장 잘 아는 로마 시국의 법은 총독의 권리를 뚜렷이 밝힌다. 쿵켈[5]은 모든 형태의 로마 재판에 대해 네 원칙을 꼽는다: ① 심리는 공개한다. ② 고발은 사적 당사자 측에

---

[1] 참조: Mommsen, *Strafrecht* 229-50.57; Mitteis-Wilcken I/1,28-43; Gnilka, Prozeß 25-8.

[2] 참조: H. Last: *RAC* III 235-43 중 236-7.   [3] Dio Cassius 53,13,7.

[4] Mommsen, *Strafrecht* 897.   [5] W. Kunkel, *Kleine Schriften* 23.

397

서 행한다. ③ 변호의 권리가 존립한다. ④ 판결 선고는 심의consilium를 거쳐서 행한다. 이에 추가되는 원칙으로, 자백의 경우에는 "자백이 판결을 갈음한다"confessus est pro iudicato라는 법언에 따라 선고가 필요없다. 아우구스투스 시대의 총독 법정에서는 단독 판관으로 구실하는 총독의 피고인 심문이 중심점으로 등장한다. 이렇게 해서 관할 속령 최고의 법관이라는 총독의 지위에도 부응하게 된다. 총독은 배심원들의 자문을 받을 수도 있지만 그 의견에 의존하지 않는다(참조: 사도 25,12).[6] 고발자들이 받아들여졌다. 다른 속령들의 경우 총독이 배심재판부를 배석시켰다는 전거가 있다. 배심원의 선발은 그러나 총독에게 완전히 일임되었다.[7] 유죄 확인의 결과는 필경 판관이 단독으로든 합의로든 매양 한가지로 범행 성립이라는 관점에서 얻는 확신에서 나온다.[8]

예수 재판에서는 배심재판에 관해서도 배심원에 관해서도 들리는 바 없다. 배심재판은 유다에서 상례가 아니었으며, 빌라도에게도 거리가 멀다. 그가 심의에 애를 썼는지는 좀처럼 밝혀질 수 없다. 반면에 예수 심문에서 아람어 통역자가 필요했으리라고 추정할 수는 있다.[9] 예수 재판의 주된 내용인즉 대제관들(아니면 그 대표자들?)이 제출한 고발과 빌라도가 실시한 심문이었다. 공관복음서 재판기사도 이 기본구조에 따라 꼴지어져 있다. 대제관들은 고발하고, 빌라도는 묻고, 예수는 대답하거나 침묵한다(마르 15,2-5//). 대제관들이 몸소 재판에 임석하려고 애썼다는 것은 충분히 믿을 만해 보인다. 플로루스 총독이 집정하던 시대의 다른 사례에서도 "대제관들과 귀족들이 온통 시민의 가장 우러름받는 사람들인 양" 재판석 앞에 정렬했다고 전해진다.[10]

---

[6] Josephus, *Ant.* 20,117에 따르면 Cumanus 총독은 "친구들의 諮問을 받아" 한 군인을 처형시켰다. 이것도 陪審員들을 가리킨다고 평가할 수 있다. Mommsen, *Strafrecht* 139-40.

[7] 키레네의 첫째와 넷째 布告令이 이를 증언한다. 참조: Volkmann, *Rechtsprechung* 144.

[8] Mommsen, *Strafrecht* 435.   [9] Paulus[*ZSRG* 102 (1985) 442[+33]]도 그렇게 본다.

[10] Josephus, *Bell.* 2,301.

예수는 묶인 채 빌라도 앞에 섰다(마르 15,1). 이 날 아침에 로마인들이 다루어야 할 일로는 예수 사건만이 아니라 다른 두 사람의 사안도 있었는데, 짐작건대 노상강도인 이 사람들은 나중에 예수와 함께 처형될 것이었다. 게다가 바랍바의 사안도 나타난다. 공개재판 장소에 대해서는 성전구역 북서쪽에 있는 안토니아 성이라는 설도 있고, 야파 성문 근처의 헤로데 궁이라는 설도 있다. 약 1,900m²나 되는 엄청나게 큰 돌포장이 안토니아 근처에서 발견되자 전자가 유리한 설이 되었는데, 이로써 요한 19,13에 언급된 "리토스트로톤"(돌포장)이 발견되었다고 생각했기 때문이다.[11] 마르코 15,8에서 "군중이 올라가서"라고 하는 것도 안토니아를 두고 말하는 것으로 보이는데, 이곳은 북쪽에서부터 성전 자리 뒤쪽으로 가파르게 깎아지른 암석지대에 있었기 때문이다.[12] 그러나 오늘날 백일하에 드러난 이 돌포장도 어느 모로 보나 빌라도 시대에는 아직 없었던 것 같은데, 이곳은 "엘리아 카피톨리나"Aelia Capitolina, 즉 유다전쟁으로 파괴된 다음 로마인들에 의해 재건된 예루살렘에 귀착되어야겠기 때문이다. "올라가다"란 법률 전문용어로, "재판에 가다"와 같은 뜻이다. 총독들은 옛 통치자들의 궁전에 주재소를 개설하는 것이 관례였다. 우리가 알다시피 플로루스도 왕궁에 묵었다.[13] 헤로데 궁이 예수가 빌라도의 선고를 받은 장소라고 여길 수 있다.[14] 그 궁 앞에 공개재판에 알맞게 툭 트인 장소도 있었다.

빌라도가 예수에 대해 독자적으로 처리하려고 애썼다는 것을 보여주는 사실로, 그는 단순히 유다인 성직자들의 의견을 인수하려고만 하지 않고, 오히려 스스로 사태의 진상을 파악하려고 노력했다고 할 수 있겠다. 신학적 의도가 강렬히 각인되어 있는 복음서의 기사들이 계기가 되어, 빌라도

---

[11] "갑바타"라는 명사는 의미가 불명하다. 아람語인데, λιθόστρωτον이 그리스어 번역인 낱말은 아니다. 아마도 "높은 곳"이나 "대머리 앞이마"라는 뜻이겠는데, 그렇다면 地形과 관련되는 셈이다. 참조: Dalman, *Jesus* 13; Billerbeck II 572.

[12] 참조: Kopp, *Stätten* 415.   [13] Josephus, *Bell.* 2,301.

[14] 참조: Blinzler, *Prozeß* 256-9; Kopp, *Stätten* 415-21.

는 결국 정식으로 사형을 언도하지 않았다는, 오히려 예수를 십자가에 넘겨준 것은 강제권 행사 가운데 하나인 단순한 행정조처라고, 집행명령이나 집행판결 또는 그 비슷한 것일 따름이라고 평가할 수 있다는 그런 견해가 전개되었다.[15] 요한 19.13만이 빌라도가 "베마"βῆμα(재판석)에 앉았다고 말하는데, 이것은 정식 판결을 전제하는 셈이다(참조: 마태 27.19). 루가 23.34도 "판결하다"라는 낱말이 흘러들어오게 하는데, 그밖에는 "십자가형에 처하라고 넘겨주었다"라는 문장이 우세한 비중을 차지하고 있다(마르 15.15: 마태 27.26: 요한 19.16). 그러나 이것은 예수의 수난 전체에 관류하고 여기서 그 목적에 이르게 되는 그런 "넘김"παραδιδόναι이라는 신학적 동기에 상응하는 표현이다(참조: 마르 9.31: 10.33: 14.10-11.18.21.41-42.44: 15.1.10.15).

복음서의 기사들에서는 두 가지로 유도하는 경향, 즉 로마인 빌라도는 면책하고 유다인 쪽은 견책하려는 경향이 나타난다. 이에 따르면 빌라도는 거의 자기 의사와 반대로 예수를 십자가형에 처하도록 명령해 준다. 그런데 그는 확실히 현실정치가였다. 알렉산드리아의 필로[16]가 그에 대해 내놓는 ― 우리에게 전해진 것 가운데 가장 상세한 ― 증언에는 좀처럼 남의 비위를 맞추는 내용이 없다. 굽힐 줄 모르고, 제멋대로이며, 고집스러운가 하면, 뇌물도 좋아하고, 폭력도 자행한다는 것이 여기서 그를 두고 말하는 속성들이다. 또 물론 압력을 받는 처지일 수도 있었다.[17] 그러나 아무튼 이 모두에서 지나친 결론을 끌어내어서는 안되겠다. 그래서 벵어가 생각한 것인즉, 빌라도는 예수 재판의 종결에서야 정식으로 재판석에 올랐으며, 반

---

[15] 예: M. Dibelius: *Botschaft und Geschichte* I (Tübingen 1953) 221-47, 특히 226-7; W. von Ammon, Das Strafverfahren gegen Jesus von Nazareth: *Nachrichten der Evangelisch-Lutherischen Kirche in Bayern* 8 (1953) 69-72; V. Achter, *Der Prozeß gegen Jesus von Nazareth* (Köln 1964) 38-9. 참조: Mommsen, *Strafrecht* 240².

[16] Philo, *Legatio ad Gajum* 299-305.

[17] 참조: J. Blank, Die Johannespassion: K. Kertelge 편 *Der Prozeß gegen Jesus* (QD 112) (Freiburg ²1989) 148-82 중 167. 한 좋은 예가 金箔 防牌 이야기인데, 빌라도는 이것들을 헤로데 宮에 걸게 했다가 ― 유다인들의 맹렬한 반발에 밀려 ― 치우게 할 수밖에 없었다. Philo는 바로 위의 대목에서 이 이야기를 전한다.

면에 그 전에는 되도록 판결선고 없이 심문을 끝내고 싶었으므로 비공식으로de plano 다루었다는 것이다.[18] 성직자들이 빌라도 법정에 제소하는 형태로 유다인 측이 참여했다는 것은 이미 우리가 확인한 바이다. 군중의 (더 간접적인 방식의) 참여는 우리가 곧 거론할 이른바 "파스카 사면"Pascha-Amnestie과 관련하여 나타난다.

더러 법사학자들은 예수의 자백으로 재판이 끝났다고도 생각한다.[19] 자백으로 해서 판결이 필요없어졌으므로, 예수는 십자가 죽음에 넘겨질 수 있었다고. 여기서 근거삼는 것인즉, 유다인들의 왕이냐는 로마인의 물음에 대한 예수의 답변이다(마르 15.2//). 그러나 예수가 무엇을 자백했다는 말인가? 제소된 대로 유죄라고 인정했다는 말인가? 아니면 예수의 침묵이 자백으로 파악되었다는 말인가? 의인의 침묵도 물론 시편들의 한 동기다(참조: 시편 38.14-16; 39.10; 이사 53.7). 마르코 15.2의 "당신이 그렇게 말합니다"는 게다가 분명한 긍정이 아니라 만사를 미결인 채로 두는 그런 대답이다.[20]

재판은 정식 사형판결로 끝났다. 심문 환경으로 보아, 대제관들이 고발자로 출석해 있었고 심문 시간도 이른 새벽부터 시작하여 지속했다는 점으로 보아, 이 추정이 설득력이 있다.[21] "너는 십자가에 오르리라"가 로마인의 입에서 예수의 귀로 들려 온 선고였다. 빌라도가 "베마"를 사용했다는 것, 즉 정식으로 재판석에서 판결했다는 것은 거의 더 말할 나위도 없이 전제될 수 있다. 총독이 판관직을 행사할 때 "베마"를 이용하는 것이 얼마나 당연한 일이었던지를 말해주는 수많은 전거가 있다.[22]

---

[18] L. Wenger, Über erste Berührungen des Christentums mit dem römischen Recht: *Miscellanea G. Mercati* 5 (StT 125) (Città del Vaticano 1946) 569-607 중 578. 참조: Noch einmal zum Verfahren de plano und pro tribunali: *ZSRG* 62 (1942) 366-76.

[19] G. Thür - P.E. Pieler: *RAC* X 386; Paulus: *ZSRG* 102 (1985) 442.

[20] 참조: Gnilka, *Markus* II 300.

[21] 참조: Strobel, *Stunde* 135-6; Sherwin-White, *Roman Society* 47; A. Steinwenter: *Jura* 7 (1956) 263-6.

[22] 파피루스 문헌에서 나온 典據들: Mitteis - Wilcken II/1,36. 또다시 Josephus[*Bell.* 2,301]도 참조: "Florus는 … 이튿날 궁궐 앞에 裁判席을 설치시켰다."

그런데 예수 재판은 복음서들의 보고에 따르면 바랍바 장면에 의해 한 차례 중단을 겪는다. 마르코 15,6; 마태오 27,15; 요한 18,39에 따르면 총독이 정기적으로 허가한 파스카 사면과 연결된다. 다만 루가 23,18은 파스카 사면을 언급하지 않는 것이 눈에 띈다. 루가에서는 바랍바의 석방이 재판석 곁에 모인 군중의 함성을 통해per acclamationem 관철된 일로 나타난다.[23] 두 버전 가운데 어느 것이 우선할까? 바랍바는 죄수로(마태 27,16), 강도로(요한 18,40) 소개된다. 그는 시내에서 일어난 폭동 때 살인을 했다(루가 23,19; 마르 15,7). 짐작건대 젤로데 당의 한 지휘자로서 민중의 공감을 얻을 수 있었을 것이다. 이름이 전해진다는 것은 — 오래된 수난 전승에서 그밖의 이름들도 그렇듯이 — 보고되는 현상이 믿을 만하다는 증거다.

파스카 축일에 정기적으로 총독이 한 죄수를 사면해 주었다는 데 대해서는 논란이 있다. 요세푸스는 그런 사면에 대해 아는 바가 없다. 더러들 한 「미슈나」 대목을 근거로 삼는다. 그러나 그 연대를 확실히 규명할 수 없다. 그런 사면이 무슨 사유와 관계가 있는지, 로마와 관계가 있는지 아니면 유다와 관계가 있는지, 한 수감자를 실제로 석방한 것인지 아니면 파스카 잔치에 동참할 수 있도록 가석방을 허가한 것인지 또한 확연하지는 않다.[24]

"암네스티아"ἀμνεστία(사면)는 그리스 법개념이다. 로마 형법에는 이 개념이 나타나지 않지만, 그런 내용이 전혀 없는 것은 아니다.[25] 당연히 로마인도 은사恩赦 형식들을 알고 있었다. 가장 유행한 것은 면소abolitio, 곧 형사소추의 법적 기각과 사죄venia, 즉 선고된 전과의 말소.[26] 위에 말한 난점

---

[23] 파스카 赦免을 끼워들이는 루가 23,17은 이차적이다. 일부 텍스트 증언에만 나온다.

[24] Pes 8,6에는 한 收監者가 出監을 약속받았다는 이야기가 있다. 이것이 總督의 약속이었을 개연성은 극히 낮은데, 그렇다면 連累者들이 수감자를 위해 개입하기로 약속했다는 迂廻路를 택할 수밖에 없다. bPes 91a에서는 분명히 로마인 감옥에 대해 말하는데, 이것이 Pes 8,6과 관계가 있는지는 의문이다. 여기서도 Blinzler[Prozeß 319]는 Strobel[Stunde 122-3]과 반대로 물음표를 단다.

[25] Mommsen, Strafrecht 458.

[26] 참조: Mommsen, Strafrecht 452-6.473-7; W. Waldstein, Untersuchungen zum römischen Begnadigungsrecht, Abolitio - indulgentia - venia (Innsbruck 1964).

들을 근거로 루가 버전을 우선시하는 것이 바람직하다. 즉, 바랍바의 동조자들이 "함성으로" 자기네 애호자의 석방을 관철했다. 그런 일이 있을 수 있었다는 것을 우리는 85년쯤 이집트 총독 셉티무스 베게투스의 재판석 앞에 끌려갔던 피비온의 유사한 사례에서 알고 있다.[27] 아마 총독이 뇌물을 받았으리라고 생각해 볼 수도 있겠다. 우리가 알다시피 유다 총독 알비누스는 거액만 내밀면 곧잘 죄수를 출감시켰다.[28] 나중에 디오클레티아누스 황제는 범죄자를 방면하라거나 무죄자를 단죄하라는 그런 민중의 함성이라면 무시하라고 판관들에게 경고하게 된다.[29]

우리는 예수가 선고받은 같은 날 아침에 바랍바가 석방되었다고 전제한다.[30] 이 두 사안이 밀착되기에 이른 것은 나중에 일어난 결과다. 이로써 화자는 군중을 능동적으로 예수의 판결에 연루시킬 수 있었던 것이다. 그리스도인인 화자로서는 사람들이 예수를 편들지 않았다는 것이 이해할 수 없는 노릇이었기 때문이다.[31]

갈릴래아 지방 영주 헤로데 안티파스가 간접적으로나마 소송에 관여했다는 데 대해 역사상 증빙으로 남아 있는 것은 없다. 우리는 그가 세례자 요한을 처형시켰다는 것을 알 뿐이거니와, 그가 예수도 혐의를 품고서 지켜보고 있었다고 추정할 수 있다(참조: 루가 13,31). 파스카 축일에 예루살렘에 머

---

[27] 참조: Gnilka, Prozeß 35.

[28] 참조: Josephus, *Ant.* 20,215. 이 Albinus 총독 치하에서 sicarius들이 풀려난 일이 파스카 사면에 대해 말해주는 바는 없다. 우선 이와 관련하여 언급된 赦祭가 더는 자세히 규명되지 않았을 뿐더러, 또 한편 여기서 다루는 것은 그 지역에서 되풀이되던 脅迫恐喝사건들이다. 참조: Josephus, *Ant.* 20,208-10. 한 中道를 Strobel[*Stunde* 125]은 제안한다. 定期的 파스카 사면을 參酌하되, 바랍바의 석방은 喊聲으로 貫徹되었다고 생각하는 것이다.

[29] 참조: R. Eisler, *Jesous Basileus ou basileusas* II (Heidelberg 1930) 464².

[30] Bultmann[*Geschichte* 293¹]은 바랍바의 석방이 역사상 恩赦 사례이되, 나중에 加筆된 것이며 공동체 전승에 의해 예수 판결의 날로 거슬러올라가 때매김된 것이라고 생각했다. 그러나 두 절차의 同時性을 인정해야만 그 비교적 강력한 隣接性이 분명히 납득된다.

[31] 바랍바가 풀려난 길이 abolitio인지 venia인지는 물론 未知數로 접어두어야겠다. Waldstein[(각주 26) 41-2]은 venia를 찬성한다. 그렇다면 바랍바는 旣決囚인 셈이다. 그러나 abolitio도 생각해 볼 수 있다.

물 때면 그는 자기 궁궐에 살았다. 거기 빌라도도 정주했다. 아무튼 루가 23,6-12 페리코페는 성서상 증거가 확실하며 시편 2,1-2에 대한 예화로 평가될 수 있다: "어찌하여 이방인들이 날뛰는가? … 세상의 왕들이 나서 고 통치자들이 모여 주님과 그분의 기름부음받은 분을 거역하는도다"(참조: 사도 4,25-28).[32]

---

[32] 더러 해석자들이 헤로데 안티파스를 예수 反對勢力의 標本으로 보았는데, 주석학상 오류였 다. 분석: Blinzler, *Prozeß* 293-300.

"죽을 죄"

예수의 "카우사 모르티스"causa mortis(죽음의 이유), 즉 사람들이 예수를 비난하며 사형선고의 꼬투리로 삼았던 그 "죽을 죄"라는 것을 찾아내고자 할 때 가장 확실한 출발점이 되는 것은 십자가형이라는 기정사실이다. 이미 위에서 지적했거니와, 당시 팔래스티나에서 십자가형은 으레 정치적 동기가 있었다. 예수에 대해 제기되었고 빌라도에게 인상을 심어줄 수 있었던 고발은 이 넓은 틀 속에 넣어서 보아야 한다.

그런데 십자가에 죄목패가 있다. 마르코 15,26의 가장 짧은 형태가 원형이라고 여길 수 있다. 내용인즉, "유다인들의 왕"이다.[1] 죄목은 공개되어 있었다. 이 관행이 1세기에 처형 때 일반화해 있었던 것으로 입증되어 있다. 전거들로 보아 그 목적은 오해의 여지도 없이 명백하다. 선고받은 자에게 죄목이 적힌 패를 앞에 달고 있게 하여 그의 처벌 이유를 되도록 다수의 공중에게 알리자는 것이다.[2] 수형자의 머리 위 십자가 꼭대기에다 죄목패를 달았다는 전거는 없다. 아무튼 마르코의 보고는 아직 이런 부착을 전제하지 않는다(참조: 마르 15,26). 다른 복음서들은 그렇게 표현하는데, 장면을 예수 왕국의 선포라는 의미로 양식화한다(마태 27,37; 루가 23,38; 요한 19,19).

---

[1] 루가 23,38: "이는 유다인들의 왕"; 마태 27,37: "이는 유다인들의 왕 예수"; 요한 19,19: "유다인들의 왕 나자렛 사람 예수"(세 가지 言語로).

[2] Suetonius, *Caligula* 32: "牌를 앞에 달고 있는데, 거기 그의 處罰理由가 적혀 있었다"; Suetonius, *Domitianus* 10: "범죄자는 '尊嚴을 冒瀆한 트라키아 附逆者'라고 적힌 패를 목에 받아 걸고서 鬪技場을 빙 돌게 된다"; *Dio Cassius* 54,3,7: "死刑宣告의 이유를 公示하는 書板을 가지고서 廣場 한가운데를 통과했다"; Eusebius, *Historia Ecclesiastica* 5,1,44: "그는 圓形劇場에서 조리돌림을 당했는데, 이때 서판에 라틴語로 적어 그를 알리는 내용인즉 이러했다: 이는 그리스도인 Attalus다".

십자가 명패는 예수의 "카우사 모르티스"를 믿을 만하게 전해 준다. 예수의 "죽을 죄"인즉 왕을 참칭했다는 것이다.[3]

가야파와 빌라도, 즉 유다인 법정과 로마인 법정이 예수 재판에서 협력했다는 사실에 다시 한번 주목할 필요가 있다. 두 법정은 자기네 법관념에 따라 행동했다. 덮어놓고 오판을 운위하는 것은 적절치 않다. 총독이 십분 재판권을 구사했다 하더라도, 그의 처사를 전횡이라고 상상해서는 안된다. 빌라도 당시에 매주 누군가가 십자가에서 죽어갔다는 것은 전혀 실상과 다른 말이다. 무정부 상태가 비로소 대두되는 것은 유다전쟁이 가까워지면서 총독에게 닥쳐온 불안과 관련해서다. 그래서 우리에게 들리는 것이 콰드라투스 대사와 펠릭스 총독과 플로루스 총독 치하에서 무더기 십자가형이 있었다는 것이요. 나중에는 티투스가 예루살렘 점령 때 수많은 유다인을 십자가에 처형시켰다는 것이다.[4] 그리스도 전대에는 알렉산더 얀네우스 대제관과 퀸틸리우스 바루스에 의한 무더기 십자가형들이 있었다.

총독은 비록 제국 법치의 대표자이지만 황제에게, 때로는 심지어 시리아 대사에게도 이실직고할 책임이 있었다. 유다인 측은 이것을 이용할 줄 알았고, 짬짬이 항소사절들을 로마로 보냈다. 한 사례에서는 시리아 대사 움미디우스 콰드라투스가 유다인 명사들뿐 아니라 쿠마누스 총독마저 로마로 보내어 황제 법정이 그들의 분쟁을 조정하도록 조처했다.[5] 빌라도에게는 가야파 대제관이 맞상대였다. 가야파가 이례적으로 긴 치세를 누리다가 빌라도와 거의 동시에 직위를 잃었다면, 여기서 나올 수 있는 결론인즉, 그가 어느 정도 로마인들의 우대를 누렸을 뿐 아니라 빌라도도 그의 공조를

---

[3] Kuhn[*ZThK* 72 (1975) 6]의 懷疑는 옳지 않다. 필경 복음서들도 이 慣行의 典據가 된다. 자주 나타난 관행은 아닐지도 모른다. 아무튼 여기서 우리의 지식은 貧弱할 따름이다.

[4] 참조: Josephus, *Bell.* 2,241.253.306-8; *Ant.* 20,129.160-6; Schürer, *Geschichte* III 색인 72. 무더기 처형은 다른 屬領들에도 있었다. 아시아 속령 총독 Volesus는 Augustus 시대에 300명을 도끼로 죽이게 한다. 이 일로 그는 원로원에 불려가 해명하게 된다. 참조: Seneca, *De ira* 2,5,5.

[5] 이 이른바 Transmission(移送): Mommsen[*Strafrecht* 239-43. 저자는 종종 일어나는 몹시 恣意的인 卽決處斷에 비하면 총독의 형벌권이 심지어 緩衝效果마저 있었다고 보며, 可恐할 사례로 스데파노의 投石處刑을 인용한다(239⁴⁴). Quadratus의 介入: Josephus, *Ant.* 20,129; *Bell.* 2,241.

이용했다는 것이다. 혹은 낮게 말하자면 둘다 서로 공조를 이용할 줄 알았다고 할까? 어쨌든, 빌라도야 종당에는 직권남용 탓으로 시리아 대사 비텔리우스에 의해 면직되고 말았다.

유다인과 로마인 법정 사이의 소송법상 공조는 성전을 거스르는 범행의 경우에서야말로 특별히 쉽사리 상상할 만하다. 로마가 대제관을 임명해 놓던 유다 총독 시대에는 로마가 성전에 대해 최고감독권을 행사했다. 성전에서는 날마다 황제와 로마 인민을 위해 제사를 드렸다.[6] 성전 침범의 경우 공조의 전거로 말하면, 이미 언급한 대로 성전구역 둘레에 사형으로 위협하는 경고판들이 설치된 바가 있고, 유다전쟁이 시작되기 조금 전에 일어났던 아나니아의 아들 예수라는 사람의 사례가 있다. 그는 성전 모독을 이유로 유다인들에게 붙잡혀 알비누스 총독에게 넘겨졌는데, 총독은 태형에 처했다.[7] 공조의 효과는 심지어 유다인 디아스포라에까지 미쳤다.[8]

복음서들은 발설한다기보다 암시하는 편이지만 우리가 전제할 수 있는 사실로, 예수 체포의 계기가 된 것은 예수의 성전항쟁, 곧 이방인 뜰에서 환전상들과 비둘기 장사꾼들에게 대항한 예수의 행동이다. 이런 방향으로 암시하는 대목인즉, 증인들의 고발에 들어 있는 예수의 성전 로기온이요(마르 14.58//), 성전항쟁 페리코페의 마무리에 나오는, 대제관들과 율사들이 예수를 처치할 방도를 찾았다는 지적이다(마르 11.18). 이것이 복음서의 보고 문장에서 대제관을 언급하기로는 처음이라는 것은 중요한 사실이다. 예수 재판에서 대제관이 중요한 구실을 했다는 것은 우리가 잘 아는 사실이다.

성전 범접이 예수에 대한 개입의 계기로서 아무리 수긍할 만해 보인다 하더라도, 예수가 유다인 왕을 참칭했다고들 비난했다는 것은 그만한 설득력이 모자란다. 이 빈틈을 채우자니 주목하게 된 것이 요세푸스가 시대 전환 무렵의 유다 정세를 집약한 묘사인데, 헤로데 대왕이 죽고 나서 불안하

---

[6] 참조: Josephus, *Ap.* 2,6.   [7] Josephus, *Bell.* 6,300-5.

[8] Augustus는 디아스포라의 유다인들이 바친 聖殿稅를 예루살렘으로 託送하는 일을 보호해 준다. 참조: Josephus, *Ant.* 16,164.167-8; Volkmann, *Rechtsprechung* 130-1.

던 시대에 해당한다: "유다는 강도떼가 득실거렸고, 폭동자들이 한 무리라도 모이기만 하면 **왕을 옹립**하여 공동사회의 파탄을 초래했다. 그들이 로마인들에게 입힌 손해는 대수롭지 않을 따름인가 하면, 자기네 동족 속에서는 지독한 피투성이 난장판을 벌여놓았다."[9] 폭동과 질서교란과 칭왕이 그처럼 밀착되어 있고 보면, 로마인의 입장에서 표현하건대, 형법상 범죄 성립 여부를 따질 나위조차 없다는 얘기다.[10]

이것이 시사하는 바가 아무리 큰 도움이 된다 하더라도, 여전히 미해결 문제들이 남아 있다. 빌라도가 예수를 국가질서에 위험한 인물로 보았기 때문에 단죄했다는 것은 옳다. 그러나 왜 예수의 제자들에게 대처하지는 않았던가? 소송의 목적은 예수의 제거였다. 빌라도에게 예수란 원고 측에서 국가질서 위협자로 제소한 자임에 틀림없었다. 인간의 살해를 그에게 추궁할 수 있었을 리야 없음은 바랍바의 경우나 요세푸스가 말하는 저 퀸틸리우스 바루스 시대 폭동자들의 경우와 마찬가지다. 가야파와 대제관들이 수행했고 빌라도의 심문에 선행했던 재판에 대해서는 언제 어떤 경우에라도 고려해야 할 것인즉, 이미 더 오래 전부터 진행되어 왔고 예수의 성전항쟁에서 정점에 이르렀던 갈등이다. 예수의 처사는 한계치를 채웠고, 대제관들에게 — 아마 반갑게도 — 예수와 대결하고 나설 합법적 가능성을 제공했다. 그런데 선행한 달아오르던 갈등을 조건짓는 두 가지인즉 — 이미 지적한 대로 — 신심과 율법 관례의 비판이요 예수가 제기한 주장이다. 최고의회 재판은 종교적 동기로 이루어진 것이었다. 그러나 여기서 종교와 국가권력이 분리될 수는 없다. 빌라도 앞에 끌려가게 된 예수는 한갓 국가적 이유의 측면 아래서만 압송될 수밖에 없었다. 이렇게 "유다인들의 왕"이라고 앞세운 고발 죄목에는 속셈이 숨은 배경이 있다. 종교적 갈등을 무시해 버리는 것은 너무나 근시안적인 이해다.[11]

---

[9] Josephus, *Ant.* 17,285. 참조: Kuhn: *ZThK* 72 (1975) 5[13]; Müller, *Vollzug* 81.

[10] 참조: Müller, *Vollzug* 81-2.

로마 형법에서 범죄가 성립하는 것으로서 대제관들이 제기한 고발을 법학적으로 파악하기에 알맞은 것이 둘인즉, "역모"perduellio와 "로마 인민 존엄 훼손"crimen maiestatis populi Romani imminutae이다.[12] 범행의 실상에 따라 양자간에 경계선을 긋기란 그리 간단한 일이 아니다. 아무튼 "훼손"의 적용범위가 더 넓다. 그만큼 더욱 판관의 재량해석에 달려 있다. 기각되었던 "역모" 소송이 "훼손"의 고소로 되살아난 적이 있다. "역모"가 훨씬 중죄다.[13] 둘 다가 로마 시민이 아닌 예수를 십자가형으로 사형시킬 수 있는 경우다. 어느 범죄 성립 형식을 빌라도가 선택했을지는 미지수로 남을 수 있다.[14]

---

[11] Strobel[*Stunde* 81-92]은 最高議會가 예수에게 거짓 예언과 백성 眩惑을 問責했다는 주장을 펼치며 두 告發罪目을 신명 13장에서 끌어낸다. 그러나 신명 13장에서는 현혹을 야훼로부터 떨어지도록 유혹하는 그런 行態로 자세히 규정지었으며, 예수에 대해 제기될 수는 없는 그런 叱責이다. 랍비法도 현혹이란 個人을 우상숭배로 이끄는 것이라고 이해한다. 참조: Müller, *Vollzug* 43.

[12] perduellio 개념: Brecht, *Perduellio* 120. 이는 로마法 特有의 개념이다. 語源은 bellum과 같은 뜻인 古代 라틴어 duellium인 것으로 보인다. 그리스인들은 ἀδικεῖν τὴν πόλιν, ἀδίκημα δημόσιον 이라고 에둘러 옮긴다. maiestas 개념: Mommsen, *Strafrecht* 538-9.

[13] 참조: Mommsen, *Strafrecht* 589-90. Brecht, *Perduellio* 265. 두 개념을 하나로 엮으려 한다면 둘 다에 전혀 맞지 않으리라고 저자는 말한다.

[14] Brecht[*Perduellio*]는 30년쯤의 perduellio 審理를 照會하는데, 그 背後에 숨어 있는 것인즉 예컨대, Marius와 Cinna의 黨派가 乘勝長驅하는 데 대한 정치적 불만과 王政을 — 스스로 왕이 되지는 않더라도 — 復元하려는 시도라 한다(301-2). 거론된 심문 내용 가운데서는 마지막 점이 예수 재판에 상대적으로 제일 가깝다. 모든 perduellio 재판에 사형이 따르는 것은 아니다. Brecht는 perduellio를 大逆과 동일시하지 말기를 권한다(123-4).

ㄹ "죽을 죄" 409

십자가 길과 처형

사형선고를 받은 예수는 처형 임무를 맡은 군인들에게 채찍질을 당했다. 가장 오래된 보고는 이 학대를 거의 지나쳐 버리다시피 한 부문장으로만 언급한다(마르 15.15). 채찍질은 십자가형의 구성요소로, 처형의 도입부였다.[1] 다만 "외방인"에게만 실행될 수 있었다. 로마 시민을 채찍질하는 것은 카토 이래 금지되었다. 케사르는 이를 중대한 폭행이라 하여 징계했다.[2] 군인들이 사용한 "편태"flagellum는 흔히 매듭이 있거나 납덩이가 박혔거나 침이 돋친 그런 무시무시한 가죽끈이었다. 맞을 사람은 옷을 벗기고 바닥에 눕히거나 기둥에 묶었다. 몇 번 때릴지는 가학자들 마음대로였다.[3]

수난기사는 이어져 군인들이 예수를 유다인 왕으로 놀리는 대목에 이른다(마르 15.6-20a). 확실히 이 기사는 제왕의식의 희화화라는 의미로 양식화해 있다. 그 역사상 핵심을 제대로 보려면, 이 대목을 해석한답시고 로마의 유례를 찾아 올라가 사건을 도리어 곡해하는 그런 "어설픈 학자연"은 삼갈 일이다.[4] 설명은 온전히 상황 자체에서 나온다.[5] 판결 후 십자가형을 준비

---

[1] 참조: Mommsen, *Strafrecht* 47. 當代의 典據: Josephus, *Bell.* 2.306.308; 5,449; 7,200-2. 또 더욱: Blinzler, *Prozeß* 322[14].

[2] Mommsen, *Strafrecht* 47.

[3] 會堂 재판에서는 서른아홉 대 鞭笞刑을 알고 있었다(참조: 2고린 11,24). Josephus[*Bell.* 6,304-5]는 아나니아의 아들 예수가 "매듭들이 찢겨지도록까지 맞았다"고 묘사한다.

[4] 비판 인용구 "übel angebrachte Gelehrsamkeit"의 出處: Meyer, *Ursprung* I 187. 로마 특정 神들 — Sacaius나 Cronus나 Saturnus — 축제 때 처형될 자들에게 자색 王布를 둘러 입히는 관례가 있었다. 참조: Philo, *Flacc.* 36-40.

[5] Bultmann[*Geschichte* 293-4]은 조롱 장면을 鞭笞 동기의 이차적 敷衍이라고 생각하는데, 설득력이 없다. 비판: Gnilka, *Markus* II 308-9.

하는 사이에 생겨나게 마련인 짬을 이용하여 군인 몇이 예수를 놀리며 너스레를 떨었던 것이다. 유다 총독의 보조부대가 팔래스티나 권에서 주로 징발되었다는 ― 유다인은 병역이 면제되었다는 ― 사실을 생각하면, 예수 조롱도 당시에 이미 팔래스티나인들에게 생소하지 않던 그런 일반적인 유다인 증오의 한 행위였다고 보아야 할 것이다.

총독관저praetorium에서 형장으로 가는 길은 도성 상부의 일부를 통과했는데, 아마도 힙피쿠스 탑 아주 가까이 있던 겐나트 문을 거쳐 바깥으로 통했을 것이다.[6] 여기서 우리는 헤로데 궁이 총독의 예루살렘 관저였다고 전제한다. 처형될 세 사람이 원칙으로는 한 저급 장교가 인솔하던 처형대 군인들의 호송을 받으며 파스카 순례자들이 총총 붐비는 도시의 거리들을 통해 길을 걸었다. 죄목이 적힌 패가 예수 앞에 달리거나 목에 걸려 있었다. 공개된 처형 행렬은 이 자체로도 일벌백계하자는 목적이 있었다. 유다인의 관례에 부응하는 로마인의 법에 따라 집행은 도성 밖에서 이루어졌다. 수형자들은 십자가 형틀 들보patibulum를 스스로 지고 가야 했다: "너는 … 성문 앞에서 팔을 벌리고 죽어야 하나니, 들보를 지고 갈지어다."[7] 분명히 예수는 기운이 다 빠져 버렸기에, 키레네의 시몬이라는 어떤 사람더러 십자가 들보를 지게 할 필요가 있게 된다(마르 15.21∥). 예수와 함께 들보를 진 것이 아니라, 완전히 대신 진 것이 틀림없다. 점령군 당시에 전형적이던 부역負役에 해당하는데, 여느 경우에도 유다인들에게 그런 요구를 했다. 바로 축일들에야말로 이례적인 것은 아니었다.[8] 마르코 또는 오래된 수난기사는 이 시몬을 유난히 정확하게 소개한다. 그는 북아프리카(키레나이카)의 키레네 출신인데, 거기는 유명한 유다인 디아스포라가 있어 예루살렘의 한 회당을 후원하기조차 했다(사도 6.9). 시몬은 축제 순례자로서 시내에 있었거

---

[6] 힙피쿠스와 파사엘과 마리암이 헤로데宮 북쪽 모퉁이의 세 塔으로 꼽혔다. 예루살렘 市街圖 참조: D.H.K. Amiran (공저) *Atlas of Jerusalem* (Berlin - New York 1973) 지도 3.6.

[7] Plautus, *Miles gloriosus* 2,6-7.

[8] 참조: Flusser, *Jesus* 133. 'αγγαρεία에 대해 마태 5,41도 참조.

나, 아니면 더러 디아스포라 유다인이 만년에 그랬듯이 고향에서 예루살렘으로 이사와 있었을 것이다. 기사는 시몬을 가리켜 알렉산드로와 루포의 아버지라고 덧붙인다. 여기서 나오는 결론인즉, 그는 가장 오래된 공동체에 개인적으로 잘 알려져 있었고(마태오와 루가는 이미 이 부언을 삭제해 버린다) 나중에 그리스도인이 되었다고 할 수 있다. 루포가 로마서의 문안인사 명단에서 같은 이름을 가진 사람(로마 16,13)과 같은 사람인지는 확실하지 않으나 충분히 그럴 수도 있겠다.[9] 어떻든 공동체는 십자가 길의 (또 십자가 죽음의?) 한 중요한 증인을 지목할 수 있었다.

처형 장소는 "골고타"다. 복음사가들은 이 낱말을 "해골터"라고 번역하고(마르 15,22∥) 따라서 히브리어 "골골타"에서 (둘째 ㄹ 소리는 빼고) 끌어다쓰는데, 이 낱말은 머리, 공(해골)이라는 뜻이다.[10] 적확한 번역인 것으로 보인다. 맨 먼저들 알아듣게 되는 것은 "골고타"란 머리 또는 해골 모양의 언덕과 관련된 토지 이름이라는 것이다. 더 나아가는 해석들, 예컨대 그곳은 형장이라 부정不淨하다고 여겼다는 것은 확실하지 않다. 고정된 형장들이 있었다는 것이 먼저 입증되어야 할 것이다.[11] 다른 해석들, 예컨대 아담의 해골이 거기 매장되었다는 것은 전설적으로 부풀어진 이야기다. 골고타는 예루살렘 북쪽에 있다. 그 위치가 이른바 "제이 북벽"이 남쪽으로 뻗어 나가다가 서쪽으로 굽어지는 자리 근처라는 것, 그러니까 "성묘성당"聖墓聖堂이 예수 처형장의 기억을 보존하고 있는 바로 그곳이라는 것은 오늘날 널리 믿을 만한 일로 통한다. 1971-1974년에 걸친 룩스-와그너의 발굴 결과로 일부 새로운 모습이 드러났다. 골고타는 그 근처에 있던 한 채석장의 바닥에서 약 12m 되는 높이로 솟아 있던 바위 봉우리라고 상상할 수 있다.[12] 그리고 보면 보르도Bordeaux의 순례자가 333년에 예루살렘을 찾아갔다가 골고타를 보고 "작은 산"monticulus(언덕)이라고 일컫게 된 것도 이해할 만하다.[13]

---

[9] 널리 퍼진 한 견해에 따르면 마르코복음서는 로마에서 편찬되었다.

[10] 참조: Jeremias, *Golgotha* 1.   [11] *Golgotha* 1⁵.

[12] 참조: Riesner: *BiKi* 40 (1985) 21-6.   [13] Jeremias, *Golgotha* 2.

콘스탄티누스 황제는 이 언덕을 자기 성묘성당의 지면에다 맞추어넣게 했다. "엘리아 카피톨리나"가 건설될 무렵에는 이미 풍경에 변동들이 있었던 모양이다.[14]

십자가형 전에 예수께 독한 술 한모금을 권했다는 것(마르 15,23)은 고통을 덜어 드리자는 뜻이었겠는데, 이런 섬김을 보여준 사람들이 예루살렘 여자들이었다고 추정해도 좋다면 역사상으로 정당화된다. 로마인들은 이 관례를 몰랐다. 예루살렘에 대해서는 연대를 확인할 수 없지만 한「탈무드」전승에 그 증거가 있다. 예수는 받아 마시기를 사양한다.

예수는 십자가형의 고초를 감내했다. 여기서도 복음서들은 서술을 극도로 아긴다: "그리고 그들은 그분을 십자가에 달았다"(마르 15,24a). 그런데도 이 십자가형의 잔학상이 어떠했던지를 상기할 수는 있다. 팔을 벌려 들보에다 묶거나 못박아 고정시킨 채로 수형자를 들어올려서, 그 들보를 현장에 미리 세워 놓았던 십자가 기둥에다 T자 모양(crux commissa)이나 十자 모양(crux immissa)으로 끼웠다. 예수의 십자가형에 대해서는 팔에 못질을 했다고 추정할 수 있는데, 아마 발에도 그랬을 것으로 보인다. 요한 20,25와 루가 24,39가 이를 암시한다. 못으로 뚫린 자리는 손바닥이라기보다 손목이었다. 이렇게 십자가형은 유혈 사형이었다. 몸이 십자가에서 떨어지지 않도록, 십자가 기둥에 걸터앉을 나무토막(sedile)이 붙어 있었다. 십자가의 높이는 보통 키 한 길쯤으로, 다리에 쥐가 날 만큼 빠듯했다. 십자가 수형자는 옷이 홀랑 벗겨져 맨몸으로 나무에 달렸다. 이 십자가형 서술을 고고학상으로 확인해 주는 것인즉, 예루살렘 북녘 스코푸스 산의 한 무덤에서 70년 이전 시대에 해당하는 한 십자가 수형자의 유골이 발견된 일이다. 이 사람의 두 발을 뚫었던 못이 아직도 유골에 꽂혀 있었다.[15]

---

[14] Aelia Capitolina는 파괴된 도시의 北半部를 대체로 포괄했다. 골고타는 — 이미 이전처럼 이른바 第三 北壁에 의해 — 市內 지역으로 포함되었다. 골고타 근처에는 廣場이 생겨났다. 참조: D.H K. Amiran (각주 6) 지도 3.8.

[15] Haas: *IEJ* 20 (1970) 38-59. Plautus[*Mostellaria* 2,1,12-3]는 조금 달리 묘사한다: "이중으로 팔과 다리에 단단히 못질을 했다."

잔인한 가학행위가 가학자를 변태적 증오의 광란에까지 몰아가는 수도 있었다는 것을 또 다른 증인들이 확인해 준다. 요세푸스 플라비우스는 티투스가 예루살렘 점령 동안에 성문들 앞에서 자행한 무더기 십자가형을 이렇게 기술한다: "군인들이 분노와 증오에 차서 조롱해 대면서 포로들을 하나씩 따로 십자가에 못박아 나가는데, 금방 십자가들에 남은 자리가 없어졌다."[16] 세네카는 더 고약한 꼴을 보았던 모양이다: "저기 학살의 나무들이 보인다. 한결같기는커녕 … 더러는 십자가에다 물구나무를 세워 못박고, 혹은 가랑이 사이로 말뚝을 박고, 혹은 십자가에다 팔을 벌려 놓는다. 조여드는 오랏줄이 보인다. 휘두르는 채찍들이 보인다."[17] 십자가형을 가리켜 키케로가 "가장 모질고 가장 무서운 사형"[18]이라 하는 것도, 요세푸스가 "온갖 죽음의 방식 가운데 가장 참담한 것"[19]이라 하는 것도 이해할 만하다. 그것은 "노예의 징벌"servile supplicium인 죽음이었다.[20]

처형대 군인들은 수형자들을 경비할 소임도 있었다. 처형된 자의 옷을 형리가 차지하는 것은 오랜 관행이겠다. 하드리아누스 황제는 이 취득권을 남용에 이르렀다는 이유로 재규정했다. 수난기사는 예수의 옷 나누기를 시편 22,19의 "그분 겉옷을 나누어 가졌는데 각자 차지할 몫을 놓고 주사위를 던졌다"라는 말로써 전하지만(마르 15,24), 아무튼 그런 권리가 이미 있었다는 것도 충분히 고려될 수 있다. 따라서 형리들이 예수한테서 무슨 유산을 얻게 되었던지 따져 볼 수도 있다. 상·하의 한 벌, 허리띠 하나, 혹시 머리띠 하나, 더는 있었을 리 없다. 돈이나 재산은 없었다.[21]

---

[16] Josephus Flavius, *Bell.* 5,451.   [17] Seneca, *Ad Marciam de consolatione* 20,3.

[18] Cicero, *Pro Rabirio* 5,16.   [19] Josephus, *Bell.* 7,203.

[20] Tacitus, *Hist.* 4,11. 로마인들에게 있어 十字架刑은 한때 일반적 처형방식이었다가 나중에 노예들에게 한정되었다. 그러나 황제 시대에는 풀려난 노예들과 外邦人들이 갈수록 많이 連累되었다. 로마 市民을 십자가형에 처하려면 미리 시민권을 박탈해야 했다. 옛 로마의 십자가刑場은 Esquilin이었다. 참조: Mommsen, *Strafrecht* 918-23.914.

[21] 처형된 자의 돈이나 재산은 짐작건대 총독의 금고로 흘러들어갔을 것이다. 예수에 대해 여기서 큰 示唆가 되는 것인즉, 제자 派遣訓示 외에도, 納稅論爭 때 예수는 동전 한 닢을 보여 달라고 한다는 점이다(마르 12,15). 참조: Blinzler, *Prozeß* 369⁴⁷.

골고타는 도시의 성벽에서 몇 발짝 안되는 곳에 있었으므로 구경꾼들이 없었을 리 없다. 실패자는 군중의 야유를 듣게 된다. 늘 — 중세와 근대에 들어오기까지 — 으레 있어 온. 상부에서 판결된 처형이라면 안 빠지려 들고 이런 문제스런 방식으로 즐기려 들던 그런 군중이다. 도피자들과 승리자들의 분위기가 생겨난다.

예수의 마지막 말이 무엇이었던지, 어떻게 예수가 또 한번 침묵을 깨뜨렸던지는 말하기 어렵다. 복음사가들은 저마다 자기 방식으로 죽음의 장면을 꾸몄다. 마르코와 마태오는 수형자가 하느님께 버림받았다며 외치는 소리로 장면을 극화한다(마르 15,34∥). 여기서 유념할 점인즉, 이로써 예수가 숨지는 듯 들리는 이 버림받음의 외침은 시편 22장의 시작일 뿐이라는 사실이다. 루가에 따르면 예수는 한 유다인 저녁기도를 바치고 형리들을 위해 용서를 청한다(23,34.46). 요한의 그리스도는 자기에게 맡겨졌다가 이제 완성된 사업을 아버지께 돌려드린다(요한 19,30). 예수의 마지막 말은 매우 인간적인 그저 한마디 "목마르다"였을까(요한 19,28), 아니면 말 없는 외마디 외침이었을까(마르 15,37)? 한 인간의 임종에는 으레 전혀 개인적이고 따라서 전달될 수 없는 그런 체험이 있게 마련이다. 예수의 경우도 마찬가지다. 예수는 자기가 그분의 뜻에 따르는 삶을 끝까지 살아 낸 그 "압바"의 품안에서 숨졌다고 우리는 추정하고 싶다.

의학적으로 사인은 무엇이었던가라는, 의학자들이 거듭 새삼 다룬 이 문제는 여기서 그냥 놓아 둘 수 있다. 태형으로 인해 가뜩이나 쇠약해진 몸으로 피를 흘리며 못박힌 팔을 벌린 채 한참을 버텼으니, 치명적인 기력소진에 이르렀다고 생각할 수 있다.[22]

수난기사는 예수의 십자가형을 지켜보고 있던 여자 몇 사람에 대해 이름을 들먹이며 언급한다. 이름들은 갖가지로 다르다(마르 15,40∥; 참조: 15,47∥; 16,1∥). 그러나 막달라 마리아는 언제나, 심지어 정식으로 첫 자리에 꼽히

---

[22] 詳論: Blinzler, Prozeß 381-4. 더러 의학적 소개 가운데 썩 無關한 것도 있으니, 虛脫이나 衝擊 따위다. 더러들 Torino의 殮布마저 參酌하지만 문제스럽다.

는데, 이 여제자의 출신지인 겐네사렛 서쪽 호반 도시 막달라는 복음서들에서 이 여자의 이름과 관련해서만 나타난다. 그녀는 초대 그리스도교에서 우뚝 솟은, 심지어 사도들도 능가하는 중요성을 띠고 있었다. 예수의 십자가형과 안장을 지켜본 여자들 가운데 맨 먼저 꼽히는 증인이기 때문이다. 남자들은 예수의 어려운 길을 따라갈 용기가 없었는데, 여제자들은 이 시간에 진실함이 드러났다. 멀리서 바라보았을 따름이더라도, 그녀들의 증언은 누구도 대신할 수 없는 것이었다.[23]

예수의 시신은 처형 당일 저녁에 아리마태아의 요셉이 안장했다(마르 15.42-47//). 이 전승의 문제점과 이해를 위해서는 법적으로 이 일이 일어났을 가능성의 한계성에 대해 주의를 환기할 수 있다. 로마의 법관례에 따르면 십자가에 처형된 자의 시체는 장례를 허용하지 않았다. 십자가에 그대로 두었다가, 새들에게 먹이로 맡기거나 아니면 결국 예컨대 물속에 던져버렸다.[24] 그러나 "추념의 단죄"damnatio memoriae에까지도 나아갈 수 있으려면, 재판절차 자체에서 정식으로 그런 결정을 얻어내야 했다.[25] 십자가들을 지키던 경비병이 맡은 두 소임인즉, 범인들의 죽음을 확인하거나 초래하는 일(뼈를 부러뜨림)과 시체를 장례하러 가져가는 것을 막는 일이었다. 갈리아의 그리스도인 순교자들에 관해 그런 사례가 전해져 있는데, 그리스도인들이 아무리 애를 써도 경비병들한테서 시신들을 받아내지는 못했다.[26] 장례를 위해 시신을 내주는 데는 법정 당국의 특별한 은전이 필요했다. 그런 청원을 하는 사람은 대개 친족이었다. "역모"의 경우에는 내주기 어려웠다.

---

[23] Riesner[BiKi 40 (1985) 24]는 여자들이 城壁에서 내다보았을 수도 있겠다고 추측한다.

[24] 참조: Mommsen, *Strafrecht* 987-90. 叛亂者들의 시체를 Augustus는 새들의 먹이로 내버려 두게 하고(Suetonius, *Aug.* 13,1-2), Tiberius는 티베리아 호수에 던져넣게 한다(Suetonius, *Tib.* 6,19; 6,29). 이집트의 Flaccus 총독은 38년에 알렉산드리아에서 유다인 박해와 관련하여 십자가형을 받고 죽은 사람들을 빼내어가지 못하게 한다(Philo, *Flacc.* 84).

[25] Mommsen, *Strafrecht* 987. perduellio의 경우에는 범인이 죽고 나서도 이런 審理가 가능했는데, 로마인 관점에 따르면 처벌은 행위의 순간에(ipso facto) 시작되기 때문이다.

[26] Eusebius, *Hist. Eccl.* 5,1,61. 태만한 경비병들은, Petronius[*Satyrikon* 111-2]가 전하는 에페소의 한 逸話에서 확인되듯이, 매서운 처벌을 받았다. 참조: Mommsen, *Strafrecht* 989¹.

유다교계의 사정은 달랐다. 이스라엘에서는 장례란 처음부터 막중한 일이었다. 처형된 자 장례도 예외가 아니었다. 구약성서에서 장례 거절의 예는 이세벨(2열왕 9,10)과 야손(2마카 5,10) 같은 극소수뿐이다.[27] 장례를 서두른 까닭인즉, 죽은 이에 대한 경건심 때문이 아니라, 처형된 자가 땅에 해를 끼쳐 그 땅이 부정타게 된다는 뿌리깊은 관념 때문이다: "주검을 나무에 매달아 둔 채 밤을 지내지 말고, 그 날로 묻어라. 나무에 달린 사람은 하느님께 저주받은 사람이기 때문이다. 너희의 하느님이신 주께서 유산으로 주신 땅을 더럽혀서는 안된다"(신명 21,23). 신명 21장에서는 이 지시를 처형 후의 시체 효시와 관련지었다면, 십자가형이 예사스런 사형이던 1세기에는 십자가에 처형된 자와 연결지었다. "유다인들은 장례에 하도 세심한 나머지, 심지어 십자가형을 받고 죽은 자들의 시체마저 해지기 전에 끌어내려 장사지냈다"고 말하면서 요세푸스 플라비우스는 분명히 신명 21,23과 관련 짓는다.[28] 쿰란[29]도 필로[30]도 신명 21장을 십자가형과 연결지어 말한다. 로마 총독은 이 유다인 성결聖潔 관념을 잘 알고 있었다고 우리는 확실히 전제할 수 있다. 이 금기禁忌를 고려하고 보면, 십자가에 처형된 이가 "역모" 판결을 받았더라도 시체를 풀어준 것을 충분히 납득할 수 있다. 그것은 실상 죽은 이에 대한 배려의 결과가 아니라, 유다인들에게 종교적으로 민감한 데를 건드려 동티를 내지 않으려는 신중한 조처였다. 필로도 십자가의 시체를 장사지내도록 풀어주었을 가능성을 전한다.[31]

아리마태아의 요셉이 빌라도에게 예수의 시신을 풀어달라고 청했다면, 그는 경건한 유다인으로서 신명 21,23의 지시가 생각이 나서 그렇게 한다. 그는 예수의 제자가 아니었다. 그렇게 보아야 여자들이 예수의 장례에 참여하지 않은 것이 이해된다. 그가 나중에 언젠가 그리스도인이 되었는지는

---

[27] 참조: O. Michel - O. Bauernfeind 편 *Flav. Josephus de Bello Judaico* II/1 (Darmstadt 1963) 218[7].

[28] Josephus, *Bell.* 4,317.   [29] *IQS* 64,9-11.   [30] Philo, *De specialibus legibus* 3,151-2.

[31] Philo, *Flacc.* 83-4. 그러나 유다인 박해 때 이집트 총독 Flaccus는 시체 풀어주기를 거절했다. 이 거절은 유다전쟁 때에도 해당한다.

마태오 27,57; 요한 19,38이 말하는 대로, 또 아마 마르코 15,43도 이미 암시하는 대로, 접어둘 일이다.[32] 마르코 15,43에 따르면 그는 의회 의원이 었고, 루가 23,50-51에 따르면 심지어 최고의회의 일원이었다. 후자는 의심스럽다. 아마 유다인 공동체들에 존재하던 한 지방 최고의회의 의원이었을 수 있겠다.[33] 축일이 장례의 장애가 되지는 않는다. 그로서는 이튿날이 안식일인지라 일정한 노동 금지에 대비할 필요가 있었다.[34] 장례 계명이 안식 계명에 앞서 절박했다. 유념할 점인즉, 마르코의 서술에 따르면 예수의 장례가 더없이 간단히 이루어졌다는 것이다. 요셉은 시신을 아마포에 싸서 바위 무덤에 들여다놓았다.[35] 그것이 새 무덤 근처라거나 요셉의 가족묘라 거나 근처에 있었다는 그런 (다른 복음서들에서와 같은) 말도 없다. 시신을 씻겼다는 말도 없다. 시간 촉박이 반드시 주어진 조건은 아니었다. 브라운이 참조한 것처럼 유다인들이 명예로운 장례와 명예롭지 않은 장례를 구별했다고 보자면,[36] 이 기사는 후자의 인상을 남긴다. 여기서 우리가 받는 더 본래적인 인상인즉, 예수의 장례는 명예롭지 않은 십자가 죽음에 맞추어 치러졌다는 것이다. 어떻든 예수를 따르던 이들은 예수의 무덤을 처음부터 잘 알고 있었다. 막달라 마리아는 공동체가 맨 먼저 꼽는 증인이었다. 예수의 안장 전승은 예루살렘 전통이었다는 것도 유념할 점이다.[37] 이 사실 자체가 예루살렘 공동체는 무덤을 알았다는 것을 전제한다.

---

[32] 요셉이 예수 사망 때 이미 제자였다는 것을 마태 27,57; 요한 19,38이 밝히려 한 것처럼 보는 것은 인정될 수 없다. 그 특징적 意圖는 제자들의 짐을 덜자는 것이다.

[33] 사도 13,29에 따르면 예루살렘 주민 유다인들이 예수를 安葬했다. 참조: 요한 19,31; Brown: CBQ 50 (1988) 244-5. 그러나 아리마태아의 요셉이라는 이름과 연결된 전승이 優先할 수 있다. 요셉은 유다인들의 授任으로 행동했을까? 심지어 最高議會의?

[34] 참조: Dalman, *Jesus* 96; 신명 16,7.

[35] R.E. Brown[*CBQ* 50 (1988) 242]은 유다인들이 벌거숭이를 몹시 싫어한다는 점도 언급한다.

[36] *CBQ* 50 (1988) 237.242. 그런 예로 예레 22,18-19는 哀悼 없는 장례를 묘사한다.

[37] 참조: Gnilka, *Markus* II 345-7. — 스코푸스 산의 十字架受刑者는 두번째 손에 의해 家族墓에 안치되었다. 그 유해는 ossuarium(納骨堂)에 있었다. 즉, 본디 무덤에서 한 차례 移葬되었다는 말이다. 분명히 그 무덤도 追從者들은 잘 알고 있었다.

예수 사망일을 정확히 계산하려는 노력이 거듭 새삼 시도되었다. 그 결과들이 27년과 33년 사이에서 오락가락한다는 사실이 조심하라는 절실한 경고다.[38] 계산에 이용된 자료인즉, 시대 테두리의 한정과 예수 활약의 기간과 천문학적 언급들이다.

"출발 시한"terminus a quo은 예수 활동의 시작인데, 티베리우스 황제 15년(27년 10월 1일 - 28년 10월 1일)보다 앞일 수 없다.[39] "종착 시한"terminus ad quem은 빌라도의 임기 말년(36년)이다. 예수의 공개활동 기간으로는 최소 1년, 최대 3년이 주어져 있다. 아무튼 3년간 활동은 개연성이 없다.[40] 천문학적 계산은 복잡한 문제를 안고 있다. 예수 사망일이 파스카 축일인지 그 앞날인지, 그러니까 니산(춘삼월) 15일인지 14일인지 논란이 있다. 우리는 축일을 우선시했다. 확실히 그 날은 금요일이었다. 오늘날 우리는 니산 14일이나 15일이 금요일에 해당하는 해가 어느 해인지 알 수 있다. 그러나 당시 유다인들도 초승달을 세밀히 관측했던지는 확실하지 않다. 그들은 육안으로 관측했다. 적어도 하루쯤의 계산착오는 매우 쉽사리 상상할 수 있다. 게다가, 달력 당국은 주어진 사정에 따라(니산 16일의 곡식 봉헌에 필요한 보리가 덜 익었으면, 혹은 도로 사정이 나빠 파스카 순례에 지장이 있었을 수도 있으면) 니산 전에다 윤달을 끼워넣을 권리도 있었다. 어느 해에 실제로 그랬던지 우리는 모른다. 그래서 예수는 30년쯤에 처형되었다는 소개로 우리는 만족할 수밖에 없게 된다. 30년은 로마 건국 후 783년이었다. 누린 나이로 말하면 막 30대 중반을 넘어서던 참이었던 것으로 보인다.[41]

---

[38] 개관: Blinzler, *Prozeß* 101-2.   [39] 참조: 앞의 102-3쪽.

[40] 요한복음서의 세 파스카 축제는 별로 큰 도움이 안되는데, 요한 2,13의 파스카는 聖殿抗爭 때의 파스카이기 때문이다.

[41] Hinz[*ZDMG* 13 (1989) 301-9]의 최신 계산은 28년 3월 30일에 이른다. 여기서는 Tiberius 治世 15년이 달리 固定되어 있다. Hinz는 Tiberius가 Augustus와 함께 다스린 3년도 치세로 꼽는다. 새로운 것도 아닌 이 계산에 대해 J. Schmid[*Das Evangelium nach Lukas* (RNT 3) (Regensburg 1955) 94]는 지적하기를, 고대 문헌(역사서와 연대기)에도 Tiberius의 鑄貨에도 이를 뒷받침하는 근거는 전혀 없으며, 오로지 루가 3,23의 (예수는 서른 살쯤 되어 전도하기 시작했다는) 말에 예수의 生年을 더 잘 맞추려는 所望에서 생겨났을 뿐이라고 한다.

내다보기

수난사건이 전혀 특별한 방식으로 성찰되어 나가고 신학적으로 해석되었다는 것은 거의 절로 이해되는 일이다. 여기서는 몇 줄만 지적해 두자.

대제관 앞의 재판은 한 신앙고백 장면으로 끌지어진다. 예수는 유다인 최고심 앞에서 메시아와 하느님 아들 존칭을 자인하고, 따라서 공동체의 신앙고백을 확인한다. 유다인 측의 죄책이 더 강조된다. 예수를 죽이려는 의도가 처음부터 당국이 노린 목표로 제시된다(마르 14.55). 빌라도 재판에서도 이 경향이 실감된다. 백성이 사건에 더 깊이 말려들면서, 빌라도가 거의 속절없이 군중의 의사를 수행하는 자로만 나타나게 된다. 백성은 자기네 메시아와 의절한다(마르 15.11-14). 이 서술양식을 매듭짓는 연결점이 특히 예수를 바랍바와 맞세우는 대목이다. 글자 그대로 "아버지의 아들"을 뜻하는 "바랍바"라는 이름이 파스카 사면 장면에 숨은 속셈을 암시하는 반가운 기회로 이용된다. 백성의 행동이 마태오에서는 염려스런 유혈 호소에까지 고조되는데(27.25), 이것은 사변思辨의 위험한 한계를 의식하게 한다. 복음사가의 의미로는 종래의 유일한 하느님 백성이 해체되는 구원사적 전환을 이해시키려는 것일 따름이었다 하더라도, 이 결과로 생겨난 오해들은 그리스도교·유다교 관계에 무거운 짐이 되었다.

다른 편으로, 예수를 바랍바와 맞세우는 것은 십자가를 통해 죄인이 받아들여진다는 것을 선명히 드러내는 계기가 되었다. 사실 예수는 사형을 받아 마땅한 자의 자리에 글자 그대로 "대신" 나타났다. 십자가 처형과 십자가 죽음은 점점 더 구원사상 우주적 사건으로 서술되어 간다. 성전 휘장이 예수의 죽음으로 찢길 때는 지성소에 이르는 길, 사람마다 하느님 가까이 데려다 줄 수 있는 길이 열린다. 어둠이 온 땅에 퍼질 때는 온 조물이 그 주님의 임종을 체험한다. 처형대의 백부장이, 하필 그가, 십자가에 처형된 분의 첫 고백자가 되며, 그 굴욕에서 하느님 아들의 존엄을 알아뵙게 된다(마르 15.39).

예수 안장의 전승에 주권자적 색조가 배어든다. 별로 명예롭지 못한 장례를 받아들이고 싶지는 않았다(예: 요한 19.39). 그러니까 여기서는 이미 부활의 광채가 장례 장면에 비쳐드는가 하면, 다른 대목에서는 호교론적 동기가 뚜렷이 나타난다(마태 27.62-66의 무덤 경비). 예술에서 여러 모로 재생되는 공경의 표상들이 모두 마련되어 있다.

마무리
예수의 부활

십자가에 처형된 이가 죽은 이들 가운데서 부활했다는 이야기는 이미 나자렛 예수의 지상 역사에 속하지 않는다. 그러면서도 그것은 그 목표다. 만사가 거기로 향해 나아가는 것이고, 또 예수의 인격과 활동을 거기서 비로소 옹글게 붙들 수 있었던 것이다. 그것은 그러나 예수의 지상 역사에 속하는 것이 아니므로, 여기서 다룰 필요는 없고 그럴 수도 없다.

이제 한 가지만 더 지적해야겠는데, 그것은 새로 비롯하는 역사, 새로 모이는 제자들의 역사가 어떻게 개시되느냐다. 예수의 공동체의 역사, 교회의 역사다.

이 새 모임은 갈릴래아에서 이루어졌다. 복음서들에서 우리가 부활 대목으로 일컫는 것은 종교적 관점에서 두 부분으로 나누인다. 한 부분은 갈릴래아를(마르 16,7: 마태 28,16 이하: 요한 21), 다른 부분은 예루살렘을 가리킨다(루가 24: 요한 20). 우선 제자들이 새로 모인 일에 비추어 부활절도 갈릴래아에서 비롯했다는 것이 연구에서 널리 통설이다.

예수의 체포와 뒤이은 사건들로 인해 제자들은 흩어지게 되었다. 마르코 14,50에 지적된 대로 제자들 모두가 도망갈 적에 목적지는 자기네 고향인 갈릴래아였다. 거기서 그들은 다시 모였다. 제자들이 달아나기 시작하여 고향에 도착하기까지 속으로 무슨 생각들을 하고 있었던지, 아직도 그들 속에 희망이 불타고 있었던지, 우리는 모른다. 또 너무 구체적으로 상상하지도 말 일이다. 우리가 아는 것은 다만, 그들이 일단 새삼 모여서, 하느님이 예수를 죽은 이들 가운데서 일으키셨다고 선포하기 시작했다는 사실이다. 이 설교를 위해 그들은 십자가에 처형되신 예수께서 자기들 앞에 살아계신 분으로서 자기를 입증하셨다는 증언을 주장했다. 그리고 이 새 모임에서는 케파라는 이름을 받았던 시몬이 선도자 몫을 하고 있었다는 사실도 우리는 알고 있다(1고린 15,5: 루가 24,34 참조). 그 이래로, 예수께서 죽은이들 가운데서 일으켜지셨다는 이 설교의 소리가 잦아든 일이 없다. 예나 이제나 예수의 제자들에게는 이것이 믿음의 가운데토막이다(1고린 15,14-21 참조).

그러나 부활신앙이라는 일에서 시몬 베드로보다 먼저 또 한 여인이 있는 것으로 짐작된다. 복음서들이 전하는 부활 이야기는 예수의 무덤과도 또 이와 아울러 막달라 마리아라는 이름과도 연결되어 있다. 이 마리아는 십자가 곁에 버티고 있었다. 예수의 무덤을 알고 있었다. 이 여인의 이야기가 발전되어 나갔고, 복음서들 안에서 여러 형태를 띠고 있다. 요한 20,11-18에서는 부활자가 마리아 앞에 발현하셨다는 이야기가 나오는데, 이 발현이 여느 부활발현들보다 순서가 앞선다. 요한 20,17-18에 따르면 마리아가 부활 소식을 사도들에게 전한다. 더욱이 이 대목으로 해서 토마스 아퀴나스는 마리아를 일컬어 "사도들의 여사도"라 했다. 이 전승을 평가하기는 쉬운 일이 아니다. 여자의 증언을 법적 이유에서 뒤로 제쳐놓았다고 할 수 있겠다. 당시에는 여자란 증인이 될 수 없다고 여겼기 때문이다. 무덤은 부활신앙의 해답요인이 아니다.[1] 빈 무덤은 오해를 받고 있었다 (참조: 마태 28,64). 그것은 승리의 노래다. 예루살렘 공동체는 그것을 구가할 수 있었고,[2] 또 서슴없이 구가하여 마지않고자 했다.[3]

---

[1] 이 견해를 주장하는 곳: H. von Campenhausen, Der Ablauf der Osterereignisse und das leere Grab: *SHAW.PH* 1958 둘째 논문 49-52.

[2] 참조: U. Wilckens, *Auferstehung* (ThTh 4) (Stuttgart 1970) 64.

[3] J. Kremer[*Die Osterevangelien - Geschichten um Geschichte* (Stuttgart 1977) 18]는 열린 빈 무덤의 구실인즉 강요하는 증거가 아니라 믿음을 촉구 또는 강화하는 표지라고 正鵠을 찌른다.

부활신앙에 비추어 예수의 선포가 새로이 파악되었다. 부활신앙에 비추어 복음서들이 씌었다. 이 기록들에서는 지상 예수의 특징들이 현양된 그리스도의 색조들과 섞여 있다. 우리의 사실史實 재구성이 어려운 까닭이 주로 여기 있다. 그러나 어떻든 교회 공동체는 지상에서 활동하다가 십자가에 처형된 그분이 부활하여 영광을 받으신 그분과 똑같은 분이라고 확신하고 있었다. 그리고 믿음 속에서 사람들을 그분께로, 살아 계시며 그들 안에 활동하고 계신 그분께로 인도하고자 했고, 지금도 그렇다.[4]

---

[4] E. Schillebeeckx는 "살아 계신 분의 역사"라는 개념을 곧잘 쓴다. 이 개념은 우리의 복음서들을 적절히 특징짓는다.

그리스도이신 예수

예수에 관해 뭘 좀 알고 싶은 사람은 신약성서 복음서들을 읽으라고 합니다. 보
고하고 증언하는 텍스트들인데. 물론 신문·잡지의 보도기사 같은 그런 건 아니
지요. 이 텍스트들의 성격을 어떻게 특징지으시겠습니까?

과연 역사상 예수를 알려면 복음서들을 봐야 합니다. 그중에도 특히 공관복음
서라고 부르는 가장 오래된 세 복음서, 곧 마르코·마태오·루가를 꼽습니다.
물론 이 복음서들도 역사상 사실에 관심이 있는데, 하지만 특별한 성격의 역사
적 관심입니다. 역사상 예수를 그저 회고하려는 게 아니고, 동시에 선포하고자
하는 것입니다. 그 예수께 대한 믿음을 일깨우고자 하지요. 다시 말해서 복음
서에서는 역사상 예수께서 부활하신 예수 그리스도와 맺어져 있습니다. 복음서
에서 예수에 관해 보고하는 내용을 보면 예수의 공개활동에 대한 특별한 관심
이 나타납니다. 즉, 예수께서 세례자 요한의 세례를 받고부터 십자가에 달려
죽고 묻히시기까지의 시기에 집중하고 있지요. 가령 예수의 교육에 관해서는,
청소년기나 어릴 적에 관해서는 우리가 아는 바가 거의 없는 거나 마찬가집니
다. 또 어떻게 생겼던지, 키가 얼마나 컸던지, 눈이 무슨 빛깔이었던지, 머리
카락이 무슨 색이었던지, 옷차림이 어떠했던지, 이런 것들에 대해서도 무슨 말
이 있는 곳이라고는 없습니다. 이런 것들도 무슨 전기에라면 모두 있어야 할

<hr/>

* 이 對談은 1992년 5월 28일에 독일 Bayern 방송국에서 「그리스도이신 예수. 안톤 켄테미히가
뮌헨 신약학자 요아힘 그닐카에게 묻는다」(Jesus, der Christus. Anton Kentemich befragt den
Münchner Neutestamentler Joachim Gnilka)라는 제목으로 방송되었던 것이다.

것들이겠지요. 복음서 저자들은 분명히 이런 물음들이라면 흥미가 없었던 모양입니다. 우리로서는 거의 답답할 만큼, 우리 신앙을 위해 중요한 것, 그리스도인 실존의 실현을 위해 의미있는 것에만 집중했어요.

『나자렛 예수. 말씀과 역사』 — 이 책 이름에 "말씀과 역사"라 하여 정식으로 두 요소를 꼽으셨는데. 신약 연구에서는 역사상 예수와 선포상 그리스도가 거론되고 있죠. 이 두 요소에 관해서는 무슨 말씀을 하실 수 있습니까?

사람과 말이란 당연히 지밀한 관계가 있습니다. 마태오와 루가 양대 복음서에 앞서 우리가 「어록출전」이라고 부르는 예수 어록집이 있었고 그걸 통해서 우리에게 예수 말씀들이 전해지게 되었는데, 이 옛 원전에 무엇보다도 예수의 하느님 나라 설교가 담겨 있었습니다. 또 예수의 윤리적 훈시들도. 그리고 예수 당신의 사연들도 우리는 복음서에서 알게 되는데, 여기서는 물론 매우 오래된 전승을 보여주는 수난사화가 특별한 관심사가 되겠습니다. 예수의 마지막 날들에 관해서는 우리에게 매우 잘 알려져 있습니다. 수난사화는 복음서 안에서 연대기 식으로 기술된 유일한 대목입니다. 여기서 우리는 겟세마니에서의 체포에서부터 최고의회와 빌라도의 재판을 거쳐 십자가 처형과 안장에 이르기까지 일련의 나날에 관해 제법 알게 되지요. 그밖의 예수에 관한 전승은 말들마따나 단편들입니다. 각각 어느 대목 속에 구성요소로 편성되어 들어간 것입니다. 이것은 복음서에 담기게 된 것들이 오랜 세월에 걸쳐 구전口傳되었던 것이라는 사실과 관계가 있는데, 특히 그 치유사화들이 그렇습니다. 그밖에도 우리가 예수에 관해 알게 되는 여러 가지가 그렇고요.

이제 절로 물음들이 나올 수 있네요: 예수는 누구였습니까? 우리는 예수에 관해 정말 무엇을 알까요? 방금 말씀하신 복음서의 여러 가지 전승도 필경은 모두 부활후대 공동체들의 눈을 통해서 바라본 게 아닌가요? 우리는 어디서 예수를 발견하게 됩니까?

복음서에서 발견하지요. 물론 여기서 신앙의 시각을 고려해야 하고말고요. 그런데도 신약학이 발견해 낸 비평기준들을 가지고 우리는 예수의 실상을 재구성할 수 있습니다. 한 중요한 기준이 이른바 "남다름 기준"이라는 것입니다. 독창적인 것, 신약성서 주변 세계에서 유다교 문헌이나 헬레니즘 문헌에서는 만날 수 없는 것, 그런 것은 무조건 예수 당신의 것이라고 주장할 권리가 있다는 것이지요. 물론 예수께서 일정한 시대 일정한 문화 속에서 발언하셨고 따라서 당대의 기존 사상과 관념들도 원용하실 수밖에 없었다는 현실도 감안해야 하지만, 그런 독창적인 것에서 우리는 기본 바탕을 얻을 수 있고, 더 나아가 예수의 삶과 메시지 또는 그분 자신의 실상을 재구성하기에 이를 수 있습니다.

어떤 비유 이야기들. 과연 그분의 뭔가가 들어 있다고 말할 수 있는 그런 특정한 말씀들이 그런 것들이라고 할 수 있겠죠?

방금 예수의 선포에서 중대한 의미가 있는 「어록」을 들먹였고 수난사화도 언급했지요. 때마침 비유를 끌어들이시는군요. 비유들도 우리에게 두드러지게 중요한 의미가 있습니다. 이 비유들이야말로 특별히 일관성이 있어요. 함부로 잘게 썰어 놓을 수가 없지요. 여기서 우리는 예수의 메시지에, 무엇보다도 하느님 나라 설교에 아주 특별히 다가서 있습니다. 예수님 덕분에 우리가 가지게 된 비유 이야기들 대부분이 이 하느님 나라를 내용으로 삼고 있습니다.

하느님 나라가 정작 중심 메시지였죠. 그것은 앞으로 올 건가요. 예수를 통해서 온 건가요. 예수께서 시사하신 건가요? 그리고 하느님 나라란 무엇인가요?

하느님 나라는 예수 설교의 중심점에 자리해 있습니다. 예수께서는 확실히 아주 의식적으로 이 개념을 취하셨습니다. 물론 당시 유다교계에서는 부분적으로 다른 개념들을 비슷한 사상에 적용했습니다. 내세 얘기들을 했지요. 낙원 얘기들을 했지요. 남달리 예수께서는 이 하느님 나라를 어디서도 정의하거나 이론화하시지 않았고, 비유 이야기들로 묘사하셨습니다. 말하자면 하느님 나라란 하느님이 최종적 구원을 이루고자 하신다는, 그것도 예수 그리스도를 통해서 이루고자 하신다는, 그런 하느님의 결정을 가리킨다고 할 수 있겠습니다. 최종적 구원인 하느님 나라는 어디까지나 예수와 연결되어 있습니다. 미래지요. 인간과 세계에 약속되는 절대 미래지요. 하느님 나라는 그래서 미래이지만, 동시에 현재이기도 합니다. 예수의 활동 속에서 체험될 수 있게 되었거든요. 새 질서를, 사랑의 질서를 세우려는 이 하느님 나라가 예수 안에서, 예수께서 사람들에게 말씀하시고 사람들을 치유하시며 사람들과 상종하시는 거기서 체험될 수 있게 된 것입니다. 예수께서는 따돌려진 사람들, 병자들, 불우한 사람들, 사회의 변두리로 쫓겨난 사람들을 특별히 받아들여 당신과 함께 어울려 먹고 더불어 살도록 하셨습니다.

"소경들이 보고 앉은뱅이들이 걸으며 문둥이들이 깨끗해지리라." 이렇게 구약성서 문장들이 원용된 것도 있지만, 사실 이적사화도 많이 있는데, 더러 오늘날 사람들은 그게 아마 상징적 의미가 있을 뿐이리라고 합니다. 뭔가를 나타내는, 어떤 의미를 표상화하려는 한 이야기일 따름이라고 생각하죠. 예수께서 이적을 행하셨습니까. 또 그렇다면 그건 어떤 성격의 이적입니까?

예수의 치유 행위, 치유 카리스마, 그것은 다툴 수 없는 사실입니다. 공관복음서에는 이 치유 활동과 관련된 전승이 제쳐놓을 수 없을 만큼 널리 또 뚜렷이 배열되어 있지요. 치유사화들이 있을 뿐더러 예수 친히 치유 활동과 연결지으시는 여러 가지 말씀들도 있고요. 또 다른 이적사화들도 있는데, 가령 산에 올라 모습이 달라지셨다는 이야기, 물 위를 걸으셨다는 이야기 등 — 여기서는 부활이라는 시각이 작용하고 있다는 점을 감안해야 합니다. 이런 예외적인 사화들은 정작 부활에 근거해서만 이해될 수 있습니다. 나의 생각으로 말하자면 이 산상변용山上變容이나 수상보행水上步行 같은 것은 심지어 본디 부활사화라고 할 수조차 있겠습니다. 즉, 부활사건을 형상화해 놓으려는 것이지요.

예수의 치유 활동과 그 특성을 알기 위해서는 믿음이 고려되어야 합니다. 거의 모든 치유사화에서 믿기를 요구하는 말씀이 나타나지요. "당신 믿음이 당신을 구했습니다" 같은 말씀이 그런 치유사화에서 나타나는 사례는 허다합니다. 이것은 필경 믿는 이에게만 이적이 주어진다는 걸 말하려는 겁니다. 믿지 않는 이는 이적을 인정하지 않습니다. 복음서들에서 말하는 대로, 나자렛에서는 예수께서 치유와 이적을 거절하시는데, 그 이유인즉 사람들이 예수를 믿지 않기 때문입니다. 거기서는 아무 이적도 행할 수 없었다고 마르코 복음서 6장에서는 말합니다. 아마도 이것이야말로 예수의 치유행위와 이른바 이적을 판단하는 기준으로서 중요한 의미가 있다고 하겠습니다. 복음서들의 더 광범한 전승에 따르면 예수의 반대자들이 나서서 하늘에서 오는 표징을 청했다는 사실도 상기하건대, 그들은 예수의 이적에 만족하지 않았다는 것이 아주 분명히 드러납니다. 어떤 의심도 배제하는 그런 표징을 원했고, 따라서 스스로 믿음을 면제받으려 한 것이지요. 그런 소청이라면 예수께서는 으레 물리치셨습니다. 당신 치유행위로써 당신과 당신 메시지에 대한 믿음을 일깨우고자 했기 때문입니다.

중요한 것은 믿음이었고 보면, 아마도 자연법칙 일체를 무력화하는 그런 명백한 기적을 말할 수도 없겠지만, 또 당시에 실제로 존재하기도 했던 이적 카리스마 소유자와 이적 치유자 들이 행한 것처럼 그런 행적들이라고 할 수도 없겠죠. 예수께는 분명히 이적이 핵심적인 구실을 한 건 아니겠죠?

예수의 이적을 기적으로 본다면 확실히 오해지요. 기적이라면 실은 반대자들이 예수에게서 바랐던 바로 그것, 곧 의심할 여지조차도 없는 그런 표징을 뜻하니까요. 예수의 이적 활동은 하느님 나라 설교와 관련지어서 보아야 합니다. 그것은 그분 가르침에 종속되어 있습니다. 하느님 나라 메시지의 맥락 속에서, 예수의 소관사인즉 온 인간(全人)을 구제하는 데 있다는, 따라서 인간 육신의 실존도 구원으로 이끌어들이는 데 있다는 이 점도 밝히려는 것이지요. 예수의 구원 선포는 영혼에만 관련된 것이 아니라 전체로서의 인간에 적중합니다. 그러므로 하느님 나라 설교와 구원자 활동의 관계는 무조건 중시되어야 합니다. 아마도 우리에게는 그리 쉽사리 접근할 수 없게 된 측면이겠지만, 그래도 예수 활동의 이 측면을 제대로 성격짓자면 말입니다.

예수의 제자들도 또 예수께서 아버지라고 부르시는 하느님과의 관계도 그분의 말씀과 활동에 속하는 것이죠?

예수께서는 이스라엘 백성에게 메시지를 전달하는 것으로만 만족하지 않고, 나아가 특별한 제자 동아리를 둘레에 모으셨습니다. 제자란 당시 유다교계에도 있었습니다. 세례자 요한도 제자 무리를 모았고요. 예수 제자들의 특별히 남다른 점인즉 무엇보다도, 랍비들의 경우와는 달리 제자들이 스승을 찾아낸 게 아니라 거꾸로 예수께서 제자들을 찾아내셨다는 것입니다. 유다교계의 여느 제자 생활과는 다른 점이 또 있습니다. 랍비들한테서는 율법을 배웠습니다. 예수에게서는 복음을 배웠지요. 물론 유다교계의 제자생활도 제자가 스승과 함께 삶을 나누는 것, 스승과의 공동생활이었습니다. 랍비들의 경우에는 그러나 그 기한이 있었습니다. 예수의 경우에는 제자 신분이 영속했지요. 일단 예수의 제자가 되었으면 언제까지나 제자였던 겁니다. 예수의 제자들에게는 생활공동체란 또한 운명공동체를 뜻했고, 그래서 십자가 추종에 관한 말씀이 각별한 의미가 있었습니다: "내 제자가 되려는 사람은 자기 십자가를 스스로 지고 내 뒤를 따르시오." 오늘날 우리에게도 이러한 제자관은 중요하다 하겠습니다. 그리스도인 실존의 일면을 열어보이니까요. 사실인즉 우리는 그리스도인으로서 바야흐로 또 언제까지나 예수의 제자, 예수의 학생이라는 것을 이미 잊고 있는지도 모릅니다. 여기서 경각심을 간직할 때, 어쩌면 더러는 지나치게 율법화하고 때로는 외면화한 점도 있는 그리스도교계, 좀 너무나도 이론화한 그리스도교계가 그 본원으로 되돌아갈 수 있을 것입니다. 무릇 교회의 쇄신이란 본원을 궁구하는 데서 나오는 결과지요. 여기서 제자라는, 예수의 학생이라는 생각이야말로 대단히 중요하다고 생각합니다.

제자들은 하느님 나라에 관해서 또 메시아에 관해서도 특정한 기대들을 가지고 있었던 것으로 보입니다. 예수 당신은 메시아라는 확신을 가지고 있었습니까, 아니면 그저 하느님이 계시될 자리를 마련한 그런 분일 따름이었습니까?

확실히 제자들은 상상과 기대에 사로잡혀 있었습니다. 그들도 시대의 자식들이 었지요. 그들이 예수를 마지막까지도 — 적어도 부분적으로는 — 오해하고 있었다는 것은 예수를 저버리고 수난중에 팽개쳐 버렸다는 데서 알 수 있습니다. 예수 친히 메시아라고 말씀하신 바는 없지만, 내가 보기에 그분의 활동이야말로 그분이 메시아라는, 그분의 활동이 메시아 성격을 띠고 있다는 이 명제를 가장 잘 묘사한다고 생각합니다. 아까도 말했지만 하느님 나라가, 최종적 구원이 그분 자신과 결부되어 있습니다. 예컨대 산상설교 같은 윤리적 설교에서 그분은 하느님 뜻을 최종적으로 해석하여 사람들에게 제시하셨습니다. 제자들을 불러 자기를 따르라고 하셨고, 인간의 구원이 자기에 대한 믿음에 달려 있게 하셨습니다. 거기서 예언자들의 그것을 넘어서는 사명의식, — 내가 보기에는 — 메시아라는 주제를 가장 잘 묘사한다고 할 수 있는 그런 사명의식이 알려지고 있는 것입니다. 물론 이를테면 그분의 메시아 사명의식이라고 할 수 있는 그것에는 두 가지 독특한 점이 있습니다. 우선, 그분은 고통받을 수밖에 없는, 십자가를 향해 가는 그런 메시아라는 것이었습니다. 그리고 이때문에 유다인 대중의 큰 분노를 샀지요. 다른 한 가지는 그분이 하느님 나라를 가져오는, 하느님을 열어보이는 그런 분으로서 종래에는 나타난 일이 없는 전혀 특별한 하느님의 측근에 자리해 계셨다는 것입니다. 말하자면 또 그래서 예수를 하느님 아들로 지칭하는 것이 그분의 사명을 완전히 특징적이며 독특한 방식으로 정의하고 묘사할 수 있다고 하겠습니다.

메시아란 사실 그리스도라는, 기름부음받은 분이라는 뜻이죠. 제가 흥미롭게 여기는 것은 당시에 실제로 만연되어 있던 정치적 성격의 메시아 대망에 예수께서는 그다지 동조하시지 않았다는 사실입니다. 분명히 어떤 다른 입장이었죠?

이스라엘의 정치적 해방은 분명히 그분의 계획에 없었습니다. 아마도 더러는 이런 의미에서 오해를 받았겠지요. 더러는 — 특히 주석학적 연구에서도 — 그분의 마지막 날들이 그렇게 해석되었습니다. 젤로데 식 예수 해석이 있는데, 이건 예수의 예루살렘 입성 대목을 꼬투리로 삼습니다. 사실 민중이 예수를 왕으로 영접하는 대목이지요. 하지만 예수께서는 정치적 소관사를 물리치셨습니다. 그분이 선포하신 나라는 과연 한 나라, 이 세상에 들어설 한 질서이기는 했지만, 그분이 군사적 메시아로서 이를테면 로마인들을 나라에서 몰아내는 소임을 띠고 나타나려 하신 것은 아닙니다. 예수의 구원은 하느님으로부터 와서 인간의 최종적인 면에 관계되는 그런 것이었습니다.

그러고는 예루살렘에 상경하여 고난받고 죽임을 당하셨습니다. 한 재판 절차가 선행한 이 수난과 이 죽음에 관해 오늘날 우리는 무슨 말을 할 수 있습니까?

우선 말하고 싶은데, 확실히 예수께서는 어려운 운명이, 죽음이 예루살렘에서 자기를 기다리고 있다는 사실을 충분히 의식하고 계셨습니다. 예루살렘에서 죽음이 예수를 놀라게 했다는 — 때로 혹평하는 글에 나오는 바와 같은 — 그런 판단은 역사상 여건과 매우 어긋납니다. 예수께서는 죽을 각오를 하고 계셨습니다. 훨씬 전부터 이미 예수의 활동은 갈등을 안고 있었습니다. 재래의 신심을, 나라 안에서 모범적 경건자로 통하던 사람들을 논박하셨던 것입니다. 한 무명인사로서 예루살렘에 오신 것이 아니지요. 짐작건대 예루살렘에 나타남으로써 — 어쩌면 심지어 공개활동중에 단 한 번, 즉 당신 마지막과 관련해서 예루살렘에 등장함으로써 — 이 성도 예루살렘이라는 결정적 장소에서 온 이스라엘 백성을 당신 메시지와 대면시키시려는 의도가 있었을 것입니다. 그리고 거절당하셨지요. 당국이, 또한 로마 당국도, 자기를 반대하는 데 대한 마지막 수단으로 터뜨린 것이 성전 상거래에 공격을 감행한 저 성전저항 장면이었을 것입니다. 유다인들에게, 그중에도 특히 사두가이 파 대제관들에게 성전이 이스라엘 신심의 본부이기 때문만이 아니라, 점령세력인 로마인들도 평정된 각 민족의 신들을 존중했고 따라서 야훼도 존중하여 성전에 대해 경외심을 가지고 있었기 때문이겠지요. 성전에서는 날마다 로마인들을 위한 기도가 있었고, 그런만큼 성전에 대항하는 예수의 그런 행동을 보자 그들 쪽에서도 예수를 체포하자는 대제관들 쪽의 요청에 응해 줄 계기가 되었을 것입니다.

제자들에게 예수의 죽음은 확실히 충격이었습니다. 우리가 복음서에서 알게 되는 바로는 제자들이 거의 뿔뿔이 흩어져 버렸는데, 여자들이 예수를 따라갔고 부활사건과 연결된 첫 사람들도 여자였죠. 혹시 제자들의 이 체험에 대해서도 좀 얘기해 주실 수 있을까요 — 이 실망, 그러고는 또 부활 메시지에 대해?

사실로 제자들은 예수의 수난에 실망을 했습니다. 달아나 버렸는데, 갈릴래아로 귀향하고 말았다고까지 말할 수 있겠지요. 제자들이 예수께 걸고 있던 기대가 대체로, 그것도 십자가 처형이 있고 나서는 완전히 사라져 버렸다는 말입니다. 여자들은 진실했고요. 이제 우리가 얘기하자는 건 이 사도들에게까지 거슬러올라가는 우리 믿음의 핵심을 이루는 것인데, "예수께서 사흗날에 죽은 이들 가운데서 일으켜지셨다"라는 표현입니다. 역사상 사실이라는 측면에서 으레 우리가 도달할 수 있는 곳은 제자들의 믿음, 거기까지뿐입니다. 이 제자들이 첫 사도들로서 이 믿음에 이르렀고 예수를 보았노라고 증언했습니다. 일으켜지신 분이 몸소 살아 계신 분임을 입증해 주시더라는 것입니다. 우리가 예수님의 부활을 믿는다면, 그것은 사도들의 믿음을 믿는 것이고 그 믿음을 이어받는 것입니다. 이것이 필경 우리 교회의 사도전래성을 이루고 있습니다. "예수께서 죽은 이들 가운데서 일으켜지셨다"라는 이 부활신앙에 대한 매우 중요한 또 한 증인은 바울로인데, 신약성서 안에서 부활자 발현 체험의 직접 참여자로서 발언합니다. 갈라디아서 첫 장에서 이 체험에 관해 말하는데, "하느님이 당신 아드님을 나에게 계시하셨다"라는 것입니다. 부활사화 자체, 예수 발현의 이야기들은 이제 형언할 수 없는 것을 표현하려는 것이고 여기서 일어난 것을 형상화하려는 것입니다. 그것은 피안에서 비롯한 사건입니다. 궁극적으로는 우리가 믿는 거기서만. 사도들의 믿음으로 이어지는 거기서만 우리 그리스도인 실존의 기초로서 이어받을 수 있는 그런 사건입니다.

그리고 빈 무덤 문제는 이 살아 계신 예수 그리스도의 메시지라는 목표를 정작 스쳐가는 것이고요?

무덤이 비어 있었다는 것은 부활신앙을 불러일으키는 요인이 아닙니다. 신앙을 일으키는 요인은 부활자가 이 뽑힌 증인들과 만났다는 것입니다. 예수의 무덤은 그리고 나서 — 언젠가 그런 표현이 있었듯이 — 마치 승전 트로피처럼 부활신앙에 덧붙여져 나타났습니다. 그러나 빈 무덤 또는 예수의 무덤은 잘못 해석될 수도 있습니다. 알다시피 이미 신약성서에 예수 반대자들의 시신도난설이 있는데, 사실 이런 가설이 우리 시대에까지 계속 살아 있고 심지어 근래의 예수책들에서 다시 채택된 일조차 있지요. 결국 기본은 뽑힌 증인들 앞에 살아 계신 분으로서 부활자의 증언인 것입니다.

루가는 올리브 산상의 승천을 전합니다. 종교사에도 승천설화들이 알려져 있고요. 흥미롭게도 루가의 설화에는 구약성서에서 주님의 영광을 가리키는 상징인 구름도 나타납니다. 오늘날 우리는 승천에 관해 무슨 말을 할 수 있을까요?

신약성서 안에서는 루가복음서와 사도행전에서만 승천 이야기를 찾아 읽을 수 있습니다. 신학적 발언을 설화로, 즉 이야기로 옮겨놓으려는 시도입니다. 승천기를 마치 올리브 산 현장에서 예수의 몸이 하늘로 들어올려지는 광경을 사람들이 글자 그대로 바라보았던 것처럼 상상해서는 안됩니다. 승천기는 부활자와 제자들의 만남에 어떤 끝이 있게 되었다는 것을 표출하려는 것입니다. 루가는 이 문맥에서 심지어 40일이라는 기간을 말하기도 하지요. 만일 승천기를 글자 그대로 이해한다면 부활한 예수는 이승의 삶으로 되돌아왔다는 걸 전제해야겠는데, 하지만 그런 것은 아니고말고요.

그분은 피안에서부터 나타나셨습니다. "인자는 온갖 고통을 겪고 그래서 자기 영광 속으로 들어가야 하지 않았습니까?" 그분은 이 영광에서 비롯하여 보이게 드러날 수 있다는 뜻입니다. 올리브 산은 이른바 예수 승천 장소인데, 그러고 나서는 또한 재림대망과 관계가 있습니다. 최초의 공동체들은 사실 부분적으로는 예수 재림이 너무 멀지 않으리라는 생각에 차 있었습니다. "갈릴래아 사람들아, 왜 하늘을 쳐다보며 서 있느냐? 너희를 떠나 하늘로 올라가신 저 예수께서는 그분이 승천하시는 모습을 너희가 본 그대로 다시 오시리라." 올리브 산은 최후심판이 이루어질 곳으로 여겨지고 있었습니다. 그리고 여기서 방금 얘기하신 구름도 중요한 의미가 있는데, 구름은 하느님의 현존을 가리키는 표지입니다.

예수께서는 교회를 원하셨습니까?

많이들 다룬 문제로군요. "예수는 하느님 나라를 선포했는데 나타난 것은 교회다"라는 알프렛 롸시의 유명한 말도 있지만, 그리 간단히 처리해 버려서는 물론 안되겠지요. 이미 말한 대로 예수께는 이스라엘 백성에게 보냄받았다는 의식이 있었습니다. 우선, 이스라엘 백성이라는 경계선을 넘어서 바깥을 생각하시지는 않았습니다. 그러나 또, 개인만을 상대하신 것도 아닙니다. 백성 속의 개인을 상대할 때도 이 선민 하느님 백성의 일원으로서 상대하신 것이지요. 말하자면 예수 시대의 교회란 이스라엘이었다고 할 수 있습니다. 그러나 예수의 활약 당시에도 또 나중에 사도들의 활동중에도 이스라엘이 배반한다는 것, 이스라엘이 복음을 받아들이지 않는다는 것이 드러나면서 새로운 상황이 주어지자, 사도들은 이제 유다인 아닌 사람들, 이방인들에게로 돌아서게 되었습니다. 그리고 그렇게 해서 교회가 생겨났습니다. 예수와 함께 다니던 사람들과 그 다음 부활후대 상황에서 교회를 세운 사람들, 공동체들을 세운 사람들이 사실 같은 사람들이었고 보면, 특별히 이 점에서도 예수 시대와 교회 시대 사이의 연속성은 주어져 있다고 봅니다.

그리고 성사들은? 예수께서 창제하셨나요?

예수께서 남기신 가장 중요한 성사는 만찬례(성찬례)입니다. 죽음을 앞둔 마지막 밤에 제자들과 함께 파스카 잔치를 거행하셨는데, 이 잔치중에 한 특별한 선물을 유증하셨습니다. 제자들에게 빵과 포도주 잔을 건네어 주신 것입니다. 그때 하신 말씀들을 재구성하기란 아주 간단한 일은 아닙니다. 그러나 재구성될 수 있다고 생각하는데, 이 말씀들에서 그분은 당신 죽음을 구원의 죽음으로 이해하셨다는 것, 이 잔치가 앞으로도 자기 죽음을 기억하며 거행되도록 바라셨다는 것, 그리고 모두들 그분의 재림을 내다보고 있었다는 것이 드러납니다. 세례는 부활하신 주님이 창제하신 성사로 복음서에 증언되어 있습니다. 여기서 우리는 부활후대 상황으로 안내받게 됩니다. 성사들이란 부활후대에 보내어진 성령과 관계가 있고, 그런만큼 다른 성사들은 이 부활후대 상황에 자리매김할 수 있습니다. 마태오 28장에 부활자의 세례 명령, 즉 "온 세상으로 나아가서 모든 백성을 내 제자로 삼고 세례를 주라"는 말씀이 나옵니다. 세례와 아울러 성령의 전달이 이어졌습니다. 그러니까 세례와 성령이 결합되어 있었습니다. 성령의 전달이 독립된 성사라는 것은 나중의 한 발전이고요. 중요한 성사인 세례와 성찬례는 예수와 연결되어 있고, 그러면서도 부분적으로 부활후대 상황과도 관계가 있습니다.

처음에 실마리로 삼았던 물음에 되돌아가서. 신약성서 증언 텍스트의 특수성을 다시 한번 지적하면서 마무리하면 좋겠군요. 사실인즉 이 증언이야말로 예수께서 우리에게로 오시는 길이요. 우리가 예수로 가면서 거치는 길이죠.

분명히 복음서 공부야말로 예수를 알게 될 수 있는, 예수의 학생이 될 수 있는 길입니다. 복음서들의 관심사인즉, 그저 역사상 사실을 상기시키려고만 하는 것이 아니라, 일차적으로는 살아 계신 그리스도와 맺어 주려는 것입니다. 그래서 그런 복음서 하나를 읽는 독자더러 이렇게 의식하도록 하려는 것입니다:

나는 이 복음서를 읽으면서 지난날 역사상의 죽은 자료를 다루고 있는 것이 아니다. 여기서 나는 살아 계시며 내 삶을 향해 말씀하시고 교회 공동체 안에도 들어와 활동하신다고 내가 믿음으로 알고 있는 그분을 만나고 있다.

참 고 서

아래에 실린 참고서들을 본문에서는 줄여서 인용한다.

잡지와 총서의 약호는 다음 책을 따른다:

S. SCHWERTNER, *Internationales Abkürzungsverzeichnis für Theologie und Grenzgebiete* (Berlin 1974)

일반 참고서

F. M. ABEL, *Géographie de la Palestine* I-II (EtB) (Paris ³1967).

W. BAUER, *Griechisch-deutsches Wörterbuch zu den Schriften des NT und der übrigen urchristlichen Literatur* (Berlin ⁵1958) (⁶1988 K. und B. Aland 編).

J. BECKER, *Johannes der Täufer und Jesus von Nazaret* (BSt 63) (Neukirchen 1972).

K. BEERGER, *Die Gesetzesauslegung Jesu* I (WMANT 40) (Neukirchen 1972).

P. BILLERBECK - H. STRACK, *Kommentar zum NT aus Talmud und Midrasch* I-IV (München 1926-).

J. BLANK, *Jesus von Nazareth* (Freiburg 1972).

F. BLASS - A. DEBRUNNER - F. REHKOPF, *Grammatik des ntl Griechisch* (Göttingen ¹⁶1984).

G. BORNKAMM, *Jesus von Nazareth* (UB 19) (Stuttgart ⁵1960 = ¹⁴1988).

H. BRAUN, *Jesus* (ThTh 1) (Stuttgart ²1969).

— *Spätjüdisch-häretischer und frühchristlicher Radikalismus* I-II (BHTh 24) (Tübingen ²1969).

R. BULTMANN, *Jesus* (Tübingen 1958).

— *Das Evangelium des Johannes* (KEK) (Göttingen ¹⁸1964).

— *Die Geschichte der synoptischen Tradition* (FRLANT 29) (Göttingen ⁴1971).

— *Theologie des NT* (Tübingen ⁵1965).

H. CONZELMANN, *Grundriß der Theologie des NT* (EETh 2) (München 1967).

G. DALMAN, *Arbeit und Sitte in Palästina* I-VII (Gütersloh 1928-, 複製 Hildesheim ²1987).

— *Jesus-Jeschua* (Leipzig 1922).

— *Orte und Wege Jesu* (Gütersloh ³1924).

— *Die Worte Jesu* (Leipzig ²1930).

G. DAUTZENBERG, *Sein Leben bewahren* (StANT 14) (München 1966).

M. DIBELIUS, *Die Formgeschichte der Evangelien* (Tübingen ³1959).

— *Jesus* (SG 1130) (Berlin ²1949).

P. FIEDLER, *Jesus und die Sünder* (BBETh 3) (Frankfurt 1976).

J.A. FITZMYER, *The Gospel According to Luke* I-II (AncB) (New York 1981.1985).

441

D. FLUSSER, *Jesus* (RoMo) (Hamburg 1968).

H. FRANKEMÖLLE, *Jahwe-Bund und Kirche Christi* (NTA 10) (München ²1984).

E. FUCHS, *Zur Frage nach dem historischen Jesus* (Tübingen ²1965).

J. GNILKA, *Das Evangelium nach Markus* I-II (EKK) (Zürich ³1989).

—— *Das Matthäusevangelium* (HThK) (Freiburg ²1988.1988).

L. GOPPELT, *Theologie des NT* (UTB 850) (Göttingen ³1978).

E. GRÄSSER, *Das Problem der Parusieverzögerung in den synoptischen Evangelien und in der Apostelgeschichte* (BZNW 22) (Berlin ²1960).

W. GRUNDMANN, *Das Evangelium nach Lukas* (ThHK 3) (Berlin 年度 없음).

E. HAENCHEN, *Der Weg Jesu* (STö.H 6) (Berlin 1966).

F. HAHN, *Christologische Hoheitstitel* (FRLANT 83) (Göttingen ³1966).

W. HARNISCH, *Gleichniserzählungen Jesu* (UTB 1343) (Göttingen 1985).

B. HEININGER, *Metaphorik, Erzählstruktur und szenisch-dramatische Gestaltung in den Sondergutgleichnissen bei Lukas* (學位論文 Würzburg 1989).

F. HEILER, *Die Religionen der Menschheit* (Stuttgart ²1962).

M. HENGEL, *Judentum und Hellenismus* (WUNT 10) (Tübingen 1969).

—— *Nachfolge und Charisma* (BZNW 34) (Berlin 1968).

P. HOFFMANN, *Studien zur Theologie der Logienquelle* (NTA 8) (Münster ³1982).

P. HOFFMANN - V. EID, *Jesus von Nazareth und eine christliche Moral* (QD 66) (Freiburg ³1979).

K. JASPERS, *Die massgebenden Menschen* (Serie Piper 126) (München ¹⁰1988).

J. JEREMIAS, *Die Gleichnisse Jesu* (Göttingen ⁷1965) [= 허혁 역 『예수의 비유』(분도출판사 ⁵1991)].

—— *Jerusalem zur Zeit Jesu* (Göttingen ³1962).

—— *Neutestamentliche Theologie I. Die Verkündigung Jesu* (Gütersloh 1971).

A. JÜLICHER, *Die Gleichnisreden Jesu* (Tübingen ²1910).

E. JÜNGEL, *Paulus und Jesus* (HUTh 2) (Tübingen ²1964).

H.C. KEE, *Jesus in History* (New York 1970).

S. KIERKEGAARD, *Einübung im Christentum und anderes* (Köln - Olten 1951).

H.-J. KLAUCK, *Allegorie und Allegorese in synoptischen Gleichnissen* (NTA 13) (Münster ²1986).

J. KLAUSNER, *Jesus von Nazareth* (Jerusalem ³1952).

F. KLOSTERMANN, *Das Markus-Evangelium* (HNT 3) (Tübingen ⁴1950).

C. KOPP, *Die heiligen Stätten der Evangelien* (Regensburg 1959).

W.G. KÜMMEL, *Verheißung und Erfüllung* (AThNT 6) (Zürich ²1956).

E. LINNEMANN, *Gleichnisse Jesu* (Göttingen ³1964).

D. LÜHRMANN, *Die Redaktion der Logienquelle* (WMANT 33) (Neukirchen 1969).

U. LUZ, *Das Evangelium nach Matthäus I* (EKK) (Zürich ²1989).

H. MERKLEIN, *Die Gottesherrschaft als Handlungsprinzip* (FzB 34) (Würzburg ²1981).

E. MEYER, *Ursprung und Anfänge des Urchristentums I II* (Stuttgart - Berlin ³1921).

L. MITTEIS - U. WILCKEN, *Grundzüge und Chrestomathie der Papyruskunde* I-II (Leipzig 1912, 복제 Darmstadt 1963).

F. PASSOW, *Handwörterbuch der griechischen Sprache* I-II (Leipzig ⁵1841-, 복제 Darmstadt 1970).

N. PERRIN, *Rediscovering the Teaching of Jesus* (London 1967).

―― *The Kingdom of God and the Teaching of Jesus* (London 1963).

R. PESCH, *Das Markusevangelium* I-II (HThK) (Freiburg 1976.1977).

F. PRIESIGKE - E. KIEßLING, *Wörterbuch der griechischen Papyruskunde* I-III (Berlin 1925-1931), IV (Amsterdam 1969).

M. REISER, *Die Gerichtspredigt Jesu* (학위논문 Tübingen 1989).

J. REUMANN, *Jesus in the Church's Gospels* (London 1970).

R. RIESNER, *Jesus als Lehrer* (WUNT II/7) (Tübingen ²1984).

J. ROLOFF, *Das Kerygma und der historische Jesus* (Göttingen 1970).

R. SCHÄFER, *Jesus und der Gottesglaube* (Tübingen 1970).

J. SCHLOSSER, *Le règne de Dieu dans les dits de Jésus* I-II (EB) (Paris 1980).

R. SCHNACKENBURG, *Gottes Herrschaft und Reich* (Freiburg ³1963).

―― *Die sittliche Botschaft des NT I* (Freiburg 1986).

K.L. SCHMIDT, *Der Rahmen der Geschichte Jesu* (Berlin 1919).

G. SCHNEIDER, *Das Evangelium nach Lukas* I-II (Gütersloh - Würzburg ²1984).

W. SCHRAGE, *Ethik des NT* (GNT 4) (Göttingen 1982).

H. SCHÜRMANN, Die vorösterlichen Anfänge der Logientradition: H. Ristow - K. Matthiae 편 *Der historische Jesus und der kerygmatische Christus* (Berlin ²1964) 342-70.

―― *Das Lukasevangelium I* (HThK) (Freiburg ²1982).

E. SCHÜRER, *Geschichte des jüdischen Volkes im Zeitalter Jesu Christi* I-III (복제 Hildesheim 1964).

S. SCHULZ, *Q. Dier Spruchquelle der Evangelien* (Zürich 1972).

G. SCHWARZ, *„Und Jesus sprach". Untersuchungen zur aramäischen Urgestalt der Worte Jesu* (BWANT VI/18) (Stuttgart 1985).

G. THEIßEN, *Studien zur Soziologie des Urchristentums* (WUNT 19) (Tübingen 1979).

―― *Urchristliche Wundergeschichten* (Gütersloh 1974).

M. TRAUTMANN, *Zeichenhafte Handlungen Jesu* (FzB 37) (Würzburg 1980).

D.O. VIA, *Die Gleichnisse Jesu* (München 1970).

P. VOLZ, *Die Eschatologie der jüdischen Gemeinde im ntl Zeitalter* (Tübingen ²1934).

H. WEDER, *Die Gleichnisse Jesu als Metaphern* (FRLANT 120) (Göttingen 1978).

단락별 참고서

1ㄱ: A. Schweitzer, *Geschichte der Leben-Jesu-Forschung* (Tübingen 1913); V. Taylor, *The Life and Ministry of Jesus* (London 1955); R.H. Fuller, *The Mission and Achievement of Jesus* (SBT 12) (London ²1956); W. Grundmann, *Die Geschichte Jesu Christi* (Berlin 1956); E. Stauffer, *Jesus. Gestalt und Geschichte* (DTb 332) (Bern 1957); E. Barnikol, *Das Leben Jesu der Heilsgeschichte* (Halle 1958); W.G. Kümmel, *Das Neue Testament. Geschichte der Erforschung seiner Probleme* (OA) (Freiburg - München 1958); O. Betz, *Was wissen wir von Jesus?* (Stuttgart - Berlin 1965); Sch. Ben-Chorin, *Bruder Jesus* (München 1967); S.G.F. Brandon, *Jesus and the Zealots* (Manchester 1967); D. Flusser, *Jesus in Selbstzeugnissen und Bilddokumenten* (RoMo) (Hamburg 1968); K. Niederwimmer, *Jesus* (Göttingen 1968); E. Schweitzer, *Jesus Christus im vielstimmigen Zeugnis des NT* (München - Hamburg 1968); H. Braun, *Jesus* (Th Th 1) (Stuttgart 1969); M. Craveri, *Das Leben des Jesus von Nazareth* (Stuttgart 1970); G. Baumbach, *Jesus von Nazareth im Lichte der jüdischen Gruppenbildung* (AVTRW 54) (Berlin 1971); C.H. Dodd, *The Founder of Christianity* (London 1971); A. Holl, *Jesus in schlechter Gesellschaft* (Stuttgart 1971); E. Trocmé, *Jésus de Nazareth vu par les témoins de sa vie* (BT) (Paris 1971); J. Blank, *Jesus von Nazareth* (Freiburg 1972); M. Machoveč, *Jesus für Atheisten* (Stuttgart 1972); K. Schubert, *Jesus im Lichte der Religionsgeschichte des Judentums* (Wien - München 1973); G. Vermes, *Jesus the Jew* (London 1973); P.E. Lapide, *Der Rabbi von Nazareth* (Trier 1974); E. Schillebeeckx, *Jesus, die Geschichte von einem Lebenden* (Freiburg 1975); W.E. Phipps, Jesus, the Prophetic Pharisee: *JES* 14 (1977) 17-31; H. Leroy, *Jesus* (EdF 95) (Darmstadt 1978); T. Holtz, *Jesus von Nazareth* (Berlin 1979); W.G. Kümmel, Jesusforschung seit 1965 連載: *ThR* 46 (1981) 317-63, 47 (1982) 136-65.348-83; G. Ghiberti, Überlegungen zum Stand der Leben-Jesu-Forschung: *MThZ* 33 (1982) 99-115.

1ㄴ: N.A. Dahl, *Der historische Jesus als geschichtswissenschaftliches und theologisches Problem* (KuD) (Göttingen 1955) 104-32; Der gekreuzigte Messias: H. Ristow - K. Matthiae, *Der historische Jesus und der kerygmatische Christus* (Berlin 1960) 149-69; J.A. Fitzmyer, *Die Wahrheit der Evangelien* (SBS 1) (Stuttgart 1965); U. Wilckens, Jesusüberlieferung und Christuskerygma: *ThViat* 10 (1966) 310-30; W.R. Farmer, *A Historical Essay on the Humanity of Jesus Christ, Christian History and Interpretation: Studies Presented to J. Knox* (Cambridge 1967) 101-26; G. Schille, Prolegomena zur Jesusfrage: *ThLZ* 93 (1968) 481-8; G. Strecker, Die historische und theologische Problematik der Jesusfrage: *EvTh* 29 (1969) 453-76; M. Hengel, Kerygma oder Geschichte?: *ThQ* 151 (1971) 323-36; H. Koester, The Historical Jesus: H.D. Betz, *Christology and a Modern Pilgrimage* (Claremont 1971) 123-36; S. Schulz, Die neue Frage nach dem historischen Jesus: *NT und Geschichte* (O. Cullmann 紀念) (Zürich - Tübingen 1972) 33-42; J. Roloff, Auf der Suche nach einem neuen Jesusbild: *ThLZ* 98 (1973) 561-72; K. Kertelge 편 *Rückfrage nach Jesus* (QD 63) (Freiburg 1974) 특히 11-77: F. Hahn, Methodologische Überlegungen zur Ruckfrage nach Jesus; F. Lentzen-Deis, *Kriterien für die historische Beurteilung der Jesusüberlieferung in den Evangelien* 78-117; F. Mußner (공저) *Methodologie der Frage nach dem historischen Jesus* 118-47; D. Lührmann, Die Frage nach Kriterien für ursprüngliche Jesusworte: J. Dupont, *Jésus aux origines de la Christologie* (BEThL 40) (Louvain 1975) 59-72; J. Blank, Lernprozesse im Jüngerkreis Jesu: *ThQ* 158 (1978) 163-77; R. Latourelles, L'accès à Jésus par les évangiles: *Recherches 20. Theologie* (Tournai - Montreal 1978); T. Holtz, Kenntnis von Jesus und Kenntnis Jesu: *ThLZ* 104 (1979) 1-12; R. und W. Feneberg, *Das Leben Jesu im Evangelium* (QD 88) (Freiburg 1980).

2: A. Schlatter, *Geschichte Israels von Alexander dem Großen bis Hadrian* (Stuttgart ³1925); S.R. de Franch, *Études sur le droit palestinien à l'époque évangelique* (AJSUF) (Freiburg/Schweiz 1946); S.B. Hoenig, *The Great Sanhedrin* (New York 1953); R. Heinze, *Die augusteische Kultur* (Darmstadt 1960);

H. Mantel, *Studies in the History of the Sanhedrin* (Cambridge/Mass. 1961); A. Schalit, *König Herodes* (SJ 4) (Berlin 1969).

③㉠: R. Marcus, The Pharisees in the Light of Modern Scholarship: *JR* 32 (1952) 153-64; F.M. Cross, *The Ancient Library of Qumran and Modern Biblical Studies* (London 1958); M. Hengel, *Die Zeloten* (AGSU 1) (Leiden 1961, ²1976); M. Weise, *Kultzeiten und kultischer Bundesschluß in der „Ordensregel"* *vom Toten Meer* (StPB 3) (Leiden 1961); K. Schubert, Die jüdischen Religionsparteien im Zeitalter Jesu: 편 *Der historische Jesus und der Christus unseres Glaubens* (Wien 1962) 15-101; H. Bardtke, *Qumran-Probleme* (Berlin 1963); G. Jeremias, *Der Lehrer der Gerechtigkeit* (StUNT 2) (Göttingen 1963); J. Becker, *Das Heil Gottes* (StUNT 3) (Göttingen 1964); A. Finkel, *The Pharisees and the Teacher of Nazareth* (AGSU 4) (Leiden 1964); W. Grundmann, Das palästinische Judentum im Zeitraum zwischen der Erhebung der Makkabäer und dem Ende des Jüdischen Krieges: J. Leipoldt - W. Grundmann 편 *Umwelt des Urchristentums* I (Berlin 1967) 143-291; P. von der Osten-Sacken, *Gott und Belial* (StUNT 6) (Göttingen 1969); G. Baumbach, Das Sadduzäerverständnis bei Josephus Flavius und im NT: *Kairos* 13 (1971) 17-37; J. Neusner, *The Rabbinic Traditions about the Pharisees before 70* I-III (Leiden 1971); J. Le Moyne, *Les Sadducéens* (1972); E. Bammel, Sadduzäer und Sadokiden: *ETL* 55 (1979) 107-15; J. M. Baumgarten, The Pharisaic-Sadducean Controversy about Purity: *JJS* 31 (1980) 157-70; H. Lichtenberger, *Studien zum Menschenbild in Texten der Qumrangemeinde* (StUNT 15) (Göttingen 1980); J. Neusner, *Das pharisäische und das talmudische Judentum* (Tübingen 1984); J. Maier, Antikes Judentum: G. Strecker - J. Maier 편 *NT-Antikes Judentum* (Stuttgart 1989) 137-84.

③㉡: F.C. Grant, *The Economic Background of the Gospels* (Oxford 1926); J. Herz, Großgrundbesitz in Palästina im Zeitalter Jesu: *PJ* 24 (1928) 98-113; S.W. Baron, *A Social and Religious History of the Jews* (New York 1952); M. Rostovzeff, *Die hellenistische Welt. Gesellschaft und Wirtschaft* I-III (Stuttgart 1955/56); W. Foerster, *Ntl Zeitgeschichte* Hamburg 1968); H. Kreissig, Die landwirtschaftliche Situation in Palästina vor dem jüdischen Krieg: *Acta Antiqua* 17 (1969) 223-54; *Die sozialen Zusammenhänge des jüdischen Krieges* (Berlin 1970); S. Applebaum, Economic Life in Palestine: S. Safrai (共編) *The Jewish People in the First Century* II (Assen 1976) 631-700; H.G. Kippenberg, *Religion und Klassenbildung im antiken Judäa* (StUNT 14) (Göttingen ²1982); B.O. Long, The Social World of Ancient Israel: *Interp* 36 (1982) 243-55.

④: C. Cichorius, Chronologisches zum Leben Jesu: *ZNW* 22 (1923) 16-20; F.J. Andersen, The Diet of John the Baptist: *Abr-n* 3 (1961) 60-74; J. Gnilka, Die essenischen Tauchbäder und die Johannestaufe: *RdQ* 3 (1961) 185-207; J. Pryke, John the Baptist and the Qumran Community: *RdQ* 4 (1964) 483-96; P. Vielhauer, Tracht und Speise Johannes' des Täufers: *Aufsätze zum NT* (TB 31) (München 1965) 47-54; R. Schütz, *Johannes der Täufer* (AThANT 50) (Zürich 1967); W. Wink, *John the Baptist and the Gospel Tradition* (MSSNTS 7) (Cambridge 1968); M.S. Enslin, John and Jesus: *ZNW* 66 (1975) 1-18; H. Merklein, Die Umkehrpredigt bei Johannes dem Täufer und Jesus von Nazaret: *BZ* 25 (1981) 29-46; G. Lindeskog, Johannes der Täufer: *ASTI* 12 (1983) 55-83.

⑤: G. Gloege, *Reich Gottes und Kirche im NT* (Gütersloh 1929); J. Héring, *Le Royaume de Dieu et sa venue* (Paris 1937); O. Cullmann, *Königsherrschaft Christi und Kirche im NT* (Zollikon - Zürich ²1946); R. Morgenthaler, *Kommendes Reich* (Zürich 1952); M. Buber, *Königtum Gottes* (Heidelberg ³1956); J. Bonsirven, *Le Règne de Dieu* (Paris 1957); A. Kretzer, *Die Herrschaft der Himmel und die Söhne des Reiches* (SBM 10) (Stuttgart - Würzburg 1971); N. Perrin, *Jesus and the Language of the Kingdom* (London 1976); J. Gray, *The Biblical Doctrine of the Reign of God* (Edinburgh 1979); J. Schlosser, Le règne de Dieu dans les dits de Jésus: *RevSR* 53 (1979) 164-76; A.M. Hunter, *Christ and the Kingdom* (Edinburgh 1980); J.A. Baird, *Rediscovering the Power of the Gospels* (Wooster 1982).

⑤ⓒ: J. Kögel, *Das Gleichnis vom verlorenen Sohn* (BZSF 5/9) (Berlin 1909); E. Schweitzer, Zur Frage der Lukasquellen. Analyse von Lk 15,11-32: *ThZ* 4 (1948) 469-71; J. Dupont, La parabole des ouvriers de la vigne: *NRTh* 89 (1957) 785-97; U. Becker, *Jesus und die Ehebrecherin* (BZNW 28) (Berlin 1963); B.M.F. van Jersel, La vocation de Lévi: *De Jésus aux Évangiles* (Gembloux 1967) 212-32; R. Pesch, Das Zöllnergastmahl: *Mélanges biblique* (B. Rigaux 기념) (Gembloux 1970) 63-87; H. Thyen, *Studien zur Sündenvergebung* (FRLANT 96) (Göttingen 1970); L. Schottroff, Das Gleichnis vom verlorenen Sohn: *ZThK* 68 (1971) 27-52; C. Dietzfelbinger, Das Gleichnis von der erlassenen Schuld: *EvTh* 32 (1972) 437-51; F. Bovon, La parabole de l'enfant prodigue: (공편) *Exegesis* (Neuchâtel - Paris 1975) 36-51.291-306; T. Deidun, The Parable of the Unmerciful Servant: *BTB* 6 (1976) 203-24; P. Lamarche, L'appel de Lévi: *Christus* 23 (1976) 106-18; D. Patte, Structural Analysis of the Parable of the Prodigal Son: *Semiology and Parables* (Pittsburgh 1976) 71-149; H. von Campenhausen, Zur Perikope von der Ehebrecherin: *ZNW* 68 (1977) 164-75; P. Grelot, Le père et ses deux fils: *RB* 84 (1977) 321-48.583-65; R. Pesch, Zur Exegese Gottes durch Jesus von Nazaret: *Jesus. Ort der Erfahrung Gottes* (B. Welte 기념) (Freiburg ²1977) 140-89; F. Schnider, *Die verlorenen Söhne* (OBO 17) (Fribourg - Göttingen 1977); F. Rousseau, La femme adultère: *Bib* 59 (1978) 463-80; A. Feuillet, Les ouvriers envoyés à la vigne: *RThom* 79 (1979) 5-24; W. Pöhlmann, Die Abschichtung des Verlorenen Söhnes: *ZNW* 70 (1979) 194-213; F. Schnider, Von der Gerechtigkeit Gottes: *Kairos* 23 (1981) 88-95; C. Dietzfelbinger, Das Gleichnis von den Arbeitern im Weinberg als Jesuswort: *EvTh* 43 (1983) 126-37; J. Broer, Die Parabel vom Verzicht auf das Prinzip von Leistung und Gegenleistung: *A cause de l'évangile* (J. Dupont 기념) (Cerf 1985) 145-64.

⑤ⓒ: W. Ebstein, *Die Medizin im NT und im Talmud* (Stuttgart 1903); O. Weinreich, *Antike Heilungswunder* (RVV VIII/1) (Gießen 1909; 1969); T.K. Oesterreich, *Die Besessenheit* (Langensalza 1921); H. Seng, *Die Heilungen Jesu in medizinischer Sicht* (Arzt und Seelsorger 4) (Königsfeld/Baden ²1926); F. Fenner, *Die Krankheit im NT* (UNT 18) (Leipzig 1930); H. van der Loos, *The Miracles of Jesus* (NTS 8) (Leiden 1965); H.-W. Kuhn, *Enderwartung und gegenwärtiges Heil* (StUNT 4) (Göttingen 1966); R.H. Fuller, *Die Wunder Jesu in Exegese und Verkündigung* (F.J. Schierse 옮김) (Düsseldorf 1967); K. Kertelge, *Die Wunder Jesu im Markusevangelium* (StANT 23) (München 1970); R. Pesch, *Jesu ureigene Taten?* (QD 52) Freiburg 1970); O. Böcher, *Christus Exorcista* (BWANT 96) (Stuttgart 1972); D.-A. Koch, *Die Bedeutung der Wundererzählungen für die Christologie des Markusevangelium* (BZNW 42) (Berlin 1975); O. Betz - W. Grimm, *Wesen und Wirklichkeit der Wunder Jesu* (Arbeiten zum NT und Judentum 2) (Bern 1977); U.B. Müller, Erwägungen zur prophetischen Struktur der Verkündigung Jesu: *ZThK* 74 (1977) 416-48; U. Busse, *Die Wunder des Propheten Jesus* (FzB 24) (Stuttgart ²1979); E. Lohse, Glaube und Wunder: *Theologia Crucis - Signum Crucis* (E. Dinkler 기념) (Tübingen 1979) 335-50; F. Hahn, Jesu Wort vom bergeversetzenden Glauben: *ZNW* 76 (1985) 149-69; U. Wegner, *Der Hauptmann von Kafarnaum* (WUNT II/14) (Tübingen 1985).

⑤ⓔ: E. Lohmeyer, *Das Vater-Unser* (Göttingen ⁵1962); S. v. Tilborg, A Form-Criticism of the Lord's Prayer: *NT* 14 (1972) 94-105; A.N. Wilder, The Parable of the Sower: Naivité and Method in Interpretation: *Semeia* 2 (1974) 134-51; R. Bultmann, Die Interpretation von Mk 4,3-9 seit Jülicher: *Jesus und Paulus* (W. G. Kümmel 기념) (Göttingen 1975) 30-4; J. Theison, *Der auserwählte Richter* (StUNT 12) (Göttingen 1975); H. Schürmann, *Das Gebet des Herrn* (Leipzig ⁶1981); J. M. McDermott, Mt 10,23 in Context: *BZ* 28 (1984) 230-40; G. Lohfink, Das Gleichnis vom Sämann: *BZ* 30 (1986) 36-69.

⑤ⓜ: A. Weiser, *Die Knechtsgleichnisse der synoptischen Tradition* (StANT 29) (München 1971); R. Wolf, *Gericht und Reich Gottes bei Johannes und Jesus: Gegenwart und kommendes Reich* (A. Vögtle 弟子論文集) (SBB) (Stuttgart 1975) 43-9; M. Reiser, *Die Gerichtspredigt Jesu* (학위논문 Tübingen 1989).

⑥ⓣ: A. Oepke, Nachfolge und Nachahmung Christi im NT: *AELKZ* 71 (1938) 850-7.866-72; T. Süss,

Nachfolge Jesu: *ThLZ* 78 (1953) 129-40; E. Dinkler, Jesu Wort vom Kreuztragen: *Ntl Studien für R. Bultmann* (BZNW 21) (Berlin ²1957) 110-29; A. Schulz, *Nachfolgen und Nachahmen* (StANT 6) (München 1962); H.D. Betz, *Nachfolge und Nachahmung Jesu Christi im NT* (BFChTh 37) (Tübingen 1967); M. Hengel, *Nachfolge und Charisma* (BZNW 34) (Berlin 1968); J. Gnilka, Martyriumsparänese und Sühnetod in synoptischen und jüdischen Traditionen: *Die Kirche des Anfangs* (H. Schürmann 기념) (Leipzig 연도 없음 = 1978) 223-46.

⑥ⓒ: J. Blinzler, Εἰσὶν εὐνοῦχοι: *ZNW* 48 (1957) 254-70; F. Hahn, *Das Verständnis der Mission im NT* (WUANT 13) (Neukirchen 1963); L.-E. Keck, The Poor among the Saints in Jewish Christianity and Qumran: *ZNW* 57 (1966) 54-78; H. Kasting, *Die Anfänge der christlichen Mission* (München 1969); J. Lambrecht, The Relatives of Jesus in Mark: *NT* 16 (1974) 241-58; B. Buby, A Christology of Relationship in Mark: *Biblical Theology Bulletin* 10 (1980) 149-54; C.M. Tucket, The Beatitudes: *NT* 25 (1983) 117-25.

⑥ⓒ: M. Hengel, Maria Magdalena und die Frauen als Zeugen: *Abraham unser Vater* (O. Michel 기념) (AGSU 5) (Leiden 1963) 243-56; B. Rigaux, Die „Zwölf" in Geschichte und Kerygma: *H. Ristow - K. Matthiae, Der historische Jesus und der kerygmatische Christus* (Berlin ²1964) 468-86; P. Vielhauer, Gottesreich und Menschensohn in der Verkündigung Jesu: *Aufsätze zum NT* (TB 31) (München 1965) 55-91; R. Pesch, Levi-Matthäus: *ZNW* 59 (1968) 40-56; H. Merklein, Der Jüngerkreis Jesu: *K. Müller, Die Aktion Jesu und die Re-aktion der Kirche* (Würzburg 1972) 65-100; G. Schmahl, *Die Zwölf im Markusevangelium* (TThSt 30) (Trier 1974); J.D. Kingsbury, The Figure of Peter in Matthew's Gospel as a Theological Problem: *JBL* 98 (1979) 67-83; P. Lampe, Das Spiel mit dem Petrusnamen - Mt 16,18: *NTS* 25 (1979) 227-45; A. Vögtle, Das Problem der Herkunft von Mt 16,17-19: *Offenbarungsgeschehen und Wirkungsgeschichte* (Freiburg 1985) 109-40; F. Hahn, Die Petrusverheißung Mt 16,18f: *Exegetische Beiträge zum ökumenischen Gespräch* (Göttingen 1986) 185-200; J. Lambrecht, „Du bist Petrus" - Mt 16,16-19 und das Papsttum: *SNTU* 11 (1986) 5-32; J. Gnilka, Tu es Petrus: *MThZ* 38 (1987) 3-17.

⑦: W. Bauer, Jesus der Galiläer: *Festgabe für A. Jülicher* (Tübingen 1927) 16-34; R. Schnackenburg, *Die Kirche im NT* (QD 14) (Freiburg 1961); H. van der Kwaak, Die Klage über Jerusalem: *NT* 8 (1966) 165-70; A. Vögtle, Der Spruch vom Jonaszeichen: *Das Evangelium und die Evangelien* (KBANT) (Düsseldorf 1971) 103-36; D. Zeller, Das Logion Mt 8,11f / Lk 13,28f und das Motiv der „Völkerwallfahrt": *BZ* 15 (1971) 222-37. 16 (1972) 84-91; F. Mussner, Gab es eine „galiläische Krise"?: *Orientierung an Jesus* (J. Schmid 기념) (Freiburg 1973) 238-52; R.C. Tannehill, *The Sword of His Mouth* (Philadelphia 1975) 122-8.

⑧ⓒ: J. Blinzler, Die Niedermetzelung von Galiläern durch Pilatus: *NT* 2 (1985) 24-49; H. Schürmann, Das hermeneutische Hauptproblem der Verkündigung Jesu: *Traditionsgeschichtliche Untersuchungen zu den synoptischen Evangelien* (Düsseldorf 1968) 13-35; W. Marchel, *Abba, Père!* (AnBib 19) (Roma ²1971); P. Hoffmann - V. Eid, *Jesus von Nazareth und eine christliche Moral* (QD 66) (Freiburg 1975); H. Bald, Eschatologische oder theozentrische Ethik?: *VF* 1979, 35-52; F. Schnider, Ausschließen und ausgeschlossen werden: *BZ* 24 (1980) 42-56; D. Zeller, Gott als Vater in der Verkündigung Jesu: *Standing Before God* (M. Oesterreicher 기념) (New York 1981) 117-30.

⑧ⓒ: G. Barth, Das Gesetzesverständnis des Evangelisten Matthäus: *G. Bornkamm (共著) Überlieferung und Auslegung im Matthäusevangelium* (WMANT 1) (Neukirchen ²1961) 54-154; W. Rordorf, *Der Sonntag* (AThANT 43) (Zürich 1962); E. Lohse, Jesu Worte über den Sabbat: *Judentum - Urchristentum - Kirche* (J. Jeremias 기념) (BZNW 26) (Berlin ²1964) 79-89; H. Baltensweiler, *Die Ehe im NT* (Zürich 1967); H. Greeven, Ehe nach dem NT: *NTS* 15 (1968/69) 365-88; W. Paschen, *Rein und Unrein* (StANT 24) (München 1970); R. Schnackenburg, Die Ehe nach dem NT: *Schriften zum NT* (München 1971) 414-34; H. Hübner, *Das Gesetz in der synoptischen Tradition* (Witten 1973); J.A. Fitzmyer, The

Matthean Divorce Texts and Some New Palestinian Evidence: *TS* 37 (1976) 197-226; J.P. Meier, *Law and History in Matthew's Gospel* (AnBib 71) (Roma 1976); U. Luz, Die Erfüllung des Gesetzes bei Matthäus: *ZThK* 75 (1978) 398-435; G. Strecker, Die Antithesen der Bergpredigt: *ZNW* 69 (1978) 36-72; I. Broer, *Freiheit vom Gesetz und Radikalisierung des Gesetzes* (SBS 98) (Stuttgart 1980); H. Venetz, Theologische Grundstrukturen in der Verkündigung Jesu?: *Mélanges D. Barthélemy* (OBO 38) (Fribourg - Göttingen 1981) 613-50.

⑧ⓒ: W. Zimmerli, Die Frage des Reichen nach dem ewigen Leben: *EvTh* 19 (1959) 90-97; W.G. Kümmel, Der Begriff des Eigentums im NT: *Heilsgeschehen und Geschichte* (Marburg 1965) 271-7; L. Goppelt, Die Freiheit zur Kaisersteuer: *Christologie und Ethik* (München 1968) 208-19; C.H. Giblin, 'The Things of God' in the Question Concerning Tribute to Caesar: *CBQ* 33 (1971) 510-27; W. Schrage, *Die Christen und der Staat nach dem NT* (Gütersloh 1971); D. Lührmann, Liebet eure Feinde: *ZThK* 69 (1972) 412-38; J. Eckert, Wesen und Funktion der Radikalismen in der Botschaft Jesu: *MThZ* 24 (1973) 301-25; M. Hengel, *Eigentum und Reichtum in der frühen Kirche* (Stuttgart 1973); L. Schottroff, Gewaltverzicht und Feindesliebe in der urchristlichen Jesustradition: *Jesus in Historie und Theologie* (H. Conzelmann 기념) (Tübingen 1975) 197-221; J. Piper, *„Love your Enemies"* (Cambridge 1979); J. Becker, Feindesliebe - Nächstenliebe - Bruderliebe: *ZEE* 25 (1981) 5-18; G. Lohfink, Der ekklesiale Sitz im Leben der Aufforderung Jesu zum Gewaltverzicht: *ThQ* 162 (1982) 236-53 [= 정한교 옮김 「누가 폭력 없이 살 수 있나?」:『산상설교는 누구에게?』(분도출판사 1990) 55-93]; A. Vögtle, *Was ist Frieden?* (Freiburg 1983); P. Hoffmann, Tradition und Redaktion. Zur Verbindlichkeit des Gebots der Feindesliebe in der synoptischen Überlieferung und in der gegenwärtigen Friedensdiskussion: K. Kertelge, *Ethik im NT* (QD 102) (Freiburg 1984) 50-118.

⑧ⓓ: G. Bornkamm, Das Doppelgebot der Liebe: *Ntl Studien für R. Bultmann* (BZNW 21) (Berlin ²1957) 85-93; W. Grundmann, Das Doppelgebot der Liebe: *ZZ* 11 (1957) 449-55; K. Hruby, L'amour du prochain dans la pensée juive: *NRTh* 91 (1969) 493-516; C. Burchard, Das doppelte Liebesgebot in der frühen christlichen Überlieferung: *Der Ruf Jesu und die Antwort der Gemeinde* (J. Jeremias 기념) (Göttingen 1970) 39-62; J. Ernst, Die Einheit von Gottes- und Nächstenliebe in der Verkündigung Jesu: *ThGl* 60 (1970) 3-14; H. Zimmermann, Das Gleichnis von barmherzigen Samaritan: *Die Zeit Jesu* (H. Schlier 기념) (Freiburg 1970) 58-69; V. P. Furnish, *The Love Command in the NT* (Nashville - New York 1972); G. Schneider, Die Neuheit der christlichen Nächstenliebe: *TThZ* 82 (1973) 257-75; A. Nissen, *Gott und der Nächste im antiken Judentum* (WUNT 15) (Tübingen 1974); G. Sellin, Lukas als Gleichniserzähler: Die Erzählung vom barmherzigen Samariter: *ZNW* 65 (1974) 166-89. 66 (1975) 19-60; R.H. Fuller, Das Doppelgebot der Liebe: *Jesus Christus in Historie und Theologie* (H. Conzelmann 기념) (Tübingen 1975) 317-29; D. Gewalt, Der barmherzige Samariter: *EvTh* 38 (1978) 403-17; R. Kieffer, Analyse sémiotique et commentair. Quelques réflexions à propos d'études de Lc 10,25-37: *NTS* 25 (1979) 454-68; H.-W. Kuhn, Das Liebesgebot Jesu als Tora und als Evangelium: *Vom Urchristentum zu Jesus* (J. Gnilka 기념) (Freiburg 1989) 194-230; R. Pesch, Jesus und das Hauptgebot: *NT und Ethik* (R. Schnackenburg 기념) (Freiburg 1989) 99-109.

⑨: R. Bultmann, Die Frage nach dem messianischen Bewußtsein Jesu und das Petrus-Bekenntnis: *ZNW* 19 (1919/20) 165-74; H.E. Tödt, *Der Menschensohn in der synoptischen Überlieferung* (Gütersloh 1959); H. Riesenfeld, Bemerkungen zur Frage des Selbstbewußtseins Jesu: H. Ristow - K. Matthiae, *Der historische Jesus und der kerygmatische Christus* (Berlin ²1964) 331-41; F. Christ, *Jesus Sophia* (AThANT 57) (Zürich 1970); W. Bracht, *Der Menschensohn* (학위논문 München 1972); U.B. Müller, *Messias und Menschensohn in jüdischen Apokalypsen und in der Offenbarung des Johannes* (StNT 6) (Gütersloh 1972); K. Müller, Menschensohn und Messias: *BZ* 16 (1972) 161-87. 17 (1973) 52-66; M. Hengel, *Der*

Sohn Gottes (Tübingen 1975); P.M. Casey, *Son of Man* (London 1979); M. Hengel, Jesus als messianischer Lehrer der Weiheit und die Anfänge der Christologie: *Sagesse et Religion. Colloque de Strasbourg 1976* (Paris 1979) 147-88; A.J.B. Higgnis, *The Son of Man in the Teaching of Jesus* (SNTS.MS 39) (Cambridge 1980); H. Schlier, Wer ist Jesus?: *Der Geist und die Kirche* (Freiburg 1980) 20-32; H. Hübner, Der „Messias Israels" und der Christus des NT: *KuD* 27 (1981) 217-40; G. Schelbert, Sprachgeschichtliches zu „Abba": *Mélanges D. Barthélemy* (OBO 38) (Fribourg - Göttingen 1981) 395-447; K.W. Tröger, Jesus als Prophet: *Kairos* 24 (1982) 100-9; J.A. Fitzmyer, Abba and Jesus' Relation to God: *À cause de l'évangile* (J. Dupont 기념) (Cerf 1985) 15-38; A. Vögtle, Bezeugt die Logienquelle die authentische Redeweise Jesu vom Menschensohn?: *Offenbarungsgeschehen und Wirkungsgeschichte* (Freiburg 1985) 50-69.

⑩: J. Wellhausen, *Die Pharisäer und die Sadduzäer* (Hannover 1924); W. Marxsen, Der Ursprung des Abendmahls: *EvTh* 12 (1952/53) 293-303; H. Lessig, *Die Abendmahlsprobleme im Lichte der ntl Forschung seit 1900* (학위논문 Bonn 1953); L. Goppelt, *Christentum und Judentum im ersten und zweiten Jahrhundert* (Gütersloh 1954); J. Jeremias, *Die Abendmahlsworte Jesu* (Göttingen ³1960); P. Neuenzeit, *Das Herrenmahl* (StANT 1) (Müncen 1960); P. Winter, The Enemies of Jesus: *On the Trial of Jesus* (SJ 1) (Berlin 1961) 111-35; E. Ruckstuhl, *Die Chronologie des Letzten Mahles und des Lebens Jesu* (BiBe NF 4) (Einsiedeln 1963); V. Eppstein, The Historicity of the Gospel Account of the Cleansing of the Temple: *ZNW* 65 (1964) 42-58; A. Finkel, *The Pharisees and the Teacher of Nazareth* (AGSU 4) (Leiden 1964); E. Haenchen, Matthäus 23: *Gott und Mensch* (Tübingen 1965) 29-54; H.-F. Weiss, Der Pharisäismus im Lichte der Überlieferung des NT: *SSAW.PH* 110/2 (Berlin 1965) 89-132; F. Hahn, Die atl Motive in der urchristlichen Abendmahlsüberlieferung: *EvTh* 27 (1967) 337-74; H. Merkel, Jesus und die Pharisäer: *NTS* 14 (1967/68) 194-208; A. Vögtle: E. Kottje - B. Möller 편 *Ökumenische Kirchengeschichte* (Mainz - München 1970) 3-36(인용 약호: *ÖK*); G. Baumbach, *Jesus von Nazareth im Lichte der jüdischen Gruppenbildung* (Berlin 1971); H. Patsch, Der Einzug in Jerusalem: *ZThK* 68 (1971) 1-26; H. Patsch, *Abendmahl und historischer Jesus* (CThM 1) (Stuttgart 1972); K. Müller, Jesus und die Sadduzäer: *Biblische Randbemerkungen* (R. Schnackenburg 제자논문집) (Würzburg 1974) 3-24; H. Schürmann, *Jesu ureigener Tod* (Freiburg 1975); H. Merklein, Erwägungen zur Überlieferungsgeschichte der ntl Abendmahlstraditionen: *BZ* 21 (1977) 88-101.235-44; E. Garland, *The Intention of Matthew 23* (NT.S 52) (Leiden 1979); G. Theißen, *Die Tempelweissagung Jesu: Studien zur Soziologie des Urchristentums* (WUNT 19) (Tübingen 1979) 142-59; C.-P. März, „*Siehe, dein König kommt zu dir ...* " (EThSt 43) (Leipzig 1980); J.H. Marshall, *Last Supper and Lord's Supper* (Exeter 1980); P. Fiedler, Probleme der Abendmahlsforschung: *LLW* 24 (1982) 190-223; T. Huser, Les récits de l'institution de la Cène: *Hokma* 21 (1982) 28-50; H.-J. Klauck, *Herrenmahl und hellenistischer Kult* (NTA 15) (Münster ²1986).

⑪: T. Mommsen, *Römisches Strafrecht* (Leipzig 1899, 복제 Darmstadt 1961); J. Jeremias, *Golgotha* (Angelos 1) (Leipzig 1926); M. Dibelius, Das historische Problem der Leidensgeschichte: *ZNW* 30 (1931) 193-201; C.H. Brecht, *Perduellio* (MBPAR 21) (München 1938); P. Winter, *On the Trial of Jesus* (SJ 1) (Berlin 1961); A.N. Sherman-White, *Roman Society and Roman Law in the NT* (Oxford 1963); W. Kunkel, *Römische Rechtsgeschichte* (Köln - Graz ⁵1967); F. Viering, *Zur Bedeutung des Todes Jesu* (Gütersloh ³1968); J. Blinzler, *Der Prozeß Jesu* (Regensburg ⁴1969); H. Volkmann, *Zur Rechtsprechung im Principat des Augustus* (MBPAR 21) (München ²1969); N. Haas, Anthropological Observations on the Skeletal Remains from Giv' at ha-Mivtar: *IEJ* 20 (1970) 38-59; E. Linnemann, *Studien zur Passionsgeschichte* (FRLANT 102) (Göttingen 1970); E. Bamme 편 *The Trial of Jesus* (C.F.D. Moule 기념) (SBT II/13) (London 1971); I. Broer, *Die Urgemeinde und das Grab Jesu* (StANT 31) (München 1972); D.R. Catchpole, *The Trial of Jesus* (StPB 18) (Leiden 1972); D. Dormeyer, *Die Passion Jesu als Verhaltensmodell* (NTA 11) (Münster 1974); W. Kunkel, *Kleine Schriften. Zum römischen Strafverfahren* *und zur römischen Verfassungsgeschichte* (H. Niederländer 편) (Weimar 1974); H.-W. Kuhn, Jesus als Gekreuzigter in der frühchristlichen Verkündigung bis zur Mitte des 2. Jahrhunderts: *ZThK* 72 (1975) 1-46; H. Cohn, *The Trial and Death of Jesus* (New York 1977); M. Hengel, *Crucifixion in the Ancient World and the Folly of the Message of the Cross* (London 1977); A. Strobel, *Die Stunde der Wahrheit* (WUNT 21) (Tübingen 1980); O. Betz, Probleme des Prozesses Jesu: W. Haase 편 *Aufstieg und Niedergang der römischen Welt* II. Principat 25/1 (Berlin 1982) 565-647; C. Paulus, Einige Bemerkungen zum Prozeß Jesu bei den Synoptikern: *ZSRG* 102 (1985) 437-45; R. Riesner, Golgota und die Archäologie: *BiKi* 40 (1985) 21-6; R. E. Brown, The Burial of Jesus: *CBQ* 50 (1988) 233-45; J. Gnilka, Der Prozeß Jesu nach den Berichten des Markus und Matthäus mit der Rekonstruktion des historischen Verlaufs: K. Kertelge 편 *Der Prozeß gegen Jesus* (QD 112) (Freiburg ²1989) 11-40; W. Hinz, Chronologie des Lebens Jesu: *ZDMG* 139 (1989) 301-9; K. Müller, Möglichkeit und Vollzug jüdischer Kapitalgerichtsbarkeit im Prozeß gegen Jesus von Nazaret: K. Kertelge 편 *Der Prozeß gegen Jesus* (QD 112) (Freiburg ²1989) 41-83.

신약성서 인용 찾기

454 신약성서 인용 찾기

455

461

구약성서 인용 찾기

성서 밖의 주요 인용 찾기

주요 인명 찾기

주요 지명 찾기

주요 사항 찾기